Le néocriticisme de Renouvier

La Philosophie en commun
Collection dirigée par Stéphane Douailler,
Jacques Poulain, Patrice Vermeren

Nourrie trop exclusivement par la vie solitaire de la pensée, l'exercice de la réflexion a souvent voué les philosophes à un individualisme forcené, renforcé par le culte de l'écriture. Les querelles engendrées par l'adulation de l'originalité y ont trop aisément supplanté tout débat politique théorique.

Notre siècle a découvert l'enracinement de la pensée dans le langage. S'invalidait et tombait du même coup en désuétude cet étrange usage du jugement où le désir de tout soumettre à la critique du vrai y soustrayait royalement ses propres résultats. Condamnées également à l'éclatement, les diverses traditions philosophiques se voyaient contraintes de franchir les frontières de langue et de culture qui les enserraient encore. La crise des fondements scientifiques, la falsification des divers régimes politiques, la neutralisation des sciences humaines et l'explosion technologique ont fait apparaître de leur côté leurs faillites, induisant à reporter leurs espoirs sur la philosophie, autorisant à attendre du partage critique de la vérité jusqu'à la satisfaction des exigences sociales de justice et de liberté. Le débat critique se reconnaissait être une forme de vie.

Ce bouleversement en profondeur de la culture a ramené les philosophes à la pratique orale de l'argumentation, faisant surgir des institutions comme l'École de Korcula (Yougoslavie), le Collège de Philosophie (Paris) ou l'Institut de Philosophie (Madrid). L'objectif de cette collection est de rendre accessibles les fruits de ce partage en commun du jugement de vérité. Il est d'affronter et de surmonter ce qui, dans la crise de civilisation que nous vivons tous, dérive de la dénégation et du refoulement de ce partage du jugement.

Dernières parutions

Hector MENDEZ, *Le pouvoir populaire*, 2015.
Gustavo CELEDÓN, *Philosophie et expérimentation sonore*, 2015.
Philippe VERSTRATEN, *Nous-mêmes et la terre. Critique et dépassement de l'idée technique du monde*, 2015.
Carmen REVILLA (dir.), *L'horizon de la pensée poétique de María Zambrano*, 2015.
Zouaoui BEGHOURA, *Critique et émancipation. Recherches foucaldiennes sur la culture arabe contemporaine*, 2014.
Jordi RIBA (dir.), *L'effet Guyau, De Nietzsche aux anarchistes*, 2014.
Lucas GUIMARAENS, *Michel Foucault et la dignité humaine*, 2014.
Luis Gonzalo FERREYRA, *Philosophie et politique chez Arturo Andrés Roig. Vers une philosophie de libération latino-américaine (1945-1975)*, 2014.
Eugenio CORREA, *La conception techno-économique du temps*, 2014.
Ewerton RIBEIRO, *La théorie pragmatique de l'action*, 2014.

Samuel-Gaston AMET

Le néocriticisme de Renouvier

Fondations des sciences

© L'Harmattan, 2015
5-7, rue de l'Ecole-Polytechnique, 75005 Paris

http://www.harmattan.fr
diffusion.harmattan@wanadoo.fr
harmattan1@wanadoo.fr

ISBN : 978-2-343-04901-4
EAN : 9782343049014

Sommaire

« Il faut agir quand même, tracer droitement son sillon » (RENOUVIER Charles, *Les derniers entretiens – recueillis par Louis Prat*, Paris : Colin, 1904, p. 99[1]).

Introduction - Nécessité d'une relecture de Renouvier	9
1 - Renouvier : *excogitatoris minor* ou *major opinione* ?	9
2 - Existence et importance d'une philosophie des sciences chez Renouvier	12
Première partie - Quels rapports y a-t-il entre néocriticisme et science ?	17
Chapitre 1 - La construction de l'esprit scientifique de Renouvier	17
Chapitre 2 - Comment s'articulent philosophie, critique et science(s) ?	39
Chapitre 3 - En quoi les concepts de relation, de loi et de catégorie sont-ils liés aux sciences ?	65
Chapitre 4 - Comment Renouvier organise-t-il les sciences ?	103
Deuxième partie - Quelles sont les bases de la philosophie des mathématiques de Renouvier ?	117
Chapitre 5 - Importance, originalité et limites des mathématiques et de la logique de Renouvier	117
Chapitre 6 - La loi du nombre et ses conséquences sur les mathématiques	123
Chapitre 7 - La géométrie et ses concepts élémentaires	155
Chapitre 8 - Enjeux du calcul des probabilités	169
Troisième partie - Certitude et liberté : des sciences physiques à la philosophie de l'histoire	177
Chapitre 9 - L'assise des sciences physiques	177
Chapitre 10 - L'homme, sa liberté, ses certitudes et son histoire	201
Conclusion - Liberté, morale et philosophie de l'action	245
1 - Place des sciences et de la philosophie des sciences dans l'œuvre de Renouvier	245
2 - La liberté comme socle de la morale	255
3 - Pour une philosophie de combat	259
Annexes	263
Bibliographie	315
Index rerum	329
Index nominum	337
Table des matières	339

---

[1] Et Xavier Moisant d'ajouter : « Prendre parti, non par ignorance délibérée ou involontaire ; prendre parti, malgré les objections ; et, pesant le pour et le contre, transformer une tentative d'hésiter en un moyen de conclure ; et puis poursuivre son chemin, creuser son sillon : quoi de plus sage, de plus habile, de plus courageux ? » (MOISANT Xavier, *Psychologie de l'Incroyant*, Paris : Beauchesne, 1908, p. 288)

Abréviations des sources fréquemment citées

Les références aux ouvrages, revues et articles sont notées entre parenthèses, elles précisent le nom de l'auteur et/ou les initiales du titre de l'ouvrage ou les initiales du titre de l'article, ainsi que la ou les pages correspondantes (ex. *CRS*, p. 20). Si l'ouvrage comporte plusieurs volumes, le numéro du volume suit immédiatement les initiales de l'ouvrage, s'il comporte plusieurs tomes, le numéro du tome est séparé des initiales par un tiret (ex. *ECG1-2*, p. 273). Pour les revues, l'année de publication est précisée immédiatement après les initiales de la revue (ex. *CP1878-2*, p. 107). Les références à des documents du fonds Renouvier de la bibliothèque Paul Valéry de l'Université de Montpellier sont notées entre crochets (ex. [Jd1]). Un examen de ce fonds et un détail des articles cités de la *Critique philosophique* figurent dans les annexes. Sauf mention contraire, les références aux *Essais de critique générale* sont extraites des rééditions de 1912.

AP :	PILLON François (dir.), *L'Année philosophique*
BECQUEMONT :	BECQUEMONT Daniel, « Renouvier et *La psychologie de l'homme*... »
BLAIS :	BLAIS Marie-Claude, *Au principe de la République. Le cas Renouvier*
CAVALLARI :	CAVALLARI Giovanna, « Gaston Milhaud et Charles Renouvier »
CDK :	RENOUVIER Charles, *Critique de la doctrine de Kant*
COUTURAT :	COUTURAT Louis, *La philosophie des mathématiques de Kant*
CP :	RENOUVIER Charles (dir.), *La Critique philosophique*
CRJ :	« Correspondance entre Ch. Renouvier et W. James »
CRS :	RENOUVIER Charles, *Correspondance de Renouvier et Secrétan*
CSPS :	FEDI Laurent, « Criticisme, science et philosophie des sciences... »
DCR :	RENOUVIER Charles, « Doctrine des catégories de la relation »
DE :	RENOUVIER Charles, *Les derniers entretiens*
ECG :	RENOUVIER Charles, *Essais de critique générale*
ECSDP :	RENOUVIER Charles, *Esquisse d'une classification systématique...*
GUNN :	GUNN J. Alexander, « *The Man and His Work* »
HAMELIN :	HAMELIN Octave, *Le système de Renouvier*
HODGSON :	HODGSON Shadworth H., « *M. Renouvier's Philosophy* »
HSPM :	RENOUVIER Charles, *Histoire et solution des problèmes métaphysiques*
JANSSENS :	JANSSENS Edgar, *Le Néo-Criticisme de Charles Renouvier*
LOGUE :	LOGUE William, *Charles Renouvier philosopher of liberty*
LP :	RENOUVIER Charles, *Le personnalisme*
MA :	FEDI Laurent, « Une morale appliquée est-elle possible ? »
MILHAUD :	MILHAUD Gaston, *La philosophie de Charles Renouvier*
MOISANT :	MOISANT Xavier, *Psychologie de l'incroyant*
MOUY :	MOUY Paul, *L'idée de progrès dans la philosophie de Renouvier*
MPA :	RENOUVIER Charles, *Manuel de philosophie ancienne*
MPM :	RENOUVIER Charles, *Manuel de philosophie moderne*
MPR :	DAURIAC Lionel, « Les moments de la philosophie de Charles Renouvier »
MR :	RENOUVIER Charles, *Manuel républicain de l'homme et du citoyen*
NM :	RENOUVIER Charles, *La nouvelle monadologie*
PAH :	RENOUVIER Charles, *Philosophie analytique de l'histoire*
PC :	FEDI Laurent, *Le problème de la connaissance dans la philosophie...*

Fondations des sciences dans le néocriticisme de Renouvier

PRAT :	PRAT Louis, *Charles Renouvier, philosophe*
RMH :	SCHMAUS Warren, « Renouvier and the method of hypothesis »
SEAILLES :	SEAILLES Gabriel, *La philosophie de Charles Renouvier*
SM :	RENOUVIER Charles, *Science de la morale*
SSCR :	SCHMAUS Warren, « Science and the Social Contract in Renouvier »
TPR :	DAURIAC Lionel, « Testament philosophique de Renouvier »
TURLOT :	TURLOT Fernand, *Le personnalisme critique de Charles Renouvier*
UUH :	RENOUVIER Charles, *Uchronie (l'utopie dans l'histoire)*
VERNEAUX :	VERNEAUX Roger, *Renouvier disciple et critique de Kant*[1]

---

[1] Pour mener cette étude, nous nous appuierons donc, non seulement sur les textes de Renouvier, mais également sur les principaux commentaires avec lesquels nous entrerons en discussion. Nous montrerons par là la conjonction des vues sur certaines questions posées ainsi que les points éventuels de divergence avec notre propre analyse ; sachant bien sûr que ces interprétations sont toutes sujettes à la critique (certaines peut-être plus que d'autres), que toute interprétation peut être conçue comme appropriation (ou expropriation), remise en contexte (ou mise hors contexte), traduction (et donc trahison).

Introduction - Nécessité d'une relecture de Renouvier

« C'est en vain qu'on s'efforcerait d'épargner au lecteur l'attention ou même le travail. Un vice de la philosophie, dans quelques livres, est une certaine fausse lucidité. Je ne connais pas de science qui soit claire en ce sens-là » (*ECG1-1*[1], p. XV).

1 - Renouvier : *excogitatoris minor* ou *major opinione* ?

Dans son avant-propos du *Personnalisme critique de Charles Renouvier*, Fernand Turlot[2] écrit (TURLOT, p. 19) que Renouvier est un philosophe « mort ». Est-il utile d'en faire alors la prosopopée ? Vaut-il la peine que nous le ressuscitions ? Si le XXe siècle l'a enterré, devons-nous en déduire qu'il a été sans importance ? Quelle a été vraiment son influence sur le XIXe et le XXe siècles ?

Gabriel Séailles, auteur d'une *Philosophie de Charles Renouvier* publiée en 1905, va jusqu'à lancer, dans une carte [Jd1] envoyée à Louis Prat[3], carte écrite à l'occasion du décès de Renouvier : « Nous perdons un des maîtres de la pensée française au XIXe siècle, le plus grand à coup sûr avec Auguste Comte ». Un autre élève de Renouvier, Lionel Dauriac, note également, dans sa lettre [Gc2] du 04 septembre 1903 adressée aussi à Prat, la lourde perte que subissent « la philosophie et la science » avec la disparition du maître. Bien évidemment, nous pouvons relativiser ces considérations, car, d'une part, elles viennent d'admirateurs de Renouvier et, d'autre part, elles ont été écrites au disciple dans les jours suivant la mort du philosophe.

Prat reconnaît, dans son ouvrage publié en 1937 (Renouvier décéda 34 ans plus tôt[4]) sur *Charles Renouvier, philosophe, sa doctrine – sa vie*, que les idées du maître n'ont guère été acceptées par les philosophes, mais il n'omet

---

[1] Le premier *Essai de Critique générale* dans sa version de 1854 porte pour titre : *Analyse de la connaissance, bornes de la connaissance & appendice sur les principes généraux de la logique et des mathématiques*. L'appendice a été réintégré à l'ouvrage sous les rubriques « observations et développements », dans la seconde édition de l'ouvrage révisée en 1875 sous le titre *Traité de logique générale et de logique formelle*.

[2] Turlot avait rédigé une thèse sur la pensée de Octave Hamelin et était un ancien étudiant de Georges Canguilhem, lui-même élève d'Alain.

[3] Disciple de Renouvier, aux côtés de qui il vécut à Perpignan puis à Prades (du 17 juin 1901 à sa mort), et avec qui il rédigea notamment *La nouvelle monadologie*.

[4] « *His long and immensely active life fell into periods which coincide with, and partly reflect, the political and intellectual fortunes of his country from the Battle of Waterloo, through the Revolution of 1830, the Second Republic of 1848, the Second Empire, the War and the Commune of 1871, into the Third Republic, with its Dreyfus struggles and its Educational and Disestablishment problems in the early years of the present century* » (GUNN, p. 42).

pas d'indiquer que « les plus distingués des penseurs de la fin du XIXe siècle ont subi l'influence de sa pensée. Tous ont regardé Charles Renouvier comme un des maîtres de la philosophie française » (PRAT, p. 263). Et le disciple nomme notamment Émile Boutroux, Victor Egger, Octave Hamelin, Shadworth Holloway Hodgson, William James[5], Louis Liard, Henri Marion, Henry Michel et Gabriel Séailles. Cela étant, une fois de plus, nous pouvons garder une certaine réserve ; si nous avons là quelques grands noms, ces penseurs sont loin de représenter l'essentiel de la philosophie française et anglo-saxonne.

Dans sa recension du livre de Marie-Claude Blais, la revue *Le Banquet* (n°18, 2003-1) note « l'influence souterraine » qui fut celle de Renouvier « sur bien des philosophes » de la fin du XIXe siècle. Souterraine, car Blais écrit (p. 11) en effet que cette influence[6] « est restée modeste » et qu'il « n'eut guère droit qu'à l'estime lointaine de quelques gouvernants et dignitaires. » La revue mentionne cependant son « influence durable sur Alain »[7] et elle va même jusqu'à considérer Renouvier comme « l'un des

---

[5] James a écrit dans *Some Problems of Philosophy* : « Parmi les grandes figures de philosophes, la figure de Charles Renouvier était des plus grandes » (cité par R.-B. Perry dans l'introduction à CRJ, p. 1), mais il est vrai que James se déclarait le « très obéissant serviteur » de Renouvier (CRJ, p. 4) et qu'il donna une série de leçons au Collège de Harvard sur son maître en 1879-1880 (voir p. 12) - Anastasios Brenner m'a appris que James se serait même guéri d'une dépression en lisant les ouvrages de Renouvier -.

[6] Marie-Claude Blais indique (p. 32) que *La Critique philosophique*, revue que Renouvier dirigea durant près de vingt ans avec son ami François Pillon, aurait été imprimée à ses débuts à un millier d'exemplaires. Si, comme Blais le note, cela peut sembler « modeste », il faut se rappeler non seulement de l'époque mais surtout qu'il s'agissait d'une revue de philosophie hebdomadaire (puis mensuelle), de la revue du néocriticisme. Revue qui, comme le reconnaît Renouvier lui-même (*CP1889-2*, p. 401), était « *fermée* [...], non par l'intolérance ou la jalousie de ses rédacteurs trop peu nombreux, mais simplement parce que ce n'est pas coutume qu'un travailleur accepte l'aide de qui n'est bon qu'à lui défaire son ouvrage » !

[7] Alain écrit : « Renouvier, ce bon kantien à la tête dure, fut un de mes instituteurs. Sur les bancs, il m'apprit beaucoup ; je le lus la plume à la main ; j'eus alors une juste idée de la culture » (ALAIN, *Histoire de mes pensées*, Paris : Gallimard, 1936, p. 137, voir aussi p. 161, ainsi que *Sentiments, passions et signes*, Paris : Gallimard, 1926, p. 265 et *Mars ou la guerre jugée*, Paris : Gallimard, 1921, p. 117). Voir aussi BLAIS, p. 414.

premiers "intellectuels", mais sans la notoriété et le caractère intéressé »[8].
D'après François Isambert[9], au nombre des « inspirateurs de Durkheim, il faut citer Renouvier, dont *La Science de la morale* (1869) est une référence majeure »[10]. De même, Henri Bergson avoue l'inspiration qu'il a puisée chez Renouvier[11]. Dans une lettre envoyée à Prat le 07 septembre 1903 [Bd5], Bergson écrit : « Je n'ai pas eu le bonheur de connaître M. Renouvier personnellement, mais j'ai commencé si jeune à l'étudier, je dois tant à la lecture de ses travaux. Je crois que la plupart des philosophes de ma génération pourraient en dire autant. Son action a été profonde ».

Nous pouvions suspecter la partialité de Prat, mais au vu de ces quelques compléments, l'influence de Renouvier nous paraît incontestable. Nous en douterons d'autant moins après avoir pris connaissance du passage suivant d'une lettre que Louis Liard adressa à Renouvier le 12 février 1878 [REN100-1] : « Il y a une dizaine d'années, nous étions deux ou trois à vous

---

[8] Blais explique (p. 12) que c'est Albert Thibaudet qui, dans un article de 1937, « place *La Critique philosophique* aux origines de la formation du "parti intellectuel" en France ». C'est même dès 1931 que Julien Benda, qui encensait Renouvier et le voyait « comme un théoricien républicain de la première heure », d'après Fedi (*PC*, p. 28), qualifia la *Critique philosophique* de « pages qui devinrent dès leur apparition le bréviaire de tout un monde d'hommes de l'esprit, notamment de jeunes universitaires propagateurs eux-mêmes de cet enseignement ». William Logue, dans son ouvrage de 1993, soutient également (p. 47) que Renouvier était un exemple pour notre temps, un critique indépendant des idées et des institutions, « *an intellectual who did not subordinate his personal struggle for truth and wisdom to the exigencies of ideological cause* ». Ce qualificatif d'« intellectuel » fut donné à Renouvier dès 1908 par Xavier Moisant (titre du « Livre troisième » qu'il consacre à Renouvier).
[9] ISAMBERT François, « Durkheim », in CANTO SPERBER Monique (dir.), *Dictionnaire d'éthique et de philosophie morale*, Paris : PUF, 2004, p. 454.
[10] Isambert précise que *La Science de la morale* puis *Le Personnalisme* nous invite à considérer la personne comme fin et non comme moyen. Il ajoute que si « Durkheim n'utilise pas ce mot [de personnalité] ; pourtant sa sociologie et sa morale sont fondées sur une conception des rapports entre l'individu et la société. Gilbert Vincent confirme ce point (TURLOT, p. 12) et ajoute que « le concept d'individu – celui, du moins, qui correspond au concept de solidarité organique – ressemble étroitement à la définition relationnelle, plus renouvierienne que kantienne, de "personne" ». Blais montre cette influence (p. 395) en se référant à un article de René Maublanc (« Durkheim, professeur de philosophie », *Europe*, t. XXII, 1930) dans lequel l'auteur cite le conseil suivant de Durkheim (p. 299) : « Si vous voulez mûrir votre pensée, attachez-vous à l'étude scrupuleuse d'un grand maître, démontez un système dans ses rouages les plus secrets. C'est ce que je fis, et mon éducateur fut Renouvier. »
[11] Cela dit, Turlot précise (p. 78), prenant appui sur l'*Essai sur les données immédiates de la conscience* (ch. II), que, contrairement à Renouvier, Bergson pense que le multiple n'implique pas le nombre. Mais cela n'enlève rien de l'estime que Bergson a envers Renouvier ; il considère Renouvier et Cournot comme « deux penseurs de premier ordre » (BERGSON Henri, *Écrits et paroles*, t. II, Paris : PUF, 1957, p. 430 ; voir aussi p. 425 et 433).

lire à l'École Normale. Plus tard, votre notoriété croissant, on disait paraît-il, à nos successeurs : Pillez-le, mais ne le citez pas ». Nous suivrons donc Blais dans sa conclusion, lorsqu'elle écrit (p. 369) à propos du « destin posthume de Renouvier [...] : de grands effets, une faible reconnaissance » !

Né en 1815, Renouvier vécut jusqu'en 1903 et fut incontestablement le témoin et l'acteur du XIXe siècle. Gilbert Vincent remarque (TURLOT, p. 8) que l'action chez Renouvier est avant tout « réflexion » et « expression publique dans des articles de revues ou des ouvrages nombreux et divers : Renouvier s'offre à nous, à travers eux, comme un penseur lucide, très présent à son temps, attentif à ses projets scientifiques ».

Il n'est donc pas excessif de considérer Renouvier comme un philosophe majeur du XIXe siècle, ce qui légitime une relecture de son œuvre oubliée. Nous pouvons maintenant nous interroger sur ce qui est au cœur et à la racine de son système. Qu'est-ce qui produit cet intérêt pour Renouvier, cette originalité qui a poussé un certain nombre de grands penseurs à s'en inspirer ?[12]

2 - Existence et importance d'une philosophie des sciences chez Renouvier

L'hypothèse au principe de notre recherche est que, chez Renouvier, en arrière plan de la philosophie politique que trouvent avec raison[13] Blais et

---

[12] À l'inverse, nous pourrions nous interroger sur les raisons qui font que l'Université répugnait à enseigner Renouvier et nous en trouverions beaucoup. William Logue en voit une principale (p. 20) : « *Renouvier's work presents the grave inconvenience of its enormous volume, estimated at 25,000 pages by Marcel Méry* » ; et il nous en livre une seconde (p. 29) : « *It was particularly important that he had no connection with the university and would feel nothing in common with the "philosophes salariés" who dominated official thinking.* » Ajoutons qu'il n'était pas bon orateur, qu'il n'a lui même jamais enseigné, qu'il a critiqué Auguste Comte et qu'il a longtemps été perçu comme un simple continuateur de Kant.

[13] Renouvier ne se cache pas en effet de vouloir « renouveler la politique » ; il demande que nous jugions de l'honneur de nos politiciens comme nous le faisons de nos proches dans les relations privées, c'est-à-dire « vouloir en tout la sincérité, stigmatiser le mensonge et toutes les formes du mensonge ; vouloir en tout la paix et la liberté, stigmatiser la violence et toutes les formes de la violence ; réduire l'emploi de la force au cas strict de la légitime défense ; considérer comme de malhonnêtes gens les menteurs en politique et les violents en politique » (*CP1872-1*, p. 2-3).

Giovanna Cavallari[14], dans l'ombre de la philosophie de la connaissance que voit avec justesse Laurent Fedi, il y a un travail sur les sciences ; que cette réflexion n'a été que trop peu révélée, sauf de manière diffuse, éparse, par exemple dans les cours d'Octave Hamelin à la Sorbonne et de Gaston Milhaud[15] à l'université de Montpellier, et dans quelques articles plus récents. La place des sciences dans l'œuvre de Renouvier n'a donné lieu à aucune étude suivie[16]. Ne pouvons-nous y lire une philosophie des sciences particulière ? Cette philosophie éparpillée, dispersée, passée inaperçue, nous chercherons à l'exposer, à la révéler, à la synthétiser. Ladite philosophie des sciences ne serait-elle pas constitutive de la pensée de Renouvier ? C'est ce que nous vérifierons en examinant quelles questions Renouvier pose à la science, comment il fonde les sciences, et quelles conséquences ces analyses ont sur sa philosophie.

Nous partons de l'idée que sa relation à la science n'est pas étrangère à sa singularité. Nous pensons même que la place de la science et des sciences dans son œuvre est majeure et qu'elle lui donne sa spécificité. Pour commencer à prouver cette hypothèse, nous chercherons à vérifier l'intérêt d'un travail autour du concept de science dans sa pensée : devons-nous dire de lui qu'il a été un esprit embrouillé, un ennemi de la science, un sceptique, ou bien est-ce tout le contraire ? Si nous démontrons qu'il fait preuve d'un esprit scientifique, il restera à voir si cet esprit est ou non une des caractéristiques essentielles de sa philosophie. Pour le vérifier, nous situerons cet esprit dans son œuvre avant de mettre sa philosophie en perspective, pour en comprendre les tenants et les aboutissants. Ainsi, nous examinerons les grandes influences qui l'ont constituée en lui servant de points d'appuis et souvent de repoussoir.

Renouvier s'inspira d'abord de ses études de mathématiques à l'École polytechnique. Il entama ses recherches en philosophie par l'analyse de l'œuvre de Descartes, « sans aucun recours aux interprétations reçues »

---

[14] Celle-ci indique, dans l'article qu'elle consacre à la perception de Renouvier en Italie dans la revue *Corpus* (n°45, p. 227), que, d'un point de vue politique, Renouvier « peut être défini comme un philosophe libéral démocrate, un ex saint-simonien, un républicain, mais aussi comme le partisan d'un "socialisme de garantie" ou d'un socialisme libéral. Il ne partage pas les thèses marxistes autour de la "lutte des classes" et signale avec force la possibilité d'issues autoritaires dans un État qui s'inspire de ces idées. Cependant, il s'intéresse toujours à la question sociale et à sa solution par des voies parlementaires qui respectent l'État de droit. Jaurès, Rappoport, Henry Michel, Léon Bourgeois, et même Sorel dans sa première phase réformiste, doivent beaucoup, dans leur conception du socialisme, au néo-criticisme de Renouvier et à son idée de progrès et de droit. »
[15] Une chaire d'histoire de la philosophie dans ses rapports avec les sciences a été créée à la Sorbonne pour Milhaud en 1909.
[16] Warren Schmaus prépare un ouvrage sur ce sujet.

(*ECSDP-2*, p. 359), ce qui lui permit de mettre en lumière « le rôle prépondérant donné aux idées mathématiques et physiques de Descartes, pour l'intelligence de l'ensemble de sa doctrine ». Il s'inspira ensuite de la critique kantienne, de laquelle il s'efforça d'écarter toutes les contradictions. Il trouva dans les discussions avec son ami Jules Lequier, une autre grande source d'inspiration, publiant son manuscrit sous le titre *La recherche d'une première vérité - le problème de la science*. Il s'opposa aux positivistes, non pour nier la science positive, mais pour laisser place à la croyance[17]. Le rapport entre les deux montpelliérains est étroit. Gaston Milhaud écrit même (p. 7) que, comme Comte, Renouvier « a inséparablement uni la spéculation philosophique au culte de la science[18], poursuivant sans relâche, en dehors des mystères et des dogmes confessionnels, une vérité qui pût devenir la vérité de tous ». Il travailla les textes de Bacon, Copernic, Cournot, Darwin, Newton, Spencer et bien d'autres, s'intéressant globalement à toutes les questions de mathématique, de physique, de mécanique, de psychologie, etc.

Les concepts clefs de la philosophie de Renouvier sont, outre la *relation* et la *conscience*, le principe de *non-contradiction*, sur lequel il construit la critique comme science, la *croyance*, issue directement de son phénoménisme, qui ne s'oppose pas à la science mais la complète, l'*indéfini*, autour duquel il réorganise non seulement les mathématiques mais aussi la physique, la *liberté*, qu'il défend contre les partisans d'une nécessité absolue pour que puissent subsister des actions morales. Ces piliers le conduisent notamment à aborder la méthode expérimentale, à se positionner pour l'atomisme, contre le transformisme, pour le libre arbitre, à s'exprimer sur les notions d'induction, d'hypothèse, à discuter la probabilité, les géométries imaginaires, à opter pour une classification originale des sciences.

Par ses définitions de la science et des sciences, Renouvier place la philosophie, mieux nommée critique générale, comme science quasi-totale, ou première, qui recouvre la philosophie des sciences. Edgard Janssens écrit (p. 35) : « Le problème de la connaissance et de la certitude est, pour Renouvier comme pour Kant, le problème fondamental de la philosophie des

---

[17] Renouvier n'accepte pas que les positivistes demandent que la science nie « ce que simplement elle *ignore* » (*CP1880-1*, p. 376).
[18] Cavallari écrit quant à elle (p. 167) que Milhaud mena à l'université de Montpellier « une recherche originale sur le lien entre philosophie et sciences ». C'est, s'agissant de l'œuvre de Renouvier, cette démarche de Milhaud que nous proposons de reprendre sous un nouvel angle, en partageant l'espoir que Milhaud exprimait au début de ses leçons sur Renouvier (p. 8-9) : « ces leçons ne se termineront pas, j'espère, sans que vous ayez senti tout ce qu'il y a, dans cette âme vraiment haute, de fermeté de pensée, de force, d'indépendance, de conviction ardente, d'efforts de vérité, d'horreur pour toutes les formes du mensonge et de l'injustice, d'énergie pour l'appel incessant à la volonté et à l'action. »

sciences. Il constitue une propédeutique de tout l'édifice scientifique. » C'est à cette propédeutique que s'attelle Renouvier dans son *Premier Essai, Traité de logique générale et de logique formelle,* dans lequel nous lisons comme une philosophie de la logique ; c'est à cela qu'il travaille encore dans le deuxième, *Traité de psychologie rationnelle d'après les principes du criticisme,* où nous trouvons une philosophie de la psychologie ; de même dans le troisième, *Les principes de la nature,* où se tient une philosophie de la physique et de la biologie ; et dans les quatrième et cinquième, *Philosophie analytique de l'histoire,* où se rencontre, comme le titre le laisse clairement entendre, une philosophie de l'histoire (ou anti-philosophie de l'histoire) débattant du progrès moral.

Qu'est-ce qui justifie une telle recherche ? Nous avons débuté cette entrée en matière en rappelant l'utilité des études sur Renouvier. Nous venons de présenter rapidement le sens général de notre recherche sur les fondements des sciences.

Plus précisément, elle nous amènera dans une première partie, à chercher les relations entre la science et le néocriticisme, d'un point de vue global. Nous nous interrogerons d'abord sur l'esprit scientifique qu'a mis en pratique Renouvier. Cet esprit est-il une des caractéristiques de sa philosophie ? C'est ce que nous chercherons à mettre en lumière en exposant son œuvre dans cette perspective. Puis, pour en comprendre les tenants et les aboutissants, nous examinerons d'où vient cet esprit critique ou scientifique, quelles influences l'ont fait naître. Cet esprit constitue-t-il à lui seul la racine du néocriticisme ? Pour répondre à cette question nous éclaircirons les positions occupées dans le système de Renouvier par les notions de connaissance, de science et de scientisme, de philosophie, de critique et de philosophie des sciences. Ainsi, nous comprendrons mieux la signification et la portée des concepts de relation, de loi et de catégorie, concepts que nous examinerons et qui sont essentiels pour le néocriticisme. Nous pourrons ainsi éclairer les rapports qui existent entre ces concepts et les sciences. Ayant dressé ce tableau général, nous demanderons à Renouvier comment il se représente les sciences et comment il les classe.

La place des mathématiques et de la logique nous apparaîtra alors comme primordiale, cela nous invitera à consacrer notre deuxième partie à l'examen de ces sciences (sciences de l'abstraction). Nous nous questionnerons sur le rôle et les limites de ces deux sciences chez Renouvier. En découlera, la nécessité de préciser, non seulement le concept de nombre par rapport à celui de quantité, mais aussi le sens de la loi du nombre. Cette loi nous invitera à explorer les questions liées aux grandeurs négatives, à appréhender les grandeurs incommensurables et le calcul infinitésimal, donc à aborder

Fondations des sciences dans le néocriticisme de Renouvier

l'indéfinité du temps et de l'espace et à prendre en compte le point de vue du géomètre. Présentant la construction de la géométrie, nous interrogerons la pertinence de la géométrie non-euclidienne du point de vue de Renouvier. Cette même demande sera adressée aux probabilités.

Cette attention au probable et au nécessaire nous guidera dans notre troisième moment, par lequel nous glisserons de l'analyse des sciences physiques (sciences de l'expérimentation) jusqu'à l'histoire (dont le statut de science est encore en question). Nous nous interrogerons sur le rôle joué par l'induction, l'hypothèse et l'expérience dans les sciences pour Renouvier, sur la place qu'il accorde à la matière et aux notions de force et de cause dans la constitution de la science moderne. Au sein des phénomènes physiques, Renouvier donne au vivant une position particulière, nous la présenterons, de même que le rang tout particulier où il situe l'homme en tant qu'il se différencie de l'animal, place à part qui est justifiée par la volonté humaine et qui invite Renouvier à discuter la théorie de l'évolution. La volonté de l'homme correspond à sa part de liberté, mais si l'homme peut s'autodéterminer, cette détermination est-elle pour autant sans cause ? Et sinon, n'est-elle qu'un placébo de liberté, le fruit de déterminations antérieures et extérieures ? Renouvier n'en croit rien et montre l'étroite relation entre les questions de la liberté, de la croyance et de la certitude. Il n'y a pas pour lui de fatalité dans l'histoire, elle est faite d'alternatives et de décisions, de choix. Renouvier les voudrait rationnels, abandonnant les anciennes superstitions, rejetant les religions trompeuses pour une foi rationnelle, une religion d'intellectuels. Il n'y a pas davantage de progrès fatal, seuls existent pour Renouvier des faits de progrès, le seul vrai progrès n'étant d'ailleurs que moral.

Et la morale (science en voie de constitution) ne peut exister que grâce à la croyance en la liberté. C'est ce que montre Renouvier au sein de sa philosophie de l'action, de sa philosophie de combat : il se donne pour mission d'édifier la morale comme science. Les sciences et la philosophie des sciences sont omniprésentes dans son œuvre, non seulement derrière les questions de scientificité liées par exemple à l'infini et à la certitude, mais aussi en arrière plan de thématiques qui ne sont pas de nature scientifique, comme la liberté ou le progrès moral.

Première partie - Quels rapports y a-t-il entre néocriticisme et science ?

« Les polémiques[1] épistolaires mènent trop loin et iraient parfois à l'interminable tant sont grandes les difficultés d'exprimer et de définir » (*CRS*, p. 20, lettre du 18 novembre 1872 de Renouvier à Charles Secrétan).

Nous devons commencer par définir cet esprit scientifique (1) qui s'apparente au doute méthodique, au doute du chercheur, puis il nous faudra définir la méthode scientifique telle que l'entend Renouvier. Cela nous amènera à confronter cette méthode à celle de la philosophie et à celle de la critique (2), et nous obligera à prendre en compte les concepts de loi, de relation, de catégorie (3), qui permettent de donner davantage corps au concept de science. Ceci posé, nous pourrons présenter l'organisation des sciences (4) les unes par rapport aux autres sur la base notamment des catégories.

Chapitre 1 - La construction de l'esprit scientifique de Renouvier

1.a - En quoi Renouvier fait-il preuve d'un esprit scientifique ?

1.a.α - Renouvier *versus* Proudhon

La philosophie de Renouvier est mûrement pensée, elle n'a rien d'une illumination, elle est au contraire le fruit d'un long labeur par lequel Renouvier dégage « peu à peu les principes auxquels il croit devoir donner une adhésion réfléchie » (SEAILLES, p. 12). Renouvier était un esprit logique qui voulait aller au bout de ses idées, en usant toujours de la raison. Prat prétend même (p. 234), que nul « mieux que lui n'a mis en lumière l'importance du rôle que jouent la logique et les sciences logiques dans la formation de l'intelligence. »

---

[1] Renouvier craint les polémiques, il sait que les discussions « éveillent les amours-propres plus qu'elles n'éclairent les problèmes » et que, soit elles amènent « des argumentations arides, serrées, fatigantes, qui s'étendent peu à peu à l'examen de tous les principes qu'on se croit le droit d'invoquer de part et d'autre, » soit elles dégénèrent « en attaques et ripostes qui se correspondent mal, et en soi-disant preuves qui demeurent à côté des véritables questions » (*CP1873-1*, p. 102).

Ses contemporains ont fait beaucoup de griefs à Renouvier, mais, pour Séailles (p. 15), ses défauts mineurs ne sont que le pendant de ses qualités bien plus considérables. Pour lui,

> « il est impossible de ne pas admirer en Renouvier, sa ferveur philosophique, sa sincérité, sa recherche patiente de la vérité, la passion qu'il apporte à en varier les expressions quand il croit l'avoir trouvée, son désir de la communiquer, d'en assurer à tous les bienfaits. Quant à ses défauts, ils tiennent à ses qualités mêmes. On lui a toujours reproché la lourdeur, l'obscurité de son style, les mots malheureux, un abus de l'abstraction, les phrases mal construites. Proudhon, à qui il avait reproché d'abuser des procédés d'éloquence, lui répondait durement : "M. Renouvier serait fort surpris, si je lui disais à mon tour que ce qui fait qu'à mon avis il ne sera jamais lui, malgré toute sa science, un vrai philosophe, c'est qu'il ne sait pas écrire."[2] Agacé par cette critique qu'il sent juste, Renouvier retourne l'attaque, il allègue qu'on ne peut atteindre la clarté vulgaire qu'en abaissant sa pensée, qu'en renonçant "à fonder la philosophie comme science." Il répond à Proudhon : "je crois parfaitement qu'on peut être à la fois un vrai philosophe et savoir écrire, quoiqu'il me semble certain, à consulter les faits, que tous ceux qui ont su écrire n'ont pas été de vrais philosophes et *vice versa*." Sans parler de Jules Lequier, combien de philosophes, de Platon à Spinoza, contredisent cette assertion ! Les défauts du style de Renouvier sont réels, mais l'essentiel est qu'ils ne tiennent pas à des vices de la pensée ».

Selon Renouvier, l'éminent philosophe n'est donc pas tenu d'être grand écrivain, souvent d'ailleurs, il ne le serait pas. Si Renouvier est un esprit géométrique, d'après Janssens (p. 293-294), il manquerait parfois de finesse dans sa rédaction et ses lourdeurs rebuteraient le lecteur :

> « Il bâtissait son "palais d'idées" en entassant de lourds blocs rigides, à peine équarris. Il ne sut pas les tailler ni les orner d'une nervure ou d'un feston. Sa pensée se trouvait empêtrée dans une forme lourde et pâteuse qui la rend peu abordable et rebuterait l'esprit le plus courageux. Au surplus, Renouvier ne possédait point l'art de la composition méthodique. On suit avec peine la marche embrouillée de sa doctrine. Les redites sont fréquentes. Ici, les longueurs fastidieuses, là, quelques phrases recèlent une théorie importante. Les idées ne se trouvent point à leur place, selon leur importance relative, et l'on se lasse de devoir si souvent intervenir pour recomposer l'ouvrage qu'on étudie. »

Mais, ce qui importe pour le philosophe c'est de bien penser ; le reproche de Proudhon ne tient donc que partiellement. Milhaud reprend (p. 14) un complément de réponse que Renouvier fit à Proudhon[3], complément par

---

[2] Extrait de *ECG2-1*, p. 350. James n'est pas de cet avis : il écrit le 29 juillet 1876 (CRJ, p. 7) que Renouvier a construit « une théorie solide, élégante et définitive, parfaitement consistante, et susceptible, en raison de sa vigueur morale, de devenir populaire, autant qu'une théorie philosophique peut prétendre à l'être. » Renouvier se déclare pourtant « confus [...] des éloges » (p. 18, lettre du 18 décembre 1881) prodigués par James et il a clairement conscience de ses « infirmités d'exécution ».

[3] Ces reproches n'empêchent pas Renouvier d'admirer Proudhon, qu'il considère comme « un véritable philosophe et moraliste, préoccupé avant tout de justice sociale » (BLAIS, p. 81) ; il s'est même montré à son encontre, d'après Blais (p. 82), « d'une constance inébranlable » ; selon Mouy (p. 61), « la *morale économique* de Renouvier » serait même « proudhonienne ».

lequel il distingue les philosophes poètes des philosophes savants, se classant lui-même dans la seconde catégorie, quitte à n'avoir qu'un auditoire des plus restreints :

> « Les philosophes [...] sont des poètes ou des savants. Poètes, ils sont intraduisibles ; savants, allons-nous demander à Viète ou à Fermat de mettre leurs théorèmes à la portée du salon de conversation ?... Je prétends à la science à mon tour..., je veux donc être étudié, et, n'eussé-je que trois lecteurs, n'en eussé-je qu'un, il faut que je dise ce que j'ai à dire, rien de plus, rien de moins, et que je rende ma pensée avec la même précision que je la conçois et avec les abstractions sans lesquelles il n'y a pas de rigueur possible... »

Renouvier prétend donc à la science. Sa prétention n'est pas infondée, car il dispose à la fois d'une grande culture scientifique[4] et de connaissances approfondies en histoire de la philosophie, contrairement à nombre de ses contemporains. Ce que Octave Hamelin confirme (p. 416) :

> « On a souvent déploré, et quelquefois avec d'autant plus d'amertume qu'on éprouvait soi-même les effets de ce mal, que la culture, chez les philosophes de notre temps, fût réduite à la moitié de ce qu'elle devrait être. Les uns, les plus nombreux, n'ont point de connaissances scientifiques ; les autres, tels qu'Auguste Comte et Cournot lui-même, ne se sont pas assez nourris de la tradition philosophique. M. Renouvier n'a rien de commun avec ces philosophes imparfaits : sa culture, comme celle de beaucoup des maîtres des deux siècles passés, est normale et complète. »

1.a.β - Le doute comme propédeutique au travail de recherche

Les extraits de Renouvier et de ses commentateurs que nous venons de présenter montrent qu'il était loin d'être un ennemi de la science, comme le laisserait supposer son opposition aux positivistes ou son attachement à la croyance. Cela explique que Lionel Dauriac ait indiqué dans l'article qu'il consacra à Renouvier dans la *Revue philosophique de la France et de l'étranger* (TPR, p. 342), que ceux qui s'obstinaient à voir en Renouvier « un adversaire de "la Science" feraient bien de changer leur formule d'attaque. Il pourrait bien se faire, d'ailleurs, que ces philosophes fussent leurs premières dupes[5]. Ils se complaisent dans une conception de la science

---

[4] Blais indique (p. 13) que « Renouvier embrasse la culture de son temps », qu'« il la passe au crible », que l'« étendue et la diversité des connaissances qu'il aura traversées et mises en œuvre [...] est stupéfiante », et qu'à « la fin de sa vie, sa bibliothèque personnelle ne comptait pas moins de trente mille ouvrages ».

[5] Renouvier n'est pas dupe non plus de l'usage qui est fait trop souvent de la logique : « instrument de la démonstration prétendue et de la conviction factice » ; il a conscience que « presque tous les hommes, les philosophes autant que d'autres, ont leurs pensées de *derrière la tête*, et cherchent à les prouver, à les imposer, à se les imposer à eux-mêmes, non à les mettre sérieusement à l'épreuve et à les vérifier » (*CP1873-2*, p. 292).

et des droits de la science dont le moins qu'on en puisse dire c'est qu'elle ressemble étonnamment à une conception religieuse ».

Si la conception de la science que défend Renouvier n'est pas « religieuse », cela provient d'abord de ce qu'il « n'aimait pas les idées préconçues que la plupart des hommes tiennent pour vraies sans les discuter » (PRAT, p. 210) ; lui se fait fort de les mettre en doute.

Cela est dû ensuite à la façon dont il considère ce doute. La critique est une méthode de recherche[6], une « attitude mentale » (PRAT, p. 214), qui n'est pas synonyme de doute cartésien. La distinction tient en ce que le « doute cartésien est provisoire » et vise à « découvrir une vérité que personne ne pourra mettre en doute ». Ce doute est « le point de départ et le fondement » du dogmatisme de Descartes. Renouvier se refuse pour sa part à tout dogmatisme. Il veut « discerner aussi exactement que possible les difficultés » (p. 207-208) d'un problème. Il ignore « quelles seront les conséquences de sa critique » (p. 214) ; il s'attache simplement à suivre la seule méthode « bonne parce qu'elle est la seule possible, la seule raisonnable, la seule qui mette en lumière la puissance ou l'impuissance de l'intelligence à comprendre et à juger la vie. Son attitude mentale est simplement celle du chercheur » (p. 214-215). C'est « un chercheur de vérités »[7], qui « cherche loyalement » (p. 207) et « de bonne foi ». Ainsi « le doute méthodique peut s'appeler doute scientifique, et c'est une partie essentielle de l'esprit scientifique lui-même » (*CP1878-1*, p. 194). Nous cernons déjà un peu mieux ce qu'est cet esprit scientifique.

Le doute du chercheur, dont Renouvier use, est en quelque sorte une « propédeutique à tout édifice scientifique » (JANSSENS, p. 35). Elle fait, selon les termes de Janssens, qui ne prend cependant pas la philosophie des sciences de Renouvier comme objet d'étude, du « problème de la connaissance et de la certitude [...] le problème fondamental de la philosophie des sciences. » De ce point de vue, Renouvier est donc de fait un philosophe des sciences.

Si cela n'apparaît pas immédiatement, peut-être est-ce dû à ce qu'il ne cherche pas d'abord à « savoir ce qu'est la science, ce qu'est la certitude » (SEAILLES, p. 42) ; il veut se mettre avant tout « à l'œuvre, se servir de son intelligence, faire un système ; on se demandera ensuite ce qu'est la science,

---

[6] « Le criticisme est tout d'abord une méthode [...,] une méthode pour affirmer à bon escient et croire sur de justes motifs. Il diffère donc absolument de la critique sans but, sans plan et sans bornes, qui ne mène à rien » (*CP1875-1*, p. 3).

[7] « Bien rares sont les penseurs qui conservent, dans le cours de leur vie et de leurs travaux intellectuels une aptitude, je ne dis pas à admettre, mais simplement à comprendre ce qui contrarie leurs vues arrêtées, et se gardent moralement accessibles à la vérité » (*CP1877-2*, p. 273).

la certitude, et on verra dans quelle mesure on a satisfait aux conditions qu'elles impliquent. » Renouvier est « épris de clarté scientifique » (PRAT, p. 25) et la doctrine qu'il entend édifier se veut des plus cohérentes. Ses éléments forment des « parties, étroitement rattachées les unes aux autres, solidaires les unes des autres », constituant « un ensemble de connaissances non pas indiscutablement certaines mais probables, rationnelles à la fois et raisonnables. »

Car ce qui fait l'esprit scientifique c'est « le culte de l'observation, l'art[8] de l'expérience, la défiance de soi dans les interprétations des faits et surtout dans les inductions, la crainte même exagérée des hypothèses » (*CP1878-1*, p. 197), le soin d'éviter les généralisations abusives. Voici les caractères essentiels « du régime mental des savants », de « l'esprit scientifique tel qu'on est en droit de le formuler en se rendant compte [...] des conditions limitatives de la certitude dans les sciences ».

1.a.γ - Pour et contre Comte ; position concernant la science positive

Ainsi, Renouvier adopte bien une démarche scientifique, et non une approche de poète. Milhaud commente (p. 73) la méthode du *Premier Essai* en écrivant que Renouvier

> « ne cesse de se placer à un point de vue positif. Il observe, il note les données distinctes de la pensée, il décrit, mais n'explique pas. L'objet de ses analyses et de ses descriptions étant d'ailleurs uniquement la représentation, cela achève de placer Renouvier au point de vue même de la connaissance scientifique. Et c'est pourquoi les développements dont il a rempli la deuxième édition sont souvent de très riches aperçus sur les principes et les méthodes de l'analyse, de la géométrie, de la mécanique et des sciences naturelles. [...] Toujours il se montre un homme de son temps, dont les distinctions (si j'en excepte son horreur de l'infini) ont gardé de nos jours, leur intérêt puissant. »

Renouvier prend appui sur la science, puisant « à pleines mains dans le répertoire de la science contemporaine » (DAURIAC, TPR, p. 352). Il s'inspira par exemple « des méthodes usitées en paléontologie[9]. Avec un fragment de squelette on reconstitue le vivant disparu [...] Avec les deux forces qui s'appellent gravitation et chaleur on peut reconstituer le monde primitif sans recourir à d'autres agents. »

---

[8] Edmond Goblot s'exprime sur un même registre en suggérant que l'« esprit scientifique est fait de qualités extra-intellectuelles, notamment de qualités morales. La première en importance est l'*amour de la vérité* », écrit-il dans son *Traité de logique* (GOBLOT Edmond, *Traité de* logique, Paris : Colin, 1918, p. 377).

[9] Renouvier considère que « la géologie et la paléontologie, [...] la botanique et la zoologie, ouvrent aux savants contemporains des perspectives immenses que la philosophie positive a interdites avant de les connaître » (*CP1877-2*, p. 119-120).

Nous pouvons donc dire de lui, comme nous l'exprimons habituellement au sujet des positivistes, qu'il « a inséparablement uni la spéculation philosophique au culte de la science, poursuivant sans relâche, en dehors des mystères et des dogmes confessionnels, une vérité qui pût devenir la vérité de tous » (MILHAUD, p. 7).

Il a bénéficié d'une « forte éducation[10], qui ne l'avait point laissé étranger aux sciences mathématiques et positives » (SEAILLES, p. I), il sait donc ce qu'est « une déduction mathématique, [...] une expérience physique. Il le sait autrement que pour l'avoir lu » (DAURIAC, TPR, p. 341). Lorsque Renouvier termina son instruction scientifique, il n'avait pas encore idée du néocriticisme, et, lorsqu'il s'enquit des doctrines philosophiques, il le fit sans parti pris ; il ne cherchait pas à interpréter les doctrines, il voulait seulement les comprendre. Contrairement aux objections qui ont été parfois formulées à l'encontre de Renouvier, il n'est donc ni opposé à l'esprit de la science, ni hostile à la méthode scientifique, loin s'en faut. Cette position des adversaires de Renouvier n'est pas tenable, car ceux qui se complaisent dans une vision religieuse de la science ce sont plutôt ses contradicteurs, qui souvent ont une culture scientifique bien inférieure à celle du chef du néocriticisme[11]. C'est pourquoi, lorsque Renouvier se propose de repérer, outre « de nombreux contresens ou non-sens mathématiques dans l'emploi du langage des équations, [...] des fautes grossières d'arithmétique dans *the Principles of psychology* de H. Spencer » (*PAH-4*[12], p. 332), nous pouvons penser que ce n'est guère à tort.

Considérons donc que Renouvier, comme Comte, est venu « à la réflexion philosophique vraiment féconde en s'appuyant d'abord sur la pensée scientifique » [Ib3[13], sd] et que le premier mérite autant de respect que la postérité en a accordé au second. D'ailleurs, aux yeux de Milhaud, comme à ceux de Séailles, Renouvier devrait figurer parmi les grands noms de la

---

[10] Il suit les cours de l'École polytechnique de 1834 à 1836. Élève médiocre, il y comprend cependant « la nécessité et la beauté du travail » (PRAT, p. 16) ; il en sort 109ᵉ sur 125, position qui lui aurait permis de devenir sous-lieutenant dans la marine, mais la « carrière militaire n'avait, pour lui, aucun attrait » (PRAT, p. 19).

[11] « *or as Renouvier preferred to say, "French criticism"* » (LOGUE, p. 30).

[12] Le *Quatrième Essai* était l'*Introduction à une philosophie analytique de l'histoire*, Renouvier l'a prolongé de 1896 à 1898 par un cinquième essai qui consiste en cette *Philosophie analytique de l'histoire* en quatre volumes. Il y présente sur plus de trois mille pages les civilisations et religions qui se sont succédées jusqu'à l'époque moderne. Le quatrième volume porte sur le XIXᵉ siècle.

[13] Lettre de Milhaud dans laquelle il envisage une souscription pour ériger une statue en l'honneur de Renouvier : buste qui siégerait « dans la Cour du palais de l'Université » de Montpellier pour faire le « pendant naturel » de celui de Comte.

philosophie française du XIXe siècle « avec honneur auprès de son grand compatriote, Auguste Comte » (SEAILLES, p. I).

Renouvier félicite Comte pour avoir ramené l'esprit scientifique en philosophie ; et Littré pour l'avoir répandu, à l'heure où régnaient idéologues et hégéliens. Renouvier estime cependant que « Comte avait la *bosse de la vénération*, se créait volontiers des idoles » (*CP1877-2*, p. 118), et il le blâme de vouloir fonder la philosophie positivement tout en en niant l'existence. Il justifie ainsi ce reproche :

> Comte « ignorait en imaginant cette méthode illusoire, que les sciences ne peuvent tenir que de la philosophie leurs philosophies particulières, autant qu'elles se prêtent à recevoir de ces systématisations qui impliquent toujours des notions générales, des notions hypothétiques ; car les sciences ne trouvent pas ces notions dans leurs matières propres nettement définies, et n'en possèdent pas des moyens de vérification. À plus forte raison ne peuvent-elles engendrer une philosophie qui leur soit commune à toutes. Elles auraient besoin pour cela de s'élever au dessus de leurs méthodes respectives, strictement scientifiques, desquelles elles ne tirent des vérités démontrées qu'à la condition de se renfermer chacune dans ses limites et de se poser des principes hors de l'examen » (*PAH-4*, p. 663).

Les savants qui croient pouvoir faire sortir des sciences expérimentales une philosophie n'arrivent, pour Renouvier, qu'à pervertir les méthodes et ne sont en réalité que des métaphysiciens qui « érigent des idées en entités » (*CP1878-2*, p. 107). La science positive n'est pas autre chose que « les sciences constituées, particulières, sur lesquelles s'est établi un accord suffisant de prémisses, de raisonnements et de méthode entre savants spéciaux » (*CP1877-1*, p. 293).

En outre, Renouvier n'accepte pas que les positivistes refusent d'examiner ce qui n'est pas scientifique : un tel refus ne serait valable que si la chose à étudier était absolument sans intérêt ou sans existence.

1.b - L'esprit scientifique est-il un caractère majeur de la pensée de Renouvier ?

Octave Hamelin fait valoir l'utilité et l'originalité de sa recherche (p. 1), en considérant l'ampleur et la complexité de la pensée de Renouvier ; il s'y trouve suffisamment de « matière à interprétation et, au besoin, à réflexions critiques » pour plusieurs travailleurs. Et Hamelin ajoute : « peut-être ne me proposè-je pas exactement la même tâche que M. Séailles. » La richesse de la pensée de Renouvier autoriserait donc plusieurs approches. Soit, mais depuis un siècle, d'autres commentateurs ont repris les traces de Renouvier, alors une étude de plus se justifie-t-elle encore ? Un tel questionnement n'est pas interdit, non plus que l'interrogation opposée : cette ampleur de l'œuvre ne permet-elle pas trop d'interprétations divergentes voire contradictoires ?

Pour répondre à ces questions, voyons comment sont qualifiés les différents moments de la philosophie de Renouvier et ce qu'on en donne comme étant l'essentiel.

1.b.α - Quel intérêt le jeune Renouvier portait-il à la science ?

Hamelin, ainsi que les autres commentateurs, parlent d'une « première philosophie de M. Renouvier » (p. 4) contenue dans les trois manuels (*MPM* de 1842, *MPA* de 1844 et *MR* de 1848) ; cette philosophie est aussi désignée simplement « philosophie des Manuels ». Renouvier a intitulé ses deux premiers ouvrages *Manuel de philosophie*, il ne s'agit donc pas simplement de manuels d'histoire de la philosophie ancienne et moderne. Il y mêle en fait, selon ses propres termes (*MPA*, p. VII-VIII), « l'histoire à la spéculation », et regarde « quels sont les résultats où l'esprit est conduit aujourd'hui » ; il examine « cette logique, réduite à des termes essentiels et précis, comme la science même, comme la science rigoureuse et absolue » ; et de cela il conclut : « j'y *crois* comme à la vraie méthode des sciences pour atteindre les réalités ». Ces deux premiers manuels ont donc pour but, comme le *Manuel républicain de l'homme et du citoyen* de 1848, « de nous instruire sur la méthode qui convient à la philosophie » (HAMELIN, p. 4) autant sinon plus que de nous dresser un tableau historique. D'ailleurs, si la première partie du *Manuel de Philosophie moderne* est intitulée « Histoire », la seconde est titrée « Doctrine ».

Dans son *Esquisse d'une classification systématique des doctrines philosophiques*[14] (t. II, p. 366-367), Renouvier revient sur ses écrits de jeunesse pour en synthétiser l'essence et faire son autocritique. Il présente les thèses développées dans l'« ambitieuse partie dogmatique » de son *Manuel de philosophie moderne*, notamment l'intérêt qu'il portait déjà à des notions qui le guideront toute sa vie, telles « la croyance pour toute position sincère de doctrines », les « termes contradictoires », « la géométrie infinitésimale », les problèmes du « déterminisme », de « la liberté morale », du « progrès à l'infini ». Milhaud repère (p. 34) « beaucoup d'éléments essentiels » dans la philosophie de jeunesse de Renouvier, et particulièrement quatre idées centrales qui demeureront présentes durant tout son cheminement : un « a-priorisme, dans la théorie de la connaissance », un « appel à la croyance substitué à l'évidence », le « principe de contradiction » et un « attachement étroit à la philosophie de l'esprit, qui lui

---

[14] L'idée clé de cet ouvrage consiste en ce que les doctrines peuvent se ramener à des prises de positions relativement à six oppositions : chose-idée, création-évolution, croyance-évidence, devoir-bonheur, fini-infini, liberté-nécessité.

fera toujours concevoir l'être sous la forme de l'esprit (*substantiel* d'abord, puis *phénoménal* et toujours *personnel*) ». Mais Renouvier reconnaît que sa « doctrine de conciliation des contraires » était inspirée par l'éclectisme ambiant en 1842, que sa première philosophie n'était autre qu'un éclectisme méthodique.

<blockquote>Il avoue : « j'étais bien de mon siècle alors, et j'obéissais naïvement aux tendances qu'il avait mises en moi. Cet état spéculatif se prolongea assez longtemps. Il n'était en rien changé quand je publiai, deux ans après, le résumé de mes études sur les philosophes de l'antiquité. »</blockquote>

Les articles de l'*Encyclopédie nouvelle* apportent-ils des éléments nouveaux ? Dans le prolongement des *Manuels*, Renouvier publia une dizaine d'articles dans l'*Encyclopédie nouvelle*[15] de Pierre Leroux[16] et Jean Reynaud. Les contributeurs ne signaient pas leurs articles, mais Renouvier se reconnaît la paternité de l'article « Philosophie » dans l'*Esquisse* (*ECSDP-2*, p. 370) et, si l'on en croit une lettre de Louis Foucher [Hb5, sd], qui publia le premier une bibliographie détaillée de Renouvier, c'est précisément dix articles[17] que l'on doit attribuer à Renouvier : « Descartes », qui remonte à 1842 ou 1843, « Panthéisme », probablement de 1843, « Euler », de 1844, « Expérience », « Fatalisme », « Fermat », « Fichte », « Ficin », de 1845 à 1847, et « Force », ainsi que « Philosophie », que Foucher date de 1847. Cette collaboration est confirmée par Paul Mouy (p. 116) qui l'échelonne bien de 1842 à 1847 et qui ajoute que ce fait est établi par Robert Le Savoureux dans son mémoire de 1911. Hamelin précise (p. 25-26) que Le Savoureux affine quelque peu la datation et que les articles « Fatalisme », « Fermat »[18], « Fichte », « Ficin », « Force », « Panthéisme » et « Philosophie » ont été signalés « comme étant de M. Renouvier » et que « celui-ci les avait nommément indiqués pour tels à M. Pillon qui en avait pris note. » Jules Thomas, auteur d'une introduction à Renouvier en tête

---

[15] Cette « entreprise saint-simonienne d'instruction populaire, commencée en 1836 par Pierre Leroux et Jean Reynaud » était « forgée sur le modèle de l'Encyclopédie du XVIIIe siècle » (FEDI, CSPS, p. 92).

[16] Gunn rappelle (p. 43) que Pierre Leroux avait déjà fourni aux saint-simoniens un espace de parole dans *Le Globe* : « *Pierre Leroux, a printer and publisher of Paris, joined the Saint-Simonist group in 1831 and gave the group an outlet for its ideas in his paper Le Globe.* » Blais note (p. 70) que c'est cette année là qu'il créa le mot de « socialisme ».

[17] Les articles en question sont publiés dans les tomes IV à VII de l'*Encyclopédie nouvelle* : « Descartes » (t. IV), « Euler » à « Force » (t. V) et « Philosophie » (t. VII).

[18] Fedi indique (CSPS, p. 78-79 et *PC*, p. 54) que ce qui intéresse particulièrement Renouvier dans son étude sur Fermat, « c'est sa préoccupation pour l'infini » qui l'oppose à Descartes dans « la première lutte du calcul infinitésimal naissant ». Renouvier tenait à ce que ce débat soit signalé dans l'« histoire philosophique des sciences ».

d'une réédition du *Manuel républicain de l'homme et du citoyen*[19], en qui Hamelin semble avoir confiance, mentionne comme lui appartenant également « les articles *Euler*[20] et *Expérience* » ; il n'y a donc guère de doute à avoir sur l'origine de ces dix articles.

Remarquons que, sur les dix, quatre sont directement liés aux sciences : les textes relatifs aux notions d'expérience et de force, ainsi que ceux concernant les savants Leonhard Euler et Pierre de Fermat.

Foucher indique, dans une lettre datée du 12 août 1910 [Hb1] qu'il adressa à Prat, son souhait de rééditer les articles devenus introuvables que Renouvier avait rédigés pour l'*Encyclopédie nouvelle*. Ils sont, dit-il, « de si haute importance et pour l'histoire du grand penseur et pour celle même du XIXe siècle ». Faudrait-il y chercher quelques éléments nouveaux ? Hamelin pense (p. 28) qu'ils révèlent « seulement une expression plus nette des idées du *Manuel de philosophie moderne* », en particulier l'article *Panthéisme*. L'article « Philosophie » aurait également donné à Renouvier une vision d'ensemble, d'après les propos rapporté par Prat (p. 18) :

---

[19] Ce livre a été écrit à la demande de Hippolyte Carnot, alors Ministre de l'instruction publique, par Renouvier sous la direction de Jean Reynaud et sous le patronage de la commission chargée d'instituer l'école républicaine, la « Commission des études scientifiques et littéraires » comprenant le pamphlétaire Beranger, le philosophe Cournot, ainsi que Élie de Beaumont, Henri Martin, Frédéric Le Play et Edgard Quinet (Jules Michelet ayant décliné cet honneur). Ce texte devait éclairer la question du suffrage universel, mais il réclame par exemple « l'abolition de l'intérêt par l'établissement du crédit gratuit, la concentration entre les mains de la République de tous les organes du commerce et de l'échange, et la création d'un impôt progressif visant à réaliser l'égalité des conditions » (FEDI, *PC*, p. 10) ; on l'accusa de présenter « une conception partisane et révolutionnaire de la République » (BLAIS, p. 20). Il fut donc très mal reçu en 1848 et le scandale poussa Carnot à la démission. Cela assena un rude coup à Renouvier, qui néanmoins poursuivi son implication politique en co-écrivant trois ans plus tard, avec Charles Fauvety, *Gouvernement direct et organisation communale et centrale de la république*. Blais note (p. 21) que Renouvier « semble y avoir pris une part importante » et que « cette réflexion en commun [...] formera la base de sa philosophie de la République ». Gunn donne (p. 45) quelques compléments intéressants au sujet du premier ouvrage : « *The Minister of education asked one day for a book suitable for placing in the hands of schoolmasters who had to give lessons on Citizenship or Civics. Renouvier supplied a manuscript which was published under the title,* Manuel républicain de l'Homme et du Citoyen. *Shortly afterwards, in a debate nominally on teachers' salaries, Renouvier's book was vigorously attacked in the Chamber by Bonjean, the* député *of La Drôme.* [...] *Renouvier was disgusted with politics !* » Prat confirme ce dernier point (p. 23) : « Renouvier s'est désintéressé, de plus en plus de la vie politique [...], je crois, que Renouvier s'est désintéressé de la vie politique à mesure qu'il a vu plus clair dans sa pensée, qu'il a su plus exactement ce qu'il voulait faire et, comme il disait, ce qu'il se proposait d'oser. »

[20] L'intérêt de cet article réside, selon Fedi (*PC*, p. 51), dans « son contenu mathématique ». Renouvier y présente le travail de « systématisation d'Euler » et y discute notamment son point de vue sur les « évanouissants ».

« J'écrivais alors, pour la Revue de Pierre Leroux, le long article : *Philosophie*. Arrivé à la fin de mon travail, après avoir fait la critique des Catégories de Kant, j'ai eu une sorte de vision d'ensemble d'une philosophie phénoméniste et rationnelle. Pour la première fois je comprenais, je voyais la relativité de la connaissance. Je comprenais encore que les thèses de Lequier s'harmonisaient à mes pensées, qu'elles donnaient à mes pensées une vie et une âme. Je voyais qu'il me serait possible d'aborder le problème qui, depuis si longtemps me tenait à cœur : Pourquoi le mal dans le monde ? »

1.b.β - Les caractères majeurs du néocriticisme

Lors de sa communication à la Société Française de Philosophie réunie en séance le 26 novembre 1903, Dauriac présente (MPR, p. 23-24) l'influence dominante de Kant dans le *Premier Essai*, il relève celle de Lequier dans le deuxième, et il remarque également celle de Leibniz dans le troisième. Cette dernière source d'inspiration ne doit pas être considérée comme négligeable, car Dauriac précise que la « philosophie néocriticiste de la nature s'est, dès ses origines, appelée une "monadologie" »[21]. Dans son intervention, il résume également la méthode néocriticiste en six points : « 1° La conception du réel en fonction de l'esprit ; 2° La négation de l'infini actuel et le premier commencement du monde ; 3° La création ; 4° Le libre arbitre ; 5° La règle impérative du devoir[22] ; 6° La croyance considérée comme organe de l'accession au vrai sous la double autorité de la raison et de la morale. »

Renouvier attache une grande importance à ce dernier point. Pour lui, le nom de criticisme doit venir « de ce qu'il juge, choisit, prononce, décide (χρινω : *discerno, judico* ; χρίσις : *examen, judicium*)[23], et non pas de ce sens

---

[21] Renouvier a conscience de s'être inspiré de cette source leibnizienne, mais si le système de Leibniz subsiste, il se trouve « entièrement transformé ». Renouvier « rend la contingence aux monades, le libre arbitre aux âmes rationnelles », et il bannit « les infinis de la spéculation », renfermant « tous les rapports dans les limites que prescrit le principe de relativité. [...] C'est ainsi qu'il a été possible en corrigeant les principes de Leibniz par la doctrine des catégories, de composer une *Nouvelle monadologie* où les conditions d'existence et de développement des consciences et des âmes ont été analysées, telles, que, dans le monde physique et moral, l'observation nous les présente » (*HSPM*, p. 463).

[22] « Le criticisme a pour morale une science que son fondateur a établie sur un principe rationnel, très-clair, très-absolu, sans équivoque possible, facile à l'application, comprenant la morale proprement dite et la politique ; principe de justice et non d'amour, principe qui ne laisse aucune place à l'hypocrisie ni à la déclamation » (*CP1872-1*, p. 2).

[23] C'est la raison pour laquelle il « est le contraire du scepticisme » (*CP1872-1*, p. 1). Si le néocriticisme conserve du scepticisme la possibilité de toujours douter, il s'en écarte grandement en invitant à l'examen, à la décision et à l'action. Il serait pour le moins contradictoire de reprocher à Renouvier d'être sceptique et en même temps de le blâmer « de nous engager à croire, faute de se sentir capable de prouver » (*CP1874-2*, p. 35 - cité par VERNEAUX, p. 14).

corrompu du mot français *critiquer*, qui exprime dépréciation et blâme sans principes » (*CP1872-1*, p. 1). Synthétisant son néocriticisme (*PAH-4*, p. 660), il le détermine d'abord par le « renoncement au dogmatisme de la raison pure », qui a comme conséquence « la reconnaissance du caractère hypothétique [...] des principes que la philosophie embrasse pour s'élever à la connaissance des hautes vérités, ou pour les systématiser » et qui a pour corollaire « le recours aux postulats moraux, comme seuls capables de poser un fondement de certitude intime refusé aux principes abstraits. » C'est en ce sens que Warren Schmaus écrit en tête de son article « *Science and the Social Contract in Renouvier* » : *He « regarded normative questions in epistemology and philosophy of science as analogous to those in moral and political philosophy and proposed similar ways of dealing with both. He held that it was not possible to achieve certainty or even complete consensus in either morality or science.* »

Séailles (p. 39) donne aussi les caractères qu'il juge comme essentiels dans la pensée de Renouvier, en précisant ce qui le distingue de ses contemporains d'un côté et de ses maîtres d'un autre :

> « Il ne se laisse pas éblouir par le progrès des sciences positives, il ne subordonne pas l'esprit à la chose, il ne rêve pas de trouver le secret de l'absolu dans la connaissance du relatif, il n'identifie pas fait et idée, l'expérience et la dialectique hégélienne ; il maintient l'originalité du problème philosophique et de la méthode qui en permet la solution, il ne renonce pas au droit de chercher au monde un sens conforme aux exigences de la conscience morale. Mais d'accord avec A. Comte, comme avec D. Hume, il nie l'absolu, il rejette la métaphysique comme science, il affirme la relativité de la connaissance, à laquelle il ne laisse pour objet que des faits et des lois. »

L'originalité de sa doctrine, Renouvier l'a lui-même mise en lumière (*HSPM*, p. 460), en expliquant qu'il considère « les opérations synthétiques de l'entendement, du côté de la pensée, et les fonctions observables des phénomènes, d'une autre part, comme les lois où toute connaissance possible est renfermée, et d'où se tirent les définitions qui sont tout ce qu'il y a d'intelligible dans les êtres en tant que constitutif de leur essence. » Là « est la première formule originale du néocriticisme. » La doctrine de la liberté est le « deuxième point capital et complément [...] du premier, car il fait prendre place à la volonté, principe réel de la cause, dans le système de l'univers où régnerait sans cela le déterminisme absolu ». Cette « croyance profondément raisonnée » en la liberté vit le jour « grâce aux analyses de la *Recherche d'une première vérité* » de son ami Jules Lequier.

On ne s'étonnera pas dès lors de l'ambitieux projet scientifique[24] des *Essais*[25], pas plus que de l'avertissement par lequel ils débutent (*ECG1-1*, p. 1-2) et qui leur donne cependant un caractère relatif et incertain, autant que le fait leur titre d'ailleurs :

> « Tout langage et toute science procèdent par composition et décomposition.
> Mais que composons-nous ainsi, que décomposons-nous ? Des *mots* ? des *idées* ? des *choses* ?
> Avant d'aller plus loin, je dois avertir le lecteur que la critique de la connaissance se meut dans un cercle inévitable. Quelque vérité, quelque rapport que j'entreprenne d'expliquer, de prouver, je suis contraint de proposer d'autres rapports que je n'explique pas. Comment expliquer en effet ce que supposerait une première explication quelconque ? et que ne supposé-je point dès mes premières lignes ?
> Ou le *procès à l'infini*, qui est impossible, ou le *cercle* qu'on nomme *vicieux* [...] J'écris l'histoire de mes pensées pour que d'autres la vérifient par l'histoire conforme des leurs, en me lisant[26]. Cette histoire est une méthode, et quand le cercle de cette méthode est fermé, la science est acquise.
> Je reconnaîtrai si mon opinion se nomme à bon droit science, en cherchant ce que c'est que science, et plus tard ce que c'est que certitude. La science m'apparaîtra d'elle-même, et en la pratiquant j'apprendrai à la définir. »

---

[24] Il se consacra à l'écriture de ses *Essais* de 1854 à 1864 puis, après la première édition complète, s'attela à une seconde édition révisée jusqu'en 1897. Gunn indique (p. 47) : « *These writings, which in their original form occupied the decade 1854-1864, and in their revision covered almost half a century (1854-1897), are, with his book on* Ethics, *published separately, Renouvier's main contributions to philosophy.* » Et il précise en note : « *Present editions of the* Essais *total ten volumes* (Logic, *2;* Psychology, *2;* Principles of Nature, *1;* Introduction to Philosophy of History, *1;* Philosophy of History, *4*). »

[25] Dans une lettre du 24 janvier 1869 à Secrétan (*CRS*, p. 12), Renouvier propose d'éclaircir ses trois *Essais* « en distinguant pour ainsi dire trois moments dans la marche de mes trois volumes. *Premier moment* : méthode pure, abstraction complète, procédé scientifique, s'il se peut et si je réussis. Sous ce point de vue je trouve que je ne peux définir l'être que par la *relation*, la *fonction* (au sens mathématique du mot), la *loi*. [...] *Second moment* : celui où, traitant le problème de la certitude et ensuite, j'affirme volontairement l'existence réelle externe d'êtres semblables à moi ou différents, mais particulièrement de ceux qui me sont semblables ; et où je reconnais à ces *groupes de phénomènes* des caractères, tant de constance que de développement qui leur constituent des destinées physiques et morales, et où enfin j'ouvre la porte à plusieurs hypothèses [...]. *Troisième moment :* le fond de la nature, la question des êtres ou forces naturelles élémentaires. J'aboutis alors pour concilier la méthode idéaliste avec l'existence réelle des corps à une sorte de monadisme, mais grandement modifié par la négation de l'infinité, de la continuité et de la solidarité et débarrassé de ce *plein de matière* (et de ces substances au fond éternelles grosses d'une infinité de modifications) que Leibniz voulait passionnément conserver. Je trouve un ferme appui pour cette partie de mes thèses dans les tendances actuelles et très manifestes des sciences physiques et des mathématiques appliquées. Je suis un peu de l'avis de Ravaisson et à mes yeux l'idéalisme sortant des sciences de la matière est incessamment appelé à faire une grande rentrée en philosophie. »

[26] Fedi remarque (*PC*, p. 36) à propos de ce passage, qui rappelle Descartes voulant raconter « l'histoire de son esprit », que Renouvier « a connu l'entrée en littérature du journal intime ».

Dans sa pratique, Renouvier se bat contre « trois idoles de la philosophie » (*ECSDP-2*, p. 390) qu'il considère comme formant « l'objet d'une sorte de culte métaphysique : l'infini actuel, la substance des phénomènes et la solidarité absolue des choses successives ». Pour les combattre, il s'attache avant tout au principe de non-contradiction et vise une méthode scientifique en philosophie. S'il se positionne comme « essentiellement opposé au positivisme » (*HSPM*, p. 439), c'est parce qu'il le voit comme « une doctrine toute fataliste, déduite d'une prétendue loi de l'histoire ». Lui, à l'opposé, veut partir de la représentation et du représenté, de la relation, de la personne, du phénomène. Cela le rapproche du phénoménisme de David Hume, bien qu'il ne s'en soit pas directement inspiré[27]. Toutefois l'opposition au positivisme n'est pas si tranchée, la preuve en est que Roger Verneaux va jusqu'à soutenir (p. 20) que « son phénoménisme vient de Comte ». Mais ne tombons pas dans l'excès inverse en faisant de Renouvier un disciple de Comte, ou en voyant dans son phénoménisme une descendance de théories comtiennes ; contentons-nous de reconnaître l'influence des élèves de Saint-Simon sur le jeune Renouvier et d'accepter, avec Renouvier lui-même (*HSPM*, p. 439), cette proximité entre son phénoménisme et celui de Comte.

1.c - Quelle est la place des sciences dans cette constitution de la pensée de Renouvier ?

Si Renouvier en vient à rejoindre les idées humiennes, c'est en effet d'abord avec, puis en opposition à, Comte et les saint-simoniens qu'il construit sa réflexion d'adulte. Ensuite, c'est par ses réflexions sur le cartésianisme qu'il édifie ses premières analyses philosophiques. Enfin, c'est en particulier la référence à la critique kantienne qui lui sert de base dans la rédaction de ses *Essais*. Ces trois influences ont-elles eu un rôle dans ce positionnement qu'il adoptera par rapport aux sciences ?

---

[27] Renouvier écrit : « C'est ainsi que tout en conservant la correction radicale apportée par Kant à l'empirisme de Hume, et qui consiste à restituer les jugements *a priori* dans la constitution de l'esprit, - à joindre aux phénomènes les lois, les relations générales, ou catégories, qui sont les conditions de possibilité des représentations, - j'arrivais à rétablir contre Kant beaucoup des conclusions de Hume touchant la substance, l'identité et la cause. Pourtant je ne connaissais pas encore à cette époque le *Traité de la nature humaine* de Hume, et ses *Essais* sur l'entendement n'avaient pu me montrer clairement la voie du relativisme et du phénoménisme méthodique » (*ECSDP-2*, p. 392) - voir aussi *CP1878-1* (p. 273-284) et *HSPM* (p. 440) où il note clairement que le néocriticisme garde « de Hume le phénoménisme » -. Gunn (p. 186) cite également un passage de Renouvier qu'il traduit ainsi : « *Hume is really the first father of the Critical Philosophy* ».

1.c.α - Quelle a été l'influence de Comte, de Descartes et de Kant dans la construction du système de Renouvier ?

Renouvier écrit qu'il a fréquenté les amis de Saint-Simon dans sa jeunesse. Jules Renouvier, son frère, a d'ailleurs été un des premiers saint-simoniens (HAMELIN, p. 5). Comte a été également élève de Saint-Simon, Renouvier l'a côtoyé à l'École polytechnique ; Comte y était répétiteur alors que Renouvier y faisait ses études. Déjà à l'époque, il n'appréciait guère ce montpelliérain d'origine dont il fut l'adversaire toute sa vie, il a pourtant toujours estimé le travail de Comte en mathématiques. Il déclare même la partie mathématique du *Cours de philosophie positive* « très en avant sur les routines de l'enseignement qu'il a reçu » et il ajoute que c'est à cette approche qu'il dut, « comme beaucoup d'étudiants en mathématiques de son temps, de prendre un sérieux intérêt à des études qui auraient pu sans cela le rebuter » (HAMELIN, p. 7 s'appuyant sur *La Critique philosophique*[28], XI, p. 328). Si la relation au positivisme a toujours été compliquée, son attachement aux mathématiques n'est donc pas étranger à Comte.

Lorsque Renouvier a débuté ses recherches philosophiques, il s'est d'abord orienté sur le cartésianisme, c'est donc tout naturellement que sa philosophie prend inspiration dans les premiers principes de Descartes. Dans *Histoire et solution des problèmes métaphysiques* (p. 443 *sq*.), il liste les idées de Descartes qu'il a conservées : doute méthodique, pensée individuelle (la conscience), pensée en tant qu'être (l'existence), corps, notion de cause et limitation des puissances du moi, induction de l'être

---

[28] *La Critique philosophique* a été publiée et dirigée par Renouvier durant dix sept ans, de 1872 à 1884 de manière hebdomadaire, puis de 1885 à 1890 de manière mensuelle, représentant au total 36 volumes. Renouvier y contribua de manière importante avec son ami François Pillon. À l'origine Pillon créa *L'Année philosophique*. La revue *La Philosophie positive* écrit, dans son commentaire du premier volume de *L'Année philosophique*, que cette publication « est consacrée presque tout entière à combattre la philosophie positive », et plus loin : « M. Renouvier ennemi juré de la philosophie positive » (LITTRE Émile et WYROUBOFF Grégoire, *La Philosophie positive*, Paris : Germer-Baillière, 1868, tome II - janvier à juin 1865 - deuxième année, p. 468 & 470). Après deux ans d'existence, *L'Année philosophique* cède la place à la *Critique philosophique* qui eut de 1878 à 1885 un supplément trimestriel intitulé *La Critique religieuse*. Au total plus de dix mille pages de dense réflexion philosophique ; malheureusement, comme Secrétan l'écrivit à Renouvier dans sa lettre du 17 mars 1869 : en guise de « métier la philosophie ne vaut pas les allumettes chimiques et les bétons agglomérés » (*CRS*, p. 18). Lorsqu'il prend congé de ses lecteurs, Renouvier dresse le bilan de ce que la revue a pu faire « en philosophie [... et] en science générale ou critique scientifique [... :] combattre de toutes nos forces des hypothèses, métaphysiques au fond, qui se prétendent nées de la science et autorisées par la science » (*CP1889-2*, p. 401-402). Pillon reprendra la publication de *L'Année philosophique* en 1890 et sa revue vivra jusqu'en 1913 ; Renouvier y publiera chaque année un article et ce jusqu'à sa mort.

identique et permanence de la pensée (l'âme), induction de l'être parfait, et principe de la cause éminente, création. D'après Milhaud (p. 21-22), c'est sa culture mathématique qui prédisposa Renouvier à apprécier le cartésianisme : « quelles inspirations ont pu préparer notre jeune philosophe à écouter si favorablement les grands Cartésiens du XVIIe siècle. Je n'hésite pas, pour ma part, à trouver l'une d'elles, la plus importante peut-être, dans les habitudes de pensée qui peuvent naître, chez un esprit réfléchi, du contact intime et suffisamment prolongé avec les mathématiques pures. » C'est bien cet esprit critique qui guida Renouvier vers Descartes, ce même esprit qui guida déjà Socrate[29] : le « plus ancien critique connu. Il fut, durant un demi-siècle, sur l'Agora d'Athènes, ce que Descartes se sentit un moment dans la solitude d'un poêle d'Allemagne, une protestation vivante contre la science prétendue, l'explication du monde » (*ECG1-1*, p. XIV-XV). Renouvier cultiva un intérêt pour Descartes dû à son amour des mathématiques et à son rejet des pseudo-sciences.

Mouy indique deux autres influences : celle de Victor Cousin, qu'il trouve (p. 28) « éclatante et à peu près avouée, quoique Victor Cousin ne soit pas nommé » et celle de l'historien Jules Michelet. Mouy ajoute cette dernière en s'appuyant sur Robert Le Savoureux (*La formation de la notion de conscience dans la philosophie de Ch. Renouvier*, p. 658), qui repère l'influence qu'eut l'ouvrage de Michelet, invitant notamment Renouvier à reconnaître « en Vico le créateur de la philosophie de l'histoire » (MOUY, p. 30).

Mais c'est surtout Kant qui guida essentiellement Renouvier dans ses *Essais de critique générale*[30]. Janssens (p. 13) note d'ailleurs que l'introduction du kantisme en France se fit par Renouvier et « Lachelier,

---

[29] Xavier Moisant (p. 274) estime que l'intérêt des théories de Renouvier tient notamment en ce « qu'elles offrent au regard surpris une nouvelle floraison d'un idéal qui semblait mort. » Et il poursuit en caractérisant Renouvier comme n'étant « ni un disciple de Kant, ni un apôtre du christianisme protestant, ni un philosophe de Loges ou de Parlement, mais un revenant des cités antiques. » Pour Moisant, c'est (p. 275) « un disciple de Platon, un émule et parfois un adversaire déterminé d'Aristote [...] qui se réveille au pays et au temps de Louis-Philippe, cherche encore du regard les pâles oliviers à l'ombre desquels on élaborait ensemble un idéal de politique et de philosophie. Étonnez-vous que Renouvier n'ait pas été de son temps ! Cet homme qui, les yeux ouverts, poursuivait obstinément son rêve ».

[30] Fedi remarque (CSPS, p. 65 et *PC*, p. 18) que l'« idée d'une "critique philosophique", envisagée comme un travail sur les fondements, n'était pas tout à fait nouvelle, en France, en 1854, puisque trois ans auparavant, Cournot avait publié son *Essai sur les fondements de nos connaissances et sur les caractères de la critique philosophique*. » Fedi précise qu'en « dépit de la ressemblance des titres, il semble que le *Premier Essai de critique générale* ne doit rien à ce livre de Cournot, ignoré du public lors de sa sortie. » Et il ajoute que les « objectifs et les problèmes posés sont pourtant comparables ».

dans son cours de l'École normale supérieure ». Dès la préface de son *Essai* (*ECG1-1*, p. XV), Renouvier avoue qu'il continue Kant, qu'il poursuit « sérieusement en France l'œuvre de la critique manquée en Allemagne. » Cette déclaration montre la portée[31] du nom de la doctrine que Renouvier a revendiquée : le néocriticisme, doctrine par laquelle il compte donc « reprendre et réformer la doctrine de Kant » (SEAILLES, p. 27). De ce courant, il sera le chef de file et le digne représentant durant quarante ans[32].

À la fin de sa vie, il regrettera cette filiation, précisant qu'il aurait dû se rattacher plus nettement à Leibniz ; il écrira d'ailleurs une *Nouvelle monadologie*. Prat rapportera (p. 25) les regrets de Renouvier en ces termes :

« Pourquoi Charles Renouvier a-t-il présenté sa doctrine sous le nom de criticisme ? Comme je lui posais cette question, il me répondit immédiatement et sans hésitation : "J'ai eu tort, j'ai obéi à une suggestion de mon ami Louis Peisse. J'aurais pu, tout aussi bien et peut être plus exactement, affilier mes pensées au Cartésianisme et surtout à la doctrine de Leibnitz. Cela, à tous les points de vue, eut été préférable." »

La principale raison du refoulement de cette filiation kantienne tient probablement en ce que Kant méconnut, selon les termes de Renouvier (*CDK*[33], p. 429), « la loi du relatif », cette loi que lui considère comme « le fondement de la méthode philosophique ».

1.c.β - Continuer Kant en le critiquant

Cela étant, « *Renouvier demonstrated to a younger generation that it was possible not just to study Kant historically but to be Kantian; there was even a certain grandeur in his having been a Kantian when they did not officially exist* » (LOGUE, p. 13). S'il se reconnaît l'héritier de Kant[34], dès le début il

---

[31] La portée et le sujet des *Essais* sont également donnés par le titre même comme le remarque Hodgson (p. 33) : « Essais de Critique Générale, *the several names of which sufficiently indicate their subject and scope.* »

[32] Avec « Brochard, Hamelin ; Pillon, Dauriac et les autres collaborateurs de la *Critique philosophique* » (article « néo... », in LALANDE André, *Vocabulaire technique et critique de la philosophie*, Paris : PUF, 1926 [16ᵉ éd. 1988], p. 680), sans oublier Evellin, Liard, Michel, Marion et Thomas. Dans ce panel, Logue en repère trois (p. 15) qui ont particulièrement brillés : « *Among the young neocriticist philosophers three names stand out as most highly esteemed by their contemporaries: Octave Hamelin, whose lectures on Renouvier are the most sophisticated and whose personal contribution to neocriticism was the most original; Henry Michel, whose early death was a serious blow to the neocriticist movement, especially to the development of Renouvier's reputation as a political philosopher; and Henri Marion, who introduced Renouvier's moral philosophy to the Sorbonne and the training of the future teachers.* »

[33] La *Critique de la doctrine de Kant* est le dernier ouvrage écrit par Renouvier, il fut publié à titre posthume trois ans après sa mort par Prat.

[34] Gunn conclut son article (p. 200) en nommant Renouvier « *The French Kant* ».

critique ce qu'il nomme (HSPM, p. 441) ses « inventions métaphysiques […] : inconditionné pur, noumènes, substances, ou être en soi », ainsi que « les antinomies de la raison, et l'infini actuel, ou réel ». Ainsi, en appliquant la critique au criticisme, il continue Kant tout en le repoussant.

Séailles (p. 31-32) résume ainsi les réprobations que Renouvier formule à l'encontre de Kant :

> « Renouvier refuse la distinction de la sensibilité, de l'entendement et de la raison, il rattache l'espace et le temps aux catégories et il fait de la raison, en tant que faculté de généralisation, une dépendance de la catégorie de qualité ; il ne veut pas qu'on dérive les catégories des formes du jugement, qu'on les justifie en y montrant les conditions de l'unité de la pensée, il veut qu'on les énumère sans plus, qu'on les propose sans prétendre les justifier ; il fait enfin rentrer dans la table des catégories la finalité et la conscience qui sont, au même titre que les autres, des lois constitutives de la représentation. Mais la grande erreur de Kant est de maintenir la substance, la chose en soi, le noumène : par là il reste engagé dans "la tradition ontologique", il se laisse "aveugler par le rationalisme dogmatique qu'il combat et qui pourtant le maîtrise" ».

Revenons sur les deux premiers reproches formulés dans ce texte. D'abord, là où Kant divisait sa critique, Renouvier ne voit qu'une critique générale de la faculté de connaître unissant « les deux raisons : l'entendement et la volonté. Il n'y a plus qu'une puissance représentative, exclusivement relative, connaissante aussi bien que croyante » (JANSSENS, p. 31).

> « Kant a séparé, comme à la hache, les deux domaines du savoir et de la croyance, alors qu'il fallait faire une place à la croyance dans le savoir, et à son fondement même, comme l'a montré Lequier. Partout où il y a affirmation, décision de la volonté, il y a croyance et, avec elle, liberté. Il n'y a pas de domaine autonome réservé à la raison pure. Partout il y a croyance. Nulle part, inversement, il ne faut abolir le savoir. Kant a coupé l'homme en deux ; la philosophie de la personne l'interdit » (TURLOT, p. 43).

Nous pouvons donc suivre Séailles (p. 30) et dire que, pour Renouvier, la sensibilité n'est nullement « une faculté séparée, par laquelle les objets nous sont donnés dans l'intuition ; elle suppose l'entendement comme celui-ci la suppose ». Renouvier considère l'inextricable imbrication qui unit les phénomènes pensés et sentis. Se trouve ainsi comblé « l'abîme creusé par Kant entre la sensibilité et l'entendement » (HAMELIN, p. 129).

Ensuite, la séparation à laquelle Kant a procédé en mettant « à part deux catégories : l'*espace* et le *temps*, sous le nom de *formes générales de la sensibilité* » (*ECG2-1*, p. 63-64), et en réservant « aux autres, qui sont pour lui les catégories proprement dites, le titre de *concepts de l'entendement* », cette séparation est arbitraire pour Renouvier. Cela parce que

> « si l'espace est une forme du toucher et de la vue (du toucher développé, qui suppose, lui aussi, une intuition), le nombre et la quantité s'y joignent indissolublement, car il n'est pas possible qu'une étendue se détermine pour la perception sans être limitée par une autre étendue. Ensuite la notion de résistance n'entre dans le toucher que moyennant la catégorie de causalité, qui dès lors en serait aussi une forme ; et, en sens inverse, les concepts de cause et de quantité sont liés aux *formes de la sensibilité*, celui-

ci naturellement localisé dans l'espace, celui-là tout au moins dans le temps. Des rapports si intimes expliquent l'illusion des philosophes qui ont cru pouvoir caractériser comme sensations tous les actes de la conscience ; or, ce n'est pas au moyen d'une vaine classification qu'on peut les réfuter : c'est en distinguant l'élément général et ordonnateur, quel qu'il soit, espace ou cause, temps ou quantité, d'avec les données particulières de l'expérience. »

Un autre anathème que Renouvier adresse à la philosophie de Kant consiste en ce qu'elle est « essentiellement une philosophie de l'esprit humain, et rationnel et adulte » (*ECG1-1*, p. 220), une philosophie qui « n'envisage nulle part la représentation sous une forme compréhensive qui permettrait à ses analyses de la pensée de s'appliquer à tout ce qui est représentation hors de l'adulte ».

Renouvier a-t-il éprouvé, à la lecture de Kant, un sentiment semblable à celui de Hans Vaihinger, qui écrivait en substance : « la *Critique de la Raison pure* est l'œuvre la plus géniale et la plus pleine de contradictions de toute l'histoire de la philosophie »[35]? Se réclamant de Kant, Renouvier s'applique cependant à détruire le kantisme de l'intérieur ; ainsi, avec lui « rien ne subsiste du kantisme, [...] il est pulvérisé par une sorte de poussée interne » (VERNEAUX, p. 50).

On aura compris que, si Renouvier « admire le grand philosophe allemand[36] » (PRAT, p. 25), il voit cependant dans sa doctrine de très sérieux défauts. « Le criticisme Kantien n'est pas, à ses yeux, un vrai criticisme et c'est le vrai criticisme qu'il se propose de construire. » Renouvier l'exprime clairement par exemple dans sa *Philosophie analytique de l'histoire* (*PAH-4*, p. 453) : Le criticisme réclame « de nous des corrections graves, qui atteignent le fond, pour être dégagé de la métaphysique du noumène, et du déterminisme de l'ordre temporel. Il n'en reste guère que le principe et les grandes indications. Il est vrai que c'est considérable. » Ainsi Renouvier « adopte l'esprit du criticisme, mais en réforme en profondeur le système » (FEDI, MA, p. 55). Il choisit de se séparer de Kant « pour rester conséquent avec la méthode critique et la dégager "des traditions ontologiques" qui

---

[35] Cité par Louis Couturat (*La Philosophie des mathématiques de Kant*, Houilles : Manucius, 2004) au sein du passage suivant (p. VII) : « Exiger qu'on juge toujours un philosophe "de l'intérieur", à son point de vue et à celui de son temps, c'est admettre qu'il n'y a pas de vérité en philosophie, qu'un système philosophique est une œuvre d'art qui ne vaut que par son unité intrinsèque et son harmonie. D'ailleurs, même à ce point de vue, le système de Kant reste encore sujet à critique. Son savant commentateur (VAIHINGER Hans, *Kommentar zu Kants Kritik der reinen* Vernunft, Stuttgart : Union Deutsche Verlagsgesellschaft, 1922) n'a-t-il pas déclaré que "la *Critique de la Raison pure* est l'œuvre la plus géniale et la plus pleine de contradictions de toute l'histoire de la philosophie" ? »
[36] Fedi (MA, p. 55 et *PC*, p. 34) note que Renouvier ne parlait pas l'allemand, qu'il était donc réduit à s'en tenir aux traductions.

empêchent son fondateur de lui demeurer fidèle jusqu'au bout » (SEAILLES, p. 30). Force est donc d'accepter la formule suivante : « Renouvier prend vis-à-vis de son Maître l'attitude non d'un disciple, mais d'un adversaire. On peut même aller jusqu'à dire d'un adversaire implacable » (DAURIAC, MPR, p. 27).

> Que Renouvier ait pris soin « de caractériser sa philosophie comme "néocriticisme", plutôt que comme "néokantisme", indique d'ailleurs assez que, chez lui, le rapport à Kant est de confrontation plus que de simple continuation. Mais n'est-ce pas le plus bel hommage à rendre à une pensée inspirante que de lui refuser une abusive considération, prélude d'un embaumement ? » (TURLOT, p. 6 [préface de Vincent])

Ainsi, loin de prendre Kant à la lettre, Renouvier s'en tient à l'esprit du criticisme. Il distingue chez Kant l'esprit critique du système ; il accepte l'esprit critique, qui « fait éclater les cadres du système où Kant avait cru l'exprimer. » C'est donc bien, comme l'indique Verneaux (p. 3), « la fidélité à l'esprit » qui « entraîne l'abandon du système ». L'originalité du néocriticisme, tient d'abord dans cette fidélité absolue à l'esprit du criticisme. « En d'autres termes, le néocriticisme, c'est le criticisme même, mais qui entend "demeurer fidèle à lui-même" [...] ; c'est un criticisme cohérent, un criticisme conséquent » (VERNEAUX, p. 49).

Cependant, il n'y a guère de définition précise de cet esprit critique chez Renouvier. Elle n'existe que dispersée, mêlée à la réfutation du kantisme. Par exemple, dans *Critique de la doctrine de Kant*, plus de quatre cents pages sont consacrées à réfuter des idées de Kant, alors que quelques pages seulement posent les principes du criticisme que Renouvier adopte.

L'idée d'une inspiration que Renouvier aurait puisée chez Cousin, par rapport à cette distinction entre « *l'esprit critique* et le *système kantien* » (VERNEAUX, p. 112), est évoquée par Mouy en 1927 puis développée par Verneaux en 1945. Cela s'explique car Cousin faisait déjà cette scission en 1842 :

> « On peut envisager la *Critique de la Raison pure* sous deux points de vue différents : on peut rechercher d'abord quel est l'esprit qui domine dans cette métaphysique nouvelle, et quelle en est la méthode générale ; on peut ensuite, passant des principes à l'exécution, examiner les résultats obtenus »[37].

Et Verneaux nous explique « que l'esprit critique est ce qui paraît à Cousin devoir être "applaudi" », tandis « que le système kantien est au contraire ce qui doit être "décrié". » S'interrogeant sur ce qu'est cet esprit critique pour Cousin, il identifie le « premier élément » qu'il appelle « *l'idée critique*, ou la nécessité d'une critique, ce que Cousin dénomme "l'esprit

---

[37] COUSIN Victor, *Cours d'Histoire de la Philosophie au XVIIIe siècle*, pendant l'année 1820. *Troisième partie. Philosophie de Kant*, t.1, Paris : Ladrange, 1842, p. 357 sq., cité par VERNEAUX, p. 112.

d'indépendance" et de "libre examen" ». Reprenant de nouveau Cousin, il conclut : « Jamais philosophe n'avait si bien montré la nécessité de fonder la science tout entière sur une critique des facultés ou des sources de la connaissance humaine ». De même, au sujet de « la parenté de Kant et de Hume, Renouvier abonde dans le sens de Cousin » (VERNEAUX, p. 122)[38]. Admettant cette assimilation, « il estime que Kant ne s'est pas encore assez rapproché de Hume, car celui-ci s'est montré beaucoup plus radical dans la démolition des "idoles", et Kant aurait gagné à suivre la critique de son premier maître jusqu'au bout ; certes Renouvier maintient l'originalité de Kant, il lui fait gloire d'avoir découvert l'apriorisme et définitivement réfuté l'empirisme ».

Tout cela laisse finalement penser que Renouvier ne fait que reprendre l'idée de Cousin sur l'esprit critique (p. 114), « que l'éclectisme contient en germe tout le néocriticisme, ou du moins que Renouvier se borne à copier l'esquisse que Cousin donne de Kant » (p. 116).

Heureusement, il n'en est rien. « Renouvier approfondit la plupart des éléments qu'il emprunte à Cousin » ; il montre la nécessité de la critique, en réfutant la philosophie positive et ses prétentions, ce que ne fait pas Cousin. Il présente l'unité de la philosophie kantienne par sa méthode, unit les deux critiques, et identifie le trait essentiel du rationalisme dans « les notions de *loi* et de *synthèse a priori* », discutant longuement la table des catégories et réfutant les antinomies. Il introduit « une analyse de la croyance » pour fonder la morale, dans laquelle, à la suite du bien, il place la passion. Il comprend enfin que l'« idée-mère, ou l'essence, du criticisme, réside dans le *principe de la relativité* » (p. 117) et qu'elle impose à elle seule « la réforme du système kantien. C'est en son nom que la chose en soi est bannie de l'horizon philosophique, qu'avec elle sont éliminées les distinctions arbitraires de facultés, les antinomies, et toute l'ontologie latente dans la formule des postulats kantiens. » Tout cela Cousin ne le fait nullement.

Sur le fond, Renouvier s'oppose même radicalement à Cousin, parce que ce qu'il reproche à Kant, ce n'est pas d'ébranler « la métaphysique traditionnelle, c'est au contraire [... de] conserve[r], par une sorte de timidité, un reste de métaphysique dogmatique, et plus précisément un reste d'ontologie, sur la base de la chose en soi » (p. 118). Ces deux visions diamétralement opposées expliquent cette formule de Renouvier (*CP1874-2*, p. 36-37) qui accuse le philosophe éclectique d'avoir « fait tout un cours et écrit tout un volume sur Kant, sans être jamais arrivé à en saisir honnêtement

---

[38] Renouvier n'accepte que des phénomènes, mais son phénoménisme ne devient pas pur empirisme, car « il admet l'ordre, l'ensemble des lois comme un phénomène général qui enveloppe les autres phénomènes et les domine » (SEAILLES, p. 89).

le premier mot ». En effet, la contradiction kantienne ne se situe pas, comme le demande Cousin, entre la *Critique de la raison pure* et *la Critique de la raison pratique*, « mais au sein de la première entre le principe de relativité et la doctrine de la chose en soi » (VERNEAUX, p. 121). Nous pouvons en conclure avec Renouvier que sa démarche est « conforme à l'esprit de la science, s'il est vrai que supposer des *essences* à part des phénomènes, aussi bien que des phénomènes sans rapport à la connaissance, soit un procédé peu scientifique » (*ECG1-1*, p. 105).

> Ainsi, la critique « née de l'esprit du XVIIIe siècle et de la Révolution française, [... la critique dont les] principes ont été posés par Kant [...,] se présente aujourd'hui purgée des contradictions et des erreurs qui l'obscurcissaient à l'origine et qui avaient nui à ses progrès, renouvelée par une nouvelle analyse des lois de la pensée et des moyens de la connaissance, qui lui a donné ce qu'elle n'avait pas reçu de Kant, un caractère vraiment positif et une complète et harmonieuse unité systématique » (SEAILLES, p. 11, citant une annonce que Renouvier fit au public de la *Critique philosophique*).

De ce fait, on ne s'étonne pas que Renouvier débute ses *Essais* en écrivant (*ECG1-1*, p. XII) qu'on « n'opposera jamais une fin de non recevoir à la critique. Elle s'inspire de l'esprit de la science ; elle est cet esprit même. »

Chapitre 2 - Comment s'articulent philosophie, critique et science(s) ?

2.a - Faut-il parler d'une philosophie des sciences chez Renouvier ? Distinction préliminaire : philosophie de la connaissance, philosophie des sciences

William Logue écrit que ce sont l'épistémologie et la psychologie de Renouvier qui ont servi de base à sa philosophie morale : « *The construction of his basic philosophical positions – his epistemology and his psychology – has the primary purpose of laying a foundation for his moral philosophy.* » Pourquoi ce terme d'épistémologie ? Avant de s'interroger sur le rapport entre néocriticisme et science, il convient de lever une ambiguïté : celle qui naîtrait de la confusion entre philosophie de la connaissance et philosophie des sciences, plus simplement entre connaissance et science.

À première vue, la différence entre ces deux notions semble claire. Un examen à peine plus approfondi laisse cependant comprendre que les deux termes se recouvrent, s'entremêlent, que dresser une limite entre eux n'est pas si aisé. Prenons appui sur les premières lignes de la définition de « épistémologie des sciences humaines » donnée par Jean-Michel Berthelot dans le *Dictionnaire des sciences humaines*[1] pour préciser cela :

« [...] On entend habituellement, en France, par « épistémologie », la théorie de la science. Cependant, la philosophie contemporaine, notamment dans sa perspective analytique, a imposé un second sens, celui de théorie de la connaissance. Ces deux acceptions ne nous entraînent pas vraiment sur deux planètes différentes, mais leur coexistence est source de difficultés. Parler de théorie de la science, c'est s'interroger sur les formes, les modalités, les fondements d'un certain type de connaissance ; parler de théorie de la connaissance, c'est, plus largement, se demander ce qui distingue une croyance d'une connaissance, à quel titre une connaissance peut être fondée comme telle etc. On retient en général – et nous procéderons ainsi – le premier sens lorsque l'on prend pour objet un ensemble de disciplines scientifiques identifiées. Cette saine décision protège des confusions, non des problèmes [... car] des arguments de théorie de la connaissance peuvent intervenir dans des questions de théorie de la science. »

Dans le cadre de cette recherche, nous ne pouvons nous passer de discuter ce problème. Non seulement comme moyen d'entrer dans ce travail philosophique qui consiste à définir les concepts que nous étudions, si ce n'est à les construire comme l'ont proposé Kant puis Deleuze. Mais aborder cette distinction s'impose également car Fedi, l'un des rares spécialistes contemporains de Renouvier, parle lui d'une philosophie de la connaissance chez Renouvier. Sa thèse, qui reste parfaitement dans l'esprit des *Essais*,

---

[1] MESURE Sylvie et SAVIDAN Patrick, *Le dictionnaire des sciences humaines*, Paris : PUF, 2006, p. 378.

présente la philosophie de la connaissance de Renouvier comme une pièce maîtresse. Mais Renouvier interroge-t-il les sciences au travers d'un discours réflexif et critique, questionne-t-il leur nature, la valeur de leurs principes, leurs concepts, leurs méthodes et leurs résultats ? Et dans l'affirmative, le fait-il à la marge ou cela constitue-t-il une partie importante de son œuvre ? Or donc, chercher dans l'œuvre de Renouvier une philosophie des sciences, n'est-ce pas simplement faire fausse route en confondant connaissance et science ?

Cette question transparaît dès l'introduction du livre de Fedi (p. 12) ; en examiner un extrait va nous aider à y voir plus clair. Fedi s'appuie dans ce passage sur plusieurs textes de Renouvier pour exposer l'importance et la centralité du problème de la connaissance :

> « Le problème de la connaissance est désigné comme le problème central de la philosophie, et la tâche du philosophe est caractérisée comme un travail sur les fondements. Ce programme, Renouvier le justifie ainsi : "Il est naturel, inévitable même que l'homme se propose l'analyse et la coordination des principes du savoir en général, et de ceux que les sciences constituées placent dans leurs fondements sans se les expliquer" (*ECG1-1*, p. XI). La philosophie, dont le but est "de se donner des fondements internes au-dessous desquels elle ne puisse pas en concevoir d'autres" (*CP1885-1*, p. 6), occupe une place privilégiée dans le dispositif du savoir : elle est la base commune à toutes les sciences, le corps des principes et des lois universelles autour duquel se distribuent les différentes branches du savoir, si bien qu'en adoptant un plan hiérarchique, on peut dire qu'elle "domine" les sciences ».

Ainsi, il incombe au philosophe de travailler non seulement sur les fondements, les principes, « du savoir en général », mais aussi sur ceux des « sciences constituées ». C'est ce qu'écrit ci-dessus Renouvier dans la préface de son *Premier Essai*. Ce passage laisse clairement entendre que le philosophe va s'intéresser aux fondements du savoir dans sa généralité et à ceux des sciences dans leurs particularités. En outre, cette distinction met en avant ce caractère englobant du savoir par rapport au côté parcellaire des différentes sciences. Cette interprétation se trouve confirmée par les termes que Fedi emploie (« dispositif du savoir », « branches du savoir » et « base commune à toutes les sciences ») et qu'il rattache au problème général du savoir, ou si l'on veut bien de la connaissance, autrement dit à une philosophie de la connaissance.

Mais la comparaison était précisément faite ici entre savoir et science. Qu'en est-il de la différence entre connaissance et science. Renouvier la pose ainsi (*ECG1-1*, p. 107) :

> « Le passage de la connaissance à la science est le résultat de l'analyse. Connaître, c'est posséder la synthèse naturelle et confuse des lois essentielles à la vie ; étudier, c'est s'attacher à démêler et à classer les éléments de cette synthèse ; savoir, c'est la reconstituer distinctement, en assemblant par ordre, de phénomène à phénomène et de

loi en loi, ces éléments dont l'analyse a défini les rapports. En ce sens [...], on a pu dire justement que l'homme ne sait que la vérité qu'il a faite.
Le savoir a des degrés, car l'analyse peut ne s'appliquer qu'à des synthèses très partielles, très secondaires [...] : Celui qui découvrit la loi de circulation du sang ignora le rapport de cette loi avec celle de la respiration, antérieurement connue mais non analysée. »

Il montre ici qu'il y a bien une différence entre connaissance et science, différence qui résulte de « l'analyse ». La première appréhende son objet de manière « naturelle et confuse », alors que ce n'est que par l'étude, qui démêle et classe, qu'on atteint la seconde. Remarquons toutefois que ce que Renouvier entend par ce « passage de la *connaissance* à la *science* » est exposé en un passage du « *connaître* » au « *savoir* ». Savoir est donc le verbe qui s'applique à cette reconstitution qu'est la science. Dès que « la synthèse naturelle et confuse des lois essentielles de la vie » fait l'objet d'une étude, et qu'on est en mesure de ré-assembler en des rapports distincts et ordonnés les phénomènes et les lois, on passe du côté de la science. L'illustration que donne Renouvier nous conforte dans cette lecture : la respiration faisait partie des connaissances mais non de la science car elle n'était point encore analysée, par contre la découverte et l'analyse de la circulation sanguine constitua sa loi comme science.

On nous objectera que philosophie des sciences n'est pas philosophie de la science ou du savoir. Mais, à supposer que les arguments avancés n'aient pas encore convaincu le lecteur c'est bien sans gravité, car c'est l'objet de cet ouvrage dans sa totalité. Si au moins ils ont éveillé sa curiosité et l'ont conduit à quelques doutes, l'objectif sera ici atteint.

Le passage, extrait de l'introduction de l'ouvrage de Fedi, suggérait notamment, en plus des quelques éléments déjà indiqués, la position de la philosophie par rapport aux sciences : précisant qu'elle en « est la base commune », qu'elle les « domine ». Nous allons maintenant chercher à éclaircir cette relation.

2.b - Y a-t-il solidarité entre philosophie et sciences ?

Pour entrer davantage dans le cœur de notre étude, nous devons approfondir avec Renouvier cette notion élémentaire de science[2]. Une telle précision est d'autant plus importante que l'usage abusif du mot science serait une source non négligeable de la crise morale : « *The illegitimate use of the name of science was only one of the sources of the modern moral crisis, but it had a catalytic effect, multiplying the virulence of other strains of thought* » (LOGUE, p. 55).

2.b.α - Place et objet de la philosophie par rapport aux sciences

Partons pour cela d'une citation de Séailles (p. 20) :
« Chose singulière ! Renouvier qui a été formé par les mathématiques, qui connaît les sciences autrement que par ouï-dire, pour en avoir pratiqué directement les méthodes, [...] ne se laisse pas entraîner [...], garde tout son sang-froid, et [...], au lieu d'identifier a priori la philosophie et les sciences, s'interroge sur leur objet et voit dans leur rapport un premier problème qui mérite d'être examiné et qui doit être résolu. Il fait leur place aux sciences positives, il justifie leurs méthodes, il explique leur succès, mais il refuse de les confondre toutes ensemble dans la Science, et de faire de la Science la métaphysique même. Il ose limiter le déterminisme, en lui faisant une place, et il revendique les droits de la vie morale. »

Séailles constate ici que Renouvier, contrairement à la plupart des philosophes, ne se laisse pas prendre au piège qui consiste à confondre

---

[2] « Pour Descartes le caractère essentiel de la science est la certitude, le critère de la certitude est l'évidence à laquelle on ne résiste pas, puisque, par définition même, elle est ce qui exclut le doute. Le problème est donc de commencer par la première vérité et d'y rattacher toutes les autres vérités [...] par un enchaînement de conséquences logiquement déduites. La mathématique est ainsi la science-type dont il faut généraliser la méthode par une heureuse combinaison de l'intuition et de la déduction qui donne à la science tout entière la forme démonstrative. Spinoza ira jusqu'au bout de la pensée cartésienne, en adoptant le mode d'exposition des géomètres. Bien que Kant combatte et rejette le dogmatisme cartésien, la nécessité reste, pour lui, la caractéristique de la certitude spéculative, et dans la *Critique de la raison pure* il s'efforce par l'analyse et la réflexion de définir et de justifier les principes qu'implique l'existence de la science. La philosophie, selon Renouvier, n'est pas une science comme les autres, elle n'est pas même à la lettre une science ; critique et critique générale, elle met en question les principes eux-mêmes » (SEAILLES, p. 41).

philosophie et science[3]. Au contraire, il « s'interroge sur leur objet » et considère ce questionnement comme le « premier problème qui mérite d'être examiné ». Ainsi, il prend en compte les sciences positives, examine leurs méthodes, va même jusqu'à expliquer « leur succès ».

Il montre en effet que les sciences classent les phénomènes et définissent leurs rapports, prolongeant le sens commun qui se contente simplement de distinguer : celui-ci « pose une première distinction entre les phénomènes, la science les classe et vise à définir les rapports constants qui existent entre eux, entre leurs espèces, entre leurs genres » (*ECG2-1*, p. 29). C'est là pour Renouvier la méthode scientifique et c'est ainsi que la « marche de la science »[4] s'organise, par « l'observation, l'analyse, les rapports et les lois constatables, les synthèses vérifiables » (*ECG1-2*, p. 273). C'est pourquoi, faire œuvre de science, ce n'est pas faire de l'esprit ou faire preuve de finesse ; il « peut y avoir esprit, finesse et bon sens[5], il n'y a pas science » (*ECG2-1*, p. 134) s'il n'y a pas ordre et définitions exactes.

Outre ces caractéristiques des sciences, ce qui les délimite et les empêche de devenir philosophie tient à ce qu'elles ne peuvent pas, ou ne doivent pas, discuter leurs principes, leurs procédés logiques, ni les données premières

---

[3] L'article « De la fondation de la philosophie comme science » de Pillon pose le problème de la scientificité de la philosophie. Il pense que morale et philosophie peuvent recevoir « une forme scientifique ». Il estime qu'il n'y a pas lieu de leur reprocher l'usage des hypothèses (qui se retrouve dans toutes les sciences), ni la probabilité de celles-ci ; de ce point de vue, la philosophie est une science « de plus d'une manière et chez plus d'un auteur ; mais les principes dont l'acceptation est une condition pour faire de cette science une possession commune [...] ne sont pas tous d'un genre [...] à s'attirer le même assentiment naturel, indiscuté, invariable qu'obtiennent les principes et données premières des sciences particulières. En ce sens la philosophie n'est pas une science, elle serait plutôt *plusieurs sciences* [...] entre lesquelles les penseurs sont appelés à choisir en suivant des impulsions où le cœur prend autant ou plus de part que l'esprit » (*CP1873-1*, p. 302).

[4] COURNOT Antoine-Augustin, *Essai sur les fondements de nos connaissances et sur les caractères de la critique philosophique*, Paris : Hachette, 1851, rééd. Vrin, 1975, p. 378. Cournot présente à cet endroit une distinction entre philosophie et science assez proche de l'analyse que Renouvier publiera dans ses *Essais* à partir de 1854.

[5] D'aucuns voudraient que le penseur s'appuie sur le *bon sens*, sur le *sens commun*, sur la *croyance naturelle*, mais pour Renouvier, d'abord il « n'y a pas de consentement universel pour des thèses de philosophie » (*CP1875-1*, p. 28), ensuite un « problème, pour être résolu, doit d'abord être compris, analysé en ses éléments et strictement défini quant au point enveloppé dans les données et qu'il s'agit d'en dégager. Ce sont là les opérations par lesquelles on *pose*, comme on dit, un problème. » Il faut « sortir de cette sphère du sens commun et entrer dans le domaine plus étroit de la critique philosophique. »

Fondations des sciences dans le néocriticisme de Renouvier

dont elles sont issues. Ce point est confirmé par Séailles et la *Critique philosophique*[6] :
> « Pour faire à la philosophie sa part, il suffit de définir les caractères de la connaissance scientifique. Les sciences ne discutent ni les principes, ni les données premières dont elles partent, ni les procédés logiques dont elles font usage » (SEAILLES, p. 20).
> Les sciences ont toutes « des principes qu'on leur accorde, qui ne sont pas contestés chez elles, parce que chez elles ils ne sont pas examinés. Elles ne peuvent donc pas être des sciences de leurs propres principes, avoir pour objet d'investigation cela même dont l'admission est une condition de possibilité de leurs investigations. La géométrie ne serait pas la science des propriétés de l'étendue, ou la mécanique celle des lois du mouvement, si elles ne réclamaient l'une l'étendue, l'autre le mouvement, comme des données dont elles n'ont pas à rendre compte, ou à discuter la nature » (*CP1885-1*, p. 6).
> « Chaque Science particulière sera une construction élevée sur un choix convenable d'hypothèses. Et l'on peut, en ayant égard aux réalités pratiques, observer que rien au monde n'est mieux ni autrement fondé, et que cela suffit : alors chaque science sera une construction élevée sur un choix convenable de représentations accompagnées de croyance » (*CP1885-1*, p. 7). Une science peut être telle « sans être soumise à d'autres conditions que d'avoir une méthode propre à maintenir, au cours de son développement logique ou expérimental, et l'adhésion constante de ceux qui ont déjà accepté ses positions initiales et qui gardent entre eux la convention de ne les pas soumettre à l'examen ».

Les sciences ainsi caractérisées[7], la philosophie trouve de fait sa place comme critique de la connaissance scientifique[8], car une fois ces limites posées, il est cependant naturel que l'homme cherche à analyser et à coordonner non seulement les principes du savoir de manière générale, mais également
> « ceux que les sciences constituées placent dans leurs fondements sans se les expliquer. Les principes sont de certaines relations qui se trouvent engagées dans plusieurs, et que l'on ne parvient pas à réduire entièrement à d'autres.
> En même temps que ce plan d'une science première est conçu, on se demande si un premier principe unique, supérieur, existe, commencement et condition de toute spéculation, et quel il est, et par quelle méthode on pourrait l'établir et en développer le

---

[6] Voir aussi *CP1878-1*, p. 273 et l'article de Pillon intitulé « De la fondation de la philosophie comme science » (*CP1873-1*, p. 289-304) qui reprend ces mêmes arguments, en particulier (p. 299) que les sciences ne soumettent pas à l'investigation les « données d'ordre universel et pratique », les « procédés logiques » alors que « la philosophie doit se créer elle-même des points fixes, une origine, un but, et définir elle-même, elle seule, toutes ses matières. »

[7] « *Renouvier does not fear science when it confines itself to its proper limits and recognizes these. [...] The sciences are responsible for working out the laws determining or conditioning the development of the Universe. But between Science, an ideal unachieved, and the sciences which in themselves are so feeble, imperfect, and limited, Renouvier claims that General Criticism – or Philosophy – has its place* » (GUNN, p. 199).

[8] « La philosophie, selon Renouvier, n'est pas une science comme les autres, elle n'est pas même à la lettre une science ; critique et critique générale, elle met en question les principes eux-mêmes » (SEAILLES, p. 41), « exempte de métaphysique » (*CP1876-1*, p. 132) elle est « vouée à l'analyse régulière des connaissances humaines et de leurs conditions ».

contenu. On se demande si la science peut se terminer, et embrasser le monde, en assignant l'origine, le tout et la fin de ce qui est.
Ces questions renferment tout ce qu'on nomme philosophie. La critique les pose et les scrute. On est en suspicion contre une philosophie divisée, aux évolutions périodiques, qui compte deux mille ans d'impuissance. On n'opposera jamais raisonnablement une fin de non-recevoir à la critique. Elle s'inspire de l'esprit de la science ; elle est cet esprit même » (*ECG1-1*, p. XI-XII).

Ce passage explique que Hamelin puisse écrire (p. 10) à propos de la philosophie, qu'il entend ici au sens de critique, qu'elle « est la science de la science, c'est-à-dire qu'elle a pour but de déterminer si le savoir est possible pour l'homme et, s'il l'est, à quelles conditions. » Cette philosophie cherche donc à fonder la science, à en comprendre les lois, mais elle va au-delà, voulant libérer l'esprit humain des problèmes futiles, et cherchant « dans l'analyse de ses lois la raison tout à la fois de la science et des bornes qui lui sont imposées » (SEAILLES, p. 134).

C'est en cela que la critique incarne « l'esprit de la science ». Par comparaison aux multiples courants de la philosophie, qui sont allés en tous sens et ne délivrent qu'un constat d'échec, la critique adopte « résolument la solution conforme à l'esprit indéfectible de la science » (*ECG1-1*, p. XVII) ; elle en poursuit « les conséquences avec une rigueur nouvelle ». Cette rigueur est celle des sciences positives ; les seules sciences aux yeux de Renouvier. Pour que la philosophie devienne scientifique, elle doit donc abandonner la métaphysique et se centrer sur l'étude des phénomènes et de leurs lois. C'est ce que rappelle Verneaux (p. 19) en s'appuyant sur trois extraits de la *Critique philosophique* :

« Si Renouvier diffère de Kant, ce n'est pas dans la position du problème critique par référence aux sciences constituées, mais dans la conception qu'il se fait des sciences constituées. Pour lui, les sciences "données" sont du type *positiviste*, c'est-à-dire qu'elles se bornent à l'étude des phénomènes et de leurs lois. Par conséquent la philosophie ne sera "scientifique" qu'en cessant d'être *méta*physique et en devenant strictement phénoméniste. La méthode phénoméniste, écrit-il, est "une réforme entière de la philosophie, débarrassée des fictions, et ramenée à considérer ses objets propres de la même manière que toute science considère aujourd'hui les siens" (*CP1878-1*, p. 281-282). Et encore : réduire la méthode philosophique au phénoménisme, c'est la ramener "au même point où la méthode scientifique a été réduite par le progrès des sciences" (*CP1878-2*, p. 65). Ailleurs encore : "La philosophie doit se borner elle-même à l'étude des phénomènes et à la recherche de leurs lois, en tant qu'elle vise à se donner une constitution scientifique" (*CP1884-2*, p. 135) ».

2.b.β - La dépendance entre les sciences et la critique

Vouloir constituer de cette manière la philosophie comme science est louable, nous ne pouvons qu'approuver cette intention de Renouvier.

Quelques questions se posent cependant : Quelle sera la place de la connaissance scientifique par rapport à la philosophie ? Peut-elle se constituer sans faire appel à une critique préalable ? Les sciences sont-elles indépendantes de cette philosophie critique ? Il semblerait que oui, puisqu'elles déterminent elles-mêmes leurs objets, leurs méthodes, et progressent par leurs propres moyens[9]. Les sciences ont ce privilège consistant « en ce que les principes dont elles ont besoin leur sont accordés, ou que s'ils sont mis en question, cette circonstance n'ôte rien à l'intérêt théorique et pratique des constructions dans lesquelles ils figurent » (*ECSDP-2*, p. 24[10]).

En outre, nous demandons à la philosophie de justifier ses affirmations premières parce qu'elle fait appel aux « principes généraux dont les sciences n'usent pas » (*CP1878-1*, p. 273). Ces principes, qui sont justement le propre de la philosophie, « se rapportent à la connaissance de *l'esprit* ou de ses lois fondamentales et à la connaissance de *l'objet* en général ; [...] visant ainsi à l'universalité en même temps qu'à la certitude », on demande à la philosophie « ce qu'on n'a pas le droit de demander aux sciences ». En ce sens les sciences sont donc logiquement antérieures à la critique philosophique, elles sont indépendantes de la critique et elles n'en ont pas besoin pour progresser. Elles seraient donc supérieures puisqu'elles sont le modèle du certain, sur lequel veut s'appuyer la critique. C'est ce que Verneaux suggère en rappelant (p. 19) que Renouvier « prend les sciences pour données » et qu'il « cherche à quelles conditions la philosophie peut devenir "scientifique". »

En vérité, les sciences, qui paraissent antérieures à la critique, lui sont inférieures, car elles la supposent. Cette apparente antériorité est même contrebalancée par une double supériorité de la critique. D'abord, « les sciences ne peuvent *remplacer la critique* » (VERNEAUX, p. 19), ensuite, « sous un certain point de vue, elles *supposent la critique.* » Renouvier est très attaché à cela et il « revendique avec vigueur les droits de la critique *contre la science*[11] et au-dessus des sciences ». Du fait que c'est à elle de

---

[9] Cournot part de ce même constat dans « Du contraste de la science et de la philosophie et de la philosophie des sciences » (COURNOT Antoine-Augustin, *Essai sur les fondements de nos connaissances et sur les caractères de la critique philosophique*, Paris : Hachette, 1851, rééd. Vrin, 1975, p. 378 et 388).

[10] Partiellement cité par VERNEAUX, p. 19.

[11] Ce « contre la science », souligné par Verneaux, mérite d'être nuancé en ce sens que Renouvier envisage plutôt le criticisme comme « la science même et la méthode même. Il est la science jusque dans ses négations, essentiellement dans ses négations, attendu que c'est faire de la science et de la plus nécessaire [...] que de montrer que telles thèses ou démonstrations sont fausses, et qu'il en faut chercher d'autres » (*CP1872-1*, p. 66).

fonder rationnellement les sciences, la critique doit donc être considérée comme antérieure, supérieure et « législatrice » (*CP1878-2*, p. 68) par rapport aux sciences. Verneaux l'exprime de la sorte (p. 24) :
> L'« examen des principes de la connaissance, nécessaire pour *fonder* rationnellement les sciences, est le travail propre de la critique.
> La critique apparaît ainsi comme *supérieure* aux sciences par le fait qu'elle envisag le problème de la connaissance dans toute sa *généralité* ; elle est *antérieure* aux sciences puisqu'elle examine leurs *principes* ; elle peut donc, enfin, revendiquer vis-à-vis d'elles le titre de *législatrice*. »

C'est ce triple positionnement qui permet à Janssens d'écrire (p. 80) qu'après « la Critique générale de la connaissance et l'étude des fondements de toute science, viennent prendre place les sciences particulières. »

Mais cette critique, qui « accomplit une tâche que les sciences ne sont pas qualifiées pour entreprendre » (HAMELIN, p. 83), n'est-elle pas simplement la Science universelle « autrefois tentée et vouée à de perpétuels échecs » ?

2.c - Comment Renouvier caractérise-t-il la science, les sciences et le scientisme ?

Dans le *Premier Essai* (*ECG1-1*, p. 107-108), Renouvier différencie la science des sciences :
> Il s'ensuit de ce que le savoir se présente par degrés, de ce que les synthèses peuvent n'être que très partielles, « et de ce que l'homme est à l'état de savoir imparfait, qu'il faut distinguer diverses sciences, et dans chaque science diverses parties. Mais surtout distinguons ici *la science* et *les sciences* ; ou, pour parler plus modestement, car la modestie est forcée, l'*essai de la science*, les *fragments des sciences*.
> *Les sciences* se refusent à l'investigation des lois les plus générales. Les données proposées à leur analyse sont des groupes que l'observation vulgaire a déjà discernés dans le vaste ensemble des phénomènes. Hors de la sphère propre de chacune, elles participent toutes au lot commun de la connaissance ; ou du moins elles doivent la professer. Heureuses, dans un domaine ainsi borné, celles qui peuvent exécuter sans trop d'incertitude le double mouvement de l'analyse exacte et de la synthèse rigoureuse et fixer très-haut la loi de tout un ordre, à l'abri des atteintes de la critique et du temps ! »

Il précise la distinction entre la science en général et les sciences particulières : les « phénomènes et leurs lois viennent à la connaissance en masses confuses », de ce fait la tâche de la « *science* est la construction régulière des *synthèses*, après *analyse* préalable », opération que les sciences particulières réalisent « sur des groupes distincts, et admettent sans examen des principes et des données dont l'établissement exigerait une analyse moins circonscrite et une synthèse plus vaste » (*ECG1-2*, p. 369). Autrement dit, la « construction successive de ces synthèses est l'objet des sciences considérées ensemble » (*ECG1-1*, p. 108), alors que la « construction d'une synthèse unique est la fin de *la science* ». Ainsi, les « *fins de la connaissance sont les lois des phénomènes* » (*ECG1-2*, p. 369-370) ; elles ne pourraient s'atteindre que dans la science, qui serait « la connaissance accomplie et théorique ».

Nous nous étonnons que ce rôle primordial qu'il accorde à la science, lié à cette caractéristique des sciences, de circonscrire leur analyse et de ne pas chercher de synthèse plus large, ne fût pas davantage éclairé par les commentateurs. Il est vrai que tout cela n'est pas sans poser quelques problèmes. Verneaux le voit bien, car cette critique adressée aux sciences particulières peut être inversée et renvoyée à la science. Puisqu'elle interdit aux sciences de prendre leurs principes pour objet, comment la science qui s'intéresserait aux principes pourrait-elle être considérée elle-même comme science : « *La Science n'est pas une science positive* parce qu'aucune science ne peut prendre ses propres principes pour objet de son investigation » (p. 22)[12]. En effet, alors que les objets des sciences sont examinés sous tous les rapports, leurs fondements ne sont pas des objets de recherches pour les savants :

> « Ce que les sciences ont de certitude ne repose pas sur la certitude de leurs fondements, mais au contraire sur ce que cette dernière certitude est soustraite à l'examen ; plus que cela encore, sur ce que ces fondements ne sont pas même soumis par les savants à l'investigation à laquelle tous les objets proprement scientifiques le sont, quant à leur nature ou à leurs causes. Rien ne paraîtra plus clair à qui voudra réfléchir un instant seulement sur l'établissement pour ainsi dire constitutionnel de chaque espèce de science » (*CP1878-1*, p. 194).

Renouvier convient que cela pose problème s'agissant de la science et il s'interroge sur la place que la science pourrait occuper. Suppose-t-on qu'elle embrasse toutes les sciences ; mais alors, de quelle manière et de quel droit ?

> « Nous connaissons des sciences ; nous ne connaissons pas "la science" ; où est-elle, où se tient-elle ? Le caractère essentiel des sciences, qui leur est commun à toutes, et qui en même temps fait qu'on est obligé de les distinguer les unes des autres, c'est qu'elles sont bornées, et que chacune d'elles, sans exception, se sert de faits, de données, de principes ou d'instruments dont la critique lui est nécessairement soustraite à elle-même. De cela seul il suit qu'on ne sait où mettre "la science", à moins que ce soit hors des sciences, de manière à les embrasser, et à les donner, ce dont il faut alors établir le moyen. Mais au nom de quoi ? » (*CP1873-1*, p. 228)

C'est pourquoi Renouvier le dit sans ambages, soit la science n'est rien[13], soit elle doit se plier à cette propriété que toutes les sciences partagent, propriété qui consiste en ce qu'elles ne peuvent démontrer leurs principes.

> « La science n'existe pas et ne peut pas exister, à moins de perdre le caractère qui appartient en commun à toutes les sciences, et qui est simplement celui-ci : aucune

---

[12] Ou encore (p. 23) : « La Science est donc en réalité une philosophie, puisqu'elle systématise les principes de la connaissance, ce qui est la fonction propre de la philosophie. »
[13] Fedi écrit que la « "science" triomphaliste est une chimère au regard du criticisme » (CSPS, p. 63).

d'elles ne fournit de démonstration de ses propres principes. Toutes reposent sur des notions générales, sur des faits et des rapports acceptés, sur des postulats qu'on ne discute pas, et que souvent on ne prend même pas la peine de formuler ; et leur privilège consiste en ce que les principes dont elles ont besoin leur sont accordés, ou s'ils sont mis en question, cette circonstance n'ôte rien à l'intérêt théorique et pratique des constructions dans lesquelles ils figurent, au moins à titre d'hypothèses, et qui ont le mérite d'assembler les multitudes de relations que l'expérience ne dément pas » (*ECSDP-2*, p. 24).

Les sciences trouvent leurs objets et leurs lois dans les données de la connaissance, ce que la science n'est pas en mesure de faire, d'où les noms qui lui ont été donnés. D'« efforts en efforts toujours trompés, la science dut se résigner à s'appeler *philosophie* ou étude du savoir, puis *scepticisme*, qui est *recherche*, enfin *critique*, aujourd'hui son vrai nom » (*ECG1-1*, p. 108). Alors, n'attendons pas de la Science des fondements et des résultats certains. Nous ne ferions rien d'autre que de « revenir aux errements des anciens *sages*, sans être plus en état qu'eux de justifier les prétentions du savoir ? » (*CP1885-1*, p. 2) Car la Science n'a pas et n'aura jamais, « ce privilège d'une science constituée qui est d'obtenir et de conserver pour ses découvertes une vérification régulière et l'adhésion de tous ceux qui la cultivent » (*PAH-4*, p. 297).

D'ailleurs, les sciences particulières sont bien souvent distinctes par leur méthode, en ce que certaines sont abstraites et d'autres concrètes ; et elle se distinguent aussi par leurs hypothèses propres. Ces dernières « peuvent tomber et être remplacées, puisqu'elles ne sont pas des faits vérifiés, et que les valeurs de probabilité à leur accorder sont matière continuelle de litiges entre les savants » (*CP1875-2*, p. 402). C'est la méthode, les principes, les postulats et les données incontestées de chaque science qui lui donne son « caractère scientifique, parce que l'observation, l'induction et la déduction se mettent à l'œuvre dans une sphère déterminée » (p. 403).

Ainsi, pour le néocriticisme, le « savoir comprend d'une part les sciences particulières et, d'autre part, la Science, ou, pour mieux dire, la critique générale qui remplace la Science universelle autrefois tentée et vouée à de perpétuels échecs[14]. Au sens de critique générale, la Science est indispensable : car elle accomplit une tâche que les sciences ne sont pas qualifiées pour entreprendre » (HAMELIN, p. 83).

Mais cette tâche n'est plus d'atteindre une synthèse totale, comme le plan en était échafaudé avec la Science universelle. Serait-il même seulement envisageable « de connaître les phénomènes dans leur ensemble et comme un tout achevé » (HAMELIN, p. 163) ? Renouvier répond clairement que non.

---

[14] « *Each science has its own postulates, its own data, and Science as a whole unity of thought or knowledge does not exist* » (GUNN, p. 197).

Car, même en imaginant qu'une telle synthèse existe, en avoir connaissance serait impossible. Il faudrait pour la limiter pouvoir se placer au delà de cette limite, or il y a là contradiction, bien que la synthèse totale ne soit pas contradictoire en elle-même, elle est pour nous parfaitement insaisissable. « Elle est *intelligible*, si intelligible veut dire ce dont l'existence n'enveloppe pas de contradiction. Elle n'est pas compréhensible, si comprendre veut dire saisir du dehors » (HAMELIN, p. 182). En somme, comme l'écrit Séailles (p. 23), « il y a dans l'idée de la *Science* quelque chose qui répugne à la définition d'une science ».

La Science n'est qu'une « universalisation illégitime des inductions et des hypothèses des sciences particulières » (SEAILLES, p. 22). Elle ne fait que généraliser abusivement « des données qui n'ont pas été mises en discussion ». La Science est « une religion arbitraire et négative ». Elle « n'existe que dans la mesure où l'on oublie et néglige la méthode et les conditions de chaque science particulière », Renouvier est très précis sur ce point.

La Science, considérée comme synthèse totale, n'est autre que la métaphysique[15]. Ce « virus métaphysique » (*ECG1-2*, p. 294), qui infecte depuis longtemps nombre de spéculations, caractérise non seulement la Science, mais il va jusqu'à atteindre les sciences. Cela justifie la bataille que mène Renouvier contre les crédules en tout genre :

« les révélateurs de *religions universelles et rationnelles*, les philosophes improvisés [...], les savants crédules qui autorisent le public à accepter pour des *faits scientifiques* les premières venues des plus incorrectes expériences de suggestion ou de *télépathie*, et les amis si nombreux des miracles *laïques* que la Science doit montrer prochainement, suivant eux, n'être que des applications des *forces à découvrir de la Nature* » (*PAH-4*, p. 666).

C'est donc bien « au nom des sciences » (*CP1873-1*, p. 234) qu'il combat « les prétentions de *la Science* ». S'il n'a cessé de lutter contre le « scientifisme », c'est « dans l'intérêt de la science même » (MOUY, p. 82), en tant qu'elle est cet « universel abstrait idéal » (*CP1875-2*, p. 401), ou cet « ensemble de vérités particulières distribuées dans les divers domaines des sciences ». S'il n'a cessé de lutter, c'est parce que le « scientifisme », ou scientisme, consiste en l'oubli que le fondement des sciences est soustrait à tout examen. Renouvier est en effet autant animé « par le rejet du scientisme » (FEDI, CSPS, p. 80) que « par une visée morale et politique ». Il considère que la grande erreur des positivistes consiste en ce qu'« ils ont cru pouvoir faire sortir une philosophie de l'ensemble de ces

---

[15] Même « l'épistémologie ne saurait prétendre être "une science de la science" » (GRANGER Gilles Gaston, « Épistémologie » in *Encyclopedia Universalis*, cité par Léna SOLER, *Introduction à l'épistémologie*, Paris : Ellipses, 2000, p. 31).

disciplines [scientifiques], qui, séparément, n'explorent pas leurs propres notions en tant qu'universelles ou philosophiques, et qui, mises en faisceau, ne peuvent recevoir une interprétation commune que de cette philosophie même qu'on leur demande » (*CP1878-1*, p. 194).

N'allons pas croire pour autant que cela interdise à Renouvier de penser une philosophie des sciences, tout au contraire. Preuve en est, lorsqu'il écrit (*CP1873-1*, p. 234-235) : si la Science « n'existe qu'en tendance et en idéal, idéal sans doute inatteignable [...], n'avons-nous pas en attendant une philosophie des sciences, laquelle serait même la vraie philosophie ? » ; ou encore : « on se tromperait fort si l'on croyait que ces observations ont pour but de décourager la philosophie des sciences, qui tend de plus en plus et très-justement à ne faire qu'un avec la philosophie même » (*CP1875-2*, p. 404).

Alors que vitupère-t-il à propos de la philosophie positive ? Ce sont notamment « ses vues fausses pour la réduction de la philosophie à la matière des sciences » (*PAH-4*, p. 678). Il ne faut pas croire que tout « relève de la vérité et des méthodes scientifiques par lesquelles on l'acquiert et on la propage : la politique, l'art, la vie morale des hommes aussi bien que leur industrie et leur vie pratique » (*PAH-4*, p. 719). Pour Renouvier, la vérité, comme la vie, « dépasse [...] infiniment la science. Les vérités qui gouvernent la vie ne s'atteignent point et ne se propagent point par les méthodes scientifiques », elles « relèvent de quelques autres moyens de croyance. » Même les « questions débattues en psychologie, en logique, en mathématique, sur les notions premières, sur les fondements des sciences, sur la causalité ou sur l'idée de l'infini » ne sont pas étrangères à « une secrète attitude morale, justifiée ou non, de l'esprit. »

La « marche des idées de tout grand homme, dans l'ordre spéculatif » (*ECSDP-2*, p. 356-357), que nous imaginons dirigée par des « motifs vrais et profonds », a quasiment toujours « une considération de sentiment, ou d'ordre pratique » pour mobile. « Chaque penseur dogmatique, en vertu d'une fiction dont il est dupe et dont le public a pris l'habitude, parle, enseigne et décrète en se targuant de l'autorité d'une raison impersonnelle et d'une indubitable aperception du vrai, comme si l'expérience ne nous avait pas appris que cette prétendue raison se contredit d'un philosophe à l'autre ». Alors, quoique Comte en dise, « la philosophie positive n'est [... bien] qu'une philosophie » (*CP1877-1*, p. 294). Il ne faut pas croire, comme se l'imagine « un public nombreux » (*PAH-4*, p. 714 et *CP1877-2*, p. 275), que les questions les plus importantes, qui « sont Dieu, l'âme, la vie future, le libre arbitre, la loi morale et la loi politique », puissent être posées et résolues par « *la Science* ». Nous ne pouvons fustiger « *la science* d'en avoir promis la solution et de ne l'avoir pas donnée », car elle n'a pas les moyens d'y répondre. Ceux qui ont cru cela ne pourraient d'ailleurs blâmer que les savants qui les ont trompés.

> « Il faut distinguer la science et les savants, et parmi les savants ceux qui ne philosophent pas et ceux qui philosophent. Les savants sont les représentants de l'esprit scientifique [...] mais leur autorité scientifique est volontiers abusive et prétentieuse. Ainsi quand ils croient qu'avec la science il n'y a plus de mystère au fond des choses, que l'évolution nous révèle l'origine, que l'inférieur, la matière, explique le supérieur [...], ils se trompent. Le social, le moral vivent de bien autre chose ! » (TURLOT, p. 75)

Heureusement que ces savants qui « philosophent, [...] sans le savoir, ou contre leur gré, sans méthode philosophique, prétendant faire encore de la science quand ils en sont dehors », sont peu nombreux, et que beaucoup de savants restent les dignes représentants de la méthode, de l'esprit scientifique.

> « L'esprit scientifique est une reconnaissance sans réserve des lois de l'expérience et de la raison, et des conséquences de leur application à l'examen désintéressé de tout objet proposé à notre croyance. Car la science pure a avec l'art cela de commun, que l'utilité et la recherche directe du bien doivent lui rester étrangères. L'esprit scientifique réclame donc la liberté de l'examen, et les autres libertés qui, dans l'ordre social, ne se séparent pas de celle-là. C'est à lui que nous devons d'être affranchis à un degré avancé du dogmatisme autoritaire et des superstitions » (*PAH-4*, p. 715).

2.d - La philosophie doit-elle suivre la méthode scientifique ?

La science voulait « *construire une synthèse unique* » (*ECG1-1*, p. 109), or, cette « synthèse unique de toutes les connaissances est un idéal irréalisable » (JANSSENS, p. 33). La critique se substitue à la science, mais elle n'a pas la prétention d'élaborer cette synthèse, même si elle tend vers cet objectif idéal. Elle se donne plus modestement pour mission « d'isoler de l'ensemble du savoir les lois les plus générales et de les étudier ». Ces lois de la connaissance scientifique, ces conditions *a priori*, sont donc « le problème critique proprement dit » (JANSSENS, p. 294). Et la critique s'efforce de « tracer les bornes du savoir en essayant la construction de la synthèse unique, après avoir assemblé tous les éléments disponibles de cette construction » (*ECG1-1*, p. 109). La critique totalement achevée, si cela était possible, « serait la vraie science ».

C'est pourquoi selon Renouvier (*ECG1-2*, p. 353), d'une part, la « théorie des lois générales de la connaissance et de ses limites », dont il précise qu'elle est l'objet du *Premier Essai*, « tient lieu de la science universelle, d'ailleurs impossible », d'autre part, les « sciences particulières ou séparées » doivent se cantonner, « les unes à l'investigation logique », « les autres à l'observation et au maniement de l'expérience ». Mais elles ne doivent en aucun cas dépasser « certaines données positives [...], ni s'étendre par des inductions qu'elles ne tiendraient pas pour vérifiables selon leurs méthodes propres » (p. 354). Si ce sont bien les sciences qui doivent déterminer les « lois de développement du Monde entre des limites de plus en plus éloignées, dans chaque sphère », il est clair que « la critique[16] aura toujours sa place marquée dans l'intervalle de la Science, reconnue impossible, et des sciences, elles-mêmes si faibles, imparfaites, bornées ». Pour cette raison, Renouvier considère que « la critique est plus que scepticisme[17] et moins que dogmatisme, car le jugement (*crisis*) détermine, au lieu de suspendre sans fin en poursuivant la recherche (*skepsis épochè*) » (*ECG1-1*, p. 109). Il rappelle aussi que la portée de la critique « ne doit jamais dépasser les limites essentielles de la connaissance ». C'est pour cette raison au bout du compte qu'elle « se meut dans un cercle inévitable » : quelque « vérité, quelque rapport que j'entreprenne d'expliquer, de prouver, je suis contraint de proposer [toujours] d'autres rapports que je n'explique pas. »

Le philosophe doit « se rapprocher de la science, de son mode d'exposition » (SEAILLES, p. 25) tout en ayant conscience que « ce qui caractérise le problème philosophique, c'est qu'il se pose à la liberté autant qu'à l'intelligence ». Comprenant ce point, nous saisissons pourquoi Renouvier condamne Fichte, Schelling et Hegel[18] pour leur absolutisme[19] et leur éloignement de l'esprit scientifique.

> « Les Fichte, les Schelling et les Hegel ne demandent rien aux mathématiques. [...] En leur éloignement de l'esprit scientifique[20], ils sont revenus au réalisme des universaux ; ils ont méconnu à la fois la valeur logique, au moins comparative, du substantialisme positif des cartésiens, de Spinoza et de Leibniz, et l'importance des travaux de l'école

---

[16] Elle devrait toujours avoir la charge « d'exercer un contrôle sur le discours scientifique » (FEDI, CSPS, p. 76).
[17] « Le scepticisme et le criticisme sont deux formes diverses de l'application de l'esprit scientifique [...], deux manières de reconnaître [...] la dépendance où se trouvent les affirmations de l'esprit [...] par rapport à la personne qui affirme [...]. Nous disons *deux formes de l'application de l'esprit scientifique* ; et il est, en effet, manifeste que les sceptiques et les criticistes sont plus difficiles en fait de preuves que les dogmatiques, qu'ils soumettent les démonstrations de ces derniers à un examen sévère et poussé jusqu'aux derniers principes ; qu'ils réclament de leurs critères de jugement des garanties contre l'erreur » et qu'ils ne se « satisfont pas à l'idéal de la certitude » (*CP1878-1*, p. 273).
[18] Dans sa lettre à William James datée du 28 septembre 1882, Renouvier va jusqu'à parler de « la malaria philosophique régnant en Allemagne ».
[19] Pour Logue (p. 13), Renouvier « *offered the model of a French Kantian, which made it unnecessary to identify one-self with excessively Germanic models such as Schelling, Fichte, or Schopenhauer* ».
[20] « *Renouvier held Kant in the highest esteem and thought that in matters epistemological, there were hardly any among his successors even worth discussing* » (SCHMAUS, SSCR, p. 5).

empiriste, qui a substitué le point de vue analytique du phénoménisme aux anciennes substances, chez eux remplacées par des absolus diversement dénommés » (*PAH-4*, p. 661).

Renouvier est donc farouchement opposé aux kantiens allemands qu'il accuse d'un retour à la métaphysique substantialiste. Ainsi, la formule suivante, qu'il écrit à propos de Descartes, pourrait bien lui être appliquée : Descartes s'est proposé d'apporter des solutions aux problèmes des « sciences, et avant tout à la philosophie, de laquelle elles tiennent leurs principes, mais qui elle-même n'en a *point encore de certains* » (*PAH-4*, p. 279) ; il se l'est proposé en utilisant « la méthode qui lui a fourni, en mathématique », si ce n'est « la solution possible », « du moins la détermination et les limites de tous les problèmes possibles ». L'objectif de Renouvier est donc de faire de la méthode critique une méthode scientifique. C'est même selon lui (*CP1878-1*, p. 371), « de prime abord » que la méthode critique est « assimilable à la méthode scientifique, dans laquelle on anticipe sur la connaissance des phénomènes, par des inductions et des hypothèses sur les phénomènes en tant que soumis à des lois, au lieu de se repaître de l'abstraction des choses en soi, des choses pensables et non connaissables ».

Nous pouvons nous interroger, comme le fait Renouvier, sur le discrédit dans lequel est tombée la philosophie. Quel objet lui reste-t-il aujourd'hui à côté des sciences constituées ? Dans l'antiquité, la métaphysique était toute la science, mais force est de constater que le problème global et général qu'elle cherchait à résoudre s'est fractionné en de multiples problèmes aujourd'hui traités par de nombreuses sciences particulières. Alors, quelle place la philosophie peut-elle encore occuper ? « S'il y a un problème philosophique, en quoi consiste-t-il précisément ? Tout penseur aujourd'hui rencontre ce doute préliminaire et doit prendre parti » (SEAILLES, p. 20). Pour sa part, Renouvier pense que cette infortune dans laquelle se trouve la philosophie est à imputer aux philosophes qui n'ont pas suivi une méthode adéquate.

> Cette disgrâce est le fruit « de la méthode vicieuse que les philosophes se sont obstinés à suivre, au milieu de l'indifférence du public et en dépit de la dialectique du scepticisme. La critique de Kant n'a pu les faire changer de voie, non plus qu'autrefois celle de Socrate. » Mais loin de lui l'idée d'abandonner à son sort la philosophie, elle « peut et doit exister. Son objet est et a toujours été défini par le fait ; Dieu, l'homme, la liberté, l'immortalité, les lois premières des sciences, toutes questions étroitement liées, composent son domaine ; et, dans le cas où il n'y aurait point de science possible de ces choses, cela est même à rechercher, et la philosophie demeure comme critique générale de nos connaissances » (*ECG1-2*, p. 351-352).

Cette mutation de la philosophie passe donc chez Renouvier par un changement d'identité : la philosophie devient critique générale. Il a banni du titre des *Essais* ce mot de philosophie, parce que le « nom doit changer quand la méthode change » (p. 352). Par cette mutation, il consacre le criticisme comme seul véritable savoir en philosophie ; c'est ce qui autorise à soutenir que le criticisme « permet d'atteindre "un savoir réel en philosophie" » (VERNEAUX, p. 17) et de défendre « en élargissant un peu l'idée, qu'il est "la science même et la méthode même". » Nous pouvons raisonnablement affirmer avec Hamelin (p. 43), que la « critique est animée de l'esprit même des sciences » et qu'elle « en est le complément inévitable ». Bien sûr, la critique n'abandonne pas les problèmes qu'on disait philosophiques, elle s'interroge par exemple sur les questions du tout, de l'origine et de la fin. Mais si elle dispose du même périmètre d'action que la philosophie, l'existence de la critique est pleinement justifiée, indispensable, car il est nécessaire que nous nous questionnions sur la valeur des lois, sur les « principes de l'expérience » et sur l'étendue respective de la science et de la croyance. « Ces problèmes, que les sciences spéciales n'abordent pas, ne sont pas moins positifs qu'aucun de ceux dont elles s'occupent ». La tâche du philosophe criticiste est donc d'analyser et de prouver avec méthode et bonne foi les principes des sciences.

> Car c'est « à peine si la philosophie existe encore. Là où la science est représentée et poursuit son œuvre infatigable, je ne vois rien qu'empirisme ; cependant l'expérience a ses lois et ses principes dont on n'est pas dispensé de produire l'analyse et la preuve. Là où des principes ont une existence officielle, dans les rangs de ces philosophes que la science traite d'ignorants, je ne trouve ni méthode claire et suivie, ni bonne foi, ni rigueur » (*ECG1-1*, p. XII).

2.e - Comment être contre le positivisme et pour la science ?

Une des missions du criticisme sera de réfuter le positivisme[21]. À tel point que Eugène Sémérie, contrattaquant, écrit que Renouvier « se rue » sur le positivisme. Sémérie accuse Renouvier de déchirer le positivisme « sans pitié ni merci, avec la délicatesse chevaleresque d'un sauvage scalpant son ennemi »[22].

Pour détruire l'originalité des positivistes, Renouvier explique longuement (*PAH-4*, p. 227[23]) que ce courant n'est que le prolongement d'idées obsolètes

---

[21] Voir par exemple « Les prétentions de la Science » (*CP1873-1*, p. 227-235), « Le positivisme » (*CP1878-1*, p. 49-53), « Philosophie, Science et Critique » (*CP1885-1*, p. 1-16) et encore « Le positivisme de M. Spencer » (*CP1885-1*, p. 241-259).
[22] SEMERIE Eugène, *La loi des trois états. Réponse à M. Renouvier*, Paris : Ernest Leroux, 1875, p. 8. Ce livre est une réponse des positivistes aux tentatives des rédacteurs de la *Critique philosophique* et à son « malhonnête » (p. 9) directeur, qui cherchent à démontrer les fondements sur lesquels s'appuie Auguste Comte.
[23] *PAH-4*, ch. V « La doctrine positiviste », p. 227-245.

émises par Turgot[24], développées par le docteur Burdin[25], puis reprises par Saint-Simon[26] : « la marche progressive des connaissances humaines vers la positivité [... ;] l'ordre historique de constitution des sciences, correspondant à celui de leurs complexités relatives ; [...] cette pensée fondamentale, qui consiste à regarder la philosophie comme la science générale dont les sciences particulières sont des parties constituantes [... ;] la thèse qui venait du condillacisme, à savoir que toutes les connaissances dépendent de l'observation sensible, et s'y ramènent en principe. » De même pour l'idée de la physique sociale, que Renouvier donne comme la continuation du « physicisme » de Saint-Simon, et pour « celle de l'avènement futur d'une

---

[24] Sémérie concède à Renouvier (p. 7) l'origine de la loi des trois états à Turgot et cite même le *Discours sur l'Histoire universelle*. Mais il montre d'abord, en s'appuyant sur une remarque de Littré, que, si l'idée de la loi des trois états était bien chez Turgot, elle n'est devenue loi et n'a pris tout son sens qu'avec l'importance que lui a attribuée Comte. Il explique ensuite qu'il « y a entre la découverte de Turgot et celle de Comte, toute une révolution que le premier ne soupçonnait même pas [... :] il fallait que la chimie et la biologie, passant à l'état positif, avec Lavoisier, Bichat et Gall, eussent donné enfin non plus seulement l'espérance, mais les moyens de s'élever au domaine supérieur [... ; il fallait] que la notion de loi scientifique applicable à tous les phénomènes, et celle de la relativité de toutes nos conceptions, fussent entrées dans les cerveaux ; il fallait encore [...] avoir établi plus nettement la distinction entre l'abstrait et le concret ; il fallait enfin, comme l'a si notablement reconnu Aug. Comte, que la grande crise rénovatrice de 1789 eût manifesté, d'une façon non douteuse, que l'Occident poursuivait décidément une refonte totale des opinions et des mœurs, et qu'il y avait urgence à trouver une solution » (p. 11-12). La démonstration de Sémérie se poursuit (p. 12-13) en s'opposant à l'idée de Renouvier selon laquelle Comte « n'a ni enrichi, ni approfondi, ni complété l'aperçu de Turgot » (p. 13).

[25] Pour Sémérie, Burdin n'est qu'un « honnête savant qui devisait avec Saint-Simon vers l'an 1798 » (p. 14) et qui avant d'avoir « vu le jour dans la notice du docteur Robinet sur l'œuvre et la vie d'Auguste Comte [...] ne prétendait à aucune découverte, bornant son ambition à être initié à tous les résultats de la science de son temps [...] Un premier avatar le transforme chez M. Littré [...], il revendique le titre de *précurseur* » (p. 15) et avec Renouvier, Burdin devient « Colomb » : c'est « l'apothéose ! » Or pour Sémérie, qui cite Burdin, ce dernier ne dit rien d'exceptionnel pour l'époque. Parmi d'autres arguments, Sémérie ajoute avec raison (p. 22) que ce « n'est pas la chute d'une pomme qui a révélé à Newton la loi de la gravitation universelle, mais les travaux de Kepler, de Huyghens et de tous les géomètres et astronomes des seizième et dix-septième siècles ; la gloire de Newton n'en est pas diminuée. Galilée a été précédé par Copernic ; Galilée en est-il moins grand ? » Comte « résume, précise et systématise les travaux de tous ses prédécesseurs » (p. 24), il « complète par la fondation de la sociologie et de la morale positive, formule le dogme de l'ordre nouveau et construit, sur ce dogme, la religion de l'avenir ».

[26] À propos des rapports de Comte et de Saint-Simon entre 1818 et 1824, Sémérie estime (p. 45) que Comte n'avait probablement « pas encore de direction philosophique suffisamment arrêtée », et qu'il « prenait quelque chose des conversations de Saint-Simon, remuant devant lui toutes les idées qu'il tenait de d'Alembert, son précepteur, et de tous les hommes distingués avec lesquels il avait été en relation. Mais dès cette époque déjà, on voit », selon Sémérie, « que l'originalité propre de Comte s'affirme. »

religion et d'un clergé fondés sur la science » qu'il fait remonter également aux prédécesseurs de Comte (*PAH-4*, p. 230). Toutes ces remarques de Renouvier paraissent parfaitement fondées quoiqu'en dise Sémérie.

Pour anéantir la validité scientifique de l'œuvre de Comte, il s'en prend également à l'« étude de la nature et des rapports des sciences, dans le *Cours de philosophie positive* », en indiquant qu'elle est « singulièrement arriérée depuis la fondation de la théorie mécanique de la chaleur[27], la réduction des forces physiques à l'unité, les progrès de l'atomisme chimique, l'application de la physique terrestre à l'astronomie » (*PAH-4*, p. 228). Renouvier est ici encore dans le vrai en constatant l'aveuglement de Comte quant à l'application de la physique à l'astronomie.

Dans l'*Essai* (*ECG1-1*, p. 265-266), Renouvier distingue cinq parties au sein du travail de Comte et s'empresse d'en détruire presque tous les fondements :

- la « philosophie proprement dite » : en matière de philosophie Comte adopte des positions, des principes, des lois qu'il ne justifie point d'après Renouvier, et en outre, il « ne se préoccupe en rien des conditions générales de la connaissance » ;
- les « lois sur le développement de l'esprit en général, ou de la science [...] lois dont Comte s'est donné comme l'inventeur, parmi lesquelles la fameuse loi des *trois états* tient le premier rang, [... ces lois] ne survivront pas facilement aux critiques » ;
- les « progrès des institutions et des sociétés humaines. Les applications de ces théories à l'histoire moderne » : celles-ci « ont reçu des événements de cruels démentis » ;
- les « jugements souverains portés sur les différentes sciences[28], leurs définitions, leurs méthodes, leurs hypothèses » : cette « partie de l'œuvre est aujourd'hui surannée » ;
- les mathématiques, auxquelles Comte consacre son premier volume : Renouvier veut « croire que, là du moins, les travaux du créateur de la philosophie positive sont irréprochables et profonds. »

---

[27] Renouvier note que peu après le refus par Comte de toute idée d'unité pour mesurer les sources de chaleur, des savants tels Mayer, Joule, Helmholtz... démontrent « l'équivalence des effets mécaniques et calorifiques » (*CP1877-2*, p. 6). Pour Renouvier, la position de Comte n'est pas seulement « métaphysique », elle est « hiératique » (p. 7) en ce qu'elle fixe des « bornes sacrées » à la science.

[28] Pour Renouvier, Comte « motive ses arrêts sur des principes généraux qu'il professe sans les justifier, et passe en revue les travaux contemporains avec des appréciations sommaires et dogmatiques » (*CP1878-1*, p. 52).

Donc, outre la critique essentielle qui veut que Comte ne se soit pas intéressé aux « conditions générales de la connaissance », à la différence du certain et de l'incertain, à sa distinction du faux, au rapport entre ce qu'on sait et ce qu'on croit, il est soit déjà dépassé ou démenti, soit en passe de l'être sur presque tout son travail. Il n'y a qu'au sujet des mathématiques que Renouvier fait preuve de moins de sévérité envers son répétiteur de l'École polytechnique. Il conservera toujours de l'estime pour les travaux mathématiques de Comte, considérant « qu'il a réussi à formuler une vraie philosophie mathématique » (*CP1877-1*, p. 328). En ce domaine, il n'y a guère qu'au sujet de la méthode infinitésimale qu'il critique Comte, considérant qu'elle lui est restée « lettre close » (*CP1877-1*, p. 333), comme le calcul des probabilités, que Comte ne fait que caricaturer. Ceci explique qu'il nuance parfois son propos, précisant par exemple (*PAH-4*, p. 228) que les mathématiques comtiennes sont restées « remarquable[s] en quelques points ».

Mais, s'il est dur concernant sa philosophie[29], il est loin cependant de mépriser l'homme comme semble le croire Sémérie. Il ira même jusqu'à dire à la fin de sa vie, que non seulement il comprend Comte, mais qu'il l'admire, ajoutant : « c'était un génie, et il était du Clapas[30] ; il a, lui, constitué une doctrine, les néo-positivistes, eux, n'ont rien constitué : je ne sais ni ce qu'ils veulent, ni où ils tendent : je ne comprends pas » (*DE*, p. 80).

Milhaud trouve même (p. 69) que le début de l'*Essai* rappelle étrangement « les premières pages du *Cours de Philosophie positive* » et que « l'attitude de Renouvier est ici, à sa manière, franchement positiviste[31]. » Du reste, Renouvier lui-même admet (*HSPM*, p. 439) deux points communs entre néocriticisme et positivisme : les deux considèrent « que l'intelligence n'a pour matière de connaissances réelles que les phénomènes et les lois des phénomènes » ; ils se refusent à « toute fiction d'essences ou qualités en soi pour expliquer les propriétés des corps ». En limitant l'investigation aux faits et à leurs rapports, « le néo-criticisme ne nous enferme pas dans l'universelle

---

[29] Dans la série d'articles sur le *Cours de philosophie positive*, Renouvier adresse des reproches très vifs aux mathématiques comtiennes (voir en particulier l'article 2 : *CP1877-1*, p. 327-336), par exemple de prendre une comparaison pour une démonstration dans un texte de Leibniz, erreur que Comte commet, d'après Renouvier, parce qu'il n'a pas lu les explications de Leibniz sur son algorithme différentiel, Renouvier lui reproche aussi plus loin de passer sur des explications insuffisantes et des notations inadmissibles de Newton.
[30] Surnom de la ville de Montpellier et mot occitan qui désigne un amas de débris rocheux, de cailloux.
[31] Alors, suivant Sémérie (p. 4) et son humour grinçant, nous pourrions dire : « tout le monde est positiviste aujourd'hui, excepté Auguste Comte et ses sectateurs ; les malheureux, paraît-il, sont retombés en théologie avec leur maître ».

illusion, il est éminemment une doctrine de la réalité » (SEAILLES, p. 82[32]). C'est une « doctrine de la réalité », comme veut l'être le positivisme, « car, au lieu d'opposer à ce que nous pouvons connaître l'inconnaissable réalité, il abandonne, comme la science positive, les qualités en soi, les essences, les causes, pour constituer la réalité des phénomènes eux-mêmes et de leurs rapports ».

Ces points communs n'empêchent pas, comme nous l'avons vu, que Comte demeure au niveau de la science objective, là où Renouvier s'intéresse aussi aux conditions de la pensée, de la connaissance, au représentatif et à ses lois. Motif pour lequel, malgré la proximité des deux courants, le néocriticisme reste clairement opposé au positivisme, qu'il considère comme « une doctrine toute fataliste, déduite d'une prétendue loi de l'histoire, niant tout droit apriorique » (*HSPM*, p. 439). Fatalisme et loi de l'histoire, se retrouvent par exemple dans la prétendue loi des trois états successifs de l'esprit humain (théologique, métaphysique et positif), loi qui prend « la marche des sciences positives pour la marche de l'esprit humain lui-même » (*PAH-4*, p. 229), fausse loi qui confère à des états ou phases de l'esprit humain, à des qualités abstraites, l'existence en soi, parce qu'une erreur caractéristique du positivisme est de ne pas avoir « essayé de pénétrer les conditions du connaître et du croire » (*CP1878-1*, p. 50). Toute la philosophie de Comte repose sur cette « erreur capitale et *antipositive*, qui est de penser que le système entier des connaissances de tout ordre peut former une science positive semblable aux sciences positives particulières, constituées et délimitées » (p. 52). Cependant il se trouve que, dès que nous voulons dépasser « les bornes d'une connaissance particulière », nous devons faire appel à « l'analyse des conditions requises pour savoir, croire ou douter » (p. 50) ; or, selon Renouvier, il ne plaît guère aux positivistes « d'analyser sérieusement les conditions de la science et de la croyance[33], d'apprendre à connaître la nature et les vraies limites du savoir, et à distinguer ce qu'on sait de ce qu'on croit » (p. 52).

Le positivisme défend à ses partisans d'aller au-delà des vérités poursuivies par les sciences positives et expérimentales.

---

[32] Quelques lignes plus haut, Séailles cite un passage de la *Critique philosophique* (*CP1884-2*, p. 135) exposant que Comte « n'a pas laissé de résumer exactement la méthode appliquée et de mieux en mieux éclaircie des savants modernes, et l'idée de cette méthode telle qu'on doit se la faire après l'œuvre criticiste de Kant, lorsqu'il a défini la science par l'étude des phénomènes et par la recherche de leurs lois, à l'exclusion des essences et des causes. »

[33] « *Renouvier found that a lot of the Cours consists simply of Comte's dogmatic opinions about various theories and hypotheses in the sciences, and asked rhetorically whether positivism has ever given us a method to help us guide the development of science in a positive direction* » (SCHMAUS, RMH, p. 145).

> Il « leur interdit les hypothèses et les croyances dont l'objet est invérifiable par l'expérience (même la recherche des probabilités : Comte en condamne le calcul). » Renouvier juge que ce n'est rien de moins qu'« une énormité morale, une entreprise absolument vaine d'ailleurs, et une destruction de la science elle-même, sans qu'on y songe ; car il n'y a rien dans le savoir qui ne soit hypothétique par quelque côté, hormis les faits constatés comme tels » (*PAH-4*, p. 227-228).

C'est pourquoi le positivisme a tort de ne pas poser avant tout une critique de la connaissance. Dans sa *Philosophie analytique de l'histoire* (*PAH-4*, p. 250), Renouvier cite l'*Autobiography* de Stuart Mill, il y relève notamment cette expression : « C'est une des méprises de M. Comte, de ne laisser jamais de questions ouvertes ». Comte voudrait en effet que la philosophie se réduise « à l'ensemble systématique des sciences positives » (*PAH-4*, p. 227), mais en voulant réduire la philosophie aux sciences[34], il pose « un principe arbitraire » et oublie qu'il « a besoin d'une investigation philosophique supérieure pour établir sa thèse. » Comme, d'après lui, rien ne domine les sciences, sur quoi pourra bien reposer leur systématisation ? Il faut requérir une autre philosophie, qui n'est « pas une des sciences admises par le positivis[me,... et qui] doit avoir son fondement ou dans l'analyse de la conscience, ou dans les vérités dites de raison pure ». C'est pourquoi, si Renouvier suit « la réduction de la connaissance aux lois des phénomènes » proposée par les positivistes, il leur objecte de ne pas analyser correctement les notions premières, de nier la croyance, et de prétendre organiser la société de manière scientifique[35] :

> « j'accepte une formule fondamentale de l'école positiviste : la réduction de la connaissance aux lois des phénomènes. Ce principe dont je dois faire un constant usage, la plus grande partie de ce premier essai est consacrée à l'établir par l'analyse de la connaissance elle-même ; et je le crois conforme à la méthode de Kant, quoique ce philosophe, gêné par la tradition métaphysique, ne l'ait pas assez nettement dégagé et suivi. Si d'ailleurs je ne puis avouer une école dont j'apprécie certaines tendances, c'est que l'absence ou même le dédain des premiers principes m'y semblent manifestes, à ce point que les notions premières de phénomène et de loi n'y sont pas l'objet d'une analyse exacte ; c'est qu'elle professe, à l'égard des possibilités laissées à la croyance libre, une négation dogmatique à outrance que je ne crois pas justifiée ; c'est enfin qu'elle a conservé de l'esprit de Saint-Simon, dont elle s'inspira d'abord, telles prétentions à l'organisation scientifique et religieuse de l'humanité, chimériques à mon gré, et peu libérales » (*ECG1-1*, p. XVI).

Il n'est pas suffisant d'écarter la métaphysique d'un revers de la main pour se dispenser « de donner les raisons, les dernières et les plus profondes

---

[34] Voir *CP1885-1*, p. 248.
[35] Fedi (p. 81, qui s'appuie particulièrement sur *CP1889-2*, p. 402) considère également ces trois éléments comme capitaux dans la critique de Comte : le fait qu'il soit trop « empirique » et ne cherche pas suffisamment « les lois qui gouvernent l'expérience », qu'il construise des lois simplistes et fantaisistes pour ordonner les faits « en les altérant », et qu'il rejette « les conjectures rationnelles et les "postulats moraux" ».

raisons des partis que l'on prend sur les questions agitées par les métaphysiciens, quand il est incontestable que l'on prend parti » (*CP1878-1*, p. 50). Toute doctrine se forme « une conviction sur l'essence du monde et sur nos rapports avec lui » (*ECSDP-2*, p. 284-285). Le positivisme condamne ce désir, qui « est l'inspirateur commun des doctrines, en tant que doctrines, c'est-à-dire dépassant l'expérience immédiate, le raisonnement syllogistique et l'induction rigoureusement logique ». Mais ce désir est pourtant « l'inspirateur du positivisme lui-même, car il est clair que cette doctrine [...] puise [...] dans une vraie passion pour la science certaine et pour le bon règlement de la connaissance et de la vie, ce qu'elle enseigne touchant l'attitude à prendre vis-à-vis des croyances et de la vérité ». Cependant, comme la philosophie de Comte « ne lui a fourni aucune logique générale ou critique de la connaissance » (*PAH-4*, p. 244), Comte n'a eu pour « affirmer ce qu'il a affirmé, pour nier ce qu'il a nié [...] que son opinion ». La démonstration de Verneaux (p. 21-25) synthétise bien ce que nous venons de présenter :

> L'esprit positiviste cherche à « écarter toutes les affirmations qui échappent au contrôle des méthodes scientifiques ». Il vise à construire « *la Science* » qui reposerait « sur les données des sciences particulières. » Comte « veut remplacer la philosophie par la Science, synthèse des sciences particulières ; mais la synthèse des sciences est-elle une science ? Non, car les sciences ne peuvent justifier leurs principes. C'est donc une philosophie. Est-ce alors une philosophie solidement constituée ? » Non plus, parce que « Comte refuse de la justifier sous prétexte que toute philosophie est vaine. La Science se réduit donc littéralement à *rien* ; et comme les sciences ne peuvent résoudre par leurs propres moyens le problème général de la connaissance, la critique apparaît nécessaire. Le positivisme évanoui cède la place au criticisme » ou, pour mieux dire, le positivisme réfuté montre « la nécessité de la critique ».

La critique ne se refuse l'exploration d'aucun principe, chacun est pour elle objet « de doute possible, elle entend ne reposer que sur elle-même, et son but est de se donner des fondements internes, au-dessous desquels elle ne puisse pas en concevoir d'autres » (*CP1885-1*, p. 6).

Être néocriticiste, c'est tout autre chose que de revenir à une vieille philosophie qui prétendrait « à l'universalité du savoir » (*ECSDP-2*, p. 142). La critique n'est pas la Science, mais peut-elle être vue comme une science des principes ? La « même raison qui rend la Science impossible, fait d'une science des principes quelque chose de contradictoire, puisqu'une science se caractérise par ce fait même que les principes sont accordés, qu'elle ne les discute pas » (SEAILLES, p. 23-24). La critique doit donc être considérée comme un « effort pour organiser ses idées selon les lois de la logique » (p. 24) ; elle tend à la scientificité, car elle se compose « de propositions exactement formulées, régulièrement déduites. » Comme une science, elle doit utiliser « la rigueur scientifique, justifier ses hypothèses par leur valeur explicative, non par leur beauté esthétique ou leur séduction sentimentale. » Elle peut être vue comme une « science théorique, en tant qu'elle s'efforce, comme toute science, de tirer de ses premiers postulats, selon les lois de la logique, toutes les conséquences qu'ils contiennent, de prouver par là même leur fécondité » (p. 24-25). Cependant, en tant qu'elle ne se réfère pas à des principes extérieurs à son objet et qu'elle n'hésite pas à discuter « ses propres principes », elle diffère de ce qu'on appelle une science. La critique, et d'autant plus la critique générale, ne peut être dénommée science.

2.f - Qu'est-ce alors que la philosophie des sciences pour Renouvier ?

Logue (p. 38) définit la *Critique philosophique* comme « *an organ of combat* », « *an organ of philosophical combat* », cela est juste[36], mais n'oublions ni le titre complet de la revue, ni son ambition. Renouvier a en effet la prétention de développer, non seulement des idées de philosophie politique, mais également de philosophie des sciences ; il le présente clairement à Secrétan dans sa lettre du 11 avril 1871 :

> « Nous avons eu pendant six mois l'aimable convivance de M. Pillon, mon collaborateur, qui s'est trouvé hors Paris au moment de l'investissement[37]. Par de longues conversations et lectures communes, nous avons préparé la fondation d'une feuille pour faire suite à l'Année philosophique sous le titre de la Semaine philosophique : - politique, scientifique, littéraire. C'est singulièrement ambitieux, comme vous voyez. Cependant nous n'entendions tâcher de justifier un tel titre qu'en développant des idées de philosophie politique, de philosophie des sciences, etc. On aurait expliqué cela aux lecteurs » (*CRS*, p. 58).

Renouvier développe donc, comme l'écrit Blais (p. 116), une « analyse critique des doctrines philosophiques et scientifiques de son époque ».

Dans l'*Essai* (*ECG1-2*, p. 40), il explique ce que nous entendons habituellement par philosophie des sciences[38] : « une étude des méthodes des différentes sciences, de la nature et de la légitimité de leurs postulats, ou principes indémontrables, de leurs procédés de recherche et de découverte. » Ne se contentant pas du sens commun, il distingue « la » philosophie des

---

[36] Voir *CP1876-1*, p. 370-371.

[37] Renouvier fait référence au siège de Paris par l'armée prussienne de septembre 1870 à janvier 1871.

[38] Gaston Bachelard répondait à cette question lors du Congrès international de Philosophie des Sciences de 1949 (Paris : Hermann, 1951, p. 30) en des termes que Renouvier aurait certainement acceptés : « Elle sera une phénoménologie de l'homme studieux, de l'homme tendu dans son étude et non pas seulement un vague bilan d'idées générales et de résultats acquis. Elle aura à nous faire assister au drame quotidien de l'étude quotidienne, à décrire la rivalité et la coopération de l'effort théorique et de la recherche expérimentale, à nous mettre au centre de ce perpétuel conflit de méthodes qui est le caractère manifeste, le caractère tonique de la culture scientifique contemporaine. »

sciences en général « des » philosophies des sciences. La première est simplement pour lui un synonyme de la philosophie, telle que la pratiquaient Pythagore, Démocrite, Platon, Aristote, Descartes, Leibniz, ou encore Kant. Les secondes, prises individuellement, sont « des investigations sur les méthodes et les principes [... des sciences]. Toutes ces philosophies présupposent l'étude de la méthode en général, et de la logique et de la psychologie, qui sont préalables à toute recherche portant sur les principes de la connaissance. Une construction comme celle qu'Auguste Comte a tentée implique les mêmes conditions, quoique Auguste Comte ait voulu n'en rien croire » (*CP1873-1*, p. 234-235).

C'est ce qui fait dire à Renouvier que le positivisme est une doctrine pour le moins « bizarre » (*AP1895*[39], p. 7), voire même « scandaleuse », qui veut extraire « de l'ensemble des sciences la philosophie dominatrice que les sciences ne peuvent renfermer », et qui cherche à « l'imposer à l'esprit humain comme positive ». « En prétendant réduire la philosophie à n'être qu'une classification des sciences, le positivisme ne la remplace pas, il la supprime » (SEAILLES, p. 303).

L'absence de critique est un défaut de Comte et rend caduc son travail : « une philosophie des sciences réclame pour fondement une philosophie de l'esprit et des méthodes, et Auguste Comte n'a rien mis de pareil dans sa *Philosophie positive* » (*ECG1-1*, p. 73).

---

[39] « *In 1867, at a time when there were no other philosophy journals in France, Renouvier and his friend François Pillon founded the monthly journal L'année philosophique* » (SCHMAUS, RMH, p. 134). L'Année philosophique a eu deux parutions (1868 et 1869), la Critique philosophique lui a succédé de 1872 à 1889, puis l'Année philosophique a repris sa publication de 1890 à 1913 (voir aussi plus haut 1.c.α).

Chapitre 3 - En quoi les concepts de relation, de loi et de catégorie sont-ils liés aux sciences ?

3.a - Les principes de relativité et de contradiction sont-ils la base de toute science ?

3.a.α - L'idée de rapport

Qu'est-ce qu'être quelque chose, quelqu'un ? Qu'est-ce qu'un être, qu'est-ce que le simple fait d'être ? Avant même d'être ceci ou cela, avant d'être soi ou un autre, avant de pouvoir dire « je suis », avant de parler d'êtres animés ou inanimés, d'êtres vivants ou morts, que signifie « être » ? Renouvier répond à cette question initiale. Il fait remarquer que le verbe être, dès qu'un attribut l'accompagne, peut se substituer à tous les autres, qui énoncent pour leur part des rapports définis. Qu'ainsi ce verbe renferme « toutes les relations possibles » (*ECG1-1*, p. 91) ; il est la copule par excellence, qui « énonce le rapport en général, c'est-à-dire l'idée générale du rapport, qui les renferme tous ». « L'*être*, au sens générique, est donc *un mot, un signe, exprimant relation entre des phénomènes* », il est « le nom vulgaire du *rapport*, et s'il est aussi le nom du *phénomène*, c'est qu'il n'y a ni phénomène sans rapport, ni rapport sans phénomène » (*ECG1-1*, p. 91-92). C'est pourquoi on peut dire avec Hamelin (p. 69) que le « phénomène n'est pas seulement fait, n'est pas seulement terme, il est aussi, il est surtout rapport. »

Penser, concevoir, former des concepts, c'est toujours rapporter, rapporter une chose à une autre, une idée à une autre, « comparer deux idées en admettant, à un titre quelconque, en *croyant* que l'une peut réellement s'affirmer ou se nier de l'autre » (*ECG1-1*, p. 323). « Le phénomène, pour la connaissance et pour la science, paraît [toujours] dans un rapport. Unir et séparer des rapports, telle est donc la fonction de la pensée, tant usuelle que scientifique » (*ECG1-1*, p. 147). Le langage, comme plus spécifiquement les sciences, « procèdent par composition et décomposition » (*ECG1-1*, p. 146-147) de rapports. Ainsi, langage et sciences sont rapports, distinctions et identifications, décompositions et compositions. Dès la préface du *Premier Essai*, Renouvier fait ce constat « que tout langage et toute science consistent à rapporter certaines choses les unes aux autres, soit en les distinguant ou décomposant, soit en les identifiant, c'est-à-dire encore en les composant ensemble » (HAMELIN, p. 43-44).

Hamelin (p. 77) trouve cette définition insuffisante en ce que la composition donne une image statique du rapport, « ce que Comte appelle l'ordre statique ». Pourtant, Renouvier voit bien dans les rapports « des relations dynamiques », mais Hamelin juge tout de même que le sens du mot composition, par l'étendue que Renouvier lui confère, perd quelque chose de sa précision. Et il va plus loin, affirmant qu'il « reste douteux que l'idée de relation soit suffisamment éclaircie parce qu'on l'a mise en équation avec celle de composition » (p. 77-78). Il voudrait que Renouvier précise de quelle type de composition il s'agit, et il se demande si, plutôt qu'une définition, on n'a pas à faire ici à une « métaphore, une image » (p. 78). Il ne voit « qu'une manière de préciser l'idée de relation », en la ramenant, avec Aristote, « à l'idée de corrélation : il y a rapport quand deux termes renvoient réciproquement et invinciblement l'un à l'autre »[1]. Hamelin n'a pas tort de soulever ce point, mais ce n'est en rien un argument contre la définition de Renouvier, car ce dernier indique clairement que les termes des rapports sont des corrélatifs ; lorsqu'il insiste sur le fait que tous les termes sont nécessairement relatifs, il ajoute qu'il serait faux de penser que le relatif suppose l'absolu ou qu'il le démontre, et il écrit (*ECG1-1*, p. 71) : « l'*absolu* lui-même n'est que le corrélatif du *relatif*. Ces deux termes sont la négation l'un de l'autre. Ces deux termes [...] se conçoivent *relativement, par rapport à des rapports* qu'on peut affirmer ou nier »[2]. Ce que Hamelin semble oublier à cet endroit et que Renouvier rappelle ailleurs (*ECG2-1*, p. 81), c'est que les deux termes unis par un rapport sont « ordinairement définissable[s] par quelque autre rapport à quelque autre terme. »

Tout est relatif, tous les termes, tous les phénomènes, entrent toujours en rapport avec d'autres termes, d'autres phénomènes. Comme le constate Prat, cela constitue une véritable « loi de Rapport » (p. 28) :

> « La loi de Rapport apparaît à Charles Renouvier comme la forme universelle de la pensée. Penser c'est rapporter, assimiler d'abord, distinguer ensuite. Il n'est possible de connaître et de se connaître qu'à la condition de distinguer une chose d'une autre chose et enfin de distinguer le soi du non soi. En se distinguant de ce qui n'est pas soi, le moi s'affirme. »

Cette distinction du soi et du non-soi est présente dans toute idée abstraite quelconque, puisque, comme cela est noté dans la « Doctrine des catégories

---

[1] Hamelin précise en note, s'appuyant sur les *Catégories* (ch. VII, 7b14), que « Tout relatif, bien énoncé, a son corrélatif (ἀντιστρέφον) : maître, esclave, double, moitié [...] Entre les corrélatifs, il y a souvent, comme dans les deux exemples précédents, simultanéité naturelle (ἅμα τῇ φύσει), mais il n'en est pas toujours ainsi, car l'objet de la science ou de la sensation peut exister antérieurement à l'une ou à l'autre ».

[2] « Contre tous les panthéismes », le néocriticisme se veut une philosophie de la pluralité, où l'un « ne s'entend que par le plusieurs, ne se définit que par les rapports des termes multiples qu'il coordonne » (SEAILLES, p. 69).

de la relation » (p. 194), « toute idée abstraite exprime uniquement un rapport » ; elle fait donc abstraction d'autres rapports. Cela implique que toute science soit fondée sur des abstractions[3] et « d'autant plus qu'elle est plus parfaite » (*CP1884-2*, p. 164).

3.a.β - Le principe de relativité

Le relatif désigne donc « en qualité de terme générique, les choses relatives entre elles » (*PAH-4*, p. 329), sachant qu'une chose est dite « relative quand on la comprend soit comme composée, soit comme composante à l'égard d'une certaine autre chose » (*ECG1-1*, p. 66). Renouvier forge un principe à partir de là : le « principe de relativité » (*PAH-4*, p. 329).

> Il « signifie tout simplement que toutes nos idées expriment des relations ; l'idée de notre moi en est une : la relation de sujet à objet ; toutes les autres s'y rapportent en tant qu'il s'agit de la connaissance ; et quant à nos objets externes, nous ne saurions les connaître non plus que comme des relations, puisque c'est en nos idées seulement que nous les connaissons » (*PAH-4*, p. 329).
> Il marque l'« impossibilité de connaître une chose autrement qu'en l'envisageant sous de certaines relations avec d'autres choses, relations qui la déterminent, qui sont indispensables à l'application des concepts » (*CP1878-1*, p. 370).

En fait, c'est l'existence même qui implique la relation, comme le note Hodgson[4]. Et si nous voulons supprimer toute relation, il en est une que nous ne pourrons ôter sans anéantir immédiatement toute pensée : « c'est la relation du sujet à l'objet, du représentatif au représenté » (JANSSENS, p. 54), car elle « est constitutive de la conscience ». Gérard Pyguillem et Marcel Méry précisent que Renouvier jugea toujours impossible « de penser autrement que par relation le sujet des qualités, le continu spatial et temporel, les idées de changement, de cause, même libres. L'idée de finalité, les idées abstraites et l'idée de l'absolu ; l'idée du moi et même l'idée de Dieu ne sont concevables que comme un centre de relations, or la personne n'est rien d'autre » (DCR, note p. 177).

La personne n'est pas autre chose, car les relations, au bout du compte, sont toutes attribuables « au moi qui les pense, au moi individuel » (DCR, p. 199). Qu'est-ce que mettre en relation ? C'est établir des rapports entre plusieurs phénomènes, c'est attribuer, c'est « au point de vue des représentations humaines, *penser, juger* » (*ECG1-1*, p. 117).

---

[3] « nulle science n'existe que par abstraction » (*ECG2-1*, p. 4).
[4] « *It is a perfectly general consideration that existence involves relation* » (HODGSON, p. 36) et « *it is clear that a being, an existent, implies relation and law* » (p. 37).

Hamelin suggère (p. 69, note 1) que cette relativité, à laquelle tient tant Renouvier, a peut-être été inconsciemment empruntée à Comte, lequel a semble-t-il écrit dans un opuscule de 1817 : « Tout est relatif, voilà le seul principe absolu. » Mais Comte n'avait apporté aucune justification précise à cette formule, n'avait pas cherché à la prouver, se contentant de l'enseigner dogmatiquement au contraire de Renouvier. Dans l'œuvre de ce dernier, Hamelin repère quatre arguments (p. 70-72) en faveur de la relativité des phénomènes :
- l'« observation naturelle », par laquelle chacun fait ce constat qu'une « chose n'existe jamais et n'est jamais connue que grâce à quelque autre chose »[5] ;
- l'« observation de la pensée scientifique et spécialement de la pensée dans la Physique », où le scientifique « se borne toujours à rapporter » un phénomène à un ou plusieurs autres phénomènes ;
- l'histoire récente des sciences physiques et de la plupart des écoles de pensée, qui abandonne « la recherche sur la matière et les essences » pour s'orienter peu à peu vers « l'étude des relations entre les phénomènes » ;
- le rejet de l'infini en acte, qui a pour conséquence la plus importante[6] « l'abandon du réalisme touchant l'espace et le temps », et par voie de conséquence, la nécessaire relativité des phénomènes.

Parce que « les éléments derniers de la quantité continue ne peuvent pas être atteints, ne peuvent pas être donnés sous la forme d'indivisibles infiniment petits, il n'y a donc pas au fond de l'espace et du temps des réalités qu'on puisse considérer en elles-mêmes, poser comme existant en soi indépendamment de toute autre chose. Il apparaît clairement au contraire qu'un fragment quelconque d'une quantité continue s'appuie sur la donnée d'éléments inclus en elle. Elle n'existe que par ses éléments, elle dépend d'eux, est relative à eux. Par suite tout ce qui tombe sous l'espace et le temps [...] devient relatif. Partant de là, M. Renouvier fit aisément un dernier pas : il découvrit aussi la relation au fond des phénomènes représentatifs et dès lors il fut convaincu que tout phénomène sans exception implique toujours des rapports, ou, autrement dit, que toute connaissance est relative » (HAMELIN, p. 72).

Ce dernier argument est essentiel pour Renouvier, c'est celui par lequel il a été persuadé que les connaissances et leurs objets sont toujours relatifs. Hamelin y objecte que rien ne dit que quelque chose d'extérieur à notre

---

[5] Hamelin estime que le problème de cet argument est qu'il ne consiste qu'en « des exemples toujours suspects de pouvoir être contredits par d'autres » ; mais pour que ce commentaire de Hamelin vaille, il faudrait pouvoir trouver des exemples de choses qui sont connues sans lien avec aucune autre chose, ce que nous ne trouverons pas.
[6] *ECSDP-2*, p. 384.

représentation soit toujours nécessairement relatif[7]. Ce à quoi Renouvier répond par anticipation en expliquant qu'aucun terme n'est intelligible en dehors d'un rapport. Chaque terme renvoie même à d'autres rapports : un relatif qui est dans un certain rapport, se trouve lié à d'autres et cela indéfiniment. Hamelin voit ici une seconde difficulté, à laquelle il trouve réponse dans l'*Essai* (*ECG1-1*, p. 69) en ce que « l'analyse ne va pas à l'infini [...,] ne nous conduit pas à des absolus, parce que la composition est circulaire » (HAMELIN, p. 74). Elle nous mène « à des synthèses premières » dont les éléments sont « des couples de corrélatifs : multiple et un, partie et tout, simple et composé », qui renvoient l'un « à l'autre et réciproquement. » Ces « synthèses premières sont relatives entre elles d'une façon réciproque ». Le nombre par exemple « se rapporte à la relation et inversement la relation se rapporte au nombre », parce qu'elle « enveloppe un élément numérique » ; de même « la conscience se rapporte à toutes les autres relations, car celles-ci sont ses composants et, en retour, toutes les relations se rapportent à la conscience, car elles ne sont pas sans elle. »

Il n'y a donc pas d'Absolu avec un grand A, pas plus qu'il ne faut imaginer un Relatif avec un grand R auquel nous devrions opposer un soi-disant « *Irrélatif* » (DCR, p. 202). Définir, c'est nécessairement poser des relations, ainsi, parler d'*Irrélatif*, reviendrait à se contredire en affirmant que cet *Irrélatif* n'est point relatif, qu'il est donc indéfinissable[8] : dans la représentation absolument tout est donc relatif.

> Les « termes ne sont intelligibles que dans leurs rapports. Et il ne faut pas dire que le relatif suppose l'absolu et le démontre, car l'absolu lui-même n'est que le corrélatif du relatif. [...] Tout est relatif, ce grand mot du scepticisme, ce dernier mot de la philosophie de la raison pure dans l'antiquité, doit être le premier de la méthode moderne, et par conséquent de la science, dont il trace la voie hors du domaine des illusions » (*ECG1-1*, p. 70-71).

Nous ne connaissons rien, nous ne savons rien que par le truchement « d'une relation quelconque » (*ECG1-1*, p. 117). La « loi la plus générale entre toutes est » donc « la *relation* même », car rien « ne vient à la connaissance que par relation à quelque autre chose » (p. 127). Ce serait une « grande erreur [...] de ne pas apercevoir » cela (SEAILLES, p. 37), puisque tout, y compris la moindre impression, quelque élémentaire qu'elle soit, obéit à cette loi.

---

[7] Mais doutait-il vraiment que la relativité soit « un des plus méthodiques efforts de la pensée vers l'objectivité », ou l'« objectivation » comme l'écrit Bachelard ? (*La valeur inductive de la relativité*, Paris : Vrin, 1929, p. 243)
[8] « Ce n'est jamais qu'en posant des relations qu'on arrive à définir cette chose même qu'ensuite on affirme contradictoirement n'être point relative » (*ECG1-1*, p. 69).

Qu'est-ce que la pensée en générale ? Nous ne la comprenons que comme somme des pensées émises par les sujets qui pensent aux divers objets pensables. « En effet, comment la pensée se pense-t-elle jamais, si ce n'est qu'elle soit en même temps la *pensée de tel et la pensée de ceci* ? » (*ECG1-1*, p. 55) Ainsi, l'action de penser se résume à « poser des relations » (p. 69). De même, le fait d'expliquer consiste à rattacher des faits entre eux ; situer un fait dans des rapports, c'est mettre un fait « à sa place dans un ensemble défini de rapports de phénomènes ; c'est donc signaler une loi » (p. 108).

Il ne peut tout simplement y avoir sensation, représentation ou encore conscience sans qu'il y ait rapport ; le phénomène senti se trouve « nécessairement distingué, ne fût-ce que du sentant, auquel en même temps il est uni » (*ECG2-1*, p. 64). C'est ce qui fait de la relation « la plus universelle des lois de la représentation ; car, en nous et hors de nous, tout se pose par relation » (MILHAUD, p. 65).

Mais il n'est pas question de faire de cette relativité une tare par laquelle nous serions empêchés d'atteindre l'absolu ; au contraire, pour Renouvier, la relativité doit être vue comme quelque chose de positif : sans relation, il n'y aurait pas non plus de connaissance. C'est pourquoi Hamelin écrit à Prat que, chez Renouvier, la relativité « ne signifie point imperfection, comme chez Cournot par exemple » (lettre du 9 octobre 1904)[9].

Il est donc clair que, pour Renouvier, ce principe de relativité constitue la loi la plus générale de notre connaissance, que tout nous est donné par des relations, que nous ne connaissons que par relations. Mais s'agit-il là d'une grande nouveauté de Renouvier ? Nous évoquions plus haut l'inspiration que Renouvier avait semble-t-il trouvée chez Comte. Janssens va plus loin et explique (p. 52) que cette « théorie critériologique est commune à de nombreux penseurs modernes : Locke, Hume, Hegel, A. Comte, H. Spencer, A. Bain, etc. » Et il ajoute, s'appuyant sur *Histoire et solution des problèmes métaphysiques* (p. 460), que c'est « même à Comte que Renouvier reconnaît lui-même l'avoir empruntée ». En effet, Renouvier admet (*ECG1-1*, p. 72) que ce principe de relativité était présent chez ces prédécesseurs :

- il concède qu'on le trouve chez Hobbes et dans le *Traité de la nature humaine* de Hume ;

---

[9] Dans le fonds Renouvier de la bibliothèque interuniversitaire de l'université Montpellier III se trouvent treize lettres de Octave Hamelin (originaux et copies dactylographiées) allant de 1883 à 1907, référencées REN081-1 à REN081-13.

- il reconnaît que « Kant a donné à la même vérité un autre aspect[10] en montrant par une analyse profonde la dépendance où se trouvent les objets de la connaissance à l'égard de la connaissance même ou de ses lois nécessaires » ;
- il convient qu'il a à l'esprit la *philosophie du conditionné* de Hamilton[11] ;
- il accorde que Comte est arrivé aux mêmes conclusions par une autre voie, celle de la philosophie des sciences, mais il fait remarquer que Comte n'a professé ce principe que « dogmatiquement sans le justifier, car une philosophie des sciences réclame pour fondement une philosophie de l'esprit et des méthodes, et Auguste Comte n'a rien mis de pareil dans sa *Philosophie positive* ».

Verneaux, s'appuyant sur ce qu'en a dit Renouvier, soutient qu'il a « incorporé » cette idée de relativité kantienne « à sa pensée, au point qu'elle en forme comme l'armature » (p. 26). Ce n'est certainement pas faux, mais il s'agit d'autre chose que d'une simple incorporation. Car Renouvier réprouve Kant en ce qu'il a « borné la relation à ces trois sortes, *inhérence, dépendance, communauté* ou *réciprocité* » (*ECG1-1*, p. 139). Et Renouvier nous interroge : « Qu'y a-t-il donc de plus que des rapports, dans les quantités ou qualités déterminées, dans les notions modales ? »

3.a.γ - Le principe de contradiction ou d'identité

Renouvier écrit que le néocriticisme se caractérise par une « ferme application » (*PAH-4*, p. 444) des principes de relativité et de contradiction. Un troisième principe est étroitement lié au principe de contradiction, c'est

---

[10] Fedi (*PC*, p. 67) utilise cette belle formule : « La relativité de la connaissance se situe au carrefour du phénoménisme humien et de l'apriorisme kantien. »

[11] Félix Ravaisson écrivait dans *La philosophie en France au XIXe siècle* (Paris : Hachette, 1867, p. 104) : « Ces idées sont les mêmes qu'énoncèrent en des termes peu différents [...] Hamilton, et surtout Auguste Comte » (cité par Fedi, *CP*, p. 73). Cette remarque peut sembler négative, mais n'oublions pas que c'est par ce livre que Ravaisson mit en lumière les travaux de Renouvier (voir PRAT, p. 253), et que ce n'est qu'une dizaine d'années après que Paul Janet reconnut le néocriticisme, puis que Beurier en fit un exposé assez complet. « *The first substantial exposition of the whole of neocriticism was the series of articles by Beurier in the* Revue philosophique *of April, May, and June, 1877. The first university recognition apparently was the inaugural lecture of one Nolen at the Faculté des lettres de Montpellier according to Beurier ("*Renouvier et le néocriticisme français*", 322). The first recognition of neocriticism by the Eclectics was in an article by Paul Janet, "Le mouvement philosophique",* Temps, *march 8, 1876* » (BENRUBI Isaack, *Les sources et les courants de la philosophie contemporaine en France*, Paris : Alcan, 1933, t. I, p. 298, traduit par LOGUE, p. 13).

le « principe de limitation » (*HSPM*, p. 454), il « interdit l'attribution de la réalité à tout sujet qui serait conçu comme un composé de modes, qualités, parties ou moments distincts, en nombre à la fois infini, interminable, et actuellement acquis ou donné en toutes ses unités. » Janssens appelle (p. 76) les deux premiers principes « les deux lois fondamentales de l'entendement humain ». Les deux sont, pour Séailles, inclus dans « la loi régulatrice des relations constantes qui n'est que la loi de l'accord de la pensée avec elle-même » (p. 93).

Le principe de contradiction[12] pourrait tout aussi bien être appelé « *principe d'identité* » (*ECG1-1*, p. 156) et nous le nommerions « tout aussi justement *principe de distinction* ». Principe d'identité et principe de contradiction sont en effet une seule et même chose, car le premier n'est qu'un cas particulier du second : dire que A est A, c'est dire qu'il n'est pas non A, « c'est l'unique sens acceptable de la proposition identique, laquelle se trouve ainsi revenir à celle qui énonce le principe de contradiction » (p. 161).

Pour ce principe, qui était un « axiome fondamental ou pivot de toute preuve scientifique » chez Aristote (FEDI, *PC*, p. 19), Renouvier suggère la définition suivante comme étant la meilleure : « *un terme n'est point à la fois le même et l'autre qu'un autre terme, sans succession, sous le même rapport* » (*ECG1-1*, p. 158). En effet, si l'on pouvait sous un même rapport et en même temps identifier et distinguer deux phénomènes, « le même et l'autre seraient confondus, et le rapport composé qui implique ces deux éléments disparaîtrait avec eux » (*ECG1-1*, p. 156). Il est donc nécessaire, pour que la représentation ne soit pas contradictoire et pour qu'elle soit même seulement possible, « *que le même et l'autre soient eux-mêmes distincts* » (p. 156). C'est ce qui rend ce principe si important.

Renouvier en fait le principe phare de sa logique[13], la *loi* élémentaire sans laquelle nous ne comprendrions pas, sans laquelle nos propos ne feraient pas sens. Il serait même plus juste d'écrire le principe phare de « notre » logique, comme le suggère J. Alexander Gunn (p. 192) : « *Renouvier thus made the laws of contradiction the basis of his philosophy, as it is the basis of our principles of thought or logic.* » Car deux termes contradictoires « *ne peuvent être attribués simultanément à un même terme* » (*ECG1-1*, p. 161),

---

[12] Renouvier, qui propose une « véritable rénovation » (*CP1873-2*, p. 250) de ce principe, l'a présenté dans deux articles de la *Critique philosophique* (*CP1873-2*, p. 244-250 et p. 292-303). Il débute le premier en nous alertant sur la « fécondité ignorée » de ce principe, à la fois « vulgaire » et « très neuf », pour « déterminer souverainement une méthode ».

[13] Et c'est un principe essentiel du néocriticisme comme nous l'avons vu plus haut, puisque « c'est en son nom même que l'infinitisme est repoussé » (TURLOT, p. 74).

ou de même « *deux propositions contradictoires ne peuvent être vraies ensemble* » ; « toutes les formes de premières vérités logiques rentrent dans cet unique fond, qui, développé, les explique : *savoir ce qu'on dit* ».

Renouvier donne un exemple de ce principe en mathématique, montrant par là que ce principe dirige la connaissance en général et qu'il commande également toute connaissance scientifique : lorsque nous avons prouvé qu'un polygone, dont la somme des angles est égale à deux droits, est un triangle, et que nous construisons un autre polygone dont la somme des angles est aussi égale à deux droits, nous pouvons affirmer que ce second polygone est un triangle[14].

Il prend soin également de distinguer le principe de contradiction, qui se place « dans l'expérience interne » et dont nous ne pouvons nous passer, de « l'exclusion mutuelle fondée sur l'expérience externe » qui, bien que constante, ne prête pas nécessairement à contradiction :

« L'incompatibilité de l'affirmation et de la négation du même attribut d'un même sujet (au même instant, sous le même rapport) est dans la conscience un fait qui ne saurait se poser pour la réflexion sans se poser comme général, puisque nous apercevons clairement que l'exercice de l'entendement n'est possible qu'en l'impliquant, quel que soit le sujet, quel que soit l'attribut dont il s'agit. Dire que ce fait s'observe, dire qu'il s'observe constamment, dire qu'il est une loi de l'esprit, une forme radicale de la pensée, c'est sans doute user de mots différents, mais pour rendre un seul et même sens. Or, ce sens n'est pas autre pour les cas de phénomènes externes incompatibles que M. Mill allègue seuls à cette occasion : "lumière et obscurité, bruit et silence, mouvement et repos, égalité et inégalité, antériorité et postériorité, succession et simultanéité." La contradiction n'existe pour de tels phénomènes pris deux à deux qu'à titre de perceptions qui s'excluent réciproquement, ou dont chacune a dans sa signification même la négation de l'autre. C'est donc dans l'expérience interne que la contradiction se place.
Si, au lieu de ces cas, Mill avait songé à des faits externes dont l'incompatibilité n'est réellement que d'expérience constante, sans que la loi de la représentation s'y trouve en jeu, il n'aurait pu les appeler correctement contradictoires. [...] Il en est de même de toutes les lois de la nature quand les liaisons qu'elles permettent ou ne permettent pas, quoique invariables, n'intéressent point le principe de contradiction. La pesanteur est une des plus grandes : qu'une pierre soit sans support et qu'elle ne tombe pas, voilà deux phénomènes qui "ne sont jamais simultanément présents" ; mais il n'est pas de ceux dont la généralisation peut conduire au principe de contradiction. On voit qu'il n'est pas permis au logicien de confondre l'exclusion mutuelle fondée sur l'expérience externe, si constante et universelle soit-elle, avec l'incompatibilité de l'affirmation et de la négation du même dans l'entendement » (*ECG1-1*, p. 321-322).

Ce principe de contradiction est donc bien un « point central », comme l'écrit Renouvier (*ECSDP-2*, p. 383). Et s'il n'a guère été contesté, c'est bien parce qu'« il est l'indispensable instrument d'édification de toute doctrine [...] en ce qui touche la logique intérieure des systèmes, aussi bien que des

---

[14] Voir *ECG1-2*, p. 2.

sciences » (*ECSDP-2*, p. 384 et *CP1877-2*, p. 379-380). « C'est la philosophie de Renouvier tout entière qui semble découler de [... l']attachement rigoureux au principe de contradiction » (MILHAUD, p. 54), ce principe qu'il considère comme « la règle première de toute pensée et de toute affirmation portant sur la réalité ». Il est en effet une limite que nous savons infranchissable dans notre quête de la vérité, c'est la contradiction. En la posant Renouvier décèle et chasse plusieurs chimères et confère à la philosophie un caractère scientifique :

> « où la philosophie, d'après vous, doit chercher son caractère scientifique et par où se distingue[-t-elle] d'un simple instrument au service d'une foi quelconque, si elle abandonne un principe de la raison et un régulateur tel que le principe de contradiction ? Je tiens à cette question et compte bien la renouveler » (*CRS*, p. 42, lettre de Renouvier du 11 septembre 1869).

Cela étant, ce principe ainsi que la loi de la relativité « ne s'imposent pas nécessairement à l'adhésion de l'esprit » (JANSSENS, p. 114) : ils ne sont que « des postulats, car ils sont indémontrables » (*LP*, p. 20).

3.b - En quoi loi et fonction constituent-elles des éléments fondateurs des sciences ?

3.b.α - De la relation à la constance et à la loi

Nous constatons que les phénomènes « sont en relation les uns avec les autres » (MILHAUD, p. 63), qu'ils « sont liés, entrelacés ». Nous voyons que ces relations ne sont pas aléatoires, hasardeuses, qu'elles sont au contraire « soumises à des ordres permanents, à des lois » (p. 63-64). Hamelin s'interroge (p. 260) : « Que voulons-nous affirmer ? La réalité. Et qu'est-ce que la réalité ? » Et il répond, en suivant Renouvier, que la « réalité, c'est la loi ; c'est ce qui, au phénomène immédiat, attache des phénomènes médiats. C'est en cela, c'est en ces phénomènes médiats, liés par une loi aux phénomènes actuels, que consiste l'objet des sciences, puisque l'œuvre des sciences est de prévoir. » L'objet de la philosophie et des sciences n'est autre en effet que l'« étude de ces rapports stables ou lois des phénomènes »

(JANSSENS, p. 58[15]). C'est pourquoi la science, au sens de critique générale, de même que les sciences consistent « toujours en des lois. Les sciences ont pour objet des lois particulières ; la Science s'occupe des lois générales de la représentation » (HAMELIN, p. 83) et, d'un point de vue global, les «*fins* [théoriques] *de la connaissance sont les lois des phénomènes*. Elles s'atteignent dans la science, qui est la connaissance accomplie et théorique » (*ECG1-1*, p. 369-370). La raison même, d'après Séailles (p. 55), n'est autre que « l'ensemble des lois selon lesquelles nous ordonnons les phénomènes en établissant leurs rapports ».

Cet ensemble de lois constitue l'« élément de permanence » (SEAILLES, p. 84) que nous constatons dans les phénomènes et « qui nous permet [...] de détacher des groupes de phénomènes liés les uns aux autres, de les considérer à part, de leur donner une sorte d'indépendance ». Nous passons par là de la relation en général à la relation constante. L'ordre, la permanence que nous remarquons dans les phénomènes, nous amène naturellement à l'idée de loi. Ce glissement est naturel en ce que la relation est à considérer comme « la loi des lois » (p. 170-171).

Phénomène et loi « sont deux termes indispensables [...], deux termes inséparables, inintelligibles l'un sans l'autre, parce qu'il n'y a pas de phénomène sans relation définie, ni de relation définie sans loi qui l'exprime en la généralisant » (*CP1872-1*, p. 389[16]). En effet, qu'est-ce qu'une loi ? C'est d'abord un rapport constant, général ; mais un rapport n'est pas nécessairement universalisable, applicable à tous les cas possibles, d'une extension infinie. Nous parlons de loi dans le cas où la relation a témoigné « suffisamment » sa constance, ou comme le propose Hamelin (p. 90), lorsqu'elle « s'est maintenue dans le cours de l'expérience acquise ». La relation devient ordre, dès qu'elle est régulière ou qu'on la suppose constante ; Renouvier lui donne alors « le nom de *loi* » (*ECG1-1*, p. 78). Il indique que souvent « *relation* et *loi* sont [...] synonymes », et il pose cette

---

[15] Janssens rappelle que nous retrouvons cette idée dans le *Cours de philosophie positive*, dans lequel Comte indique que sa philosophie s'attachera aux lois et non plus aux causes (t. IV, p. 701). Soit, mais n'oublions pas que c'est le sens de la méthode critique : elle consiste « 1° à soumettre les faits à un contrôle exact et rigoureux [...] ; 2° une fois la définition du fait acquise, à chercher si les lois connues ne suffisent pas pour en rendre compte, avant d'avoir recours soit à des lois nouvelles et hypothétiques, soit à des allégations étrangères à toutes les lois imaginables » (*CP1876-1*, p. 4). Bachelard exprime une idée assez semblable lorsqu'il écrit que « les faits s'enchaînent d'autant plus solidement qu'ils sont impliqués dans un réseau de *raisons*. C'est par l'enchaînement, conçu rationnellement, que les faits hétéroclites reçoivent leur statut de *faits scientifiques* » (BACHELARD Gaston, *Le rationalisme appliqué*, Paris : PUF, 1966, p. 123).
[16] Passage cité par SEAILLES, p. 38 et VERNEAUX, p. 35.

définition pour ce type de relation constante : « *Une loi est un phénomène composé, produit ou reproduit d'une manière constante, et représenté comme un rapport commun des rapports de divers autres phénomènes* ». Hamelin reprend ces expressions (p. 79) de « relation régulière » et de « constance dans les relations ». En tant que relation, la loi ne fait « qu'un avec les phénomènes, elle est un phénomène elle-même ». C'est un phénomène « produit toutes les fois que certains autres phénomènes sont donnés, ou bien encore c'est un phénomène qui, sous certaines conditions une fois posées, se reproduit constamment ».

Cette constance est-elle synonyme de nécessité ? Pour Renouvier, il y a bien « nécessité partout où il y a loi et constance dans l'ordre des phénomènes » (*ECG1-2*, p. 110), mais cette nécessité ne signifie « rien de plus que ce qui est constamment attaché à nos représentations quelconques, impliqué formellement dans toute pensée » (*ECG1-1*, p. 159).

Comme nous avons distingué « expérience interne » et « expérience externe » dans le cas du principe de contradiction, nous pouvons marquer la distinction entre nécessité logique et nécessité matérielle. La nécessité logique s'impose à l'esprit, elle « est admise en toute généralité et rigueur, au moins par hypothèse et [...] nous nous bornons à en dérouler les conséquences » (*ECG1-2*, p. 110-111), tandis que la nécessité physique, correspond à des « phénomènes dont l'invariabilité n'est que de fait matériel. »

Renouvier nous montre (*ECG1-1*, p. 81-82[17]) par une expérience de pensée comment les phénomènes sont donnés par hypothèses et expériences et comment les lois peuvent se généraliser dans notre esprit :

« Je tiens une pierre entre deux doigts, je l'abandonne, elle tombe ; cette chute est un phénomène déjà complexe, mais relativement simple si je ne l'approfondis point. Je répète plusieurs fois l'expérience, et la chute se renouvelle : ce résultat constant devient pour moi l'un de ces phénomènes généraux dont j'ai défini le sens. C'est une loi.
Je soumets à la même épreuve un morceau de fer, une plume, une plante, un animal vivant, etc. : mêmes effets. Le phénomène appelé dès lors *gravité* se lie invariablement aux divers ensembles de phénomènes appelés *corps* : la loi se généralise.
Je construis le baromètre[18] et j'apprends que les fluides aériformes sont, à l'égard de la gravité, des corps comme les autres : la loi se généralise encore, grâce à l'intervention du raisonnement, qui la rapproche de certaines autres lois connues.
Je prends des corps qui tombent dans l'air avec des vitesses inégales et je les soumets à l'action de la gravité dans un tube d'où j'ai retiré l'air ; je les vois alors sensiblement précipités dans le même temps. Toutes les parties des corps quelconques reçoivent de la

---

[17] Cet exemple est repris par SEAILLES, p. 84-85.
[18] Avec les « noms de Torricelli et de Pascal » qui « font suite au nom de Galilée », le « baromètre et le thermomètre devinrent, à proprement parler, des instruments de science, en même temps que des instruments au service des sciences » (*CP1873-2*, p. 338).

gravité la même impulsion, lorsque rien ne fait obstacle à leur chute : autre loi, développement de la précédente.

J'observe la direction de la gravité en divers lieux de la terre et je la trouve partout perpendiculaire à la surface des eaux tranquilles. Les mouvements dus à la pesanteur aboutissent tous au centre du globe, que je sais d'ailleurs être à peu près sphérique ; nouveau développement de la loi.

Je mesure la vitesse de la chute des graves et je reconnais que le corps tombe librement, parcourt un espace trois fois plus grand durant le second temps de sa chute que durant le premier qui lui est égal, et puis cinq fois, sept fois, neuf fois, etc., plus grand, durant des temps égaux consécutifs. Les vitesses croissent donc proportionnellement aux temps écoulés, et les espaces parcourus, comptés de l'origine, croissent proportionnellement aux carrés de ces mêmes temps.

Je connais d'ailleurs des lois de figure et de mouvement observées dans les révolutions de certains astres. Je rapproche ces lois de celle de la chute des graves, qui, modifiée selon les masses et les distances des corps en présence, et étendue au soleil, aux planètes, aux comètes, et par induction jusqu'aux étoiles fixes, devient enfin aussi vaste que la nature. »

Cette démonstration illustre la manière par laquelle se constituent les sciences en ne s'intéressant qu'aux phénomènes, en posant des hypothèses qui font l'objet d'expérimentations. Elle nous conduit vers le « plus haut degré de cette échelle de généralisation des phénomènes : la loi, c'est-à-dire [...] *le phénomène constant représenté comme l'ensemble des rapports des autres phénomènes* ». Dans le cas de l'exemple cité, cela nous conduit vers cette loi :

« Tous les éléments des corps placés à des distances sensibles ont, les uns vers les autres, un mouvement dit de gravitation, qui, considéré à part de tout autre mouvement, modifie leurs positions relatives de telle sorte que si deux quelconques d'entre eux existaient seuls, chacun s'avancerait vers l'autre avec une vitesse proportionnelle à la sienne propre, et qui croîtrait continuellement suivant les mêmes rapports que décroissent les carrés de leur distance mutuelle » (*ECG1-1*, p. 82).

La loi s'avère donc être une synthèse « plus ou moins complexe, en sorte qu'il y a des lois de lois et, pour ainsi dire, des phénomènes de phénomènes » (*ECG1-1*, p. 78).

Renouvier explique que découvrir les lois suppose d'étudier les phénomènes sous deux aspects : premièrement en observant les faits particuliers, et secondement en constatant les rapports généraux[19] tels que le temps, l'espace, la matière et le mouvement. Les sciences n'ont pas « d'autre objet positif que de rapprocher et de grouper divers ordres de phénomènes, de manière à obtenir, dans chaque sphère distincte, l'énoncé du phénomène

---

[19] Cette étude des rapports généraux est pour lui « l'objet des sciences mathématiques » (*ECG1-1*, p. 83).

qui embrasse[20], sous un point de vue, les rapports de tous les autres » (*ECG1-1*, p. 83) : la loi. Les sciences ne peuvent dépasser les lois ; « la méthode scientifique s'évanoui[rai]t dans les spéculations » (*CP1876-1*, p. 51).

C'est de la doctrine de l'apriorisme de Kant que Renouvier tire sa notion de loi, il ne s'en cache pas. Il écrit (*CP1873-1*, p. 273[21]) que le néocriticisme se rattache à la philosophie de Kant et à celle de Hume : le néocriticisme « emprunte à Kant la doctrine de l'apriorisme essentiel de la fonction intellective, d'où il tire sa notion générale de la loi ; et il emprunte à Hume la théorie phénoméniste [...], la démonstration qui réduit tous les éléments possibles de la connaissance aux phénomènes des divers ordres ». Le phénoménisme est pour Renouvier « le vrai nom de la méthode scientifique » (*CP1876-1*, p. 53) en ce qu'il « envisage la connaissance positive dans la détermination des phénomènes et des lois des phénomènes ».

Hamelin remarque une étroite analogie entre les définitions de la loi chez Comte et chez Renouvier[22]. Les deux la définissent comme « une relation constante de succession ou de similitude » (p. 80), les deux mettent l'accent sur « la constance », « la généralité du rapport qui reçoit le nom de loi », parce que « c'est le caractère empirique de la loi et que tous les deux s'attachent au point de vue de l'expérience pour définir la loi » (p. 80-81). Mais Renouvier ne le fait pas pour les mêmes raisons que Comte. Il est guidé « par une préoccupation morale et métaphysique » (HAMELIN, p. 81) qui le pousse à éviter l'emploi du « mot de nécessité pour définir la loi » et qui l'invite à limiter les lois aux « données de l'expérience » ou à « ce qui y touche de près » ; au delà on ferait une induction[23]. Ce que Gunn transcrit par cette belle formule (p. 198) : « *A law is a law, but the guarantee of its permanence is not a law.* »

---

[20] Louis Liard, lorsqu'il cherche « quels sont les caractères de la science » positive, exprime la même idée en écrivant qu'elle « néglige toutes les circonstances, toutes les variétés individuelles et particulières, pour ne retenir que la propriété commune » et qu'ainsi elle opère une « réduction du particulier au général », qui « est aussi un passage du contingent au nécessaire » (LIARD Louis, *La science positive et la métaphysique*, Paris : Germer-Baillière, 1879, p. 4-6).

[21] Passage cité par SEAILLES, p. 36 et VERNEAUX, p. 134.

[22] Renouvier lui-même faisait ce constat : malgré les reproches adressés à Comte, il reconnaît en effet une « communauté de vues d'une grande importance » avec le père du positivisme au sujet « de la manière d'envisager la causalité dans l'ordre des phénomènes naturels » et il lui concède d'avoir donné « une bonne théorie des lois physiques en prenant leur type admirable et si frappant dans les fonctions de la géométrie analytique » (*CP1889-2*, p. 402).

[23] Hamelin renvoie à une étude de Renouvier sur la thèse de M. Lachelier (*CP1872-1*, p. 343-345).

Renouvier tient à la liberté, c'est elle qui lui dicte autant de réserve. Mais quelle doit être la place de la liberté ? Devons-nous la situer « comme une exception aux lois ou plutôt comme une manière d'être qui se pose au-dessus des lois » (HAMELIN, p. 81), en un domaine que « celles-ci n'atteignent plus » ?

3.b.β - De la loi à la fonction

Nous avons vu qu'en expliquant un phénomène, nous le rattachons à d'autres phénomènes, nous le mettons en rapport avec d'autres, qu'ainsi nous signalons une loi. Nous pouvons de même expliquer une loi par un élément plus enveloppant. Pour présenter une explication de ce type, Renouvier parle alors de « fonction » (*ECG1-1*, p. 108). Il précise qu'il en est ainsi « pour les sciences, d'abord divisées en elles-mêmes et les unes d'avec les autres, les distances tendent à se combler, les limites à se confondre, comme si l'on devait arriver un jour à la considération d'un seul système de lois. »

Il y a dans l'idée de fonction à la fois un aspect englobant et un aspect dynamique[24]. Au travers de la notion de loi nous envisageons les relations d'une manière immobile, alors que par fonction nous entendons « une loi plus complexe, une relation constante, générale, qui lie les unes aux autres les variations solidaires des phénomènes […]. La fonction ne pose plus un rapport fixe, elle enveloppe des rapports variables, mais liés selon une loi constante » (SEAILLES, p. 86-87). « La loi exprime seulement, à proprement dire, la stabilité des relations phénoménales, la statique des phénomènes » (JANSSENS, p. 60-61), leur invariabilité. La fonction exprime le dynamisme des relations phénoménales, la dynamique des phénomènes, leur relative variabilité.

> Ainsi, les êtres concrets considérés du point de vue scientifique comme « des phénomènes groupés et régis par des lois de coexistence, de succession et de déterminabilité mutuelle, ne sont autre chose que des fonctions, […] c'est-à-dire que les phénomènes y figurent à l'état les uns de *constantes* plus ou moins définies et fixes, les autres de *variables*, et tous liés par la *relation* où ils entrent, de telle sorte que certains d'entre eux venant à varier, d'autres varient et se déterminent en conséquence. Ce qu'on appelle un système de forces en mécanique n'est précisément que cela, et c'est cela que son équation exprime » (*CP1884-2*, p. 165).

---

[24] Ce dynamisme entre en contradiction avec l'expression « relations invariables dont s'occupent les sciences », proposée par Fedi (*PC*, p. 83), car les relations en question sont bien justement les relations intégrant une certaine part de variabilité, sans quoi il s'agirait de simples lois et non de fonctions. Mais Fedi contrebalance cette proposition ambiguë en citant un passage de Renouvier (*ECG1-1*, p. 86) dans lequel il est bien précisé : « ces lois sont variables [… ;] les uns varient [… ;] en raison de la variation […] ».

De même, l'« espace et le temps sont des fonctions générales de tous les phénomènes [...]. C'est par [... leur] intermédiaire [...] que certaines autres peuvent se présenter, sous un point de vue, comme des fonctions mathématiques : la physique et la chimie, et avant elles la mécanique et l'astronomie en offrent de continuels exemples » (*ECG1-1*, p. 87-88).

En exprimant toutes ces liaisons par le terme mathématique de fonction[25], Renouvier étend l'usage de ce mot et l'applique « en dehors du domaine de la quantité aussi bien qu'en dedans » (HAMELIN, p. 82).

« Nous avons donné le nom de *loi* à tout phénomène enveloppant les rapports de plusieurs autres. Nous envisageons ainsi les relations en elles-mêmes, pour ainsi dire à l'état d'immobilité. Il y a cependant un autre point de vue. Les mathématiques ont consacré le terme précieux de *fonction* aux lois qui lient les phénomènes objets de leur étude, en tant que certains des rapports embrassés par ces lois sont variables, et que entre ceux-ci, les uns varient et se déterminent en raison de la variation et de la détermination des autres. Or, les lois de la quantité abstraite ne sont pas les seules à présenter ce caractère ; les relations de qualité ou de force, les relations soit logiques, soit causales, le présentent au plus haut degré. Il est donc permis, et il est aisé d'étendre à tous les phénomènes et à tous les rapports cette conception mathématique, et de transporter le mot *fonction* dans le domaine général des sciences.

On parle quelquefois des fonctions psychologiques, des fonctions intellectuelles ; on dit, si je ne me trompe, fonction de circulation, fonction de respiration, et l'on a dit fonction de l'entendement. Que signifient ces expressions, si ce n'est une détermination régulière de certains phénomènes à la suite de la détermination de certains autres, et cela conformément à une loi propre de chaque ordre et que l'expérience fait connaître ? C'est dans ce sens que nous dirons fonction de la mémoire, fonction de la volonté ; et que nous parlerons aussi des fonctions de la matière. S'il s'agissait spécialement de physique, en admettant que cette science pût se borner enfin à l'étude des phénomènes et se passer d'un certain genre d'hypothèses, nous proposerions une fonction de l'électricité, une fonction de la lumière, etc. » (*ECG1-1*, p. 86).

Renouvier demande toutefois qu'on fasse bien la distinction entre la fonction mathématique et la fonction généralisée. Dans la science de la quantité et de la mesure, les relations sont toujours numériques, « exprimées par des équations entre des quantités évaluées, ou rapportées à leurs unités respectives, c'est-à-dire entre des nombres » (*ECG1-1*, p. 87) ; les phénomènes se trouvent alors définis de manière numérique, « c'est ce qui ne peut avoir lieu lorsque la nature des relations que l'on envisage exclut toute évaluation exacte au moyen d'une unité. »

Il veille aussi à ce que ce terme reçoive une définition précise, car, dit-il, il « n'a reçu jusqu'ici des mathématiciens qu'un sens vague, et je dirais presque un peu mystique » (*ECG1-1*, p. 183). Pour ce faire, il propose de limiter l'utilisation de ce mot

---

[25] « La langue mathématique fournit un terme à la fois d'une entière généralité et d'une parfaite justesse pour exprimer le fait et le concept de ces assemblages de phénomènes, considérés dans les groupes où ils dépendent les uns des autres, et où les variations des uns dépendent des variations des autres » (*CP1876-1*, p. 49).

En quoi les concepts de relation, de loi et de catégorie sont-ils liés aux sciences ?

« à la signification la plus générale du *phénomène-loi* dans les deux cas suivants :
1° Le cas d'un phénomène subjectif externe, en tant que produit, reproduit, ou persistant, mais diversement modifié selon ses rapports avec une multitude d'autres phénomènes que l'observation et l'expérience font connaître comme liés avec le premier. Telles sont les fonctions physiques, chimiques et physiologiques.
2° Le cas d'un phénomène objectif interne, en tant que produit, reproduit ou persistant, mais diversement modifié selon ses rapports avec d'autres phénomènes de même ordre ou d'ordre différent. Les fonctions intellectuelles, actives et affectives, sont comprises dans cette catégorie » (*ECG1-1*, p. 87).

Cette distinction entre « les fonctions physiques, chimiques et physiologiques », liées aux phénomènes externes d'une part, et les « fonctions intellectuelles », actives et affectives, qui concernent les phénomènes internes d'autre part, fait écho à celle donnée plus haut au sujet de la loi entre nécessité matérielle et nécessité logique. Renouvier y révèle aussi la conscience qu'il a de la différence entre l'observation physique et l'observation psychologique ; dans cette dernière « l'observateur s'observe, et se modifie comme observateur et comme observé, pendant qu'il s'observe » (*ECG1-1*, p. 114). L'analyse de la conscience par le philosophe est de cet ordre, mais cela n'interdit pas « à ce dernier de lui faire une part dans un ouvrage qu'elle revendique tout entier ? Un objet de la critique est précisément d'étudier le *soi* comme autre que soi, et parmi les autres choses représentées » (p. 135).

3.c - Quel rôle jouent les catégories comparativement aux sciences ?

3.c.α - Distinction des catégories

Si nous pouvons en effet identifier catégories et lois, comme le prétend Hamelin (p. 92[26]), cette identification ne s'applique qu'à un type de lois : non pas aux lois qui relèvent de l'ordre subjectif (au sens qui vient d'être défini, c'est-à-dire que les sciences physiques étudient), mais à celles qui relèvent de l'ordre objectif, et parmi ces dernières ce ne sont même que les plus générales que nous qualifions ici et au sens fort de catégories : celles « dont l'entendement ne peut s'affranchir » (*CP1873-1*, p. 301), celles qui « sont des conditions de son exercice ».

Elles « sont présupposées dans les jugements scientifiques abstraits fondamentaux et [...] rendent possible l'expérience » (FEDI, CSPS, p. 70) ; elles sont si générales, qu'en fait « on peut les dire conditions de toute connaissance » (MILHAUD, p. 64), de toute expérience, de toute représentation, de tout ce que nous pensons. Les catégories sont ces « lois premières

---

[26] Il se réfère à *CP1872-1*, p. 389.

et irréductibles de la connaissance, les rapports fondamentaux qui en déterminent la forme et en règlent le mouvement » (*ECG1-1*, p. 119).

Antérieures à l'expérience, « squelette de la représentation [...,] système des règles du savoir » (JANSSENS, p. 79[27]), synthèses premières, elles sont les conditions même de l'expérience, dissimulées par « la connaissance confuse telle qu'elle nous est donnée » (SEAILLES, p. 89-90). Renouvier exprime ainsi ce caractère prioritaire des catégories :

« L'universalité propre aux catégories consiste en ce que, passant nécessairement sous les conditions de l'expérience pour se manifester, elles se présentent pourtant comme supérieures à l'expérience, capables de l'envelopper, propres à la conduire et à lui imposer des règles » (*ECG1-1*, p. 119).

Si les catégories ne sont rien d'autre que telle ou telle relation, par exemple celle de cause, « dégagée de l'expérience, objectivée, universalisée, étendue à tout le représenté » (SEAILLES, p. 122), en liant les phénomènes elles constituent un « système de lois *a priori* qui [...] ramènent la diversité à l'unité de l'aperception pure » (SEAILLES, p. 121).

En fait, « la question des catégories [...] implique la méthode philosophique dans son entier » (*AP1896*, p. 48) ; et même bien davantage, puisque dans les catégories « se trouvent les fondements de toutes les sciences, les définitions, axiomes et données premières que réclame toute théorie, et que toute pratique suppose » (*ECG1-2*, p. 372). Elles visent à une synthèse universelle *a priori*, qui sera « la première assise de la science », constituée par leur application « aux choses de l'expérience » en général. En prolongement, les sciences particulières chercheront à déterminer « ces lois dans les ordres spéciaux de phénomènes donnés » (p. 373).

Janssens parle de « règles du savoir » pour définir les catégories. Hamelin utilise quant à lui, reprenant le mot de Renouvier, l'expression semblable de « règles de la connaissance » (p. 163) ; il emploie aussi le terme de « règles » pour souligner les relations des catégories aux phénomènes, nommant ces derniers « éléments de la connaissance ». Cette seconde expression est tout aussi pertinente que la première, car les catégories sont la forme mais non « la matière de l'expérience » (*ECG2-1*, p. 1), elles « sont vides si la sensibilité et l'expérience n'en fournissent la matière » (*ECG1-2*, p. 182). C'est pourquoi Hamelin écrit (p. 163) que les catégories donnent « aux sciences spéciales des cadres pour toutes leurs lois. » Si elles règlent tout type de savoirs, elles sont loin de constituer le savoir dans sa globalité ; pour accomplir le savoir total, il faudrait « aux catégories une matière, et c'est sur cette matière, pourvue de ses formes, que porte[rait] la science totale [...]. En

---

[27] Citant *ECG1-1*, p. 275-276 dans la version de 1854.

d'autres termes l'objet d'une telle science serait le monde [...,] *le tout-être* » (HAMELIN, p. 164).

Nous pourrions même dire qu'à ces lois répondent *nos* fonctions intellectuelles, en ce sens que les « catégories sont les lois générales » (*ECG2-1*, p. 1), non pas de la représentation dans un sens vague, mais de notre « représentation humaine », laquelle « est la seule dont il nous soit possible de parler avec assurance ».

Distinguer les catégories est « le problème le plus ardu qui se puisse présenter à un philosophe » (*DE*, p. 9), mais c'est aussi « la clé de tout », car tous les autres problèmes y sont suspendus. Que signifie « connaître par l'intermédiaire des catégories ? », demande Hamelin (p. 182) : « C'est comprendre au sens plein du mot, c'est embrasser ». Voilà pourquoi la tâche du philosophe est de dresser la liste des catégories de l'entendement, et c'est la raison pour laquelle ce fut « l'une des grandes préoccupations de Charles Renouvier » (PRAT, p. 28). Il considérait que la « science a pour données premières les conditions universelles de la représentation envisagée dans l'homme » (*ECG1-1*, p. 370). « L'analyse de ces conditions », que nous appelons les catégories, « est le premier objet de la *philosophie*, mieux nommée la *critique générale* ». Et Milhaud confirme (p. 65) que ces données premières « en se combinant entre elles, fournissent les principes fondamentaux de toutes les sciences ». C'est pourquoi Turlot écrit cette formule simple (p. 25), qui pourrait laisser penser à un néophyte que le néocriticisme se réduit à bien peu de choses : « La tâche du néo-criticisme est la constitution d'une table des catégories ».

Il était en effet primordial pour Renouvier de « construire le système des rapports généraux des phénomènes, [d']élever un édifice dont ces rapports déterminent les lignes principales, si bien que les faits connus ou à connaître y aient tous leur place marquée ou supposée » (*ECG1-1*, p. 123[28]). Le plan de cet édifice résultant « de l'ensemble coordonné de ces rapports généraux que nous appelons les catégories » (p. 124), Renouvier devait construire un « système de catégories complet, lumineux, si bien agencé que sa propre loi parût lui servir de preuve, et que l'esprit, une fois engagé dans l'admirable labyrinthe, s'y trouvât comme invinciblement retenu ». Ce système « constituerait une philosophie achevée. » Mais la « difficulté de construire un tel système est d'autant plus grande, que les langues humaines, dans leur essence et leurs formes principales, y sont impliquées avec la pensée elle-même, la pensée de la pensée, subtile, profonde, enchevêtrée et qu'il s'agit

---

[28] SEAILLES, p. 91.

pour l'homme de s'expliquer sa parole de fait en se dotant des principes de la parole de droit, la langue universelle ».

Se pose ainsi la question des fondations de cet édifice. Car, si le scientifique « admet tous les principes convenus et toutes les vérités reçues en dehors du champ limité de ses propres analyses » (*ECG2-1*, p. 134), ce ne peut être le cas du philosophe qui « ne connaît point de principes *en dehors* ». De ce fait, « toutes les vérités qu'il veut atteindre, il doit ou les déduire, ou les poser par définition et par hypothèse. Or, on ne saurait tout déduire. Donc la philosophie la plus attachée à la méthode analytique commence par faire ses catégories, qui sont des postulats, des *demandes*, qu'elle livre à la vérification et à la critique. Si elle ne les fait point, elle les implique. Ou elle se contredit, en les démentant, ou ses discours pour les établir ne sont qu'une longue pétition de principe ».

Si nous considérons avec Renouvier l'apriorisme comme étant « l'affirmation qu'il y a des lois tandis que l'empirisme se ramène à celle qu'il n'y a que des faits sans lois » (HAMELIN, p. 92), nous pouvons définir les catégories comme l'« élément a priori de la représentation » (HAMELIN, p. 88), élément consistant « dans des lois qui sont la nature du représentatif ». Renouvier prouve que les catégories sont *a priori* en exposant l'argument selon lequel, si l'on veut que tout vienne de l'expérience, il faut bien au moins que les conditions qui la rendent possible lui soient antérieures. En cela, il s'appuie sur Leibniz et Kant en citant ce dernier (*ECG1-1*, p. 198) :

« Pour que je puisse me représenter les choses comme en dehors et à côté les unes des autres, il faut que la représentation de l'espace existe déjà en moi. Cette représentation ne peut donc être tirée par l'expérience des rapports des phénomènes extérieurs ; mais cette expérience n'est elle-même possible qu'au moyen de cette représentation »[29].

Ces catégories prennent « diverses formes originales » (HAMELIN, p. 87), c'est-à-dire qu'elles sont « sans lien entre elles » (SEAILLES, p. 121), que nous n'avons pas à les « dériver d'un principe unique » ; ce sont des « genres irréductibles sous lesquels se classent tous les rapports ou au moins toutes les lois qui peuvent entrer dans la représentation » (HAMELIN, p. 91). C'est en effet la définition même d'une catégorie d'avoir « sa forme propre et irréductible » (*ECG1-1*, p. 134). Ainsi ce qui distingue deux catégories tient à ce que « le sujet de l'une ne pourra s'affirmer du sujet de l'autre que par un jugement synthétique » (JANSSENS, p. 75).

---

[29] KANT Emmanuel, *Critique de la raison pure*, Paris : Germer-Baillière, 1869, t. I, p. 77 (trad. Jules Barni - « Esthétique transcendantale », « Exposition métaphysique du concept de l'espace »).

3.c.β - Discussion des catégories kantiennes

Renouvier considère (*ECG1-1*, p. 133) que la classification kantienne « est artificielle et arbitraire »[30] pour des raisons globales ou externes à la table des catégories ainsi que pour des raisons tenant davantage des détails ou internes à cette table.

Les catégories, « vérités de l'ordre le plus général[,] ne se prouvent pas : elles se vérifient » (*ECG1-1*, p. 124[31]). Il n'y a pas à les justifier, à les déduire d'une nécessité logique et c'est pourquoi Renouvier ne cherche pas à donner des preuves rationnelles de sa division[32].

> « On ne voit [...] pas ce que le logicien peut faire de plus que de soumettre sa classification aux expériences mentales et aux inductions d'autrui pour constater qu'il n'y omet rien et qu'il y reçoit à bon titre les notions auxquelles il se fie » (*AP1896*, p. 2).

Contrairement à Kant, Renouvier nous montre simplement que son système fonctionne, il se contente de poser les catégories et de les vérifier. Parce que, après tout, nous ne pouvons rien dire à leur propos « d'absolument certain, si ce n'est que ce sont des apparences données dans une représentation humaine » (*CP1878-1*, p. 372[33]). Pour lui, si les analyses premières peuvent être vérifiées, elles ne peuvent en aucun cas être démontrées (*ECG1-1*, p. 133), car elles sont « dans l'expérience comme dans une synthèse confuse » (SEAILLES, p. 91), impossibles à « rattacher à une nécessité intellectuelle », ou à « dégager par l'analyse et par la réflexion ». Le philosophe est contraint de procéder ici comme par tâtonnement, et de chercher confirmation dans l'expérience qui sera seul juge. « Au philosophe qui présente un système de catégories il ne faut [donc] pas demander des démonstrations à proprement parler » (*ECG1-1*, p. 192[34]).

Or, Kant « voulait un tableau vraiment systématique » (SEAILLES, p. 91) ; il pensait fournir une garantie de validité ; il se proposait « l'impossible en voulant prouver que ces catégories sont les véritables, et qu'il n'y en a ni plus ni moins qu'il n'en énumère » (*ECG1-1*, p. 133). Renouvier juge qu'il est tout simplement impossible d'avoir la certitude qu'une table des

---

[30] Une idée semblable se retrouve chez Couturat qui écrit (p. 115) : « Kant a trop cherché à distinguer et à délimiter les facultés de l'esprit, à les parquer dans des cases bien étiquetées ; son système, d'une symétrie artificielle et absolue, donne l'impression étouffante d'une construction finie et close de toutes parts : il ressemble au système des mondes anciens, avec ses cieux de cristal superposés ; il ne laisse pas place à l'extension irrésistible des sciences, c'est-à-dire à l'avenir et au progrès. »
[31] Cité par HAMELIN, p. 95.
[32] Voir SEAILLES, p. 121-122 et VERNEAUX, p. 90.
[33] Cité par VERNEAUX, p. 73.
[34] Cité par HAMELIN, p. 454, SEAILLES, p. 400, VERNEAUX, p. 346.

catégories est complète ; il considère que Kant a eu tort de penser que la sienne pouvait être prouvée *a priori*.

En effet, établir une « table des catégories par voie de déduction, c'est partir d'un principe » (JANSSENS, p. 71), mais ce principe « doit à son tour être établi, et ainsi à l'infini. Donc, Kant tombe sous le coup de l'objection du diallèle : cercle vicieux ou progrès à l'infini ». Sa classification des jugements, de laquelle il tire les catégories, est de même artificielle.

Il a tout basé sur le jugement comme seul acte intellectuel, identifiant « hâtivement faculté de penser et faculté de juger » (TURLOT, p. 21), cependant penser et juger ne sont pas deux choses identiques : avoir des idées, ce n'est pas porter des appréciations sur des idées. Dans la même veine, Kant « a présenté un partage de la connaissance en trois branches, *sensibilité, entendement, raison* » (MILHAUD, p. 64), il serait plus « exact de substituer la distinction des catégories » à ce partage mal fondé.

Renouvier ne peut pas non plus se résigner à la distinction entre l'*Esthétique transcendantale*, qui met à part les intuitions pures de la sensibilité (espace et temps) et l'*Analytique transcendantale*, dans lequel il faut placer les catégories de l'entendement. Comment accepter cette mise à l'écart de l'espace et du temps, « comme formes de nature spéciale (intuition sensible), quand on doit déclarer que chaque catégorie a sa forme propre et irréductible, et quand c'est cette propriété même qui fait une catégorie » (MILHAUD, p. 64[35]) ? Dans la définition « des catégories, il s'agit toujours de *constater* des "rapports constitutifs de la pensée", et le cas de l'espace, comme celui du temps, ne diffère pas de celui des *autres catégories* » (TURLOT, p. 28). Ainsi, Renouvier réintègre l'espace et le temps au nombre des catégories[36] ; il supprime la distinction kantienne entre sensibilité et entendement, entre perception et pensée ; il biffe « d'un trait de plume l'*Esthétique transcendantale* » (VERNEAUX, p. 82) et « ne se reconnaît l'héritier que de l'*Analytique transcendantale* ».

La deuxième série de motifs de rejet des catégories kantiennes, tient avant tout à ce qu'il y manque la forme commune à tous les jugements : la relation. Elle n'apparaît que comme titre de trois catégories (substance, cause et

---

[35] « Le criticisme a fait entrer dans son système de catégories le temps et l'espace, lois essentielles de nos représentations. Kant les en avait tenus séparés, leur attribuant un rapport spécial à nos perceptions sensibles : motif insuffisant [...]. Si les lois sont originales, aussi le sont les catégories qui tout en étant irréductibles les unes aux autres, sont liées par des rapports mutuels et, en cela, forment dans la conscience une unité » (*PAH-4*, p. 446-447).

[36] « *Time and space too, it will be observed, which are Kant's forms of perception or intuition as opposed to thought, are here made moments of the two categories, position and succession* » (HODGSON, p. 38 ; voir aussi SÉAILLES, p. 30).

action réciproque) et n'intervient pas dans les autres[37], alors que cette forme les implique toutes. Les « notions d'*identité* et de *diversité*, d'*accord* et de *désaccord* » (*ECG1-1*, p. 133), qu'il plaît à Kant « de reléguer ailleurs sous le nom de concepts réfléchis », impliquent la relation ; de même « que les notions de *simplicité* et de *composition* s'y rattachent étroitement » (p. 133-134) ; ainsi « qu'enfin l'*affirmation*, la *négation* et la *limitation* » (p. 134), qui, « loin d'appartenir exclusivement à la qualité, se retrouvent également dans toutes les catégories, et cela parce que ces formes sont essentielles à la représentation des rapports de tout ordre ». Kant a donc « eu tort de ne pas voir dans la catégorie de relation la clef de toutes les autres » (MILHAUD, p. 64)[38].

Il manque aussi à la table kantienne des catégories la personnalité ou la conscience ; cette loi est essentielle à la constitution de l'esprit humain pour Renouvier.

Kant a omis également la finalité et n'a pas donné assez de place à la causalité[39].

De plus, il se serait contenté, pour la quantité et la qualité, de « reprendre sans examen, une classification scolastique, relative aux propriétés du jugement et qui est entièrement fausse » (JANSSENS, p. 70).

Ces critiques sévères n'empêchent pas Renouvier d'accorder une grande valeur à la démarche de Kant, à propos de qui il écrit : « il a parfaitement défini la nature et l'objet des catégories, lois et règles aprioriques de la représentation, formes constamment affectées par la matière de la connaissance, par les phénomènes » (*ECG1-1*, p. 141[40]). Renouvier ne prétend pas en vérité faire un usage nouveau de la notion de catégorie ;

---

[37] Voir Kant, *Critique de la raison pure*, « Analytique transcendantale », § 10 (1° Quantité : unité, pluralité, totalité, 2° Qualité : réalité, négation, limitation, 3° Relation : Inhérence et subsistance, causalité et dépendance, communauté, 4° Modalité : possibilité-impossibilité, existence-non-existence, nécessité-contingence).
[38] Ce thème revient fréquemment sous la plume de Renouvier, Fedi relève notamment les passages suivants (p. 110) : *ECG1-1*, p. 133 ; *AP1896*, p. 4 et 7 ; *NM*, p. 163 ; *CDK*, p. 274.
[39] Voir JANSSENS, p. 72.
[40] Cité par VERNEAUX, p. 35 et MILHAUD, p. 64.

comme Kant et Aristote[41], il cherche seulement à mettre en évidence des rapports fondamentaux.

Dauriac constate d'ailleurs (TPR, p. 351) qu'il « entre beaucoup d'aristotélisme dans le néo-criticisme ». Et si Renouvier adresse aussi « quelques reproches très sérieux à la table des dix catégories d'Aristote[42] » (MILHAUD, p. 72), c'est bien le même esprit qui guide ces philosophes : l'esprit « catégoriste » (*ECG1-1*, p. 126). Ils traitent tous deux « du même problème, entendu de la même manière ». Renouvier le reconnaît (*ECG1-1*, p. 125) :

> « Aristote s'est le premier servi du mot *catégorie*. Il désigne sous ce nom les termes principaux auxquels peuvent se ramener les choses qu'on énonce. Le problème qu'il se propose en essayant d'énumérer ces termes, est bien, au fond, celui qu'aujourd'hui nous énonçons ainsi : *définir et classer les rapports irréductibles et fondamentaux de la représentation.* »

Comme l'explique Milhaud (p. 70), ce qui marque vraiment l'union de ces trois grands philosophes du point de vue des catégories tient à ce qu'ils ont expliqué « la réalité et l'objectivité de la connaissance scientifique [...,] expliqué les choses et les êtres, par la permanence, la constance des lois qui relient entre elles toutes les manifestations phénoménales ».

Au delà des points de divergence que nous avons cités entre Renouvier et Kant, et au delà même d'une convergence sur le sens général de la démarche catégoriste, une différence demeure quant au concept même de catégorie.

> « Pour Kant, il s'agit de conditions *a priori* que l'esprit humain, par sa nature même, impose à tous les éléments matériels de connaissance ; ce sont les lois de l'esprit à travers lesquelles, nécessairement, il connaîtra les choses. Cette opposition de l'esprit et des choses n'a plus de sens chez Renouvier, qui ne se trouve plus en présence que des représentations ; et les catégories sont seulement les lois générales, auxquelles nous constatons qu'elles sont soumises » (MILHAUD, p. 70).

---

[41] Hodgson explique (p. 38) que la vision de Renouvier diffère par contre plus nettement de celle de Hegel en ce que les catégories selon Renouvier ne sont pas produites l'une par l'autre suivant un procédé de négativité : « *it differs from Hegel's conception of the laws of thought, inasmuch as the categories are not produced out of each other by a process of negativity, nor any one of them out of nothing by the same process.* » Mais Hamelin remarque (p. 113-114) que les reproches que Renouvier adressent à Hegel vont de paire avec « une certaine parenté [...]. C'est non seulement l'adoption en commun du phénoménisme, la réduction de la connaissance tant objective que subjective à la représentation [...,] c'est encore une certaine manière de comprendre l'agencement des catégories en ne l'appuyant et ne le prouvant que par lui-même » (Hamelin renvoie à *ECG1-1*, p. XV, p. 124, 142-143 et *ECG2-1*, p. 111).

[42] Les dix « catégories sont : οὐσία (*substantia* des scolastiques), ποσόν (*quantitas*), ποιόν (*qualita*), πρός τί (*relatio*), ποῦ (*ubi*), πότε (*quando*), χεῖσθαι (*situs*), ἔχειν (*habitus*), ποιεῖν (*actio*), πάσχειν (*passio*) » (*ECG1-1*, p. 126). Dès son *Manuel de philosophie ancienne* Renouvier avait mené une étude approfondie de l'œuvre d'Aristote et il avait même été, semble-t-il, assez novateur en dressant quatre « tableaux synoptiques de la doctrine d'Aristote » (*MPA-2*, p. 135-136).

Séailles va jusqu'à dire (p. 120) que les catégories de Renouvier « n'ont guère que le nom de commun avec les formes et les catégories de Kant » ; Séailles marque cette séparation par la comparaison entre « la juxtaposition mécanique » et « l'assimilation organique ». En effet, alors que pour Kant les catégories adaptent, transforment, déterminent, donnent une réalité au donné, qui ne serait sans elles que matière indéfinissable, indéterminée, pour Renouvier les catégories s'appliquent simplement du dehors au donné. C'est pourquoi Renouvier ne distingue pas l'espace et le temps des catégories, ce sont de véritables catégories et, comme les autres, elles ne font que caractériser des relations entre les représentations.

3.c.γ - Catégories de Renouvier

> « Si Renouvier est obscur dans l'expression, nul n'a plus le goût de la clarté dans les idées. Il a l'esprit catégorique, il se plaît aux distinctions, aux analyses, aux divisions, à tout ce qui permet d'arrêter la nature et la pensée en un dessin aux contours nets. Les mathématiques lui ont donné l'habitude d'imaginer l'abstrait, de construire ses concepts, selon l'expression de Kant » (SEAILLES, p. 13).

Séailles montre bien le changement de perception des catégories entre Kant et Renouvier ; le premier les voit comme des formes vides alors que le second les considère comme des lois universelles de la réalité phénoménale. C'est du fait de cette divergence que, là où Kant parle de catégorie de quantité, Renouvier préfère parler de catégorie de nombre[43]. Et c'est cette distinction qui permet de repousser l'objection qui consisterait à dire que, comme une catégorie n'est qu'une forme vide, le nombre, notion définie qui donne naissance à une science, ne peut être une catégorie[44]. L'objection ne porte justement pas contre Renouvier, puisqu'il ne considère pas les catégories comme des formes vides, mais comme « des lois universelles de la réalité phénoménale, des relations présentes à toutes les autres » (SEAILLES, p. 76). « La raison pour laquelle Kant exclut le nombre des catégories » serait donc « précisément celle pour laquelle Renouvier le préfère à la quantité ».

---

[43] La dichotomie n'est pourtant pas toujours très nette et la notion de quantité est présente dans certains tableaux de catégories proposés par Renouvier (voir plus loin). Toutefois, lorsqu'elle est ainsi indiquée c'est bien la quantité discrète qui est sous-entendue, donc le nombre ; il n'y a aucune ambiguïté dans la pensée de Renouvier. S'il indique parfois « catégorie de quantité », c'est probablement dans le simple souci de faire écho à la « catégorie de qualité ».

[44] Séailles indique (p. 76-77) que cette objection a été formulée notamment par Arthur Hannequin dans son *Essai critique sur l'hypothèse des atomes dans la science contemporaine* (Paris : Alcan, 1899, p. 393 *sq.*).

> En « préférant le terme de *nombre* à celui de *quantité*, - et, si j'en avais connu un qui fût plus strictement limité à la pure acception du nombre arithmétique, discret, je l'aurais encore préféré, - j'ai voulu expressément réduire le concept catégorique, sur ce sujet, à ce que je lui reconnais de net, positif et primordial, et rejeter tout ce qui concerne les rapports du quantum déterminé et mesurable avec l'idée de l'indéfini, dans les questions qui naissent de l'étude et de l'analyse comparative des catégories » (*CP1882-1*, p. 369).

Séailles loue l'esprit catégoriste de Renouvier, mais il ne trouve toutefois pas suffisamment cohérente sa table des catégories, estimant (p. 129) qu'elle manque d'« un principe bien défini », qu'« elle comprend des lois d'ordre différent ». Il n'admet pas que notre auteur mette « sur le même rang les lois primordiales, qui sont les conditions mêmes de la pensée et de la science, et les analogies par lesquelles nous universalisons avec les lois de notre vie intérieure, les données de l'expérience externe. » Perd-il de vue que les catégories sont censées regrouper toutes « *the irreducible and fundamental laws of phenomena, the moulds into which human experience naturally runs* » (GUNN, p. 189) ?

D'ailleurs, n'oublions pas d'abord que la table des catégories de Renouvier restera en chantier jusqu'à sa mort et que le problème des catégories est, selon lui (*DE*, p. 9), le problème « le plus ardu qui se puisse présenter à un philosophe », un problème auquel nous ne pouvons apporter de preuve :

> « L'établissement des catégories est lui-même soumis à deux conditions : l'une, à laquelle il faut passer outre en la reconnaissant, consiste en la garantie à donner de l'exactitude et de la perfection des procédés de dénombrement et de classement. Si l'on pouvait offrir cette garantie par quelque moyen, il resterait à garantir ce moyen même, et la question n'aurait pas de fin ;
> L'autre condition, encore plus générale, est la solution du problème de la certitude. En abordant ce problème immédiatement et *a priori*, on roulerait dans un cercle vicieux inévitable. Sa place est dans le cours de la science, après l'analyse des fonctions humaines qui y sont impliquées » (*ECG1-2*, p. 370).

Rappelons-nous ensuite que Renouvier intitule son ouvrage *Essai* et qu'il le fait en particulier pour la partie concernant les catégories, pour bien mettre en avant les doutes qui subsistent, il écrit même : ce « sera, si l'on veut, l'essai d'un essai que j'aurai tenté » (*ECG1-1*, p. 124), et il avoue ingénument que son tableau des catégories mériterait d'autres développements, « si ce n'est un remaniement important. » Il est toutefois persuadé de proposer un système plus juste que ses prédécesseurs. En regroupant les catégories « sous le titre commun de *relation* » (*ECG1-1*, p. 124) et en « bannissant l'idole de la substance, qui défigure toutes les notions », il donne « pour la première fois un caractère positif à l'étude de l'entendement ».

Et souvenons-nous aussi, qu'il regroupe (*DE*, p. 9) « les catégories sous deux chefs : d'une part, les catégories logiques ou de l'entendement dont les objets trouveraient, dans la catégorie d'espace, leur expression définitive, et, d'autre part, les catégories de la personne », dont il reconnaît qu'elles sont en un sens « opposées aux premières. » D'ailleurs, si l'on ôte « l'une quelconque des cinq premières catégories, rien de représenté ne subsiste » (*ECG2-1*, p. 2). Sa classification des catégories est donc pour le moins cohérente. D'autant qu'il explique (*ECG1-1*, p. 121[45]) comment il ordonne les catégories : « du simple au composé, de l'abstrait au concret ».

Malgré sa critique de l'organisation des catégories de Renouvier, Séailles reconnaît (p. 92) que c'est par une « analyse réflexive, appliquée à la synthèse confuse de l'expérience, [que] Renouvier en vient à dégager neuf catégories, neuf lois primordiales, irréductibles, neuf lois constitutives de la représentation et par suite du monde qui ne nous est donné qu'en elle. »

Toutes les catégories de Renouvier se posent par thèse, antithèse et synthèse. Cette loi ternaire, qui fut découverte par Kant, est appliquée par Renouvier qui la reconnaît comme essentielle pour la construction des concepts fondamentaux[46].

Notons que thèse et antithèse sont des corrélatifs, non des contradictoires ; la différence est « capitale » (HAMELIN, p. 107), car si « chacun est autre que son opposé, aucun n'a de signification que par rapport à son opposé et en s'accordant avec lui » (HAMELIN, p. 164)[47]. Ainsi « la constitution des catégories, loin d'être incompatible avec le principe d'identité, ne fait que le répéter et le confirmer » (*ECG1-2*, p. 202). Les catégories « ne constituent point une dérogation au principe d'identité, toujours nécessaire à la position et au jeu des relations » (p. 203).

Quelles sont donc ces « formes générales et régulatrices indispensables », comme les appelle Renouvier (*ECG3*, p. IV) ? Après y avoir déjà travaillé dans son article « Philosophie » pour l'*Encyclopédie nouvelle*, il les expose de manière très détaillée dans son *Premier Essai* (*ECG1-1*, p. 121 sq.) : « 1° Loi d'*être* ou de *relation* [*est* ou *refertur*...] 2° Loi de *nombre*, grandeur, quantité et mesure [*quantum*...] 3° Loi d'*étendue* [*ubi*...] 4° Loi de *durée* [*quando*...] 5° Loi de *qualité* [*quid*...] 6° Loi de *devenir* [*fit*...] 7° Loi de *force* ou de causalité efficiente [*a quo*...] 8° Loi de *finalité* [*propter quod*...] 9° Loi

---

[45] Voir aussi *ECG1-1854*, p. 101 et JANSSENS, p. 75.
[46] Voir *ECG1-1*, p. 139.
[47] Dans cet ordre d'idées, un concept comme « le général n'existe que par rapport au particulier », son concept opposé, « et réciproquement » (HAMELIN, p. 56) ; les deux n'entrent pas dans l'absolu en contradiction.

de *personnalité* [*quo referente, quo cogitante*]. » Il les présente sous la forme d'un tableau (fig. 1 en annexe).

Il réorganise à nouveau sa table dans la *Nouvelle monadologie* (p. 183) en un autre tableau (fig. 2 en annexe).

Dans un article rédigé alors qu'il avait environ soixante-dix ans (*AP1896*, p. 1-62), il parachève toujours son travail sur les catégories, cherche à abréger et à éclaircir encore sa pensée. Cela l'amène, sans changer le fond et le contenu, à modifier l'ordre et la distribution des catégories en les assemblant ainsi : A. Relation-Personnalité, B. Quantité-Qualité, C. Devenir-Succession, D. Causalité-Finalité, E. Espace[48].

Et lors des derniers entretiens qu'il eut avec son disciple, il les regroupe de manière un peu différente, preuve que ce travail sur les catégories ne se finit jamais : A. Relation, B. Quantité-Qualité (catégories logiques ou de l'entendement), C. Temps-Espace-Devenir (catégories de position), D. Causalité-Finalité-Personne (catégories de la personne).

« A. De la relation comme catégorie. Le sujet : ma pensée propre. L'objet : *un coup du dehors*. L'objet c'est *l'autre* : une sensation, une traction, une poussée, un frottement, une douleur. Pas de localisation, l'idée d'espace n'intervient pas encore ; il n'y a qu'une opposition entre le moi et le non-moi : *Ipséité, altérité* et synthèse : *perception*. Ce qui, au point de vue du moi propre, correspond aux termes de la relation en général : *Distinction, identité, détermination*. B. Catégories logiques ou de l'entendement. *Qualité. – Quantité*. Elles sont les rapports issus de l'opération du moi sur la représentation de lui-même et de l'objet, opération ou réflexion d'où naissent les idées de *sujets de qualités* et *nombres d'objets*, d'où, *qualification* et *numération*, antérieurs, comme pures idées logiques, aux représentations spatiales. C. Catégories de position. *Temps. – Espace. – Devenir*. Le temps est impliqué comme fonction du moi dans toutes les catégories précédentes et même en toute représentation, puisqu'il n'y a pas de conscience sans le temps ; mais, ici, il se définit comme position et ordre des phénomènes internes successifs. L'espace, position et ordre des externes simultanés, est la fonction d'*extériorisation* qui s'applique à la notion de l'*altérité* pour la rendre sensible. Le devenir est le changement de qualité ou de quantité dans le Temps et l'Espace. D. Catégories de la personne. *Causalité. – Finalité. – Personne* comme catégorie. N. B. – La causalité comme ordre de phénomènes solidaires appartient à la catégorie du devenir et doit y trouver son explication développée » (*DE*, p. 9-11).

À partir de ces diverses sources, nous avons constitué un tableau (fig. 3 en annexe) qui cherche à synthétiser l'esprit du classement de Renouvier en une vue générale.

Quelque soit le détail de cette table des catégories, la loi la plus générale de la représentation, la première des catégories, la clé de voûte du système (*ECG1-1*, p. 133), « la catégorie des catégories » (*PAH-4*, p. 447), reste toujours la relation « que toutes les lois possibles ne font, en effet, que diversifier » (*ECG1-1*, p. 120). Elle « exprime ce que toutes les autres ont de

---

[48] Voir les commentaires de TURLOT, p. 21-38.

commun » (SEAILLES, p. 93) : les catégories désignent toutes « des ordres de relations » (*PAH-4*, p. 447).

> Nous situons les « objets [...] dans l'espace, en rapport les uns avec les autres sous différents aspects de position et de figure. Nous pouvons ainsi penser des objets sensibles, en eux-mêmes, comme nous disons, en séparant leurs pensées les unes des autres, mais non pas comme sans rapport avec la pensée de l'espace et de ses propriétés [...] Et comme tout ce qui est sensation, et les objets sensibles changent au cours du temps, continuellement, et leurs images dans l'espace, et ne peuvent, par conséquent, être déterminés absolument, ni même définis que par rapport à certaines déterminations choisies qui sont seulement moins instables non pas fixes [...] Quand nous essayons de penser comme en lui-même un objet extérieur [...] nous ne pouvons pas faire autrement que de l'envisager ou comme un sujet de telles ou telles qualités, ou comme étant lui-même, malgré son caractère objectif, une qualité ou un mode d'être dont l'existence suppose celle de quelque autre chose qui est son sujet. [... Car] le sujet ne peut pas être défini quand, par hypothèse, on exclut, pour le considérer en soi, tout terme qui le désignerait par sa qualité, ou par l'une de ses qualités, ou par toutes ses qualités » (DCR, p. 178-179).

En effet, comme le signale Hamelin (p. 102), l'« unification des catégories par en bas, par leur condition élémentaire, Kant ne s'en était pas avisé », classant la relation parmi les autres catégories. Plus qu'une simple nouveauté apportée par Renouvier, c'est une modification fondamentale de la loi des catégories qui « pose comme l'inévitable forme de toute représentation la relation » (*PAH-4*, p. 447) ; c'est un vrai élément de systématisation. En effet, l'homme « ne peut jamais systématiser que des rapports, parce que cela seul est donné, cela seul est intelligible » (*ECG1-1*, p. 125) dans nos propos, dans nos concepts et dans toute chose, quelle qu'elle soit.

> « Tout langage et toute science procèdent par composition et décomposition. Mais que composons-nous ainsi, que décomposons-nous ? des mots ? des idées ? des choses ? » (*ECG1-1*, p. 1)

Comme toutes les catégories, la relation se pose sous la forme ternaire (distinction-identification-détermination), parce que tout ce que nous percevons se constitue négativement, par exclusion, puis positivement, par composition ; la détermination se constituant par la limitation qui synthétise la distinction et l'identification.

« Le cercle des catégories ouvert par la relation au sens le plus abstrait et le plus général se referme par la relation au sens le plus déterminé » (SEAILLES, p. 118[49]), c'est-à-dire par la personnalité, car la connaissance est relative « aux lois *a priori* de l'esprit humain » (VERNEAUX, p. 47). Il s'agit d'un principe essentiel pour le néocriticisme qui veut que la relation, qui est la loi des lois dans l'ordre abstrait, se retrouve « dans l'ordre effectif ou

---

[49] Voir aussi HAMELIN, p. 157.

concret, constitué par la personne » (*PAH-4*, p. 447) au travers de la conscience[50].

> « Partant de la *relation* en général, les catégories aboutissent à cette relation la plus particulière de toutes, qui est la *personnalité*. Elles y aboutissent après l'avoir constamment supposée, en cela qu'il faut à l'analyse un analyste, à la science un savant. De toute notion, de tout jugement, de tout objet représenté dans l'espace ou dans le temps, on peut demander *en qui* ils se manifestent. [...] Je n'ignore pas qu'on prétend poser des choses à part toute conscience, mais j'ignore comment il peut en être représenté de telles, et comment dès lors on peut en parler » (*ECG1-2*, p. 178-179).

Comme la relation, et en regard d'elle, la personnalité figure donc « hors rang » (*PAH-4*, p. 447), parce que « toute connaissance est donnée comme une représentation, et toute représentation a deux faces : le représentatif et le représenté. Il suit de là que la fonction représentative, et, spécialement, chez l'homme, la *Personnalité* ou *Conscience*, est, à ce point de vue, une relation qui conditionne toutes les autres et les embrasse ». Elle les conditionne tout en les supposant, car, comme le précise Hamelin (p. 175), sans elles « elle serait vide ».

> « La synthèse du soi et du non-soi est la *conscience*, la personne.
> Le soi et le non-soi ne sont donnés que par leur rapport et dans leur synthèse [...] ; toutes les catégories s'y appliquent et en subissent réciproquement l'application ; nulle d'entre elles ne la renferme.
> La conscience est donc le soi du non-soi, et pour ainsi dire l'un de ce multiple, un tout ; elle est le point limite et l'instant limite de cet espace et de ce temps, une étendue, une durée ; la différence de ce genre, une espèce, puis un individu ; l'être de ce non-être, un devenir ; l'acte de cette puissance, une force ; l'état de cette tendance, une passion ; et, pour remonter à la première et à la plus générale des catégories, l'autre de ce même, un déterminé » (*ECG1-2*, p. 178-179).

Pour démontrer que la personnalité enveloppe toutes les autres catégories, il suffit de comprendre que « l'être n'est qu'à la condition de s'apparaître, d'entrer en relation avec soi-même, de se prendre soi-même pour objet » (TPR, p. 346). Ainsi la représentation se trouve inséparablement liée à la conscience ; laquelle ne s'exprime qu'en distinguant des unités dans des pluralités, qu'en les positionnant dans la durée et l'étendue, qu'en repérant les changements, qu'en attribuant des forces et des passions ; autrement dit, comme l'écrit Dauriac en une formule concise : « être = représentation = conscience = esprit. »

---

[50] « Notre thèse est que le moi, condition de la pensée d'une relation quelconque, ne se peut penser lui-même que comme une relation. Si nous devions admettre que le moi est pensable comme absolu, notre démonstration du relativisme de la connaissance serait renversée en arrivant à son terme » (DCR, p. 200).

3.d - Le problème général de toute science est la représentation

3.d.α - Destruction de la chose en soi

Renouvier ne transforme pas en substances ou idoles les abstractions qu'il obtient en mettant à l'écart des rapports. Au contraire, en définissant ses catégories, il montre leur portée et établit clairement « qu'elles n'ont d'autre rôle que d'ordonner les phénomènes, que par aucun détour elles ne nous permettent d'en sortir » (SEAILLES, p. 28). Ainsi « il proclame la relativité nécessaire de la connaissance, il libère l'esprit de la chimère de l'absolu, il prouve que substance (chose en soi) et science sont termes incompatibles ». La substance, « cet autre nom de la chose en soi par excellence » (HAMELIN, p. 56) n'est que chimère et n'aboutit qu'à « rendre toutes sortes de représentations également inintelligibles » (*ECG2-1*, p. 67). Que pourrait bien être ce « *support* pour les attributs et modes des choses » (*CP1876-1*, p. 54), si ce n'est « la concession du criticisme naissant à la métaphysique expirante[51] » (*AP1868*, p. 96) ? Si nous voulions toutefois donner à la substance une valeur scientifique, il conviendrait de la définir comme « assemblage de qualités ou propriétés formant série dans le temps : une fonction, plus ou moins complexe, une loi » (*CP1876-1*, p. 54). Il faudrait donc lui « substituer les idées scientifiques de *loi*, de *fonction* » (SEAILLES, p. 83), *because for* « *the New Criticism, phenomena and only phenomena exist* » (GUNN, p. 189).

Renouvier reconnaît que Comte a résumé correctement « la méthode appliquée et de mieux en mieux éclaircie des savants modernes, et l'idée de cette méthode telle qu'on doit se la faire après l'œuvre criticiste de Kant, lorsqu'il a défini la science par l'étude des phénomènes et par la recherche de leurs lois, à l'exclusion des essences et des causes » (*CP1884-2*, p. 135). Si d'ailleurs Kant s'était conformé aux principes qu'il avait lui-même établis, son criticisme « aurait été un phénoménisme » (*ECSDP-2*, p. 213), il

---

[51] Ce rejet de la chose en soi se lit également chez Bachelard (« Critique préliminaire du concept de frontière épistémologique », in *Actes du VIIIe congrès international de philosophie*, Prague : Orbis, 1936, p. 3).

aurait abandonné ses substances inconnaissables que sont les noumènes[52] et se serait fié aux phénomènes. Il n'aurait pas séparé « le monde des idées de celui des choses » (DAURIAC, TPR, p. 357), et il n'aurait admis, à l'image d'Aristote, « qu'un seul aspect de la réalité, à la fois sensible et intelligible ». Il se serait orienté vers un phénoménisme, tel celui de Hume, qui, selon Renouvier (*CP1878-2*, p. 221), « subsiste toujours [...] comme l'unique méthode scientifique en philosophie ».

Séailles a donc raison de considérer (p. 82) que Renouvier suit la méthode scientifique[53] :

> « en se limitant de parti pris à l'investigation des faits et de leurs rapports, le néocriticisme ne nous enferme pas dans l'universelle illusion, il est éminemment une doctrine de la réalité, car, au lieu d'opposer à ce que nous pouvons connaître l'inconnaissable réalité, il abandonne, comme la science positive, les qualités en soi, les essences, les causes, pour constituer la réalité des phénomènes eux-mêmes et de leurs rapports. L'être n'est pas au delà de ce que nous pensons, un je ne sais quoi d'insaisissable et d'absolu, il est ce qui apparaît ; nous ne sommes pas dans l'illusion, nous sommes dans le vrai monde, dans le seul monde qui existe. Nous n'avons pas à faire de vains efforts pour sortir de notre pensée, pour sauter par dessus notre ombre, pour regarder derrière l'espace et le temps, il n'y a d'autre voile entre nous et la vérité que celui de notre ignorance et de nos préjugés ; nous avons sous les yeux le monde intelligible, nous avons dans nos catégories les lois qui permettent de l'entendre, les choses sont [... telles] que nous les voyons et les pensons »[54].

Quant à la notion d'inconditionné, Renouvier l'assimile à l'idée de rien : inconditionné et rien sont respectivement les corrélatifs des concepts de conditionné et de chose, mais ce sont des concepts vides[55] ; le fait que nous leur accordions une place dans la pensée n'autorise pas à leur « assigner une réalité quelconque hors de la pensée » (VERNEAUX, p. 57).

---

[52] Nous négligerons ici quelque peu les nuances, en suivant Verneaux (p. 53), et considérerons comme identiques chose en soi, noumène, inconditionné, substance et absolu. Pour bien montrer qu'il ne s'agit pas là d'un amalgame dommageable, Verneaux s'appuie sur le texte suivant : « Quelles idées d'ordre logique ont pu guider [...] Kant dans l'exposition de la pensée maîtresse de son œuvre, c'est-à-dire de la distinction radicale des phénomènes et des choses en soi, en comprenant, sous le nom de phénomènes, l'ordre entier des choses objectives et subjectives, la composition et le développement de propriétés dont se forme tout ce qu'on nomme généralement *substances*, en vouant les choses en soi à un mode d'existence transcendantale dont l'idée est inaccessible à l'entendement non moins qu'à l'expérience » (*CDK*, p. 269).

[53] Schmaus confirme ce point (RMH, p. 137) en s'appuyant sur Renouvier dont il traduit un passage de l'article « De la méthode scientifique. La cause et la substance dans les sciences » (*CP1876-1*, p. 53) : « *Phenomenalism* [le phénoménisme], *that is, the method that envisages positive knowledge in the determination of the phenomena and the laws of the phenomena, is the true name of the scientific method.* »

[54] Déjà partiellement cité en 2.e.

[55] Lorsque, remontant à une cause première, nous la définissons comme inconditionnée, Renouvier dit que nous faisons « un saut dans le vide » (*CDK*, p. 76).

« L'inconditionné est comme l'absolu, comme le non-être, ce qui ne peut se penser que par des négations ; comment se peut-il que l'objet, qui ne peut se penser avec aucune qualité, se puisse penser comme réel ? C'est le jeu de la logique avec des formes d'idées vides ; et ce n'est, au fond, qu'une des manières de faire sombrer la pensée métaphysique dans la contradiction » (*CDK*, p. 76[56]).

Comme le principe de relativité est donc applicable à toute connaissance, il en découle que :
- seuls les phénomènes sont connaissables pour nous ;
- le paraître[57] n'est pas discernable de l'être ;
- l'être est en ce qu'il paraît.

La distinction d'un éventuel être en soi d'avec les phénomènes est futile, « car d'un tel être qui serait situé en dehors du connaître, nous ne pouvons rien dire pas même qu'il existe » (PRAT, p. 30). Autrement dit, puisque « nous ne connaissons et [...] ne pensons que par des relations, [...] notre intelligence n'atteint pas la chose-en-soi » (JANSSENS, p. 55). Dire que le noumène existe, serait même tout bonnement « contrevenir au principe de relativité » (VERNEAUX, p. 54). En effet, comme Verneaux le confirme (p. 26), du principe de relativité découle « que nous ne pouvons connaître aucun objet *en soi*, mais seulement par rapport à nous ; que notre connaissance, par conséquent, est nécessairement bornée aux objets tels qu'ils nous apparaissent, c'est-à-dire aux *phénomènes* », lesquels « dépendent des *lois* de la connaissance immanentes au sujet ; que celles-ci, par conséquent, règlent *a priori* notre expérience et nos univers ».

« La plus importante des conséquences, pour la méthode, est le principe de *relativité*, [...] ce principe doit s'imposer avec une force irrésistible à quiconque envisage la quantité dans le monde, le temps, l'espace, la matière, le mouvement [...]
Dès qu'on admet que le temps, l'espace, la matière ne sont pas des sujets *en soi*, des substances, on doit les tenir pour donnés essentiellement en des représentations ; or les représentations sont toutes composées et relatives. Les phénomènes y paraissent en rapport les uns avec les autres, diversement groupés, définis, sans qu'il soit possible de faire abstraction de leurs relations pour les définir. Les êtres ne se présentent plus que comme des groupes et des fonctions de phénomènes ; on ne reconnaît plus pour objets de la connaissance que les phénomènes et les lois qui les lient, lesquelles ne sont elles-mêmes que des sortes de phénomènes généraux » (*ECSDP-2*, p. 384).

« Rien en soi n'est donné à la connaissance » (*ECG1-1*, p. 183), et c'est pourquoi Renouvier abandonne les formes substantielles et les essences

---

[56] Cité également par VERNEAUX, p. 58.
[57] Laurent Fedi m'a précisé avec raison que ce terme « est équivoque, parce qu'il peut désigner l'apparence ou le phénomène. Or Renouvier récuse l'idée d'un monde d'apparences ». Il faut lever cette ambiguïté et bien comprendre que l'être ne peut se traduire pour nous que comme un phénomène, c'est-à-dire en ce qu'il paraît : dans notre proposition, il ne faut pas dissocier le deuxième alinéa des deux autres. La suite du développement éclaire également ce point.

fictives de la scolastique, « le réalisme substantialiste et la fiction des noumènes » (*PAH-4*, p. 279). C'est ainsi qu'il peut s'autoriser à écrire que sa « forme de constitution du *réel* pour la connaissance est d'accord avec la seule qui serve aux sciences naturelles pour composer des sujets ». Car toujours aussi, Renouvier se méfie des mystères, des illusions et des idoles. Hamelin écrit (p. 125) qu'un « même esprit anime toutes ces recherches : la défiance des notions mystérieuses et des idoles ». Or, « la théorie de la substance » n'aboutit qu'« "à l'illusionnisme", car, suivant elle, ce qui est n'apparaît pas, ce qui apparaît n'est pas et la connaissance est enfermée dans ce royaume des ombres » (SEAILLES, p. 81). La substance est pur néant ; Hamelin le prouve (p. 56) :

« D'ailleurs l'impossibilité de concevoir un genre comme une chose en soi éclate au plus haut point dans l'idée générale par excellence, celle de l'être : dépouillée de tout caractère impliquant relation comme qualité, quantité, etc., cette idée devient une chose en soi au moment où elle n'a plus rien en soi, où elle est réduite à un pur néant. »

Comment une chose en soi pourrait-elle bien s'extraire du représentatif ? Pour cela, il faudrait qu'elle soit indépendante non seulement de celui qui la pense, mais plus largement de tout être pensant. « La substance n'est connue que par son attribut [...] L'attribut lui-même ne se manifeste que par ses modes ; c'est-à-dire que nous connaissons bien *nos pensées*, mais non pas séparément *notre pensée*, encore moins *la pensée* » (*ECG1-1*, p. 54-55[58]). Cette impossibilité fait que les choses en soi, comme le dit joliment Hamelin (p. 54), « ne parviennent pas à accomplir leur promesse de se poser en soi parce qu'elles restent invinciblement assujetties à la condition d'être pour un représentatif ».

Lorsque nous posons une chose en soi, nous la posons par définition comme auto-suffisante, indépendante, absolue ; nous la posons comme n'ayant besoin « que de soi-même pour exister » (JANSSENS, p. 55[59]), comme conçue « par soi, c'est-à-dire ce dont le concept peut être formé sans avoir besoin du concept d'une autre chose ». Cela alors que toutes les choses phénoménales portées à notre connaissance n'existent que par le biais de relations, lesquelles ne sont que via la représentation. Or, montrer ainsi « que les phénomènes représentatifs sont indissolublement attachés à des rapports » (HAMELIN, p. 55), c'est tout simplement « réfuter quiconque entreprend d'en faire des choses en soi ».

« D'abord, dans ce qui pense, on ne connaît que l'attribut général "qui pense" et le ce demeure inconnu, et ensuite l'attribut général "qui pense" ne se manifeste lui-même que par des modes. En somme, tout phénomène représentatif, comme d'ailleurs tout

---

[58] Cité par SEAILLES, p. 59.
[59] Citant Descartes (*Œuvres*, Paris : Pléiade, 1937, p. 456) et Spinoza (*Ethique*, *Œuvres*, Paris : Pléiade, 1954, p. 365).

phénomène représenté, implique des relations avec d'autres phénomènes. Poser en soi un phénomène représentatif ce serait supprimer ce qui le caractérise, ce qui le fait ce qu'il est. Donc il est impossible de faire des phénomènes représentatifs, sans détruire tout ce qu'ils avaient de vraiment réel, des choses en soi. Il n'y a de ce côté ni choses en soi à chercher, ni substance » (HAMELIN, p. 56).

Il n'y a pas deux mondes, celui des phénomènes que nous connaîtrions mais qui n'existerait pas, puis celui des noumènes qui existerait mais que nous ne connaîtrions pas ; « il n'y a qu'un monde, le monde des phénomènes, le monde que nous nous représentons » (SEAILLES, p. 34). Les représentations sont cela même qui est et ce constat n'a rien d'effrayant, car nous n'avons pas besoin des idoles pour penser.

Pourtant, l'« esprit comme le cœur a ses idoles. L'idolâtrie de la pensée, l'idolâtrie de la matière, l'idolâtrie du temps, l'idolâtrie de l'espace, l'idolâtrie de la substance, qui résume les autres, composent le fonds légèrement varié d'une religion à l'usage des philosophes, religion bien ancienne, que l'on comparerait au fétichisme volontiers si elle avait des dieux moins abstraits. Ainsi presque toute la philosophie n'est qu'idologie » (*ECG1-1*, p. 61[60]). Et une fois que l'« idole est connue pour ce qu'elle est, on touche le bois qui est vermoulu, et lorsqu'enfin elle tombe en poussière, il se trouve que rien n'est changé autour d'elle ; chaque chose a conservé sa place et son nom, il ne s'est point fait de vide dans la réalité »[61].

3.d.β - La représentation et la conscience

Nous voici, selon Séailles (p. 47), délivré « du fétichisme philosophique » : nous avons vu qu'il ne peut y avoir de représentations sans que soient impliquées des relations ; et que, de même à l'inverse, il ne peut y avoir de relations sans que soient impliquées des représentations. Autrement dit, « toute connaissance est représentation, et toute représentation relative » (SEAILLES, p. 45-46).

La conclusion que nous avons tiré de tout cela, « c'est que s'il existe des choses en soi, indépendamment de toute représentation, ces choses nous sont inconnues, ne sont rien pour le savoir, rien pour nous, et que, en conséquence, il n'existe pour le savoir que des représentations » (*ECG1-1*,

---

[60] « Le spiritualisme, le matérialisme, le panthéisme, disparaissent avec leurs fausses méthodes et leurs constructions vaines, lorsque les idoles de l'infini, de la substance et de la cause substantielle sont renversées » (*ECG1-2*, p. 354). Le matérialiste croit « que la matière peut exister sans rien supposer de l'esprit » (*CP1872-1*, p. 134), le spiritualiste « affecte des substrats spéciaux à certains genres de phénomènes », et le panthéiste « voit dans le monde une substance unique dont tous les phénomènes possibles sont des manifestations diverses ». Face à eux, le « criticiste rejette toute spéculation sur les substances », il « observe, définit et classe les phénomènes, et n'admet pour sujets réels que des êtres, savoir là où des lois constantes maintiennent des groupes de phénomènes associés ».

[61] Cité par SEAILLES, p. 61 et par MILHAUD, p. 63.

p. 59). Imaginer qu'une chose puisse être sans qu'il soit possible de s'en faire une représentation, alors que toutes les idées que nous pouvons avoir sont prises « de la représentation qui nous est donnée ou que nous nous donnons de cette chose » (DCR, p. 199), c'est bien là une conception « chimérique ». En effet, « en voulant poser autre chose que la représentation, c'est encore elle, elle seule que l'on pose » (SEAILLES, p. 45). La chose en soi est « la chose en tant que nous ne la connaissons pas [...,] l'incognoscibilité, c'est-à-dire un contradictoire logique de la connaissance possible » (*CP1878-1*, p. 375). Rien n'existe donc en dehors de la représentation et de « ses propres éléments » (DAURIAC, TPR, p. 346 et HAMELIN, p. 49). Elle peut être définie comme ce « qui se rapporte aux choses, séparées ou composées d'une manière quelconque, et par le moyen de quoi nous les considérons » (*ECG1-1*, p. 6[62]). Les choses qui la composent peuvent également être appelées « des *faits* ou des *phénomènes* » (MILHAUD, p. 61). Ceux-ci ne sont pas vus en soi, mais en relation avec nous, en tant qu'idées, objets perçus par un sujet qui perçoit.

> « Où que nous prenions la pensée, nous y trouverons toujours, d'une part nous-mêmes, et de l'autre, comme étant devant nous, quelque chose qui n'est pas nous. Ainsi, le fait primitif est celui-ci : un sujet, un objet » (HAMELIN, p. 10).

Pour Renouvier, la représentation ne doit pas être vue comme un intermédiaire, pas plus que comme une réflexion ou une projection, elle est simplement la relation qui uni l'objet au sujet, le représenté au représentatif[63]. Une représentation a toujours deux faces : le représenté et le représentatif ; elle implique « la solidarité des deux éléments » (SEAILLES, p. 46). C'est pourquoi la « connaissance ne reçoit point de représenté sans représentatif, point de représentatif sans représenté, et c'est dans une représentation qu'elle reçoit l'un et l'autre » (MILHAUD, p. 62[64]).

Les représentés consistent en des corps avec leurs qualités, des corps qui s'étendent dans l'espace, qui offrent des successions dans le temps, qui sont donnés « comme matière, comme mouvement » (SEAILLES, p. 56), des corps qui toujours ne sont connus « qu'en devenant représentatif[s] » (p. 44).

---

[62] Cité par MILHAUD, p. 61.
[63] « Tout représentatif, aussi bien que tout représenté, implique des relations » (*ECG1-1*, p. 56).
[64] « En liant ainsi indissolublement le représentatif et le représenté », Renouvier « s'éloigne également du réalisme » qui « n'admet que l'existence du représenté se projetant tel quel dans l'esprit – et de l'idéalisme absolu qui admet l'existence du seul représentatif ou de l'Esprit engendrant la réalité. Il s'éloigne aussi, d'une part, du positivisme qui ne voit que le représenté : les données d'expérience concrète étant, à l'entendre, les seules dont il faut tenir compte ; d'autre part, de l'innatisme cartésien pour qui la connaissance du *moi* engendre la connaissance du monde extérieur » (JANSSENS, p. 43).

Hodgson propose (p. 35), pour utiliser un langage moins technique, les termes de perception et de chose perçue :

> « *Each representation has a double aspect, on one side it is a* phénomène représentatif, *on the other a* phénomène représenté, *or, in less technical language, a perception and a thing perceived* ».

Les représentatifs consistent « en des consciences [...] pour lesquel[le]s il y a au dehors des représentés » (HAMELIN, p. 307). La représentation implique en effet la conscience, sans laquelle elle serait inintelligible ; « puisque le monde est, selon Renouvier, un ensemble de représentations, il est un ensemble de consciences » (SEAILLES, p. 144-145[65]). La conscience est le rapport le plus enveloppant de la représentation, la loi des lois, la « synthèse suprême de l'ordre représentatif, et qui s'identifie, pour Renouvier, avec la connaissance » (JANSSENS, p. 50), car c'est en elle, et seulement en elle, que les représentations sont données.

> « S'il est vrai, comme j'ai cru le démontrer, que toute chose est pour nous représentation, phénomène, rapport ; que le représentatif et le représenté sont indispensables l'un et l'autre à la constitution d'un objet quelconque de la connaissance, et que leur pur être en soi n'a pas de sens, alors les catégories que notre analyse a parcourues nous ont soumis des données purement abstraites jusqu'au moment où, réunies dans la dernière d'entre elles, elles ont pu composer un phénomène complet, une représentation véritable. Sans conscience, la représentation est inintelligible ; je ne dis pas sans ma conscience, mais bien sans les fonctions semblables que ma conscience envisage dans le non-soi ; et puisque le Monde est un ensemble de représentations, il est donc un ensemble de consciences » (*ECG1-2*, p. 326[66]).

« Le monde n'est, en somme, qu'un ensemble de consciences liées entre elles » (HAMELIN, p. 321[67]), d'où cette formule de Renouvier (*ECSDP-2*, p. 395) : « la conscience se pose, et, selon qu'elle se pose, elle pose le monde. » Conscience est synonyme de personne[68] et aussi synonyme d'existence, parce que l'« aspect représentatif n'est absent d'aucune des catégories » (HAMELIN, p. 157), parce que toutes les catégories, et notre pensée même, supposent la loi de personnalité qui est la « loi universelle des choses » (SEAILLES, p. 117). Le monde n'est donc pas étranger à la pensée, il est composé de représentations, qui sont liées par des lois. Les rapports et les lois se situent à différents niveaux et sont imbriqués les uns dans les autres pour former notre connaissance du monde. Ils sont « les seuls objets de la connaissance » (*ECG1-1*, p. 123), objets qui ne « sont donnés que dans la représentation ». Celle-ci, en ce qu'elle est une expérience, est donc réglée

---

[65] « *Phenomena, or things, exist in relation to consciousness, and they have no other existence* » (GUNN, p. 188).
[66] Cité partiellement par HAMELIN, p. 158 et SEAILLES, p. 144-145.
[67] Séailles note également à ce propos (p. 118) : « Renouvier rejoint Leibniz. Le monde, qui est un ensemble de représentations » est par là même « un ensemble de consciences. »
[68] Voir *ECG1-2*, p. 178-179 (cité plus haut en 3.c.γ) et HAMELIN, p. 159.

par des lois. Et parce que « le contenu de la science ne peut surpasser les données de la connaissance » (*ECG1-1*, p. 116), la science doit d'abord comprendre les lois les plus générales de la représentation, qu'elle ne peut créer, mais qu'elle doit seulement vérifier.

Chapitre 4 - Comment Renouvier organise-t-il les sciences ?

4.a - Ce qui distingue les sciences

Renouvier distingue le premier ordre de la certitude du second ordre[1]. Il voit dans le premier quatre thèses dont l'usage obligeait même « les pyrrhoniens à se départir de leur réserve » (HAMELIN, p. 261) : 1. la réalité et la persistance de la conscience, ce qui signifie que la personne demeure elle-même dans le temps ; 2. la réalité du monde et des choses qui nous sont extérieures, dont nous avons connaissance par certaines perceptions ; 3. la réalité d'autres consciences, d'autres êtres qui nous ressemblent ; 4. la réalité des lois du monde, semblables à celles qui sont posées dans notre conscience, lois qui se caractérisent par une certaine constance[2]. Le second ordre, quant à lui, se compose « de jugements réfléchis dont les termes sont définis » (HAMELIN, p. 266), autrement dit, il est caractérisé par des désaccords, des doutes, des erreurs, par la place qu'y occupent les passions, la volonté.

> « La fondation et les travaux des sciences impliquent les thèses de réalité appartenant au premier ordre de la certitude et relatives, les unes à l'usage des lois de la conscience, les autres aux données synthétiques du monde externe. L'analyse et la définition des thèses de choses sont l'objet et la fin des sciences constituées, et ne sauraient en être le commencement, malgré les longues illusions qu'on s'est fait à cet égard » (*ECG3*, p. XLII).

Les certitudes du premier ordre sont présupposées par les sciences, mais Renouvier précise que plusieurs demandes plus spécifiques fondent les sciences. D'abord la conformité entre les données de la conscience et de l'expérience (point 4 ci-dessus), ensuite ce qu'il nomme « un usage correct des sens et des règles de l'entendement, l'exercice des fonctions intellectives et réfléchies, et l'exactitude des analyses et des synthèses partielles qui fondent la connaissance scientifique » (*ECG2-1859*, p. 491).

Ces demandes, qu'il formule au fondement des sciences, dépendent de deux conditions, premièrement, de ne pas prétendre à des « énoncés définitifs », lesquels nécessiteraient que l'analyse préalable soit déjà et totalement achevée et par voie de conséquence que la science soit terminée, deuxièmement, de considérer la « possibilité de l'erreur » inhérente à l'exercice « des fonctions sensibles, intellectuelles et volontaires » (*ECG2-1859*, p. 492) y compris « dans l'établissement des sciences ».

---

[1] Voir *ECG2-1859*, p. 414 *sq*.
[2] Voir HAMELIN, p. 261, JANSSENS, p. 146-147, MILHAUD, p. 99 ou encore SEAILLES, p. 225.

Fondations des sciences dans le néocriticisme de Renouvier

Il en découle que les sciences, qui prétendent à des thèses portant sur les choses, sont sujettes à la critique[3], et il en est de même d'ailleurs des « *thèses de principes* » qui sont formulées par la critique. « L'analyse et la définition des thèses de choses sont l'objet et la fin des sciences constituées » (*ECG3*, p. XLII), tandis que l'« éclaircissement et la coordination des thèses de principes n'appartiennent qu'à la critique générale. Les sciences [...] sont impuissantes à les donner *a priori* ».

La vérité n'est donc pas présente avant tout dans les sciences, c'est en fait la « *vérification* constante ou graduelle qui y supplée » (*ECG2-1859*, p. 493), une « vérification constante et prolongée des phénomènes » (*CP1873-2*, p. 388). C'est pour cette raison qu'une classification des sciences par leurs degrés de certitude n'est qu'« illusoire au fond » (*ECG2-1859*, p. 493), elle « n'a qu'une valeur relative », elle n'est pas même « proposable » :

> « Une classification des sciences d'après leurs degrés de certitude n'est pas proposable. Toutes [les sciences] doivent prétendre à la même certitude, quand elles ne dépassent pas leurs objets, quand elles analysent, constatent, formulent et ne dogmatisent pas, quand elles donnent les faits et les lois pour ce qu'ils sont, et les hypothèses pour des hypothèses » (*ECG3*, p. XLIII).

Renouvier écarte donc le concept normatif de la Science, il cherche à décrire ce que sont les sciences réelles dans leur imperfection. Ce qu'il ne faudrait pas pour autant, et qui est cependant commun, ce serait d'altérer les sciences en y « mêlant les suppositions et les faits, ce qui est acquis avec ce qui ne l'est pas et quelquefois ne saurait l'être » (*ECG2-1859*, p. 508).

> « Les erreurs individuelles dans l'exploration scientifique sont inévitables, mais ne touchent pas à la certitude de la science. La science est idéale et générale, non individuelle, en tant que vérité. Individuellement, son titre est la vérification que chaque personne est admise et appelée à faire. Et en effet, les sciences se vérifient de génération en génération, et c'est la manière dont elles se constituent » (*ECG3*[4], p. XLIII).

Ce qui distingue les sciences entre elles, c'est bien davantage leurs domaines et leurs méthodes propres : une telle division « par la nature des données, et qui est en même temps une division par la nature des méthodes, est à l'abri de toute objection sérieuse. Telle est celle des *sciences logiques* et des *sciences physiques*, quoique les premières s'appliquent aux secondes et forment des branches mixtes considérables » (*ECG3*, p. XLIII).

C'est pourquoi, pour Renouvier, il y a une division de fait qui suit celle des catégories. Mais si, d'après lui, « l'existence, la recherche, la connaissance des lois suffisent pour déterminer la matière et la forme d'une

---

[3] C'est pourquoi c'est « à la critique générale qu'il appartient de passer en revue les sciences pour les classer » (HAMELIN, p. 275).
[4] La partie C. de l'introduction est intitulée « La classification des sciences » (*ECG3*, p. XLII-XLVII et *ECG3-1864*, p. LIV-LIX).

science » (*ECG2-1859*, p. 499), il ne lui échappe pas que les délimitations des sciences sont très fluctuantes[5].

« Les divisions usuelles des sciences celles que suivent les bibliographes dans la confection de leurs catalogues, tiennent peu de compte des rapports naturels qui existent entre les diverses parties de nos connaissances et n'éclairent point les vues que suit l'entendement dans la recherche de la vérité. Les savants se font des méthodes particulières, ils placent la science qu'ils cultivent au centre d'un système d'études et disposent les autres autour d'elle comme autant de satellites en raison du secours qu'elles peuvent apporter à leur science de prédilection. Depuis le renouvellement des études les philosophes ont éprouvé le besoin d'une générale qui rattache les parties différentes de la connaissance à leurs principes qui les coordonne dans leurs relations et assure ainsi les progrès de l'esprit dans les voies de la vérité. Sans doute une méthode semblable ne sera jamais que relative ; proportionnée à l'état des sciences elle ne pourrait être parfaite qu'autant que celles-ci seraient finies [...] » (« Essai d'une vision systématique des sciences », p. 4[6]).

Cette fluctuation dans les délimitations des sciences explique que, si Renouvier se lance dans une classification, c'est avec beaucoup de réserves[7] et, lorsqu'il repère néanmoins les différents types de sciences, il n'omet pas d'exposer les relations étroites qu'elles entretiennent. Quelle que soit la perfection que nous y mettons, une « classification est toujours une spécification plus ou moins nette » (*ECG1-2*, p. 293), dans laquelle chaque « unité ne se conçoit pas sans la pluralité », et la « pluralité n'entre dans la science, et même ne figure déjà dans les synthèses obscures de la

---

[5] Milhaud présente la classification de Renouvier en deux pages (p. 100-101) et Hamelin n'y consacre que ½ page (p. 275), il relève cependant les points clés suivants : « M. Renouvier pense que toutes les sciences et toutes les méthodes sont, en droit et idéalement, capables de la même certitude, de sorte qu'il ne convient pas de les classer selon le degré de certitude dont elles jouissent. En conséquence, c'est sur des différences d'objet et de méthode que M. Renouvier fonde sa classification » qu'il veut « modeste : c'est-à-dire qu'il se garde et de la pousser jusque dans les derniers détails et de prétendre établir, même en s'en tenant aux divisions principales, une encyclopédie, une hiérarchie, une synthèse des sciences. Un tableau à visées systématiques comme celui de Comte lui paraît révéler un nouveau dogmatisme, une prétention d'enchaîner l'esprit humain. » Renouvier « prend les sciences telles qu'elles sont » et se restreint à en déterminer « les groupes principaux. »

[6] Ce texte d'une vingtaine de pages repris partiellement en annexe, qui n'a pas semble-t-il été publié, est localisé dans le fonds Renouvier de la Bibliothèque de l'université Paul Valéry de Montpellier à l'intérieur d'une boîte à archives marquée « Carnets ». Il est contenu dans un grand carnet gris [Cw] et est suivi d'un travail de chronologie des œuvres et des auteurs.

[7] Comme l'écrit Couturat (p. 114-115), il est en effet « imprudent et téméraire de prétendre limiter le domaine et la compétence de la pensée et de lui dire : "Tu n'iras pas plus loin." Tous les philosophes qui ont essayé ainsi de tracer des frontières à la science ou des démarcations entre les sciences ont été tôt ou tard réfutés par les progrès incessants de nos connaissances ». Renouvier reproche d'ailleurs à Comte (*CP1877-2*, p. 2-3) ses « lignes de démarcation infranchissables » entre les sciences ; c'est pour cela qu'il le nomme « le législateur des sciences ».

connaissance, qu'à la condition d'une classification quelconque des objets concrets qui la composent ».

4.b - Renouvier adopte la classification essentielle des anciens

4.b.α - Les sciences logiques

Le premier regroupement que Renouvier opère est celui des sciences logiques.
> Elles ont « leurs objets dans l'entendement et dans ses formes, abstraction faite des objets particuliers de la sensibilité (non de ses lois générales). Elles ne font pas d'expériences, et elles n'observent rien que d'une manière active, savoir en supposant et appliquant les principes mêmes dont elles ont à définir la forme et à chercher les rapports et les développements » (*ECG3*, p. XLIII).

Renouvier distingue deux branches aux sciences logiques « selon que leurs objets appartiennent à la catégorie de la *qualité pure* (d'où la *logique* proprement dite ou *formelle*) ou au groupe des catégories posologiques (d'où les *mathématiques*) » (*ECG3*, p. XLIV). Celles qui ont pour objet la quantité, concrète ou abstraite, s'appuient sur la catégorie de nombre. Cette catégorie seule donne l'arithmétique, et liée à celle de position fournit la géométrie, science des quantités étendues et des lois de ces quantités ainsi que des figures s'y rapportant. La catégorie de nombre couplée à celles « de *succession* et de *devenir*, envisagées spécialement dans leur application à celle de *position* [...] donnent la mécanique rationnelle » (*ECG2-1859*, p. 498), dynamique et statique, science des quantités qui « impliquent succession et changement dans l'espace » et science qui détermine « les conditions et les lois du mouvement, soit effectif, soit possible » (p. 503). Enfin, les catégories de qualité et de nombre rattachées correspondent à une partie des « sciences physiques », celles qui sont des mathématiques proprement appliquées, telles l'astronomie et l'optique. La « science générale ou enveloppante de ce groupe » (p. 509) est l'algèbre, « science des quantités de toute origine », que Renouvier appelle aussi « arithmologie »[8]. Elle comprend « la totalité des spéculations désignées plus ordinairement par le nom d'analyse, analyse arithmétique », et elle est « consacrée à la recherche du *nombre* ou quantité pure et de ses lois » (p. 502).

Ce premier groupe des sciences logiques prend appui justement sur la logique, qui impose ses règles aux précédentes en tant qu'elle est la science consacrée à l'« étude des relations de *qualité*, abstraites et générales » et « aux lois de leurs combinaisons ». À la logique, il adjoint la grammaire générale[9], science qui « aurait pour objet l'établissement des lois et des signes des combinaisons de la pensée, ramenées à ses formes abstraites ». Il précise que les autres catégories repérées par lui (causalité, finalité, relation et personnalité) ne donnent pas lieu à des sciences particulières mais font partie de la critique générale.

4.b.β - Les sciences physiques

Le second regroupement est celui des sciences physiques. Elles trouvent « leurs objets dans le domaine de l'expérience » (*ECG2-1859*, p. 503) et leur méthode pure ne tient pas « compte des mathématiques appliquées, [mais] se compose de deux procédés : l'observation des faits sensibles, l'expérience systématique » (p. 504). Elles doivent observer d'une manière totalement désintéressée par rapport aux phénomènes. Comme les sciences logiques, celles-ci font appel à l'abstraction, mais alors que les premières « abstraient par concepts ou représentations générales » (p. 508), les sciences physiques « séparent les faits selon l'expérience, et isolent parmi les phénomènes, même étroitement liés, ceux dont il faut obtenir une définition plus précise ou rechercher des rapports particuliers. » Expérimenter revient donc essentiellement à « faire passer ces abstractions dans les faits », annuler

---

[8] Ce terme n'est nullement à prendre dans un sens symbolique ou ésotérique, Renouvier l'emprunte à Ampère qui l'a tout simplement forgé d'après : « αριθμος, nombre, et λογος, discours, connaissance ». Ampère, à qui nous devons également l'expression de « philosophie des sciences », définit l'arithmologie comme « la science de la mesure des grandeurs en général. » Il explique également ce qu'il entend par mesurer une grandeur : « c'est exprimer par un nombre, soit entier, soit fractionnaire, la manière dont elle est composée avec une autre qui a été choisie arbitrairement parmi les grandeurs de même nature, pour servir de terme commun de comparaison à toutes les grandeurs de cette sorte, et qu'on désigne sous le nom d'unité. Ce nombre est ce qu'on appelle le *rapport* de la grandeur qu'on mesure à cette unité » (AMPERE André-Marie, *Essai sur la philosophie des sciences*, Paris : Bachelier, 1838, p. 38, 61-62).

[9] Voir *ECG2-1*, ch. V « La raison, les signes, le langage ».

« l'influence de tels phénomènes sur tels autres qu'on étudie exclusivement ».

Renouvier accorde une certaine valeur à la division des sciences physiques en d'un côté « historique et descriptive » (*ECG2-1859*, p. 506) et de l'autre « explicative, inquisitive, théorique », qui se distinguent à la fois au niveau de « l'exploration scientifique » et de « l'exposition » des « sujets primitivement offerts à l'étude. »

Ainsi l'histoire naturelle, « établissement préliminaire des sciences expérimentales » (*ECG2-1859*, p. 507) en ce qu'elle n'est pas censée généraliser, se contentant de « classifications », « séries artificielles, aides de la mémoire et du travail », s'intéresse à « la série immédiatement sensible des êtres » (p. 506), à leurs organes et fonctions observables, à « leur distribution dans l'espace » et le temps. Elle se subdivise en une cosmologie s'occupant des « corps ultra-atmosphériques », une minéralogie, ou « inorganologie terrestre » qui comprend géographie, géologie, météorologie, botanique et zoologie, une « *anatomie* végétale, animale, humaine, simple et comparée, et une *physiologie* avec ses sciences accessoires ».

La physique, quant à elle, abstrait et généralise des « séries de phénomènes » (*ECG2-1859*, p. 509) dont elle se fait « un sujet de spéculation propre ». Elle « s'attache, non plus aux êtres, mais à des faits d'ordre général, conditions ou conséquences de leur constitution et de leur développement : c'est la pesanteur, c'est la chaleur [...] »[10]. Le physicien ne s'arrête pas à l'observation, il produit et institue « volontairement les faits qu'il s'agit d'observer », « de lier » et de « prévoir avec certitude » ; cette prévision étant « une fin principale, et aussi une vérification de la science. » Celle-ci procède donc « à la recherche de ses lois [...] par l'expérience artificielle et systématique » (p. 510) et use si nécessaire de l'hypothèse, qui a une vraie « place dans la méthode du physicien. L'hypothèse est donc justifiée », bien qu'étant seulement « le suppléant modeste de la vérité, son représentant à titre provisoire ». Elle est là « pour instituer l'expérience systématique, ou la préparer, lui poser des questions et lui ouvrir des voies, [...] servir ainsi aux progrès des connaissances positives ». On « lui attribue le mérite de lier les faits en tenant lieu des lois inconnues ».

---

[10] Gunn (p. 197) a donc raison lorsqu'il écrit « *He draws a line between the logical and the physical sciences – a division which he claims is notes only a division according to the nature of their data, but also according to method.* » Il me semble, par contre, qu'il procède a un raccourci dommageable lorsqu'il poursuit en écrivant « *Following another division, we may draw a line between sciences which deal with objects which are organic, living creatures, and those which are not.* » Cette dernière division entre vivant et non-vivant existe bien dans la classification proposée par Renouvier, mais elle ne paraît ni si importante, ni si tranchée, même s'il est vrai que Renouvier emploie bien l'expression « ligne de démarcation ».

La physique a pour objet « la connaissance des corps non vivants, des propriétés qui les distinguent entre eux et des forces qu'ils exercent » (*ECG2-1859*, p. 515) ; la chimie de même. Ces deux sciences sont intimement liées en « physico-chimie » (p. 517). La « division transitoire entre la physique et la chimie » (p. 516) tient uniquement, pour Renouvier, à ce que l'objet de la première est la matière « sous ses divers modes constants selon qu'elle se comporte relativement à ces phénomènes, pour les produire ou les subir, les présenter, les transformer, les transmettre » (p. 514-515) alors que l'objet de la seconde est l'étude des lois du « devenir des corps, la composition pour ainsi dire en mouvement, ou, comme on disait jadis, la *génération* et la *corruption* des êtres inorganiques, enfin les éléments derniers et invariables ».

C'est entre physico-chimie et biologie que réside une « véritable ligne de démarcation » (*ECG2-1859*, p. 518), même si leur objet est à toutes deux la nature, même s'il n'y a pas de changement de méthode de l'une à l'autre. La distinction vient de ce que les « phénomènes et lois » de la biologie impliquent ceux de la physico-chimie « en guise de conditions, et de fonds préexistant, pour ainsi dire », mais sans pour autant s'y réduire[11].

4.c - Autres sciences rattachées à la critique

La morale et la politique n'étant pas séparées selon Renouvier « d'avec les spéculations philosophiques » (*ECG2-1859*, p. 530), elles appartiennent encore complètement à la critique générale. Si toutefois nous voulons bien considérer « leur sphère commune : elles formeront alors sous le nom générique de *morale* [...] une troisième grande division des connaissances humaines », qui « s'applique aux catégories de personnalité, de causalité et de finalité » (p. 531). Elle se rapporte à la personne et à ses semblables dans « leurs conditions réciproques, domestiques », ou plus largement encore « civiles » et ainsi aux hommes en général, « en recherchant les conditions de légitimité ou de perfection, soit de l'institution économique, soit de l'institution politique de la société. » Elle s'envisage par opposition aux sciences logiques qui se plaçaient dans « l'homme représentatif, dégagé de tout lien social et des effets de sa personnalité » et par opposition également aux sciences physiques « aussi impersonnel[les] que l'abstraction le peut faire. » Renouvier précise que cette troisième grande division qu'est la morale, et qui comporte les domaines éthique, économique et politique,

---

[11] Voir *ECG2-1*, « Du rapport des fonctions physico-chimiques aux fonctions organiques » (p. 35 *sq.*).

renferme « un ordre de connaissance pris en sa totalité, principes et conséquences » (p. 531-532) et non pas « des sciences morales » (p. 531), celles-ci n'étant pas encore constituées[12] de l'avis de Renouvier.

« Au dessus des trois sections se place la critique » (*ECG2-1859*, p. 532). En tant qu'elle est l'« analyse générale de la représentation » (p. 500-501), elle constitue une « science première », bien davantage « qu'une classe particulière d'investigations scientifiques » ; elle est le « tronc commun de toutes les sciences, car elle comprend l'établissement de leurs lois les plus universelles, lois dont l'étude est interdite à ces mêmes sciences qui les prennent pour données ».

> « L'éclaircissement et la coordination des thèses de principes n'appartiennent qu'à la critique générale. Les sciences partent en tout des mêmes synthèses que la connaissance vulgaire, et sont impuissantes à les dominer *a priori* » (*ECG3*, p. XLII).

C'est pourquoi l'objet de la critique s'étend à « l'analyse des lois et conditions premières de la connaissance, [à] la recherche de la nature et de la possibilité de la science, [à] l'essai de définition et de classification des notions fondamentales de tout genre, [à] l'examen des objets suprêmes de la spéculation sur le monde et sur l'homme, enfin [à] l'étude des fonctions humaines (l'ancienne psychologie) » (*ECG2-1859*, p. 532).

L'« histoire proprement dite, histoire des sociétés, des mœurs, des idées, des événements humains » (*ECG2-1859*, p. 507) use au premier chef du témoignage et de la tradition, par opposition à l'histoire naturelle, qui se base sur les sens et l'observation et se sert du témoignage et de la tradition de manière annexe[13]. C'est pourquoi, du fait de leur méthode, les sciences historiques « forment dans leur ensemble une grande division de la critique » (p. 534). Cette division reste « collatérale de la critique proprement dite » en ce que, « à côté de chaque partie de la critique indépendante du temps et des hommes », il y a place pour « la critique exégétique des idées, des usages ou des faits humains, et cela tant de leur développement que de leur état actuel », ici se classent « l'*histoire de la philosophie*, l'*histoire des sciences*, l'*histoire de la morale*, l'*histoire des religions*, etc. »

Renouvier regroupe dans les sciences historiques, non seulement l'« histoire proprement dite, trop souvent limitée aux faits qui ont le caractère d'événements », mais également « l'*archéologie* qui atteint le passé par l'intermédiaire de ses monuments » (*ECG2-1859*, p. 535), « la *linguistique*, dont les recherches joignent essentiellement l'étude de ce qui est à l'étude de ce qui fut », l'ethnologie, ainsi que la statistique. Dans

---

[12] Renouvier ne s'attellera en effet à cette tâche que dix ans après son *Deuxième Essai*.
[13] Milhaud remarque (p. 101) que cette distinction entre histoire et science théorique « fait également le fond de la classification de Cournot, et se retrouve, systématiquement utilisé, chez M. Goblot ».

« l'étude de la nature, la méthode *inquisitive* des lois des phénomènes est l'expérience artificielle » (p. 536), alors que « la méthode *historique* est l'observation : l'induction et l'hypothèse [... ;] la recherche et l'établissement du vrai [en histoire] se produisent essentiellement par une série d'analyses et de synthèses ». Ce procédé caractéristique, propre à l'histoire, « forme une sorte d'expérience *sui generis*, incessamment reprise et contrôlée par de nouveaux investigateurs. Le témoignage et l'autorité n'y sont guère comptés ».

Dans l'esprit de Renouvier, la « philosophie de l'histoire n'est que l'histoire même » ; elle n'a « point de place à part, non plus que n'en a une théorie à côté des phénomènes qu'elle embrasse. » Il faut la voir comme « une partie de la critique historique, intermédiaire entre la critique générale et l'histoire proprement dite », et la considérer comme « une des philosophies des sciences, aussi bien nommée que les autres » (*ECG2-1859*, p. 536). Son but sera de déterminer les limites possibles et réelles des « lois nécessaires du développement de l'humanité sur la terre. »

En fait, entre « chacune des sciences séparées et l'étude abstraite des catégories qui la concernent, il est facile de concevoir un terrain mixte [...] où l'analyse s'attache à un groupe de principes propres [...]. Les spéculations connues sous le nom de *philosophie des mathématiques, philosophie de la chimie*, etc. sont nées de cette convenance naturelle » (*ECG2-1859*, p. 532). Renouvier a tenté déjà une « constitution de la philosophie des sciences logiques » (p. 533, note 1)[14] dans « les appendices du *Premier essai de critique générale* » ; il reconnaît que « les sciences physiques réclament un travail analogue », il n'en connaît « d'essai sérieux que la philosophie positiviste avec son hypothèse matérialiste et ses autres défauts. »

4.d - Réquisitoire contre la classification comtienne

Sur ces questions, nous aurons compris que Renouvier est en désaccord avec certains de ses contemporains qui espèrent une « organisation définitive des sciences, [... une] synthèse totale » (*ECG2-1859*, p. 523). Lui ne croit pas que « toutes les branches du savoir et de la recherche » soient « fixées ou dirigées définitivement », ni qu'elles « prescriraient à l'humanité son but », « seraient sa véritable *religion* ». Il sait qu'une « synthèse scientifique définitive est un non sens » et il ne manque pas de s'interroger : « Veut-on

---

[14] Renouvier indique (*ECG2-1859*, p. 533) que la philosophie des sciences logiques pourrait être appelée *philosophie de l'esprit* et la philosophie des sciences physiques *philosophie de la nature*, si ces expressions « n'avaient le défaut de rappeler les systèmes chimériques de quelques philosophes » (notamment Hegel bien entendu).

remplacer les hiérarchies politiques et religieuses par un sacerdoce de faux savants, les superstitions par les démonstrations vicieuses, le fanatisme de la foi qui s'avoue par celui de la science usurpée » (p. 523-524) ?

Renouvier s'oppose directement au *Cours de philosophie positive* et à sa *hiérarchie des sciences*, s'étonnant pour le moins de la division de Comte en « *mathématique, astronomie, physique, chimie, biologie, sociologie* », division qui ne « fait nulle acception des méthodes »[15] : « la méthode mathématique, la méthode de l'expérience et celle qui peut s'appliquer à la recherche des lois sociales. » Elle ne tient nul compte non plus de l'objet car alors, il faudrait regrouper astronomie, physique et chimie. Il dénonce également la croyance de l'école positiviste, qui veut « que les sciences mathématiques ont un fondement essentiel dans l'observation », et lui fait grief d'ignorer « les résultats acquis du criticisme : elle croit aussi que la morale et la politique sont des sciences naturelles, à lois observables, sans spéculation *a priori*. » Et il ajoute : « La logique proprement dite n'a point place dans sa classification. Elle obéit partout à un double préjugé dû à l'éducation de son fondateur : doctrine sensualiste, partout supposée, nulle part justifiée ; *mathématisation* à outrance des procédés et des éléments généraux du savoir » (p. 524-525).

Quant à l'argument comtien de la complexité croissante, Renouvier le considère partiellement fondé en ce que les sciences font en effet appel aux mathématiques, mais comme méthode non pas comme sujet, et, en outre, cet argument doit être rejeté pour la raison essentielle que les actions physiques ne l'emportent pas « en simplicité sur les actions chimiques » (p. 525).

De même, Renouvier refuse cette idée « que les sciences *hiérarchisées* » se supposeraient successivement ; physique et chimie « dans leur état actuel se supposent mutuellement » (p. 526), de même biologie et sociologie. Pour ce qui est de « l'ordre historique de l'établissement des sciences », il soutient que « cette loi ne se vérifie point » quand « on distingue suffisamment entre

---

[15] Laurent Fedi juge cette critique infondée ; il s'agit selon lui d'un « jugement hâtif » de Renouvier qui n'a pas vu que Comte déploie l'exploration scientifique en « trois procédures adaptées aux différents degrés de complexité : l'observation pure, l'expérimentation et la comparaison. La première consiste dans l'examen direct du phénomène tel qu'il se présente. La deuxième consiste à examiner le phénomène artificiellement modifié [... La troisième] intervient à des degrés divers dans l'observation et l'expérimentation, mais revient plus spécifiquement à explorer une série de cas où le même phénomène se simplifie. [...] Chaque science élabore donc une méthode ajustée à la difficulté propre au type de phénomène dont elle s'occupe. Il y a bien dans les sciences une unité de méthode au sens comtien du mode d'explication [...]. Cette critique paraît superficielle au regard de ce que représente pour nous la phrénologie du XIXe siècle, qui fut pour ainsi dire la préhistoire de la neurologie. Renouvier est plus inspiré quand il critique la philosophie de l'histoire de Comte et sa tentative de fonder une religion de l'Humanité. »

l'observation, plus ou moins bien dirigée, et l'application rigoureuse de l'esprit mathématique aux faits observés » (p. 526-527) ; et il nous prend à témoin : pouvons-nous « dire qu'Aristote était moins positivement instruit des lois biologiques que des lois physiques, et des lois de la société que de celles de la vie ? C'est le contraire qui est vrai [...,] nous savons bien que les sciences dont l'objet est le plus abstrait ont dû se constituer les premières. Quelques autres ont suivi, à deux mille ans d'intervalle, la plupart, selon que les applications mathématiques s'y trouvaient plus faciles et plus directes, ou que s'étendait l'esprit et les moyens d'observation et se perfectionnait l'art de l'expérience » (p. 527). La hiérarchie des sciences n'a pas de valeur, elle n'est qu'une « chimère » (p. 526) de l'élève de Saint-Simon qui voudrait que toutes les lois de la connaissance se déroulent « dans une suite régulière, unique » (p. 527).

> « Une classification *scientifique* des sciences, ou dont les éléments seraient tirés des théories et de leurs rapports, supposerait terminée l'ère de l'exploration et de la recherche. Une synthèse générale, une *organisation* ou *hiérarchie* des sciences ne serait qu'une fiction et un appel à la foi, en vue de mettre fin à toute critique et de donner des chaînes à l'esprit humain. La *hiérarchie* formulée par A. Comte ne peut avoir que cette dernière signification, n'étant fondée ni sur la distinction des méthodes (comme s'il n'en existait qu'une seule), ni partout également sur la division réelle des objets. L'ordre historique de constitution des sciences, qui y est invoqué, n'y est pas exact, non plus que la loi en vertu de laquelle elles devraient s'impliquer successivement l'une l'autre en remontant de la dernière jusqu'à la première. La morale, la politique, l'économique et les lois de l'histoire y sont supposées constituées, sous le nom de *sociologie*, et en outre rattachées aux précédentes, ce qui est une double illusion » (*ECG3*, p. XLVI).

4.e - L'esprit général de la classification de Renouvier

Dans l'introduction du *Troisième Essai* (*ECG3*, p. XLV et XLVII), Renouvier synthétise sa pensée concernant la classification des sciences en dessinant deux arborescences (fig. 4 en annexe).

Il insiste sur le fait que « nulle division n'est absolue, que tout se tient dans la connaissance, que l'observation et les catégories, les faits et la logique, sont inséparables au fond » (*ECG2-1859*, p. 520). Il reconnaît cependant que ce « n'est sans doute pas une raison pour renoncer à distinguer et à classer ». D'ailleurs, « le travail du philosophe consiste à éclaircir, à formuler, à développer, à faire passer de la simple connaissance à la science. » Renouvier reformule donc la division essentielle[16] entre « les sciences logiques ou rationnelles, [où] tout est lois, analyse et synthèse de

---

[16] Division essentielle et « ordinaire des anciens, la meilleure encore, aussi bien que la plus simple de toutes » (*ECG3*, p. XLVI).

ces lois [..., et] les sciences d'observation pure, à l'extrême opposé, [où] les lois se cachent sous le vaste étalage des faits individuels externes ».

L'esquisse de classification qu'il propose[17] repose sur les trois points suivants : premièrement, des « distinctions de méthode » (*ECG2-1859*, p. 521) entre les procédés logiques et physiques, « puis, pour ce dernier, entre l'observation pure et l'expérience artificielle » ; deuxièmement, une « division des objets des sciences logiques », selon qu'ils « se subordonnent aux lois de la quantité pure (mathématiques) », « des qualités pures » (logique formelle), ou à d'autres catégories (critique générale) ; et troisièmement, une « division des objets des sciences physiques : d'un côté les corps inorganiques, de l'autre, les corps organiques, la vie. »

S'il s'appuie donc sur la division « *logique, physique* et *morale* » (p. 537), qu'il considère comme la « meilleure », il la complète et la modifie : premièrement, en la dominant « par l'idée générale de la critique », deuxièmement, en reconnaissant que certaines sciences « ne rentrent dans la critique que par leurs *philosophies* », troisièmement, en y adjoignant l'histoire et sa critique « en regard de la critique thétique »[18], et quatrièmement, en adoptant des positions claires « sur les questions de méthodes et les conditions de la certitude dans les diverses branches de [... la] connaissance » (p. 536).

Il s'est contenté de « tracer les sections les plus générales » (p. 539), sachant que les « subdivisions inférieures n'ont [pas] plus d'importance philosophique » qu'elles n'en ont « de scientifique »[19], et que, « plusieurs lois de subdivision pouvant être adoptées dans une même classification générale, il est impossible qu'il n'entre pas beaucoup d'arbitraire dans [... celles] que l'on propose ». Ces subdivisions n'ont d'ailleurs « d'intérêt que pour la division du travail entre savants » (*ECG3*, p. XLVI). Un tableau des sciences plus complet serait donc « puéril » (*ECG2-1859*, p. 521) et n'aurait aucune valeur encyclopédique. « L'encyclopédie existera, sera

---

[17] Dans l'article « Difficultés proposées et résolues. Les prétentions de la science » (*CP1873-1*, p. 227 *sq.*), Renouvier examine une autre division recevable des sciences en « trois sortes : déductives, inductives et mixtes ».

[18] Cette critique serait posée telle que, sans lien nécessaire avec d'autres sciences. Ce terme de « thétique » est également employé par Fichte et Husserl.

[19] Nous retrouvons cette idée chez Cournot, dans ses analyses de quelques classifications des sciences : il reproche à Bacon ses « incohérences des détails et la bizarrerie de certains rapprochements », il accuse D'Alembert d'avoir « violé » les « affinités naturelles », il critique Bentham pour avoir poussé « jusqu'à un excès fatigant l'abus des ramifications dichotomiques » ; même Ampère n'échappe pas « dans ces dernières ramifications » à « l'artifice de la bifurcation » (COURNOT Antoine-Augustin, *Essai sur les fondements de nos connaissances et sur les caractères de la critique philosophique*, Paris : Hachette, 1851, rééd. Vrin, 1975, p. 402-405).

accomplie, en même temps que toutes les sciences seront achevées : c'est-à-dire jamais » (p. 522). D'abord parce qu'une « science ne cherche pas seulement les rapports des faits de son domaine, elle cherche les rapports de ces faits avec ceux des sciences voisines, et il n'en saurait être autrement ; et lesquelles ne sont pas voisines ? […] En d'autres termes, point de classification rigoureuse sans encyclopédie, point d'encyclopédie sérieuse avant que le cours des recherches soit épuisé. » C'est pourquoi Renouvier en reste là et résume ainsi son intention :

> « Distinguons, séparons, et les méthodes que l'investigation scientifique ne confond jamais, et les grands ordres de fonctions dont la diversité éclaterait toujours, même dans leur plus étroite union. Pour le reste, sachons ignorer et attendre, ou nous contenter des essais et points de vue propres à chaque temps, sans les élever à la hauteur de vérités éternelles » (*ECG2-1859*, p. 523).

Il se contente donc d'un « modeste essai de classification » (*ECG2-1859*, p. 529) dont une spécificité est de soutenir que

> « la critique générale embrasse toutes les sciences, y compris celles qui sont le mieux et le plus définitivement constituées et classées, et cela bien qu'elle-même soit loin de s'être arrêtée dans une assiette légitime ou reconnue. Elle renferme, en effet, ou elle recherche tout ce qui est de principe dans le savoir réel ou possible, les données générales dont les groupes particuliers de la connaissance ne rendent point compte, mais qu'elles impliquent pour leur propre fondement. Il n'y a donc pas jusqu'aux mathématiques qui ne soient subordonnées à cet égard à la critique, ou, si l'on veut, à la philosophie »[20].

---

[20] « Peu d'erreurs montrent moins de réflexion chez leurs auteurs que celle qui consiste à charger la science de l'emploi qu'on reconnaissait autrefois à la philosophie, et puis d'amplifier cette fonction jusqu'à lui remettre le soin de tout découvrir, et de faire sortir de ses découvertes le bonheur de l'humanité. Cette illusion est née et a grandi peu à peu sous l'influence de l'optimisme et de la doctrine du progrès, depuis le moment où le discrédit de la métaphysique du XVIIe siècle et le parti pris d'attribuer à toute connaissance une origine empirique ont permis à des savants de s'imaginer que l'expérience et le raisonnement viendraient à bout de tout. Le progrès réel des sciences a exalté l'imagination. On a pris enfin l'habitude de donner aux sciences expérimentales faites ou à faire un nom absolu : *la Science*. Ce terme, cette fiction, ce curieux produit de métaphysique réaliste, est devenu le support d'une espèce de messianisme matérialiste. Mais il n'existe pas telle chose que la science, au sens universel du mot. Si elle existait, ce serait donc cette *sophie* qu'on pu rêver les premiers penseurs […] » (*NM*, p. 455 – voir sur cette question nos développements en 2.b et 2.c).

Deuxième partie - Quelles sont les bases de la philosophie des mathématiques de Renouvier ?

« substratum, [...] formes substantielles, [...] monades descendant à l'infini jusqu'à rien ; [...] ce que vous ne comprenez pas vous-mêmes, le grand sujet de deux mille ans d'élucubrations logomachiques ! » (*ECG1-1*, p. 105)

Chapitre 5 - Importance, originalité et limites des mathématiques et de la logique de Renouvier

5.a - En quoi Renouvier s'inscrit-il dans une lignée de philosophes des mathématiques ?

Mouy qualifie Renouvier (p. 41) de « génie austère, tendu et impérieux, de mathématicien passionné pour les formules à la fois rigoureuses et techniques ». Cette culture mathématique, il la doit évidemment à toute une éducation, mais notamment à la fréquentation de Comte, des textes de Descartes et à la source kantienne[1].

Le jeune mathématicien étudia Comte « pendant qu'il faisait ses mathématiques spéciales, en 1833 » (HAMELIN, p. 7), puis, en 1834, il le trouva « répétiteur à l'École polytechnique ». Et même si plus tard il le critiqua vivement, il s'est toujours « plu à rendre une belle justice à la partie mathématique du cours de philosophie positive. »

Quelques années plus tard, le jeune philosophe s'intéressa à la lecture des œuvres de Descartes. Lequel accordait, selon les termes de Renouvier, une « importance incomparable [...] à la mathématique » (*PAH-3*, p. 276[2]), et ce fut un « enchantement » pour ce jeune homme qui était fasciné par la méthode mathématique lorsqu'elle est appliquée aux idées[3]. Il estimait (*PAH-4*, p. 655) que « ce fut l'application de l'esprit géométrique à la détermination d'une méthode générale pour la recherche de la vérité, qui caractérisa l'œuvre d'initiation à la philosophie moderne » et constitua « une analyse plus scientifique des rapports généraux de l'univers. »

---

[1] Voir 1.c.α.
[2] Au même endroit Renouvier précise également que « l'importance incomparable que Descartes attachait à la mathématique à raison de sa marche déductive (et par conséquent synthétique *a priori*), et de sa certitude, sont « deux choses pour lesquelles il n'a cessé de la prendre pour modèle. »
[3] Hamelin (p. 7) et Blais (p. 18) adoptent également cette formule.

Renouvier se passionna ensuite pour le travail de Kant ; or la philosophie des mathématiques de Kant est « une pièce essentielle » aux yeux de Couturat (p. 113). Séailles partage cet avis (p. 29), considérant que Kant « ne ruine le vieux dogmatisme que pour fonder plus solidement la science positive, que pour établir [...] le véritable principe de la science moderne, l'application des mathématiques à la physique ». Et si Couturat discute ce fondement, ce n'est pas parce que la critique kantienne se base sur les mathématiques comme « type unique de science rationnelle », c'est seulement parce qu'elle s'établit sur « une conception insuffisante et périmée des mathématiques »[4].

Lorsqu'en 1854 Renouvier rédige le *Premier Essai*, il y développe, en appendice, un certain nombre d'idées de philosophie des mathématiques. Et, lorsqu'une vingtaine d'années plus tard, il resserre son propos dans la seconde édition (publiée en 1875) et intègre une partie de ces idées dans le corps du texte ainsi qu'au terme de chaque chapitre, dans une rubrique intitulée « Observations et développements », il prend soin de préciser dès l'avant-propos (*ECG1-1*, p. VIII) son fondement mathématique :

> « Je ne pouvais pousser plus loin le sacrifice en faveur du lecteur non mathématicien sans nuire au caractère d'une doctrine dont l'idée "pivotale" a procédé chez moi d'une méditation prolongée sur le sens, et sur la seule justification rationnelle possible des méthodes transcendantes en géométrie. »

Fedi écrit avec raison (*PC*, p. 234) que Renouvier repère « des idoles, des dogmes et un "mysticisme" » dans les mathématiques et que, pour cette raison, il ne présente « jamais les mathématiques comme la base du néocriticisme ». Il est clair qu'il « propose une réforme des énoncés scientifiques[5] et une redéfinition des stratégies du mathématicien, qui bousculent les traditions établies et qui substituent partout à l'obscurantisme des dogmes et à la coupable obsession de l'infini, des procédures légales et transparentes au regard des lois de la représentation. »

---

[4] Fedi explique (*PC*, p. 29-30) que Léon Brunschvicg adresse à peu près les mêmes reproches à Kant dans *Les étapes de la philosophie mathématique* (Paris : Alcan, 1912, § 169). Mais Brunschvicg est très critique vis-à-vis de Renouvier, estimant que sa doctrine « a ressuscité en plein XIXe siècle l'arithmétique de Pythagore [, et il ajoute :] le développement des mathématiques modernes ne permet plus que l'on arrête là le débat ; on se condamnerait soi-même si on opposait une brutale fin de non-recevoir aux parties de la science qui dépassent les vérités de l'arithmétique élémentaire » (§206). Fedi relève également d'autres critiques de Brunschvicg dans *Les âges de l'intelligence* (Paris : Alcan, 1934, p. 54) et dans *Le progrès de la conscience dans la philosophie occidentale* (Paris : Alcan, 1927, t. II, p. 627).

[5] Il veut « purifier » ces énoncés « de leurs présupposés "mystiques" » (FEDI, *CSPS*, p. 80).

5.b - Pourquoi un *Traité de logique formelle et de logique générale* en tête des *Essais* ? La logique formelle et son raisonnement déductif sont indispensables en sciences

Couturat estime également (p. 110) qu'il manque aux trois critiques kantiennes l'assise d'une « Logique moderne et vraiment scientifique ». Renouvier ne comble-t-il pas cette lacune du kantisme ? Lui qui constate que les traités de logique contiennent des notations parfois vagues, injustifiées, que les auteurs de ces traités réduisent trop facilement le procédé déductif au syllogisme et qu'ils ne s'entendent pas tous sur le nombre des figures syllogistiques[6] ; lui qui cherche aussi à introduire « une meilleure » logique (*ECG1-1*, p. 345).

Dauriac dit bien (TPR, p. 355) que Renouvier est un logicien « impeccable et intrépide ». On ne s'étonnera donc pas qu'il débute ses *Essais* par un *Traité de logique générale et de logique formelle* ; traité qui sert de base aux *Essais*, comme l'écrit Hodgson (p. 34) : « *The two first Essays are therefore theoretically the basis of the whole, and, as we shall see, the* Logique *is the basis of the* Psychologie. »

En outre, dans le *Premier Essai*, il prétend non seulement exposer la logique, mais également traiter de philosophie de la logique ; c'est ce qu'il indique au début du second tome (*ECG1-2*, p. 33) :

« Les chapitres précédents et leurs additions renferment deux choses, continuellement rapprochées et souvent mêlées, mais toujours faciles à distinguer : les expositions de logique pure ; les analyses et les débats de la philosophie de la logique ; d'une part, des suites de théories sur le fond desquelles on est généralement d'accord depuis l'antiquité dans toutes les écoles ; de l'autre, des questions de méthode profondes et difficiles, et des discussions qui intéressent la critique philosophique tout entière ».

La logique générale est « la science des sciences » (*ECG1-1*, p. 124), l'analyse des catégories ; le reste de la logique n'est que son développement et ses applications[7]. Si la critique arrive à formuler une méthode, « une logique définitivement acquise, c'est beaucoup, c'est presque assez pour la science. Si cette logique pose une limite infranchissable aux prétentions chroniques du savoir, la limite établie rationnellement est vérité, science, et les conséquences en sont grandes » (*ECG1-1*, p. XIII-XIV).

La logique formelle, théorie générale des raisonnements, s'applique dans les différentes sciences[8], parce que c'est par elle notamment que nous recherchons la vérité. Bien sûr elle est indispensable dans des sciences qui s'appuient essentiellement, comme les mathématiques, sur le raisonnement

---

[6] Voir *ECG1-1*, p. 344.
[7] Voir HODGSON, p. 38.
[8] Voir *ECG1-2*, p. 39-40.

déductif, parce qu'il y « est le tout ou une grande partie de l'investigation de la vérité » (*ECG1-2*, p. 38) et que « ce raisonnement est l'un des objets directs de la logique formelle ». Elle est tout autant essentielle dans les sciences qui usent de raisonnements inductifs, celles qui « infèrent par voie de généralisation, en se fondant sur l'observation des faits particuliers, sur l'expérience », car elle « permet seule d'apprécier l'imparfaite valeur probante des raisonnements par extension, assimilation, analogie. » Dans ce type de sciences, elle ne garantit pas « l'exactitude des conclusions » et des « raisonnements, mais c'est en cela précisément » que la logique « est une science exacte, ne pouvant donner l'incertain pour le certain. Les sciences auxquelles elle s'applique [alors] ne peuvent pas non plus, dans les mêmes cas, atteindre la certitude par leurs propres forces[9] » (*ECG1-2*, p. 38).

> « Le raisonnement dans les sciences et même dans la vie, dès qu'il a quelque portée, roule tout entier sur des substitutions. Ce dernier procédé est le *syllogisme* [... :] *deux quantités égales à une troisième sont égales entre elles*. Cet axiome des géomètres est en quelque sorte le syllogisme des syllogismes mathématiques, l'unique fondement de cette série de substitutions à laquelle se réduit presque toute la méthode des sciences exactes[10]. C'est syllogiser, en effet que substituer le symbole de la quantité *p* au symbole de la quantité *q* lorsque *m*, troisième quantité, est numériquement identique à chacune des deux premières. Une équation, A = B, est un syllogisme abrégé, puisqu'elle exprime l'identité relative de A et de B, diversement obtenues et composées, lorsque, mesurées au moyen des unités convenues, ces quantités représentent séparément un même nombre C. [...] Ce que nous venons de dire de l'égalité s'applique sans difficulté à l'*équivalence* géométrique, qui n'est qu'une égalité de mesure sous des figures non superposables, et à la *similitude*, savoir en tant que définie par des rapports d'égalité formés avec les éléments correspondants de figures données. Mais s'il s'agissait d'une de ces ressemblances ou de ces analogies qui ne reposent point sur la constatation de parties communes et identiques, sous quelque point de vue, entre les objets dits semblables ou analogues, la substitution deviendrait impossible. Il est donc aisé de voir en quel cas et sous quelles conditions peut être vrai le syllogisme suivant : *deux objets analogues à un troisième sont analogues entre eux*. L'usage de l'analogie n'est que rarement rigoureux et scientifique. On sait à quelles rêveries il se prête » (*ECG1-1*, p. 335-337).

Si la logique ne donne pas nécessairement la science de la vérité, elle est bien « une science séparée, fondée sur des définitions et des axiomes, et qui, une fois les prémisses acceptées, a tout le caractère d'une science exacte » (*ECG1-2*, p. 33). Une science pratique, qui « nous apprend à rester

---

[9] Si la logique pure est à considérer comme une « discipline démonstrative où tout serait certain *a priori* », alors Fedi propose (p. 98) que nous n'accordions rien de tel à Renouvier et que nous ne considérions son « entreprise » que « comme une "logique générale" ».

[10] D'accord avec son maître, Prat ne voit pas de différence fondamentale entre raisonnement mathématique et syllogisme, il estime même (p. 70) que c'est « dans le raisonnement mathématique que le syllogisme prend sa forme la plus rigoureuse ».

d'accord avec nous-mêmes. Grâce à elle, le discours [, notamment le discours scientifique,] avance sans se contredire » (PRAT, p. 71).

Car c'est, pour Renouvier, dans les usages communs du discours, aussi bien que dans toutes les sciences, qu'on emploie le raisonnement déductif ; on l'y repère plus facilement dans les mathématiques simplement parce qu'elles sont contraintes par les notations : « On pose des thèses, ou hypothèses, c'est-à-dire des prémisses ; on tire des conséquences, on opère des disjonctions, des réductions à l'absurde, etc. » (*ECG1-1*, p. 380). De plus, dans l'analyse mathématique, l'utilisation des équations dépend de la logique et des syllogismes :

> Si nous écartons « les raisonnements communs [...,] les définitions de notions et de relations [...,] l'établissement des notations qui représentent ces notions et relations exactes [...,] les axiomes et les faits d'intuition et de description, dans lesquels entrent des jugements et des actes d'imagination sans raisonnement ; il ne reste plus à considérer qu'une chose : tous les problèmes sont ramenés à l'étude et au maniement des équations, qui reviendraient elles-mêmes à de simples identités si, chaque quantité étant remplacée par sa valeur numérique abstraite pure, on effectuait tous les calculs indiqués ; et ces équations ne sont rattachées les unes aux autres que par le procédé de la substitution de quantités égales à quantités égales. Or la substitution repose sur un véritable syllogisme : A est B, B est C, donc A est C, dans lequel l'attribution de B à A et les attributions de C à B et à A, par la copule *est*, désignent des égalités. Le *est* signifie *est égale*, dans ce cas particulier, signifie en d'autres termes que si B et A étaient remplacés par des nombres voulus, conformément aux conventions qui ont été posées, ces nombres seraient un même nombre ; et ainsi des autres. On voit donc clairement en quoi la partie déductive de l'analyse mathématique est une dépendance de la logique et de la théorie du syllogisme » (*ECG1-1*, p. 380).

Couturat indique encore dans son analyse de la *Philosophie mathématique de Kant*, qu'il ne peut y avoir séparation entre logique et mathématique, encore moins opposition comme le croyait Kant à l'inverse de Leibniz[11]. Nous ne pouvons blâmer Renouvier d'avoir suivi le père du criticisme sur ce terrain, loin de séparer, il unit logique et mathématique, par exemple lorsqu'il explique (*ECG1-1*, p. 371[12]) que Euler et d'autres logiciens ont utilisé des symboles géométriques pour exprimer « le rapport de l'espèce au

---

[11] « Les progrès de la Logique et de la Mathématique au XIXe siècle ont infirmé la théorie kantienne et donné raison à Leibniz. Si Kant séparait et opposait entre elles la Logique et la Mathématique, c'est qu'il avait une idée trop étroite de l'une et de l'autre. On connaît l'opinion qu'il avait de la Logique : cette science n'avait pas, selon lui, fait un seul pas depuis Aristote, et n'en avait plus un seul à faire, car elle avait atteint dès l'origine une perfection qu'elle devait à sa "limitation". On sait quel éclatant démenti les logiciens modernes devaient infliger à cette opinion » (COUTURAT, p. 108).

[12] Ce passage est partiellement cité en note par Séailles (p. 100) qui suit l'édition de 1875 (*ECG1-2-1875*, p. 156). Au même endroit Séailles se réfère également à cet autre extrait : « C'est donc avec pleine rigueur que le syllogisme du genre peut toujours être exprimé par une formule mathématique : $m=eq, p=em, p=eq$ » (*ECG1-1*, p. 339 et *ECG1-2-1875*, p. 102).

genre, à l'aide du rapport du contenu au contenant, de la partie au tout, du multiple à l'unité. C'est ce dernier, le rapport arithmétique franc, que », dit Renouvier, « j'ai employé dans mes notations, pour la première fois à ma connaissance. » Et il conclut : « Je lui trouve entre autres avantages celui de mettre en relief la signification mathématique du procédé formel de la déduction ». Nous commençons à comprendre un peu mieux pourquoi Séailles voit la logique de Renouvier comme « une logique de la quantité discrète, arithmétique, une application de la loi du nombre qui en montre encore l'universalité » (p. 100-101). Examinons cela plus en détail.

Chapitre 6 - La loi du nombre et ses conséquences sur les mathématiques

6.a - Que sont le nombre et la loi du nombre ?

6.a.α - Le nombre est-il antérieur à la quantité ?

Sur quelles catégories Renouvier fonde-t-il les mathématiques ? Prioritairement sur celle de nombre bien sûr, car les mathématiques font abstraction des différences de qualité « pour ne considérer que leur pluralité » (DCR, p. 180), mais également sur d'autres « intuitions réglées par les catégories [...] d'étendue, de durée et de devenir » (HAMELIN, p. 355) ; nous le comprenons aisément en pensant aux statistiques, à la quantité continue... C'est en tout cas, pour Renouvier, la catégorie de nombre qui domine les principes de l'arithmétique, car une fois que nous avons « posé la synthèse qui donne le nombre, l'arithmétique est une science purement analytique[1] » (SEAILLES, p. 95).

Les « rapports généraux de *quantité, grandeur* et *mesure* [...] dépendent analytiquement » (*ECG1-1*, p. 165[2]) de la catégorie de nombre, lequel nombre, lorsqu'il est « déterminé est un *tout* eu égard aux unités composantes ». Ainsi, le « rapport du tout à la partie, du contenant au contenu, est [...] donné dans la catégorie de nombre ».

> « Le rapport *du multiple à l'un* est une espèce plus abstraite de celui de la partie au tout et qui est l'objet de la vaste mathématique » (DCR, p. 202).

En effet, alors que dans la catégorie de la relation, ce sont l'identification et la distinction qui permettent la détermination ; lors de la détermination du nombre ces opérations deviennent addition et soustraction.

> « Pour distinguer une unité déterminée, on la retire d'un ensemble d'unités : la distinction s'appelle ici soustraction. Pour identifier une unité avec d'autres, on fait une addition » (HAMELIN, p. 118).

Fedi rappelle (*PC*, p. 114) que la conception qu'adopte Renouvier provient de cette équivalence qu'il pose entre la relation et la composition, laquelle amène à penser « le nombre comme somme, [...] collection [...,] agrégat d'unités [...,] rapport de contenant à contenu, de tout à partie, de composé à composante. » Fedi précise que cette conception est commune au

---

[1] Formule empruntée à *ECG1-1*, p. 167. Nous sommes donc loin de l'approche de Boole, qui voudrait qu'il ne soit « pas de l'essence des mathématiques de s'occuper des idées de nombre et de quantité » (COUTURAT, p. 112).

[2] *ECG1-1*, p. 161-183 (« Loi de nombre »).

XIXᵉ siècle, qu'elle n'avait même rien d'original, puisque Aristote utilisait les expressions de « synthèse d'unités » (συνθεσις μοναδων), de « pluralité d'unités »³, que Euclide définissait de même le nombre comme « une multitude composée de plusieurs unités »⁴, et que Thalès aurait même emprunté cette vision aux Égyptiens. Cette conception acceptée par la tradition, pousse à envisager le nombre, comme Renouvier le constate (*CP1882-1*, p. 369-373), dans une « pure acception [...] arithmétique », comme nombre « discret » : « sitôt que je pense l'unité *in abstracto*, c'est le *nombre arithmétique* que j'ai pensé ».

Comme l'impose la loi de relation, les phénomènes sont toujours relatifs, composés. Ainsi, si nous pouvons nous représenter un phénomène à volonté comme étant un ou pluriel, partie ou tout, en vérité l'un n'est qu'une « abstraction, un produit de l'analyse » (*ECG1-1*, p. 163). L'un « n'est point représentable sans le *plusieurs* ; et le *plusieurs* et l'*un* ne sont eux-mêmes représentables que dans le *tout*. » Lequel est, en tant que totalité, la synthèse de la pluralité et de l'unité. C'est donc toujours « corrélativement à l'*un* » que l'on se représente le plusieurs et inversement. C'est en faisant « abstraction [...] de la nature des phénomènes » que se dégage le nombre dans sa généralité ; il n'est que le fruit de cette corrélation : nous devons le considérer comme un « *tout d'unités* ». D'abord parce qu'un nombre se caractérise par le nombre de fois qu'il contient l'unité, ensuite parce que c'est même tous les nombres, les uns envers les autres, qui entretiennent des rapports qui « sont du genre de celui que tous les nombres ont avec l'unité » (p. 167), c'est-à-dire des rapports « de composition », des rapports « de tout à ses parties », des rapports entre unité, pluralité et totalité.

> « La formation du nombre en général repose uniquement sur le rapport de tout à partie, et sur l'acte synthétique de liaison des parties en tout » (FEDI, *PC*, p. 116).

Si nous passons « du nombre en général au nombre déterminé⁵ » (*ECG1-1*, p. 163), ces opérations sont alors précisément « *addition* d'unités, *soustraction* d'unités. *Une et une* unités jointes, séparées de toutes autres unités possibles, donnent le nombre *deux* ; *une et une et une* unités, jointes, et séparées de même, donnent le *nombre trois*, et ainsi de suite ». Il en découle que le principe de la mesure du nombre est l'unité.

> « Les sommes d'unités qui sont les nombres se conçoivent donc par relation, les unes aux autres, et de toutes à l'unité, et ne peuvent se penser sans relation que par une violation du principe de contradiction » (DCR, p. 181-182).

---

³ *Métaphysique*, Paris : Vrin, 2000 (tome 1), p. 295 (1039a) et 2004 (tome 2), p. 79 (1053a).
⁴ *Éléments* (trad. Henrion), Paris : Dedin, 1632, p. 246 (Livre VII, déf. 2).
⁵ L'idée de nombre en général ne comprend que les nombres déterminés, elle exclut toute « idée mystique enveloppant les incommensurables, les infinitésimaux, comme des sortes d'entités à la fois numériques et impossibles à définir numériquement » (*CP1882-1*, p. 370).

Ce constat fait dire à Renouvier que « les relations numériques rentrent toutes dans la plus simple d'entre elles, l'*addition*, qui, elle-même, se réduit à la composition des unités » (*ECG1-1*, p. 167) ; « rien de plus ne nous est donné dans la représentation du nombre. » Mais d'où vient alors la fécondité des mathématiques ? Elle tient à ce que, si une « relation entre deux nombres consiste primitivement en ce que l'un se compose d'un certain nombre de fois l'unité, et l'autre d'un certain autre nombre de fois », alors nous pouvons exprimer « la même relation en posant que la somme de ces deux nombres est un troisième nombre ». Ainsi nous obtenons « une formule féconde, parce que, les deux premiers nombres étant déterminés, quels qu'ils soient, le troisième se trouvera déterminé pareillement et aussi parce que de semblables relations entre tant de nombres qu'on veut se laissent toujours ramener à la relation de trois nombres ». C'est-à-dire que les nombres que nous obtenons par addition d'unités peuvent à leur tour être additionnés ; et nous constatons alors que l'addition de ces nombres donne le même résultat que l'addition des unités qui les composent. Renouvier énonce ainsi ce principe qui fonde la numération : « *Le tout de plusieurs touts est identique avec le tout de leurs parties* » (*ECG1-1*, p. 166).

C'est grâce à cela qu'il devient possible de construire des unités de différents ordres et par ce biais un système de numération ; comme dans notre système décimal nous posons des unités au delà de l'unité simple : la dizaine, la centaine, le millier, le million, etc.[6] Il « suffit dès lors de composer ces groupes entre eux pour composer les unités dont ils se composent eux-mêmes » (*ECG1-1*, p. 164) ; nous obtenons de cette façon l'idée de tous les nombres, idée qu'on aurait jamais appréhendée en ne faisant qu'ajouter l'unité simple à elle-même.

<small>« Tracer la loi conventionnelle de ces groupes d'unités, c'est créer un système de numération, et ce système obtient une perfection telle par l'emploi des signes écrits, que le problème de la représentation numérique est résolu sans limites » (*ECG1-1*, p. 164).</small>

Ainsi, comme l'explique Fedi (*PC*, p. 115[7]), le nombre, considéré comme « une multitude composée d'unités [...] devient à son tour une unité ; une unité complexe, un "tout d'unités" ». La loi de la relation écarte la « conception ontologique de l'unité » et lui préfère une conception relativiste,

---

[6] Voir HAMELIN, p. 118.

[7] Fedi renvoie ici à *ECG1-1*, p. 163. Nous y trouvons notamment cette explication : « La série des nombres est indéfinie, et si nous nous bornions à cette conception élémentaire, les nombres, en s'élevant, ne tarderaient pas à devenir irreprésentables par l'impossibilité ou la mémoire et l'imagination se trouveraient de distinguer les uns des autres les groupes ainsi formés. Il n'y aurait donc pas d'arithmétique, au moins comme science. Mais les nombres, c'est-à-dire les touts déterminés d'unités, sont considérés à leur tour comme ajoutés ou comme soustraits les uns par rapport aux autres » (*ECG1-1*, p. 163-164).

« envisageable seulement dans un rapport de distinction avec le multiple, le divers. » Dans cette conception relativiste, l'unité n'est donc pas en soi, elle n'est qu'une abstraction ».

C'est parce que le nombre est « rapport de tout à partie » (*PC*, p. 118) que les « notions de quantité, de grandeur et de mesure » s'y rattachent, et c'est pourquoi il « est le premier fondement de la quantité, il est la quantité abstraite » (HAMELIN, p. 120).

Renouvier pose (*ECG1-1*, p. 165) que c'est l'« application du nombre aux objets des autres catégories, considérés comme des touts de parties », qui « donne la *quantité* », que celle-ci « est le *tant* et répond à la question *combien* » et que, « lorsque l'on peut faire correspondre exactement la quantité numérique à la quantité concrète, on a la *mesure* de cette dernière »[8] ; cela est possible pour toutes les grandeurs mesurables.

Mais il existe des grandeurs qui ne sont pas identifiables en termes de quantités ; ce sont « des touts non mesurables ou (même impropres à toute division effective et à toute imagination tant soit peu précise d'une telle division) dont aucune partie ne peut jouer le rôle d'unité » (*ECG1-1*, p. 166). Contrairement aux « grandeurs susceptibles de mesure », leurs éléments ne se laissent pas « caractériser comme exactement et précisément *égaux* à d'autres éléments de même nature », ce qui est « la condition de composition et d'existence de la quantité ».

Avec ce type de grandeurs, il n'est pas possible « de définir le rapport de grandeur par le rapport de nombre » (*ECG1-1*, p. 167), nous pouvons tout au plus y « reconnaître une *intensité* et des degrés (ex. : la volonté, les passions, etc.) ; mais ces degrés, en tant que parties égales et unités de nombres concrets, n'offrent pas une signification claire. » Il y a là, pour Renouvier, « une limite infranchissable des sciences mathématiques ». Est-ce aussi une limite de la pensée de Renouvier ?

Nous disions que ces grandeurs ne sont pas « mathématisables », car y identifier une unité, des degrés ou encore une intensité est impossible. C'est le cas partout où « le rapport du multiple à l'un se pose sans se préciser » (*AP1896*, p. 21), quand « l'unité elle-même demeure sans détermination, ou même n'en peut admettre aucune », alors « la notion de *quantité* passe à celle de la *grandeur*, qui est une quantité vague [...] La confusion de ces deux ordres de considérations, profondément distincts, est l'une des grandes sources des sophismes de l'infinité numérique et de la continuité matérielle ». Fedi en donne un exemple (*PC*, p. 119) : « Un guerrier peut être

---

[8] Cité aussi par SEAILLES, p. 94-95.

plus courageux qu'un autre sans qu'il soit jamais possible de donner un sens à la question "combien de fois plus ?" ».

C'est le nombre, comme schème de la quantité, qui, aux yeux de Kant, rend la grandeur sensible, objective, la pose dans l'espace. C'est pourquoi, dans cette perspective, il n'est possible de penser la grandeur en mathématiques que par le nombre, le nombre entier. Une telle éventualité pose problème à Couturat (p. 64-65), qui se demande comment penser alors la grandeur comme continue. Il ne voit que deux possibilités :

« ou bien c'est le nombre qui « imite » la grandeur, suivant le mot de Pascal, et alors on ne peut expliquer la généralisation du nombre (les nombres fractionnaires, négatifs, irrationnels) qu'en supposant que nous avons une notion primitive et originale de la grandeur ; indépendamment du nombre ; ou bien nous ne pouvons concevoir la grandeur que par l'intermédiaire (le schème) du nombre, et alors, pour expliquer la continuité de la grandeur, il faut définir les nombres fractionnaires, négatifs et irrationnels d'une manière autonome, sans faire appel à l'idée de grandeur ni à l'intuition spatiale. Cette dernière alternative est parfaitement possible, mais elle réfute par son existence même la thèse kantienne, car elle aboutit à faire reposer toute la mathématique sur des fondements analytiques. Tout au moins elle oblige à abandonner cette conception empiriste du nombre, suivant laquelle il devrait nécessairement s'incarner dans des collections d'objets visibles et palpables, car celle-ci ne permet évidemment pas de dépasser les nombres entiers cardinaux. »

Le néocriticisme permet de sortir de ce dilemme en posant le nombre comme antérieur à la quantité ; le « nombre n'est pas, comme le dit Kant, le schéma de la quantité ; il lui est antérieur, il est posé avant elle » (SEAILLES, p. 94). Nous déduisons du nombre, la quantité, la grandeur et la mesure, et non l'inverse. Nous ne trouvons une idée de la quantité en général que par l'idée que nous avons du nombre, lorsque nous nous en tenons au « rapport de contenant à contenu qu'il enveloppe ».

C'est du fait de ce repositionnement qu'il est permis de parler d'une « philosophie du nombre » (SEAILLES, p. 362) pour désigner le néocriticisme ; c'est à cause de lui que la philosophie de Renouvier « est une philosophie arithmétique, une philosophie de la quantité discrète » (SEAILLES, p. 66), prenant le principe de discontinuité comme « loi suprême du réel » qu'il applique aussi bien dans l'espace que dans le temps.

Mais Séailles se demande (p. 95) si placer « le nombre avant la quantité », alors qu'il « exige l'élaboration de l'entendement discursif », n'est pas une erreur, si en faire une catégorie à la place de la quantité et « l'ériger en donnée primordiale qui se retrouve impliquée dans toute relation, dans toute connaissance » ne correspond pas à une lacune du néocriticisme.

Le doute, jeté par cette demande, s'accentue encore lorsque nous lisons chez Fedi (*PC*, p. 118) que, si « toute quantité n'est pas nombre, tout nombre est une quantité. » Ce qui signifierait que le champ de la quantité est plus vaste que l'espace consenti au nombre. Or, suivre Renouvier, c'est accepter aussi que penser le grand en rapport aux petits qu'il contient revient à penser le « tout » dans les liens qu'il entretient avec ses parties, et de même, penser le petit en regard du grand dans lequel il s'intègre équivaut à penser la place de la partie dans un tout (*ECG1-1*, p. 165) : le nombre ne serait-il donc qu'une partie de la quantité ?

Mais cette inquiétude se dissipe dès que nous admettons avec Renouvier que toute pensée « implique des relations définies entre des termes définis » (SEAILLES, p. 95), car seul le nombre permet de passer de l'indéfini au défini.

> Le « *plusieurs* est toujours représenté corrélativement à l'*un*, et l'*un* corrélativement au *plusieurs*. Cette corrélation, abstraction faite de la nature des phénomènes considérés respectivement comme un ou comme plusieurs, donne le *nombre* en général, c'est-à-dire le *tout d'unités*. La synthèse de ces deux contraires *unité*, *pluralité* est donc la *totalité*.
>
> C'est le phénomène, toujours composé, toujours relatif, qui se présente à volonté comme *un*, comme *plusieurs* et comme *tout* » (*ECG1-1*, p. 163).

6.a.β - Loi du nombre

Il est vrai que « le nombre n'est qu'une espèce de rapport » (*ECG1-1*, p. 162) ; mais, précise Renouvier, « les rapports de toute espèce enveloppent des nombres, et la relation même, prise en général, a un élément numérique »[9]. Ainsi nous pouvons dire que la deuxième catégorie, la loi ou principe du nombre (unité, pluralité, totalité), est le « postulat fondamental » (MILHAUD, p. 54) qui dirige et « caractérise » (SEAILLES, p. 69) le néocriticisme[10]. Cette « idée maîtresse de Renouvier » (SEAILLES, p. 78) porte à considérer la loi du nombre comme la « loi la plus générale » de la représentation, avec la loi de la relation bien sûr, car c'est tout de même celle-ci la première des catégories. Toutes deux s'appliquent à tous les phénomènes donnés.

La loi du nombre s'exprime le plus simplement de la sorte[11] : « un tout donné est toujours nombré » (CSPS, p. 63). Elle vient de ce que

> « L'*Un* et le *Plusieurs* sont des termes corrélatifs qui ne se définissent dans la représentation que l'un par l'autre, et n'ont de réalité que par la loi du *Tout* qui les réunit. Le *Multiple*, en effet, n'est rien sans l'*Un*, son élément composant, et l'*Un* ne s'entend que par rapport au *Multiple* que sa répétition constitue, car autrement l'*Un* ne

---

[9] Cité également par SEAILLES, p. 93-94.

[10] Milhaud estime (p. 27) que c'est l'éclairage apporté par la loi du nombre qui incline la doctrine de Renouvier « à devenir une synthèse de la monadologie de Leibniz, du phénoménisme de Hume et du criticisme de Kant ».

[11] Hodgson la présente aussi très clairement (p. 35) : « *if they form a whole, then, with any given whole, a number is always given.* »

pourrait intelligiblement s'appeler *un*, ni le *Multiple multiple* ; or si tous deux sont donnés, le *Tout* est donné en eux et par eux.
Si nous voulons parler du Monde, il faut que nous en supposions possible une représentation quelconque, et par conséquent que nous le considérions comme une certaine *Unité-multiple*, un *Tout*, une *Fonction*. Hors de là, c'est hors de la représentation que nous nous trouverions, autant dire, dans le vide de la pensée, soutenus par des mots sans définition, aidés de signes sans signification » (*ECG1-2*, p. 221-222).

À la lecture de ce texte, nous pouvons croire que la loi du nombre ne fait que confirmer ou prolonger la relativité de toute représentation, pourtant elle est essentielle pour le néocriticisme, et c'est bien une des fondations sur lesquelles Renouvier construit son système, puisque si nous voulons en faire abstraction c'est alors l'entendement que nous nions.

La loi du nombre « consiste en ce que tout ensemble réel, qu'on suppose obtenu par composition de parties réelles, d'éléments distincts et réels [...] est, par là même qu'il est un tout, un tout déterminé ; forme une somme concrète déterminée, et répond en conséquence à un nombre abstrait déterminé. De là cette détermination de *loi du nombre*. On ne peut s'en affranchir sans sortir des conditions de l'entendement » (*CP1873-2*, p. 293).

La loi du nombre est une cause majeure du système de Renouvier et il en appliquera tous les effets. C'est elle qui l'oriente dans presque tous ses choix importants : rejet de l'absolu, de l'infini, de l'éternel, de la chose en soi, de la substance, de la continuité, de la nécessité...

En fait, la loi du nombre en enveloppe quatre autres : « la loi de multiplication des phénomènes dans le coexistant, la loi des possibles du temps et de l'espace, la loi de régression des phénomènes dans le successif écoulé, la loi atomique ou de discrétion et d'intermittence des phénomènes » (*CP1873-2*, p. 293). C'est-à-dire qu'elle invite « à une sorte d'atomisme à la fois spatial et temporel » (SEAILLES, p. 68-69) : « revendication du principe de discontinuité », qui l'amène à nier « le continu, le plein, le nécessaire », à poser « des actions intermittentes, des causes discrètes, par là » à croire « à la liberté[12] », ouvrant ainsi « le champ à la vie morale ».

Mais la conséquence immédiate de la loi du nombre est l'impossibilité de penser un infini en acte. Cette loi est la loi du fini qui exclut tout infini quantitatif de la quantité discrète aussi bien que de la quantité continue[13].

« Tout ce qui est distinctement, soit actuellement, soit *comme* actuellement, j'entends à titre de passé, de présent, ou de préexistant, est nombre. Tout nombre est tel, et non autre. Un nombre plus grand que tout nombre assignable n'est pas un nombre. Un nombre qui n'est pas un nombre est contradiction » (*ECG1-2*, p. 222).

Poser une pluralité d'unités qui ne serait pas un nombre déterminé, revient à violer cette loi et à se contredire « en affirmant "la pensée d'une synthèse

---

[12] « Le système de la discontinuité rend au monde l'espace, la respiration, les existences distinctes, la liberté » (*CP1873-2*, p. 302).
[13] Voir JANSSENS, p. 44.

de composition d'éléments" et en niant "simultanément la condition qui en rend la formation possible *dans le concept*" » (TURLOT, p. 26 citant *AP1896*, p. 22). C'est pourquoi, comme l'écrivait Artidor Beurier, la loi du nombre, qui « fait le nerf du nouveau criticisme[14] [...,] lui donne une apparence de rigueur géométrique qui paraît exclure toute objection, tout doute »[15]. Il y eut cependant quelques arguments avancés pour contrecarrer cette loi.

6.a.γ - Traitement des objections à la loi du nombre

L'objection que beaucoup de contradicteurs ont adressée à la loi du nombre est qu'une pluralité pourrait bien ne pas être nécessairement un nombre, autrement dit qu'une pluralité actuelle pourrait se trouver sans nombre, parce qu'étant infinie, et cela sans que cette infinité prétendue actuelle comporte la moindre contradiction.

Renouvier n'ignore pas cette objection, il la trouve chez Leibniz et la discute déjà en 1876[16]. Il échange à son sujet avec Rudolf Hermann Lotze en 1880[17]. Cette même objection se retrouve en 1895 chez Milhaud dans son *Essai sur les conditions et les limites de la certitude logique*[18]. C'est elle encore que nous lisons chez Séailles en 1905.

Milhaud pense que Renouvier n'a pas justifié de la nécessité, de la légitimité, du rôle propre de cette loi du nombre[19]. D'après lui (p. 55), Renouvier n'a pas prouvé pourquoi la loi du nombre jouerait un rôle plus important que d'autres lois dans le conditionnement des représentations, pourquoi elle l'emporterait en particulier sur la loi « en vertu de laquelle un antécédent est toujours exigé ». En outre, Milhaud considère que vouloir l'imposer en vertu du principe de contradiction, c'est omettre que des choses définies puissent ne pas avoir de nombre ; croire qu'il n'y aurait que deux hypothèses pour les choses définies : avoir un nombre fini ou avoir un

---

[14] Renouvier emploie aussi cette expression de « nouveau criticisme » dans *CP1878-2*, p. 28.
[15] BEURIER Artidor, « Renouvier et le criticisme français », in *Revue philosophique de la France et de l'étranger*, 1877, p. 45.
[16] Voir *CP1876-2*, p. 71 et *CP1877-1*, p. 225.
[17] Voir *CP1880-1*, p. 33, 49, 65 sq. et *Revue philosophique de la France et de l'étranger*, dir. Th. Ribot, juin 1880, p. 481 sq.
[18] MILHAUD Gaston, *Essai sur les conditions et les limites de la certitude logique*, Paris : Alcan, 1895 (3ᵉ partie, ch. III « La prétendue solution des antinomies mathématiques de Kant »).
[19] Couturat a également discuté la loi du nombre, cherchant, pour sa part, à montrer la légitimité du nombre infini. Milhaud pense (p. 57) que l'argumentation de Couturat est excellente « au point de vue du mathématicien », mais qu'elle pose le même problème « que celle de Renouvier, - à savoir la supposition du lien étroit et nécessaire qui rattache les symboles mathématiques à l'expérience. »

nombre infini. Lui estime (p. 57), d'une part, que « la réalité offre indéfiniment des unités nouvelles à qui voudrait compter et former un nombre », et d'autre part, que nous devons voir dans le nombre « une construction de l'esprit, que nous pouvons être toujours tentés d'ébaucher, sans qu'il soit toujours nécessaire qu'elle s'achève ».

Mais nous pourrions dire que, dans le raisonnement de Renouvier, « la conséquence suppose la prémisse » (SEAILLES, p. 78). C'est-à-dire que, pour considérer sa proposition comme « un corollaire du principe de contradiction », il faut d'abord accepter que penser revient à nombrer et admettre que la représentation épuise le donné. Or, si nous montrons que cette loi n'est pas une conséquence logique de ce principe, et si nous déterminons que ce principe « ne porte que sur l'accord de la pensée avec elle-même » (p. 70), accord qui « interdit seulement d'affirmer et de nier en même temps et sous le même rapport un attribut d'un sujet », il en découle que nous restons libre de poser tel concept plutôt que tel autre, dans la mesure où il n'entre pas dans la contradiction énoncée. Ce principe n'interdirait donc pas de poser des collections infinies, dès lors que le nombre en est exclu.

Les idées de nombre et d'infini sont bien contradictoires. Jamais nous ne pourrons constater des éléments ou des parties en nombre infini, puisqu'il est entendu dans la définition du nombre même qu'il est impossible d'en arrêter la série. Cela interdit tout bonnement de penser un nombre qui viendrait clore la série des nombres et cela rend donc chimérique l'idée d'un nombre infini. Cette expression de « nombre infini » est insensée, elle n'est qu'un oxymore : la « contradiction inhérente à l'assemblage de ces deux mots est patente » (*CP1876-2*, p. 353).

Mais est-ce suffisant pour en déduire une limitation spatiale et temporelle de l'univers en tout sens ? Peut-être pas, si, « de ce que l'univers n'a pas un nombre infini » (SEAILLES, p. 71), nous ne déduisons pas qu'il a un nombre fini. Car l'opposition fini/infini pourrait bien nous tromper ; le monde pourrait bien ne pas être un nombre. Si le monde n'est effectivement pas un nombre, l'alternative n'est pas duale (nombre fini ou nombre infini donc contradiction), mais elle laisse place à un troisième terme. C'est parce qu'il envisage cette troisième possibilité que Séailles refuse de voir la loi du nombre comme un « corollaire du principe de contradiction ».

Lotze concède de même la contradiction entre nombre et infini, il voudrait aussi que nous acceptions de dire le monde sans nombre, puisqu'aucun nombre n'épuise l'infini. Mais cette distinction est inadmissible pour Renouvier, qui ne tolère rien d'autre dans l'infini réel, concret, que le nombre infini qui implique la contradiction dans les termes ; si l'infini est concret, il est donné, donc achevé, clos. Lotze réclame pourtant que « l'infini existe, quoi qu'il soit impossible que notre intuition le saisisse, et notre intuition ne le saisit pas, [dit-il,] précisément parce qu'il est infini » (*Revue philosophique de la France et de l'étranger*, 1880, p. 492). Cependant cet infini abstrait n'est rien de plus, pour Renouvier, que cette suite censée se poursuivre sans arrêt, suite qu'il faut appeler proprement l'indéfini.

Séailles déploie une argumentation complémentaire contre Renouvier, développement qu'il entend appuyer sur le raisonnement du maître : puisque Renouvier accorde que les trois moments de la catégorie de nombre sont unité, pluralité et totalité, qu'il voit dans ces trois moments thèse, antithèse et synthèse, il en découle, puisque le troisième moment est synthèse, que la relation entre totalité et pluralité est synthétique, non pas analytique, que les deux termes sont donc séparables. Cet argument n'a pourtant pas raison de la démonstration de Renouvier, car ce dernier ne prétend pas que la séparation entre pluralité et totalité soit systématiquement contradictoire, il soutient seulement qu'elle l'est « quand la pluralité est en acte, c'est-à-dire faite d'éléments discrets qui sont là, qui sont comme devant nos yeux » (HAMELIN, p. 65). Il est vrai que cette réponse à l'objection manque peut-être quelque peu de consistance, soit, mais devrions-nous accepter qu'il y ait « pluralité actuelle sans totalité et sans nombre » ? Avons-nous jamais vu telle pluralité ?

D'ailleurs, si nous suivons vraiment Renouvier, les arguments des contradicteurs n'ont que peu de portée, puisque l'infini actuel n'est pour nous qu'une synthèse, une collection, un assemblage d'unités, un « infini sommé » (*CP1876-2*, p. 161), donc une contradiction ; notre anti-infinitisme et ses conséquences peuvent donc subsister[20].

L'infini soi-disant en acte, qui serait sans nombre, n'est qu'une « pluralité pure et simple » (HAMELIN, p. 67) ; la comparer avec un nombre est insensé : comment comparer avec un nombre, quelque chose qui est « in-nombrable » ? L'« infini en acte est une pluralité qui prétend avoir été sommée sans avoir pu l'être » (p. 68), c'est donc à juste raison que l'infini-tisme est condamné par Renouvier comme contradictoire.

---

[20] Des penseurs extérieurs au cercle de Renouvier approuvent ce rejet de l'infini en acte. Hamelin évoque (p. 67) l'exemple de Jules Lachelier. Celui-ci écrit notamment : « cette multitude infinie des parties de l'univers n'existe pas, selon nous, en elle-même : elle n'est que la possibilité pour nous de perceptions toujours nouvelles, mais dont l'ensemble, à chaque moment et pour chacun des points de vue auxquels nous serions successivement placés, serait toujours fini » (LACHELIER Jules, « L'observation de Platner », in *Revue de métaphysique*, novembre 1903, p. 700).

6.b - Quelles sont les conséquences de la loi du nombre sur l'infini ?

6.b.α - Impossibilité de l'infini en acte

Si « réfuter l'infini est d'une importance capitale pour le *Personnalisme* » (*DE*, p. 11), il est clair que Renouvier entend par là réfuter « l'infini de quantité, en matière de choses données, réelles et actuelles » (*CP1881-1*, p. 266), et aucunement réfuter la possibilité d'un infini de qualité, qui n'est autre que le parfait, l'achevé, l'adéquation du réel à l'idéal[21].

Cette distinction est importante, car l'histoire des idées nous révèle que la notion d'infini avait un sens négatif, marquant son manque de déterminations et de limites, et cela jusqu'à l'époque alexandrine, où on lui attribua comme dans la chrétienté, un sens positif, en la considérant comme « au-dessus de toute détermination, de toute limite assignable » (MILHAUD, p. 43). Le fini fut alors envisagé comme dérivé de l'infini par privation, et certains philosophes furent ivres d'infini[22].

Même Comte, qui repère dans le *Cours de philosophie positive* l'obscurité de la notion d'infini et son caractère illogique, ne manque pas de s'émerveiller devant les résultats auxquels elle aboutit. Dans ses premières réflexions Renouvier fit preuve de la même ambiguïté, en relevant la contradiction de l'infini, mais en ne niant pas pour autant sa réalité.

Comme l'indique Milhaud (p. 41), de 1842 à 1850, hormis « les préoccupations morales, politiques et sociales », toute la réflexion de Renouvier, « d'où naîtra une orientation nouvelle, est dirigé[e] sur le problème de l'infini ». Il s'agira de l'« objet » et du « problème » (*DCR*, p. 202) de son travail. Renouvier confronte alors ses premières convictions sur l'infini à celles des grands philosophes et les examine à la lumière des sciences de son temps. L'article « Philosophie » (*EN*, 532b) s'interroge par exemple en ces termes : « Comment un nombre infini peut-il avoir une existence actuelle » ?

Nous avons expliqué déjà que la loi du nombre joue un rôle déterminant pour l'ensemble du néocriticisme ; nous pouvons dire de même que le néocriticisme s'est construit grâce à l'examen des contradictions de l'infini, que celles-ci sont à l'origine non seulement de sa philosophie des

---

[21] Voir SEAILLES, p. 47.
[22] Voir MILHAUD, p. 44.

mathématiques mais du système dans son entier[23]. « C'est la philosophie de Renouvier tout entière qui semble découler de cette nouvelle attitude » (MILHAUD, p. 54-55). L'« attachement rigoureux au principe de contradiction sera désormais la règle première de toute pensée et de toute affirmation portant sur la réalité » et l'« infini restera, ainsi qu'il l'a toujours été depuis les premières pages de Renouvier, comme le véhicule de la contradiction » qui servira « à dénoncer la chimère ».

C'est parce que nous sommes habitués à toujours penser une quantité comme enveloppée par une quantité supérieure, parce que « nous pouvons toujours nous représenter un nombre plus grand d'une unité que tel nombre assigné quel qu'il soit » (*ECG1-2*, p. 222), que, lorsque nous pensons le « Tout-être [...,] le Monde nous apparaît infini » (JANSSENS, p. 87). Cependant la possibilité abstraite de la série illimitée des nombres n'entraîne pas que cette série soit effectivement donnée dans les phénomènes. Au contraire, « la conception du tout périt et les phénomènes flottent sans fondement, si l'infini, dont le vrai nom est contradiction, s'établit dans la science » (*ECG1-2*, p. 213). Le fait de ne pouvoir connaître la limite du monde ne doit pas nous pousser à conclure qu'il n'y en a pas ; non « seulement le concept de l'infini n'est pas nécessaire, mais il est chimérique ; il n'achève pas la pensée, il la ruine » (SEAILLES, p. 139). Rien n'interdit de penser que l'expérience soit ainsi bornée, que l'ensemble des phénomènes soit tel ou tel nombre, ni plus ni moins, même si « la loi qui lui sert de règle ne lui fixe pourtant pas de borne. *Rien ne s'oppose* à ce que la limite soit ; bien plus, le principe de contradiction exige qu'elle soit » (*ECG1-2*, p. 222). Comment d'ailleurs donner raison à celui qui prétendrait que les astres innombrables ne forment pas un nombre ? « Quoi ! ils sont réunis, ils composent une somme et un tout, car être réuni c'est cela même, et cette somme, ce tout ne correspond à rien de numériquement déterminé en soi ! C'est donc une somme qui n'est pas sommable, un tout qui ne peut être totalisé ? » (*CP1873-2*, p. 247[24]) Que serait un tout donné composé de parties qui ne peuvent en aucune manière être nombrables ? Renouvier

---

[23] Comme le note Séailles (p. 50), la « philosophie des mathématiques de Renouvier est dominée par l'idée d'éviter tout ce qui pourrait ramener l'affirmation déguisée de l'infini quantitatif actuel », mais avant cela, c'est la « découverte des contradictions de l'infini actuel », comme l'écrit Fedi (CSPS, p. 63), qui « amène » au « "néocriticisme", doctrine conjuguant le phénoménisme, le finitisme et l'apriorisme ».

[24] Renouvier ne cesse de le rappeler, la « question de l'infini ne peut se juger ni par des observations ni par des inductions ; mais elle est toute de savoir si l'on veut croire que des êtres existent dans la nature *en nombre tel qu'ils ne forment pas un* nombre. » Cette question, Renouvier ne se lasse « pas de la ramener à ces termes contradictoires » (*CP1877-1*, p. 269). Voir aussi *CP1877-2*, p. 378-379.

répond : « Le tout donné de parties dont le nombre n'est ni ne peut être donné, c'est l'antinomie, c'est la contradiction » (*ECSDP-2*, p. 366). Parce que le monde réel est soit inintelligible, soit fini, discret[25].

<small>Ce qui veut dire que l'« infinité du monde est donc une erreur, si elle signifie autre chose que l'indéfinité de fait ou d'expérience, et que l'extension, hors de toute mesure pour nous, de cette sommation que nous devons supposer effectuée » (*CP1873-2*, p. 294).</small>

Comme toute représentation est par essence relative, introduire l'infini revient à penser l'impensable, à supprimer la pensée ». Nous pouvons bien prolonger en pensée le temps, l'espace ou le mouvement[26], tant que nous restons dans la mesure possible, nous demeurons dans le pensable ; par contre, si nous posons l'éternel et l'infini nous ouvrons « un gouffre où la pensée s'évanouit dans le vertige. Donc prétendre penser l'infini, c'est bien prétendre penser la contradiction, car c'est prétendre finir l'infini » (SEAILLES, p. 79).

Si l'infini était actuel, il serait pluralité actuelle, donc nombre, donc contradiction, parce que toute « pluralité actuelle est nombre » (HAMELIN, p. 65). Ainsi, non « seulement le nombre exclut l'infini, mais le monde, objet de notre pensée, ne nous étant intelligible que comme nombre, l'exclut au même titre » (SEAILLES, p. 55).

<small>« Toutes les fois que la réalité concrète nous donne l'occasion de compter des choses quelles qu'elles soient, ces choses ne pouvant être en nombre infini, ce qui serait contradictoire, sont nécessairement en nombre fini » (MILHAUD, p. 55).</small>

La réalité pour nous se ramène à la représentation dans laquelle penser revient à nombrer ; il en découle que tout donné est nombre, et alors indiscutablement que l'infini actuel est contradictoire puisqu'il suppose un nombre qui n'en est pas un. La contradiction se révèle par cette question : « le nombre infini fait-il partie de la série des nombres entiers ? » Si nous répondons par la négative, nous devrons alors justifier de ce qu'est ce nombre qui n'appartient pas à la série des nombres envisageables. Si nous répondons par l'affirmative, nous devrons concéder que ce nombre infini ne diffère de celui qui le précède que d'une unité et donc que, comme lui, il est fini, pair ou impair, qu'il a un carré, un cube qui lui sont supérieurs. Renouvier en propose la démonstration suivante[27] :

<small>« Je dis que si toute la suite des nombres entiers était actuellement donnée il y aurait deux nombres égaux dont l'un serait plus grand que l'autre, ce qui est une contradiction</small>

---

[25] « Nous ne pouvons concevoir et comprendre que le fini » (SEAILLES, p. 53 – voir aussi p. 89).
[26] Le problème de l'infini se pose en effet en rapport aux « trois notions de temps, d'espace et de mouvement » (TURLOT, p. 28).
[27] Séailles rappelle (p. 49) que cette contradiction « se présente sous mille formes que les géomètres ont signalées depuis Galilée jusqu'à Cauchy ».

formelle *in terminis*, puisqu'on appelle égales les quantités dont l'une n'est ni plus grande ni plus petite que l'autre. C'est le sens des mots.

Supposons cette suite donnée, nous pourrons former une autre suite toute et exclusivement composée des carrés de la première, car on peut toujours faire le carré d'un nombre. Ainsi par l'hypothèse, la seconde suite aura un nombre de termes égal au nombre des termes de la première. Or, la première contient tous les nombres, tant carrés que non carrés ; la seconde ne contient que des carrés ; la première a donc un nombre de termes plus grands que la seconde, puisque contenant tous les nombres elle contient tous les carrés, et qu'elle contient en outre les nombres non carrés. Mais, par hypothèse ou construction, ces nombres de termes sont égaux ; donc il y a des nombres égaux dont l'un est plus grand que l'autre. Mais cette conséquence est absurde ; donc il est absurde de supposer la série naturelle des nombres actuellement donnée. C. Q. F. D. » (*ECG3*, p. 37).

Renouvier écrit, parlant de la réalité, je refuse de « me la représenter dans l'esprit en violation des lois de l'esprit » (*Revue philosophique de la France et de l'étranger 1880*, p. 686). Il est convaincu qu'« il y a une obligation logique d'enfermer les idées des choses auxquelles nous pensons [...] dans les strictes bornes de la possibilité de les penser. S'il s'agit d'un devoir, il ne peut être que là »[28] (p. 670). Renouvier ne nous demande rien de plus que de respecter le principe de contradiction en accordant « que l'infini ne se finit pas, que l'indéterminé ne détermine point » (*CP1873-2*, p. 246[29]). Devrions-nous « rougir d'avoir à dire que tout nombre est nombre, donc déterminé et qu'un nombre sans nombre est un nombre qui n'est pas un nombre » (*AP1868*, p. 37) ?

6.b.β - Éclaircissement de la distinction infini/indéfini

Lorsque nous divisons une longueur en deux, puis chaque partie par moitié, puis chacune des moitiés à nouveau, et ainsi de suite, l'opération nous semble renouvelable indéfiniment et tous ces éléments réunis, aussi nombreux soient-ils, forment bien l'unité de départ. Le mobile qui devra traverser l'espace ainsi formé y parvient cependant, car la suite de ces parties qui paraît inépuisable à notre imagination s'avère pourtant achevée. Le paradoxe de Zénon d'Elée se trouve résolu par la distinction aristotélicienne

---

[28] Citation reprise avec de légères transformations par Fouillée dans la *Revue philosophique de la France et de l'étranger* en 1881 (p. 41), puis empruntée à Fouillée par Séailles qui la transcrit ainsi (p. 76) : « Il ne faut pas, répondra Renouvier, se représenter la réalité dans l'esprit en violation des lois de l'esprit, il y a une obligation logique d'enfermer les idées des choses auxquelles nous pensons dans les bornes de la possibilité de les penser : s'il y a un devoir intellectuel, il ne saurait être que là. »

[29] Formule reprise par SEAILLES, p. 48.

entre l'infini actuel et l'infini en puissance, ou encore par la distinction cartésienne entre l'infini et l'indéfini[30] :

> « Pour nous, en voyant des choses dans lesquelles, selon certains sens, nous ne remarquons point de limites, nous n'assurerons pas pour cela qu'elles soient infinies, mais nous les estimerons seulement indéfinies »[31].

Renouvier définit l'infini actuel comme « une collection donnée quelconque dont on supposerait que les parties distinctes ou éléments, considérés dans leur assemblage numérique, ne répondent pas à un certain nombre n, et cela quel que soit n »[32] (*CP1877-1*, p. 225). Mais, comme nous l'avons vu, cette « sous-division à l'infini d'une totalité réelle, existant en acte, se heurte à une contradiction » (*PC*, p. 56) : concevoir la série des nombres comme un ensemble réalisé est contradictoire avec la propriété essentielle de cette série qui est « de pouvoir croître indéfiniment » (JANSSENS, p. 47).

Seul l'infini en puissance, ou abstrait, est donc possible, il n'est que la possibilité de prolonger une série, telle la série des nombres, à laquelle il est toujours permis d'ajouter une unité. Il s'agit là de ce que l'imagination n'atteint pas, de ce que le calcul n'a pas encore déterminé : lorsque nous parlons de billion notre imagination a déjà du mal à concevoir des milliers de

---

[30] Il n'est cependant pas suffisant de déguiser, comme le fait Descartes, d'après Renouvier (*ECSDP-2*, p. 366 et *CP1877-2*, p. 307), « l'infini sous le nom d'indéfini » en « posant à la fois l'étendue en soi, le *plein* et la division indéfinie des parties qui circulent dans les tourbillons » : si nous écartons l'infini, c'est justement pour ne plus poser « ces parties réelles et distinctes sans fin ».

[31] DESCARTES, *Oeuvres complètes - Principes* (IX-2), Paris : Vrin, 1996, p. 36 ; cité par Fedi (*PC*, p. 39-40).

[32] Cette citation est extraite de la note sur l'infini de quantité dans laquelle Renouvier pose les définitions suivantes : « 1. J'appelle chose *donnée* une chose quelconque susceptible d'être distinguée des autres de même ou de différente nature, et dont l'existence peut se définir, soit dans l'espace, soit dans le temps, soit simplement dans la pensée. Une collection ou multitude donnée est une collection ou multitude de choses données. 2. J'appelle *infinie actuelle*, ou en acte, une collection donnée quelconque dont on supposerait que les parties distinctes ou éléments, considérés dans leur assemblage numérique, ne répondent pas à un certain nombre n, et cela quel que soit n, ou à une grandeur qu'il puisse atteindre. Par opposition à *l'infini actuel*, *l'infini des possibles* est ce qu'on nomme *indéfini*. [...] » De ces définitions il déduit plusieurs propositions, notamment : « 1. Une collection donnée *in concreto* » peut toujours être nombrée et « 4. L'hypothèse de l'infinité actuelle de la suite des abstraits est contradictoire en soi. Cette *impossibilité du nombre infini*, comme on l'exprime quelquefois, peut se démontrer de plusieurs manières. En voici une très simple : Si la suite des abstraits : 1, 2, 3, etc., est infinie actuelle, elle renferme actuellement autant de termes pairs qu'elle renferme absolument de terme attendu que chacun de ses termes, quel qu'il soit peut être doublé, et que son double est un nombre pair, nécessairement existant dans la suite de tous les nombres. Mais, en outre des pairs, cette suite renferme des impairs en nombre égal et infini. Donc cette suite renferme plus de termes et infiniment plus de termes qu'elle n'en renferme, ce qui est une contradiction *in terminis* » (*CP1877-1*, p. 225-227). Cette démonstration rejoint celle donnée en *ECG3*, p. 37 (voir plus haut).

milliards, mais ajoutons quelques milliers de zéros à droite de l'unité et notre imagination est bien incapable de s'en faire une représentation, pourtant il n'y a là aucune contradiction. Ainsi, contrairement à l'infini actuel, l'infini potentiel est tout à fait acceptable.

> « Un infini en puissance n'est pas contradictoire ; un infini actuel est la contradiction même » (*ECG1-2*, p. 246).

Il faut se garder de toute confusion de cet *indéfini*, qui n'est que la « possibilité de prolonger chaque fonction selon sa loi propre, avec l'*infini*, [...] qui est incompatible avec l'existence d'une représentation donnée et actuelle quelconque, soit dans l'objet, soit dans le sujet » (*ECG1-1*, p. 192). Or, il y a souvent « confusion de l'*indéfini* avec l'*infini* réel ou actuel, qui en est cependant la négation, puisque le premier de ces termes signifie l'absence de fin, et qu'on fait signifier au second une fin que l'on dit en même temps ne pas comprendre » (DCR, p. 182). Derrière une apparence d'infini, c'est en vérité l'indéfini que nous avons à l'esprit, « un fini variable et capable de différer aussi peu de sa limite, mais non de l'atteindre en épuisant l'infini » (MILHAUD, p. 52). Leibniz l'avait bien vu[33] :

> « Philosophiquement parlant, je n'admets pas plus de grandeurs infiniment petites que d'infiniment grandes, ou d'infinitésimales que d'infinituples. Je tiens les unes et les autres pour des manières abrégées de parler, dans l'intérêt des fictions de l'esprit qui servent au calcul » (Leibniz, *Lettre à Des Bosses*, Dutens, II, p. 267, cité partiellement par Renouvier, *CP1876-2*, p. 67).

> « On conçoit un dernier terme, un nombre infini ou infiniment petit, mais tout cela ce sont des fictions. Tout nombre est fini est assignable » (Leibniz, *Théodicée*, § 70, cité par Renouvier, *CP1877-1*, p. 26).

L'espace et le temps sont bien continus, ceci explique que nous puissions envisager de les diviser sans terme, mais ils « sont des réalités représentatives [...]. Ce sont, quant à la multiplication et à la division indéfinies, des possibilités, des puissances, non des données effectives et actuelles » (*CP1873-2*, p. 295).

S'il « n'y a nulle contradiction à ce que des possibles soient sans borne (*CP1873-2*, p. 296), l'infini ne peut pas être une loi des représentations actuelles, et si nous le considérons comme loi des représentations possibles, il faut alors le nommer indéfini, lequel n'est que puissance, potentialité.

---

[33] Laurent Fedi m'a fait remarquer qu'il ne faudrait pas ici laisser croire que la position de Leibniz correspond à un rejet net de l'infini actuel comme le laisse penser la *Lettre à Des Bosses* et le passage de la *Théodicée*. L'extrait d'une lettre de Leibniz à M. Foucher datée du 3 août 1693 contrebalance en effet ces deux citations : « Je suis tellement pour l'infini actuel qu'au lieu d'admettre que la nature l'abhorre, comme on le dit vulgairement, je tiens qu'elle l'affecte partout, pour mieux marquer les perfections de son auteur. Ainsi je crois qu'il n'y a aucune partie de la nature qui ne soit, je ne dis pas divisible, mais actuellement divisée, et par conséquent la moindre parcelle doit être considérée comme un monde plein d'une infinité de créatures différentes » (*Philosophische Schriften*, I, p. 416).

C'est justement parce que l'indéfini est « indéterminé, toujours en voie de devenir » (SEAILLES, p. 48), qu'il « s'oppose à l'idée d'un infini donné, actuel, réalisé, somme prétendue faite d'objets accumulables sans fin ou de parties divisées sans nombre ». Le raisonnement déployé par Renouvier (*ECG1-1*, p. 229) semble imparable : il « y a contradiction à ce que tout assignable soit posé », puisque « tout assigné implique d'autres assignables », il en découle que « l'indéfini ne mène pas à l'infini, mais le supprime[34] ».

6.b.γ - Solution des antinomies kantiennes

Les antinomies formulées par Kant sont ces « contradictions intrinsèques auxquelles se heurtent les doctrines qui veulent déterminer les idées de Dieu et du monde sous les aspects de l'espace, du temps, de la totalité et de la causalité » (*ECSDP-2*, p. 362). Depuis Zénon d'Elée, elles constituent « la pierre de touche des doctrines » (*ECG1-2*, p. 221).

En réfléchissant à ces antinomies, Renouvier a eu un « sentiment puissant et persistant » (*ECSDP-2*, p. 365 et *CP1877-2*, p. 306), qui serait « la principale originalité » qu'il estime devoir s'attribuer ; il dit même : ce fut « la source et le sujet de mon inquiétude philosophique et le mobile de mon effort le plus personnel. » Il constate que « presque partout où un philosophe a visé à la construction d'une synthèse universelle de l'être », spéculant par là sur Dieu, l'homme et la matière, sa prétendue démonstration peut se lire comme une position dogmatique au regard des antinomies.

Renouvier se trouve pris dans ces mêmes contradictions kantiennes, dans ces « inextricables difficultés » (*ECSDP-2*, p. 383) ; il se demande alors s'il

---

[34] « Connaître c'est rapporter, c'est situer les objets dans le Temps, c'est les localiser dans l'Espace [...]. Connaître c'est encore nombrer. La loi du Nombre est une des formes les plus importantes de la loi de Rapport. Tout ce qui existe en acte et réellement est un nombre. Ce qui est plus grand ou plus petit que tout nombre assignable, ne peut pas être nombré, partant n'existe pas. La suite des nombres est telle qu'il est possible toujours d'ajouter une unité à une unité donnée.
La série des nombres n'est donc pas infinie. L'infini est un mot dépourvu de sens. La série des nombres est indéfinie. L'Infini et l'Indéfini sont contradictoires. Si la série des nombres est indéfinie, l'Infini n'existe pas. Il serait une quantité innombrable. Les deux termes sont contradictoires. Une quantité innombrable serait un nombre innombrable. Comment pourrait-on connaître un nombre qu'il est impossible de nombrer ? Si on ne peut le connaître, de quel droit affirmer qu'il est. Quand on dit d'une chose qu'elle existe on affirme qu'on la connaît, tout au moins que l'on connaît qu'elle existe, partant que l'on peut la distinguer d'une autre chose » (PRAT, p. 34-35).

est légitime de ne pas prendre « parti dans ces dilemmes[35], ou [de] trouver un moyen d'accorder les deux manières d'envisager les choses » (*ECSDP-2*, p. 371).

> Les « antinomies : fallait-il les admettre et, les admettant, les considérer comme un empêchement à la science de l'absolu, ou, au contraire, comme constituant le caractère et la forme propre d'une telle science » (*ECSDP-2*, p. 364) ?

Je devais, écrit-il, « choisir de mon mieux entre les thèses et les antithèses des prétendues antinomies » (*ECSDP-2*, p. 383). Sa réflexion l'amène en effet à cette conclusion : « on est tenu d'opter » (*ECG1-2*, p. 212) entre les couples de propositions que constituent les antinomies, car considérer les fondements des thèses et des antithèses comme également inattaquables reviendrait à anéantir le principe de contradiction, donc le fondement de toute science. Donner à la thèse et à l'antithèse autant de valeur, c'est accorder « qu'elles n'en ont aucune, étant mutuellement incompatibles » (*CP1877-2*, p. 381).

Il pousse son analyse et constate que les antinomies kantiennes dépendent en fin de compte de la réponse qu'on apporte à deux questions :
– Est-ce que le « dénombrement imaginable des choses, tant passées qu'actuelles, répond à des nombres *sans fin* » (*ECSDP-2*, p. 371) ?
– Est-ce que les « phénomènes de l'univers sont tous rigoureusement enchaînés et tous solidaires entre eux, de telle sorte qu'une intelligence sans bornes, si elle était possible, pourrait calculer d'après un état de cet univers, entièrement connu par elle à un moment donné quelconque, tous les états futurs par lesquels il doit passer, sans en excepter aucun phénomène, si petit soit-il, et d'aucune espèce » ?

Renouvier observe que les antinomies trouvent leur source dans « l'opposition fondamentale de l'Absolu et du Relatif, de l'Inconditionné et du Conditionné » (*ECG1-2*, p. 217). Finalement, il « suffit donc pour les résoudre de constater que l'Absolu n'appartient pas à la représentation, ou du moins ne s'y trouve que comme négation pure et qui n'établit rien[36] ».

Renouvier ne s'arrête donc pas au dilemme posé par Herbert Spencer : « Nous sommes complètement incapables de nous faire une image mentale de l'Espace sans bornes, et aussi complètement incapables d'imaginer des

---

[35] C'est du reste la tâche qu'il s'est confié dans l'*Esquisse d'une classification systématique des doctrines philosophiques* en organisant l'histoire de la philosophie autour des oppositions chose-idée, infini-fini, évolution-création, nécessité-liberté, bonheur-devoir et évidence-croyance.

[36] Voir la « Réfutation des antinomies kantiennes » (*ECG1-2*, p. 214-221), l'article sous-titré « Les antinomies kantiennes de l'infini et du continu » (*CP1876-2*, p. 81-88), ainsi que le long développement dans *Critique de la doctrine de Kant* (p. 29-90).

bornes au delà desquelles il n'y ait plus d'Espace » (*ECG1-2*, p. 244). Il lui oppose le critère qui va nous permettre de nous positionner : « il faut admettre toute proposition dont la négative est inconcevable ».

Or, l'absolu est non seulement incompréhensible mais il est inimaginable, inconcevable, parce qu'il est contradictoire. Il en découle que nous devons admettre le relatif, même s'il nous semble incompréhensible, parce qu'il reste concevable et non contradictoire. Fedi (*PC*, p. 77) a très clairement présenté les trois niveaux d'acceptabilité d'une thèse suivant Renouvier : 1. « le relatif connaissable et déterminable », 2. « le relatif concevable mais incompréhensible »[37], 3. « l'absolu ou l'infini, inconcevables et contradictoires. »

Ainsi, en appliquant rigoureusement le principe de contradiction, qui lui impose d'abord de faire un choix, et ensuite de faire le choix du relatif pour éviter « la contradiction impliquée dans l'idée d'une régression des phénomènes à l'infini » (SEAILLES, p. 64), Renouvier en arrive à la conclusion suivante :

> « La thèse qui pose le monde limité dans l'espace et dans le temps, et celle qui pose tous les composés réels et donnés comme se terminant à des éléments, à des parties qui ne sont pas elles-mêmes des tous, ces thèses sont vraies ; elles se démontrent par le principe de contradiction. L'antithèse qui affirme le monde sans commencement ni borne, et celle qui porte que les composés réels et donnés sont formés de parties qui ont elles-mêmes des parties, et cela suivant une progression sans fin, ces antithèses sont fausses ; le principe de contradiction les réfute » (*ECSDP-2*, p. 386).

Il admet donc la thèse de la première antinomie kantienne, antinomie de la quantité : « Le Monde a un commencement dans le Temps ; il est borné dans l'Espace » (*ECG1-2*, p. 215). Même s'il ne peut comprendre ces bornes de l'espace et du temps, ni ce premier commencement[38] ; il prouve la thèse par la contradiction que supposerait l'antithèse : une série *infinie* et cependant donnée. L'« application de la catégorie de nombre à la création » (*PAH-4*, p. 667), nous conduit donc à « la thèse du pur premier commencement des phénomènes ».

De même pour l'antinomie de relation, la troisième, Renouvier nous montre que la thèse est vraie : « La production des causes, d'après les lois de la nature, n'est pas telle que nous puissions dériver d'elle seule tous les

---

[37] Contrairement à « ce qui est inconcevable pour cause de contradiction » (*CP1876-2*, p. 84), ce relatif n'est pas nécessairement faux, même si nous ne pouvons pas le « concevoir », en « former les concepts », le « définir », le « déduire », ou encore « rattacher ces choses à d'autres données qui nous soient connues et qui les embrassent » (*CP1876-2*, p. 84-85).

[38] « Ce n'est point une proposition dont nous fassions le tour. Loin de là, nous avons à peine affirmé que les phénomènes ont eu un premier commencement, que nous sommes obligés de constater que le premier commencement des phénomènes nous est complètement inimaginable et incompréhensible » (*CP1873-2*, p. 299).

phénomènes du Monde ; il est nécessaire d'admettre encore une production des causes par liberté pour l'explication de ces phénomènes » (*ECG1-2*, p. 216). Cette thèse s'impose pour la même raison : une régression à l'infini serait contradictoire[39].

> « L'éternité proprement dite, qui n'est que l'infini actuel porté dans le temps, est contradictoire en soi. À la place de cette éternité, nous avons dans le passé la limitation certaine des phénomènes, dans l'avenir leur indéfinité possible. Je dis d'ailleurs possible, possible[40] sans contradiction, et non pas nécessairement affirmée » (*ECSDP-2*, p. 377).

Remarquons que la loi du nombre nous amène à cette conclusion concernant les phénomènes passés et donnés : ils sont nécessairement en nombre fini. Pour autant, elle nous porte simplement à conclure concernant les phénomènes à venir, qu'ils peuvent progresser de manière indéfinie : leur « progression indéfinie, si loin qu'on l'imagine prolongée, n'est jamais capable de constituer que des nombres déterminés. L'idée même de l'indéfini n'est que cela » (*ECSDP-2*, p. 377).

S'agissant cette fois de la deuxième antinomie, l'antinomie de qualité, Renouvier en refuse la formulation qui suppose, dans la thèse aussi bien que dans l'antithèse, la substance comme une « chose indépendante de toute relation » (*ECG1-2*, p. 215), alors qu'elle n'est donnée que dans la représentation au travers de certains rapports. Il estime également que la quatrième antinomie, l'antinomie de modalité, « est obscure » en tant que : 1. l'inconditionné et le nécessaire ne sont pas synonymes, 2. rien n'empêche qu'un conditionné soit nécessaire, 3. l'absolument nécessaire pourrait être conditionné en soi ou par ses développements, 4. l'absolument inconditionné « ne représente rien et n'a aucune espèce de sens » (*ECG1-2*, p. 217). Mais le problème de fond, posé par la quatrième antinomie est une reformulation de celui que soulève la troisième : l'opposition liberté/nécessité. Ainsi, comme dans les trois autres, la « régression finie, limitée s'impose dans les thèses, la régression infinie dans les antithèses » (SEAILLES, p. 62). Même si nous ne pouvons « concevoir que quelque chose se soit produit sans antécédent, sans cause [....], qu'importe ? Il n'est pas nécessaire que nous comprenions tout, que nous connaissions tout : la raison doit s'incliner devant la nécessité de fuir le contradictoire » (MILHAUD, p. 55-56).

> « Je ne crus donc pouvoir sans contradiction concevoir ni la nature ni Dieu comme éternels. Je donnai à cette expression : *commencement des phénomènes*, un sens franc et net, sans me laisser troubler par l'impression étrange que se fait à lui-même notre entendement, lorsque se transportant, en quelque sorte, à la limite extrême de ses

---

[39] Si Renouvier affirme cette thèse incompréhensible c'est pour éviter la thèse contradictoire, qu'il dit être « inintelligible : une démission de l'entendement » (*CP1873-2*, p. 299).
[40] Renouvier met l'accent ici sur l'idée de « possible » ; cette insistance est à rapprocher de la deuxième antinomie.

opérations possibles, il affirme que quelque chose a été dont le concept ne saurait se [...] comprendre [...]. Je puis dire que je fus ravi lorsque, quelques années plus tard, lisant le *Traité de la nature humaine* de David Hume, je trouvai que le génie de ce philosophe, plus grand que ces préjugés nécessitaires, l'avait forcé de démontrer qu'*il n'est pas nécessaire que tout ce qui a un commencement ait aussi une cause d'existence* [...] *car il n'est pas nécessaire que nous comprenions toute chose* » (*ECSDP-2*, p. 378).

Renouvier propose donc ici d'aller au delà du criticisme kantien en appliquant résolument le principe de contradiction pour faire disparaître les antinomies. Par cette démarche, il « oppose à leurs antithèses une négation formelle, et confirme leurs thèses » (*ECSDP-2*, p. 389). Il conforte ainsi « le relativisme et le phénoménisme vers lequel on le voyait déjà incliner » (HAMELIN, p. 42). Avec « l'Absolu disparaissent l'Infini et la Substance, autres noms de la même chimère » (*ECG1-2*, p. 217) qui n'existe que pour la métaphysique substantialiste et s'évanouit « au contraire devant l'entendement et dans la perspective du phénoménisme [...]. Le substantialisme entraîne avec soi toutes les antinomies kantiennes, le relativisme les dissipe » (VERNEAUX, p. 84-85).

Toute l'analyse de Renouvier s'adosse au principe de contradiction en ce qu'il va de pair avec la loi du nombre, ainsi on peut soutenir avec Séailles (p. 63) que la « loi du nombre résout [...] toutes les antinomies », et cela « sans qu'il y ait lieu de s'embarrasser de l'hypothèse du noumène, qui ramène avec la substance tous les dangers de la vieille métaphysique et compromet la philosophie critique de Kant ».

6.c - Comment supprimer le nombre continu et commensurer les incommensurables ?

6.c.α - Continuité de l'espace et du temps, les fractions

Comment cette loi du nombre discret permet-elle de rendre compte de la continuité de l'espace et du temps ?

L'idée abstraite que nous avons du continu est inséparable des idées d'indivisibilité, d'homogénéité, d'identité, d'ininterruption. Par sa définition et dans l'absolu, le continu n'est donc pas divisible, il n'a pas de partie qu'on pourrait additionner ou soustraire, composer ou décomposer. « Mais quand l'esprit apporte dans l'idée du continu [...] des divisions qu'il imagine égales entre elles ou inégales, et quand il prend l'une d'elles arbitrairement pour servir de commune mesure aux autres [...], l'idée de la *quantité continue* se forme, cette quantité est un nombre, et le continu lui-même devenu mesurable fait fonction de nombre par l'assimilation d'une partie déterminée fixe, qu'on y établit par une apposition arbitraire de limites, à l'unité abstraite de la numération pure » (DCR, p. 182).

L'« étendue et la durée sont en général représentées comme des continus » (*ECG1-2*, p. 47), c'est même uniquement là et dans les mouvements que nous en imaginons : dans l'espace, au travers des idées géométriques, et dans le temps, par « les idées dynamiques » (DCR, p. 183).

Nous pouvons penser la science de l'étendue au moyen de l'idée générale d'espace qui a pour idées-limites le point, la ligne, la surface ainsi que le volume. Le premier principe de cette science, l'idée d'espace, est une « sorte d'image indistincte *a priori* de l'universel contenant » (DCR, p. 185[41]). C'est plus particulièrement la ligne avec ses propriétés qui permettent de penser la continuité de l'étendue : un segment de droite peut être divisé en deux segments qui sont eux-mêmes divisibles, et ainsi indéfiniment. Et si, prenant le problème à l'envers, imaginant cette ligne comme une succession de points et considérant le point comme une limite, nous prenons deux points considérés comme immédiatement consécutifs, ils seront alors en vérité soit séparés par un intervalle divisible, soit ne formant qu'un point unique. Là réside la condition de la continuité mathématique.

« Conclusion : une ligne qu'on appelle finie, parce qu'elle a des limites, est cependant composée d'un nombre indéfini d'autres lignes finies, arbitrairement divisibles comme elle ; mais, d'autre part, une telle composition ne saurait se penser logiquement comme réelle, parce qu'il faudrait pour cela qu'elle eût un terme, tandis que, étant indéfinie, elle exclut la possibilité d'en admettre un, duquel, en remontant, on reconstituerait par des additions la ligne d'où l'on est parti pour imaginer la suite des divisions sans fin » (DCR, p. 186).

C'est pour cela que considérer l'espace et le temps « comme des choses-en-soi, et non point comme des formes de l'entendement » (JANSSENS, p. 49), nous imposerait

- soit de les considérer comme infiniment divisés, on « retomberait sous les arguments de Zénon d'Elée » (SEAILLES, p. 67), ce qui nous conduirait aux contradictions de l'infini en acte[42] : « l'impossibilité du temps objectif réel [...] tient à ce qu'on ne peut concevoir ni deux instants sans intervalle de durée qui ne soient pas un seul et même instant, ni un intervalle de durée qui ne soit le temps qui s'écoule et qui pose de nouveau pour le philosophe le problème non résolu de l'explication du temps » (DCR, p. 184) ;

---

[41] La citation se poursuit de la sorte : « [...] telle que Kant l'a comprise, condition de représentation des objets sans en impliquer aucun de réel. Le second principe est l'idée du point, strictement opposée à celle de l'espace ».
[42] « L'espace un, indivisible de Spinoza est une fiction », de même que le temps un et indivisible ; ils nous conduisent « à l'idée d'un tout composé d'une infinité de parties, d'un nombre d'éléments sans nombre » (SEAILLES, p. 57).

- soit de les considérer comme infiniment divisibles, ce qui nous conduirait à faire dépendre leur existence d'autre chose et à leur ôter tout être réel à part des phénomènes, donc ne pas les considérer en-soi.

Le « principe de contradiction, principe incontestable érigé en norme » (CSPS, p. 73), nous interdit donc « la sous-division infinie » (p. 74) réelle du continu. Autrement dit, la « loi du nombre a ici encore pour conséquence le principe de la discontinuité » (SEAILLES, p. 67).

Si l'espace, en tant que possible, peut être considéré comme indéfiniment multipliable, suivant la loi de la série indéfinie des nombres, et indéfiniment divisible comme les fractions le sont, cette indéfinité n'est qu'en puissance, elle « est toute mentale » (*ECSDP-2*, p. 375).

> « La matière ne peut être conçue sans parties, et le nombre de ses parties, bien que prodigieux sans doute et pour nous incalculable, ne peut être mentalement représenté que comme fini » (*CP1881-1*, p. 272).

Considéré en tant que donné, l'espace est nécessairement toujours fini, comme « une étendue circonscrite », sans cela nous n'aurions pas « moyen de distinguer entre des étendues grandes ou petites, totales ou partielles » et nous serions conduits « inévitablement à la contradiction de l'infini actuel » (p. 376). Ainsi, l'étendue avec la durée se présentent « comme des formes de l'intuition des objets de la sensibilité, de l'imagination et de la mémoire, et tout à la fois comme des rapports *sui generis* envisagés entre les phénomènes ».

> « En dehors du temps, nous ne saurions parler de *pensée* et savoir de quoi nous parlons, ce que nous disons ; et, dans le temps, sous la notion de temps, la pensée se divise en actes successifs de penser » (*ECSDP-2*, p. 378).

Cette reconnaissance de l'impossibilité d'un infini actuel implique une divisibilité indéfinie (et non infinie) des « deux grands objets de la mathématique concrète » (*ECSDP-2*, p. 375), que sont le temps et l'espace, ces « quantités fondamentales, auxquelles toutes les autres sont rattachées par l'investigation scientifique ».

La reconnaissance de l'impossibilité d'un infini actuel dirige toute la réflexion de Renouvier et lui permet de guérir « l'état d'infirmité théorique » (p. 363) qu'il avait constaté chez ses professeurs à propos « de la méthode de différenciation et d'intégration des quantités dites continues ». Le remède consiste dans le traitement du continu par les lois du nombre, il passe d'abord par la compréhension des fractions comme « trait d'union » (*ECG1-1*, p. 224 et *PC*, p. 234) entre le nombre et le continu :

> « Toute la question est de savoir comment il est possible de réduire aux lois du nombre les lois du continu, de représenter celles-ci par celles-là, et de n'en faire qu'une seule étude.

> Le problème, à son moindre degré, pour ainsi parler, est résolu par l'usage des fractions, qui forment un trait d'union du nombre et du continu. La fraction, en effet, tient du nombre pour ses deux termes, qui sont des nombres, et du continu par sa signification, relative à une unité indéfiniment divisible [...]. La fraction est un symbole adapté à la représentation d'une ou de plusieurs parties d'un continu divisé en un nombre quelconque de parties égales » (*ECG1-1*, p. 224).

Comme l'ensemble des opérations inverses, les fractions ne fonctionnent pas toujours, contrairement à l'addition, à la multiplication et à l'élévation aux puissances. Cela provient de « l'indivisibilité de l'unité » (*ECG1-1*, p. 248) d'un point de vue numérique et arithmétique, qui fait de la fraction, par exemple dans le cas de $1/x$, un « signe de rapport inévaluable » (p. 269), une « notion vague [...] qui couvre une contradiction, puisqu'il s'agit alors d'un nombre dont, par hypothèse, l'unité n'existe point en général et qui, par conséquent, est un nombre qui n'est pas un nombre », donc « non seulement inimaginable, mais inconcevable et rigoureusement inintelligible » (*CP1881-1*, p. 269).

Pour donner sens aux fractions, nous devons « sortir de la catégorie du nombre et passer à la quantité concrète et continue » (HAMELIN, p. 120). Car si les deux termes de la fraction sont bien arithmétiques, sont bien des nombres, « leur système n'a de sens que relativement à une quantité qui puisse passer pour continue » (*ECG1-1*, p. 249), telle la ligne, alors, et alors seulement, la division est toujours possible. Les résultats d'opérations de ce type sont « supposées de vraies *quantités*, c'est-à-dire réduites en nombres au moyen d'une unité de grandeur arbitraire »[43] (p. 251). Mais cela n'est possible que si l'unité en question est « assignée. En d'autres termes les grandeurs doivent être commensurables. Or, elles ne sont pas toujours commensurables ».

6.c.β - Grandeurs incommensurables

La contradiction est dans le nombre infini, c'est-à-dire qu'elle est autant dans le nombre infiniment grand, qui ne peut être toléré en tant qu'il serait plus grand que tout nombre assignable, que dans l'infiniment petit, qui ne peut pas plus être accepté puisqu'il est prétendument plus petit que tout nombre assignable.

> L'« *idée d'être plus petite que toute quantité donnée* [... est] une contradiction dans les termes », car si la portion en question est « *donnée* [...], elle est plus grande que sa moitié, qui est elle-même donnée en vertu de l'hypothèse ; donc elle n'est pas plus petite que toute quantité donnée » (*ECG1-2*, p. 248).

---

[43] C'est la possibilité de changer le dénominateur des fractions qui invite à ce choix d'une unité de grandeur arbitraire, Renouvier s'en explique : « Il reste à donner la règle du calcul de ces symboles, c'est-à-dire à déterminer quelles opérations doivent être effectuées sur les termes des fractions (termes considérés comme nombres abstraits) pour la solution des problèmes qui portent sur les parties de la quantité divisée que ces fractions représentent. Il y a un procédé général qui répond à cette question en la supprimant. En effet, on voit par la définition même de la fraction, que tant de fractions différentes que l'on voudra, sans changer de signification et de valeur, peuvent être amenées à n'avoir qu'un seul et même dénominateur. Les nombres aussi, dès qu'ils mesurent des quantités de nature continue, prennent à volonté la forme fractionnaire avec un dénominateur quelconque. Or, toute relation ou fonction qu'on se proposera de poser entre les quantités homogènes que représentent des nombres fractionnaires réduits au même dénominateur, se conçoit aisément. En vertu du principe d'homogénéité, le dénominateur commun peut être négligé ; on ne fait ainsi que changer l'unité arbitraire. Dès lors, c'est entre des nombres que la fonction s'établit. La réduction au même dénominateur n'est, au fond, que la réduction à la même unité, celle-ci devient donc indifférente au calcul, et il suffira de la restituer dans le résultat quelconque des opérations effectuées. Ainsi premièrement, la réduction des nombres fractionnaires au même dénominateur (c'est-à-dire, au fond, de toutes les quantités données à la même unité), donne un sens clair et net aux opérations qu'on peut se proposer à leur sujet : addition, multiplication, élévation aux puissances et opérations inverses. Ce sens est identiquement celui que l'on connaît déjà, et qui ne présente aucune difficulté, puisque les nombres qu'il s'agit de traiter ne sont simplement que des *nombres*, la nature de l'unité étant laissée de côté comme indifférente au calcul et devant être seulement reprise après qu'il est effectué, pour l'interpréter. Secondement, les opérations ainsi entendues, étant notées algébriquement, conduisent à des résultats qui sont des formules de l'addition ou de la soustraction, de la multiplication ou de la division, de l'élévation aux puissances ou de l'extraction des racines des fractions, et il suffit d'énoncer ces formules pour faire connaître ce qu'on nomme les règles de ces opérations telles qu'on les trouve dans tous les traités d'arithmétique » (*ECG1-1*, p. 249-250).

Il serait contradictoire de même de « se représenter la quantité composée d'éléments sans quantité (les points, les *indivisibles*, etc.), ou de parties qui ne sont précisément ni rien ni quelque chose (les *évanouissants*), ou par la répétition d'une *infinité d'infiniment petits* » (*ECG1-1*, p. 229). Remarquons que sans la fiction de la continuité, « si la ligne avait été définie comme un composé de parties distinctes, juxtaposées » (DCR, p. 187), la mesure des incommensurables n'aurait pu même être pensée. Il ne faut pas admettre ces incommensurables, ni par eux-mêmes, ni en tant qu'il s'agirait d'en faire des sommes ou de les poser dans un rapport arithmétique quelconque.

« Il est donc indispensable de s'en passer [... et] de substituer franchement l'indéfini à l'infini » (HAMELIN, p. 61) pour conserver la rigueur du calcul algébrique. Il faut remplacer l'infini par une « approximation indéfinie » (*CP1877-1*, p. 139), qui ne se détermine « jamais en théorie, [et] est toujours plus grande, en théorie, qu'on ne saurait l'assigner, c'est-à-dire enfin, et toujours en théorie, équivalente à l'exactitude » (*ECG1-1*, p. 253).

Comment devons-nous alors comprendre les grandeurs incommensurables ? Elles sont des « relations proposées entre grandeurs données, relation d'une espèce particulière qui représentent ce double caractère : 1° de ne pouvoir être définies sans erreur par une quantité abstraite désignée, quelle qu'elle soit ; 2° de pouvoir être remplacées par une série de quantités abstraites désignées, telles que l'erreur indéterminée résultant de leur adoption soit moindre que telles autres quantités, quelque petites qu'on veuille se les proposer » (*ECG1-1*, p. 227).

Pour mesurer ces relations « sans commune mesure », il n'est donc pas possible de parler de nombres ni de rapports incommensurables ; cela reviendrait à établir « un rapport numérique » entre ces grandeurs définies théoriquement et démonstrativement comme sans rapport arithmétique assignable.

D'un point de vue théorique, pour ne pas « renoncer à la généralité de l'algèbre », la solution consiste à « considérer toute quantité dont le rapport à quelque autre est exprimé, et que l'on supposerait n'être pas commensurable avec elle, comme augmentée ou diminuée d'une quantité indéterminée convenable, dont la valeur discrétionnaire soit plus petite que toute valeur assignée de fait, quelque petite que soit celle-ci » (*ECG1-1*, p. 228)[44].

---

[44] L'explication de Milhaud (p. 52) est également très claire sur ce point : « S'agit-il d'une grandeur incommensurable avec l'unité, il faut dire franchement qu'il n'en existe pas de mesure exacte ; mais ce qui existe toujours, et cela suffit pour les calculs, c'est la mesure d'une grandeur commensurable dont la différence avec la grandeur donnée tombe au-dessous de toute valeur assignable. »

L'introduction de ces quantités accessoires n'apporte par définition qu'une variation du même ordre dans les résultats.

> « On peut donc opérer sans inconvénient sur les données d'un problème, et n'avoir nul égard à la correction voulue, quant aux rapports entre grandeurs incommensurables qui y figurent, pourvu qu'on interprète exactement les solutions, en évitant d'y attacher une signification inacceptable en toute rigueur » (*ECG1-1*, p. 228).

D'un point de vue pratique « les approximations seules sont possibles » (*ECG1-1*, p. 228), puisque par définition les incommensurables ne sont pas mesurables. Par exemple, nous pouvons déterminer le rapport entre le côté et la diagonale d'un carré plus ou moins une valeur epsilon considérée moindre qu'une quantité assignée quelconque.

> « Des grandeurs déterminées peuvent être incommensurables, c'est-à-dire n'avoir point pour commune mesure une grandeur assignable, quelque petite qu'on la suppose. Exemple, la diagonale et le côté du carré, dont la commune mesure demanderait des nombres tels que la deuxième puissance de l'un fût double de la deuxième puissance de l'autre : condition impossible.
> Il n'existe donc pas de rapport entre deux quantités de ce genre, séparément mesurables, a et b. Mais un rapport existe toujours entre l'une d'elles, soit a, et une autre quantité, $b \pm \varepsilon$, variable, que l'on peut toujours supposer différente de b, de moins que d'une quantité assignée, quelque petite que soit cette dernière » (*ECG1-1*, p. 251-252).

Il nous faut faire un pas de plus, alors « les principes du calcul infinitésimal se fixeront [eux aussi] dans les notions claires de l'indéfini, de l'indéterminé et de l'arbitraire. Alors seulement l'ancienne métaphysique aura cessé d'obscurcir une science qui passe à tort pour lumineuse, en son état actuel, et l'étude des mathématiques sera la meilleure introduction à la vraie philosophie, c'est-à-dire à la critique générale des connaissances » (*ECG1-1*, p. 265). Nous ne sommes donc pas si loin de l'opinion de Couturat, qui voudrait que les mathématiques soient « une méthode générale de démonstration et d'invention » (COUTURAT, p. 111).

6.c.γ - Calcul infinitésimal

Le même Couturat remarque également que le calcul infinitésimal n'était pas construit ni « purgé de la notion mystérieuse d'infiniment petit » avant le XIXe siècle[45].

C'est depuis l'École polytechnique que Renouvier porte son attention « sur les notions fondamentales du calcul infinitésimal » (MILHAUD, p. 23), peut-être « sous l'influence de la philosophie mathématique de Comte, qui laisse subsister quelque chose d'obscur et même d'illogique dans les différentielles leibnitiennes » (p. 24) aux yeux de Renouvier. Ce qui est certain, et Hamelin le confirme (p. 125), c'est que les recherches de Renouvier « sur la mesure du continu par le nombre », en particulier « la partie relative au calcul de *l'indéfini* », ont été « l'occasion [...] des décisions les plus vitales de sa pensée ». Une fois l'« absurdité de l'infini reconnue » (SEAILLES, p. 8), Renouvier « résolut d'être logique, d'accepter toutes les conséquences de ce jugement définitif et réfléchi ».

> « La lumière me vint à la suite d'un effort repris bien des fois depuis ma sortie de l'École polytechnique, et continué avec une sorte de passion, pour me rendre un compte que je pusse appeler rationnel de la méthode infinitésimal en géométrie. J'étais, je l'ai déjà dit, fortement attaché à l'infinitisme, relativement à l'ordre concret des choses, à la nature ; je ne cherchais pas moins avec une entière sincérité à m'expliquer l'usage légitime, dans l'ordre abstrait, en mathématiques, de ces infiniment petits qu'il faut traiter tantôt comme rigoureusement nuls et tantôt comme soutenant entre eux des rapports. Rien ne pouvait me satisfaire. Cette question est, on le sait, la croix avouée des méthodes d'enseignement de la géométrie depuis deux siècles. [...] Mon unique mérite, pour ceux qui consentiront à m'en reconnaître un, c'est d'avoir voulu absolument être logique, aller au bout des conséquences, quelque opposées qu'elles fussent à mes préventions, et mettre d'accord avec un jugement définitif, porté sur l'infini de quantité, mes jugements sur toute autre suite de problèmes, ce qui, de proche en proche, m'a porté très loin et à des résultats imprévus ou à peine pressentis » (*ECSDP-2*, p. 372-373 et *CP1877-2*, p. 311-312).

Nous pouvons distinguer deux traits essentiels dans son approche des quantités infinitésimales, traits qui lui permettent de s'arracher au mystère et de s'affranchir de la contradiction de « l'application du nombre à l'espace et aux choses analogues » (HAMELIN, p. 126), deux traits qui lui permet-

---

[45] Bien évidemment Couturat ne pense pas à Renouvier, il se réfère à Gauss, Argand, Möbius, Bellavitis, Grassmann... : « Gauss ne savait pas encore si l'on devait admettre les "quantités" imaginaires, qui sont devenues la base indispensable de l'Analyse, et c'est en 1806 seulement qu'Argand en trouvait la première interprétation satisfaisante. [...] Ce n'est que peu à peu, à la suite de l'invention du calcul barycentrique de Möbius, du calcul des équipollences de Bellavitis, du calcul géométrique de Grassmann, des questions de Hamilton, de la géométrie projective de Staudt, de la géométrie des ensembles, de la théorie des substitutions et des groupes, enfin du calcul de Boole, qu'on est parvenu à concevoir que la mathématique n'est pas liée à la nature particulière d'objets » (COUTURAT, p. 111-112).

tent « de ne pas ériger en nombres des choses qui ne peuvent pas être nombrées » : le premier tient à ce que la limite est à trouver dans la série des grandeurs sur lesquelles porte la mesure, cela nous évite de poser un rapport entre des grandeurs strictement incommensurables, donc sans rapport ; le second consiste en ce qu'il faut substituer, aux grandeurs prétendument infiniment petites, qui seraient données en acte, des grandeurs indéfiniment petites.

Ainsi, et parce qu'il est impossible d'épuiser une suite inépuisable, le calcul de l'indéfini doit se comprendre en toutes ses applications, même géométrique, « en tant que méthode approximative » (*ECG1-2*, p. 52-53) : jamais nous ne parviendrions à faire se confondre strictement les côtés d'un polygone dont nous multiplierions à volonté le nombre des côtés et la circonférence d'un cercle. Croire le contraire, c'est en rester au « tenace préjugé de la rigueur mathématique[46] » (*ECG1-1*, p. 270). En cette matière, ce qui est possible seulement, c'est de faire s'approcher indéfiniment l'aire ou le périmètre de l'un et de l'autre[47].

> « Il faut donc repousser les démonstrations prétendues ou les postulats qui tendent à donner un sens rigoureux, positif, toute idée d'approximation écartée, à une égalité telle que $C = \pi r^2$, par exemple, dans laquelle C représenterait un certain nombre de carrés, et πr^2 un produit de deux nombres qui ne peuvent être obtenus que par la mesure commune de deux lignes qui n'ont point de commune mesure. Ou il y a là une contradiction palpable et criante, ou la méthode des limites, expliquée de manière à donner des résultats de cette espèce, est un déguisement de la foi dans les infiniment petits. Cette dernière n'évite pas la contradiction, mais la consacre sous le nom d'*infini*. Telle est pourtant la force du préjugé, que des mathématiciens aiment mieux embrasser l'absurde que de renoncer à ce réalisme prestigieux des essences numériques incalculables. Et ils appellent cela de la rigueur. Comme si la rigueur pouvait consister à assigner une mesure exacte des quantités qui ne sont susceptibles que d'une mesure approximative !
>
> Mais cette approximation, dont il faut bien se contenter, est indéfinie ; et de là une admirable rigueur, cette fois vraie et sans mystère, qui permet l'introduction des quantités continues quelconques dans le calcul, sous le symbole de celles qui, étant mesurables et demeurant indéterminées, ne diffèrent des premières que d'une quantité

---

[46] Pour Renouvier, si l'on prenait conscience de cet *idola specus*, comme il l'appelle en adoptant l'expression de Francis Bacon, « on n'imposerait pas à la rigueur exigée l'obligation de rendre possibles les problèmes impossibles », et les « énoncés vicieux et les démonstrations seraient [...] faciles à rectifier » (*CP1877-1*, p. 140).

[47] « Le nombre π sous ce point de vue, n'est plus un nombre fixe mesurant la longueur d'une circonférence qui a pour diamètre l'unité linéaire, mais bien un nombre indéterminé, symbole de la longueur du périmètre d'un certain polygone inscrit, dont l'apothème diffère du rayon de moins que d'une longueur assignée, quelque petite qu'on l'assigne » (*CP1877-1*, p. 141). De même, comme le rappelle Milhaud (p. 52), « la racine carré d'un nombre qui n'est pas carré parfait [...] n'existe pas ; mais on sait trouver des nombres fractionnaires dont la différence peut tomber au-dessous de toute valeur donnée, et dont les carrés comprennent le nombre considéré. »

arbitrairement petite. Or, tout autant que la substitution est seulement supposée, et qu'on ne sort pas des relations exprimées en général, pour en venir aux applications arithmétiques, la théorie est pleinement rigoureuse. Il est vrai que l'on considère systématiquement, au lieu des quantités proposées, d'autres quantités, mais l'erreur est indéterminée, toujours inassignée et arbitraire ; et, *a posteriori*, on prouve qu'elle est inassignable et nulle en ce sens, puisque le géomètre a toujours pu envisager une différence moindre que celle qu'on objecte, quelque petite que soit celle-ci » (*ECG1-1*, p. 255).

Il est donc « permis de négliger comme nulle une quantité qu'on a soi-même introduite dans le calcul, avec une valeur indéterminée, il est vrai, mais enfin réelle, puisqu'on l'a supposée, et d'affirmer avec cela qu'il n'entre aucune erreur dans le résultat » (*CP1881-1*, p. 329-330[48]). « La double erreur compensatoire » (*ECG1-1*, p. 274) ainsi envisagée, par l'introduction d'une valeur considérée ensuite comme nulle, constitue « une double erreur nulle[49] », car la valeur introduite est indéfiniment petite. Renouvier l'appelle, avec Leibniz, « différentielle » et il traite « les termes différentiels comme nuls au regard de termes définis quelconques, ou de termes différentiels d'un ordre moins élevé qu'eux » (p. 264). Ces termes « n'existent en un mot que pour leurs rapports mutuels ». La véritable erreur consisterait au contraire à tenir compte des différentiels qui seraient alors supposés « déterminés d'une manière quelconque » (p. 262), alors qu'ils ne peuvent « être assignés sans erreur et sans contradiction[50] ».

C'est pourquoi il ne serait pas juste non plus de considérer ce procédé « comme un calcul d'approximation purement et simplement » (*ECG1-1*, p. 271). S'il y a approximation, elle est toute symbolique et n'ôte rien à la rigueur du calcul.

> « Mais il faut considérer en même temps que ces incomparables communs mêmes, n'étant nullement fixes ou déterminés et pouvant être pris aussi petits qu'on veut dans nos raisonnements géométriques, font l'effet des infiniment petits rigoureux, puisqu'un adversaire voulant contredire à notre énonciation, il s'ensuit par notre calcul que l'erreur sera moindre qu'aucune erreur qu'il pourra assigner ; étant en notre pouvoir de prendre cet incomparablement petit assez petit pour cela, puisqu'on peut toujours prendre une grandeur aussi petite qu'on veut... C'est sans doute en cela que consiste la démonstration rigoureuse du calcul infinitésimal dont nous nous servons » (Lettre de Leibniz à Varignon du 2 février 1702, Op. Dutens, t. III, p. 370, cité en *ECG1-1*, p. 272).

Renouvier propose donc (*ECG1-1*, p. 262-263) qu'on regarde toute quantité comme étant « la somme effectuée d'un nombre indéfini de fois l'une de ses parties aliquotes indéfiniment petite ; l'esprit de la méthode

---

[48] Cité également par Fedi (CSPS, p. 79).
[49] Voir *CP1881-1*, p. 322-324.
[50] La différentielle n'est qu'une fiction dont il ne faut faire que « l'usage que sa définition comporte » (*CP1881-1*, p. 333).

consistant à repousser par hypothèse toute valeur définie que cette partie aliquote pourrait recevoir. » Grâce à cette « convention », « l'élimination des indéterminées a lieu rigoureusement, en vertu de l'hypothèse même qui les met en œuvre. »

Renouvier use du même procédé en géométrie, comme nous l'évoquions plus haut. Pour lui, la différence entre la circonférence et le polygone est irréductible : la première a « tous ses points à égale distance du centre » (SEAILLES, p. 51), comme sa définition l'impose, tandis que le second est défini comme « une figure aux côtés rectilignes ». Il faudrait donc passer des lignes droites du polygone à la ligne courbe de la circonférence, ce qui est impossible quelle que fût grande la multiplication des côtés. Pour cela on considérerait les côtés du polygone en si grand nombre qu'ils se réduiraient à n'être que des points, cela aboutirait à supprimer le polygone, la figure correspondant alors à la définition de la circonférence. C'est pourquoi, les « polygones inscrits dans un cercle, et dont on augmente le nombre des côtés, ne parviennent pas à se confondre avec la circonférence » (MILHAUD, p. 53).

> « Je crois préférable d'établir avec netteté ce que, dans le fond, on est forcé d'avouer : la mesure *n'atteint* pas la courbe même, en tant que telle, mais épuise le polygone variable substitué à la courbe, un polygone qui a le caractère de différer de la courbe aussi peu que l'on veut, quant à l'intuition analytiquement, où aucune quantité, quelque petite qu'elle soit, ne saurait être assignée à la dimension de ses côtés » (*ECG1-1*, p. 259).

L'argument exposé par ce passage est réaffirmé lorsque nous imaginons deux polygones réguliers disposant d'un nombre de côtés indéfiniment grand, l'un inscrit dans le cercle, l'autre circonscrit. Plus nous augmentons le nombre de leurs côtés, plus les deux polygones s'approchent de leur limite commune que constitue le cercle. Pour cette raison, nous nous croyons autorisés à transposer à cette limite les propriétés qui n'appartiennent qu'aux variables. Cela n'est pas totalement justifié, car, si « la mesure du périmètre ou de la surface de l'un quelconque des polygones au moyen de l'unité linéaire est une idée clairement définie, [...] il n'en est plus de même quand il s'agit de la circonférence et du cercle » (*ECG1-1*, p. 232). Aussi pour être parfaitement rigoureux, « il faut se borner à poser la *mesure d'une quantité qu'on définit non par la propre figure qui la circonscrit, mais à l'aide d'une figure indéfiniment approchée de la proposée* ».

C'est l'idée de direction qui nous incite à franchir cette limite, elle provient de ce que, pour distinguer différentes courbes, nous attribuons aux éléments de ces courbes des directions. En procédant de la sorte, nous oublions toutefois « que *la direction d'une courbe varie d'une manière constante* » (*ECG1-1*, p. 256) et que, sans cette variation continue, il n'y a plus courbure. Pour accorder la continuité de la courbe et la discontinuité des côtés du polygone, la solution consiste à supposer les côtés de ce dernier en nombre indéfini, inassigné et même inassignable.

> Cette « indétermination même, sous la condition posée, permet de chasser [... la valeur des côtés desdits polygones] des équations qu'ils ont fait obtenir et d'atteindre ainsi la solution des problèmes les plus généraux de la géométrie. C'est le véritable esprit d'une méthode que la théorie des limites, telle qu'on la présente communément, n'éclaircit pas, et que la doctrine de l'infini entache de contradiction.
> On substitue donc à une courbe le polygone formé de la série des cordes indéfiniment petites substituées à leurs arcs » (*ECG1-1*, p. 256-257).

Chapitre 7 - La géométrie et ses concepts élémentaires

7.a - Comment Renouvier reconstruit-il la géométrie ?

Élargissons notre analyse de la continuité à l'ensemble de cette science qui consiste en une analyse de la figure et de l'étendue[1]. A partir de quelques définitions et axiomes, la géométrie développe, comme font les autres sciences dans d'autres domaines, « ce qui n'est donné que confusément à la connaissance » (*ECG1-1*, p. 110, note 1). Elle explique des données initialement confuses en procédant par des abstractions, tels « le point, la ligne sans largeur ni épaisseur, la droite ou le cercle parfait » (*AP1891*[2], p. 1). C'est donc une « science d'imagination » (*PAH-4*, p. 656), « abstraite », dont le « procédé est indépendant de la nature du sujet en question », une science dont l'objet est justement « de se rapprocher le plus possible de ce qu'on sait être une abstraction irréalisable », qui d'ailleurs, précise Renouvier, ne s'écarte de l'expérience qu'en proportion des « hypothèses d'où l'on est parti » (*AP1891*, p. 1).

C'est pourquoi, s'il y a un vice dans la méthode des géomètres, il ne tient pas à son objet ou à sa méthode, mais il réside dans ce que sa logique n'était pas éclaircie et il tient en ce que la géométrie ne disposait pas d'une philosophie.

<blockquote>Les « géomètres n'ont pas reconnu le criterium qui permet de distinguer l'indémontrable du démontrable, au point de départ des théorèmes, et ne se sont pas rendu compte de tout ce que l'analyse implique de données qu'elle ne saurait elle-même fournir » (*AP1891*, p. 1).</blockquote>

Janssens voit (p. 297) toute la philosophie de Renouvier comme « une géométrie, kantienne d'inspiration, cartésienne de méthode »[3]. Sans aller

---

[1] Voir *ECG1-1*, p. 193.
[2] L'article dont nous extrayons cette citation s'intitule « La philosophie de la règle et du compas – Théorie logique du jugement dans ses applications aux idées géométriques et à la méthode des géomètres » (*AP1891*, p. 1-66). Il complète l'analyse que Renouvier avait rédigée deux ans auparavant dans la *Critique philosophique* sous le titre « La philosophie de la règle et du compas, ou des jugements synthétiques a priori dans la géométrie élémentaire » (*CP1889-2*, p. 337-348). Anastasios Brenner m'a signalé que Poincaré fait référence à Renouvier dans son article « Les géométries non euclidiennes » (*Revue générale des sciences pures et appliquées* n°2, 1891, p. 769-774) ; par là « Poincaré intervient donc dans un débat philosophique au sujet de la science lancé par Renouvier », de même que Couturat. C'est pourquoi, même si nous décidons de ne retenir que « les faiblesses des solutions proposées par Renouvier », nous devrions au minimum lui reconnaître ce « rôle dans le développement de la philosophie des sciences. »
[3] Voir notamment 7.b.α.

jusque là, constatons que Renouvier se propose d'interroger les définitions et les notions de base de la géométrie, pour vérifier si elles sont incontournables ou non. En effet, la géométrie est construite sur un certain nombre de faits d'intuition[4], que Renouvier nomme jugements synthétiques *a priori* ; ils sont « des phénomènes intellectuels qu'on peut analyser [...], mais que l'on ne saurait démontrer ou ramener à d'autres sans pétition de principe » (*AP1891*, p. 5).

Le premier d'entre eux est l'étendue à trois dimensions, qui nous permet d'imaginer une figure « en ses relations internes, et *située* par l'esprit comme en un milieu lui-même sans figure qui est le lieu universel » (*AP1891*, p. 4). La géométrie est bâtie sur cet espace à trois dimensions ; le temps, pour sa part, n'en a qu'une et c'est pourquoi il n'est pas le sujet d'une science.

> Ainsi « va la durée, d'un instant à un autre, sans s'écarter, sans se prêter à différentes figures : toute la différence gît dans la substitution de la successivité à l'extériorité. De là vient que la catégorie de succession n'est pas le sujet d'une science propre, d'une science analogue à la géométrie » (*ECG1-1*, p. 214).

Les trois dimensions constituent un espace indéfini, sans forme, dans lequel une figure peut s'étendre. Renouvier juge cette première proposition comme « essentiellement analytique et descriptive[5] » (*AP1891*, p. 4).

Cependant, il reconnaît qu'il est parfois difficile de distinguer entre les principes de la logique, les faits intuitifs, les définitions, les axiomes et les postulats qui fournissent à la géométrie les sujets auxquels elle s'applique. C'est pourquoi, il propose de placer la logique en amont de la géométrie, puisque c'est continuellement que cette dernière reconnaît et applique les principes de la logique « sans avoir à les examiner » (*AP1891*, p. 6).

Dans cet esprit, Renouvier insiste également sur l'utilité de définir les notions qui pourraient sembler claires, comme celle de la droite ; sinon nous pourrions « prendre pour l'idée de la droite une propriété qui, bien que caractéristique, n'est pourtant pas l'idée en son essence » (*AP1891*, p. 7). Il suggère que nous suivions ici la définition euclidienne et considérions la ligne droite comme « celle *qui est identiquement placée par rapport à ses points* ». Cette définition porte sur la ligne en tant qu'elle est droite, mais il faut également la définir en tant qu'elle est ligne. Il le fait en ces termes : « La ligne droite est celle *dont les points se suivent en se couvrant*, ou encore *dont les points ne laissent entre eux aucun intervalle superficiel* » (*ECG1-1*, p. 187-188).

Cela repose le problème de la continuité de l'espace. Car, soit le point est divisible[6] et il n'est pas un point tel que nous l'entendons mais plutôt un

---

[4] « Le géomètre fait de continuels appels à une intuition que rien ne remplace » (*AP1891*, p. 5).
[5] D'où sa position concernant la géométrie non-euclidienne (voir 7.c).

ensemble de points, tel un disque, soit le point répond à sa définition ; mais alors, vu que le point est conçu comme « limite élémentaire de position » (*ECG1-1*, p. 184), « dont tout intervalle est nié par abstraction et par hypothèse », il en découle que l'« intervalle ne se compose pas de points en nombre donné », qu'il admet au contraire « la possibilité d'en établir arbitrairement et indéfiniment ». Nous en déduisons que deux points posés côte à côte, soit n'en forment qu'un seul, soit sont séparés par un intervalle qui contient lui-même un nombre indéfini de points[7].

Indépendamment de ce problème de contenance, la ligne est aussi « la *synthèse de l'interposition des points possibles entre deux points quelconques, et procédant de l'un à l'autre suivant une certaine loi* » (*ECG1-1*, p. 185). Cet intervalle entre deux points constitue la première figure possible, la plus simple de toutes : « l'*étendue linéaire* ».

« La droite, en tant qu'on la considère en elle-même, en tant qu'on n'envisage en elle que l'élément figuratif et qualitatif qu'est la rectitude » (HAMELIN, p. 122), implique plusieurs demandes. Euclide les avait déjà formulées : « 1° *que d'un point à un autre on puisse toujours mener une droite* ; 2° *qu'une droite finie puisse être prolongée continuellement dans sa direction* ; 3° *que deux droites n'enceignent pas un espace* » (*AP1891*, p. 8). Ces demandes classiques sont l'équivalent de l'énoncé moderne qui veut que d'« *un point à un autre on ne peut mener qu'une ligne droite* » (p. 9). Cette formule « est un pur développement de l'intuition par laquelle se définit la ligne droite ; elle en est inséparable ». En niant les demandes antiques nous nions la formule moderne et réciproquement. En effet, penser à une figure fermée par deux droites revient à penser la possibilité de mener deux droites entre deux points et inversement ; de fait, ces demandes semblent bien être « vraies ».

Cette idée de rectitude amène à celle de direction ainsi qu'à celle de plus court chemin entre deux points. La fécondité de ces deux nouveaux concepts va permettre de construire toutes les figures et de mesurer toutes les distances, et par là de construire une science : la géométrie.

Identifier le droit et le plus court en une ligne unique autorise en effet à établir une relation constante. Celle-ci conduit à la grandeur linéaire « par laquelle toutes les autres grandeurs sont évaluées directement ou indirectement » (*ECG1-1*, p. 179) et cela quelque soit l'unité arbitrairement choisie.

---

[6] Renouvier illustre cette difficulté (*ECG1-1*, p. 301) avec l'exemple de l'opposition entre Hobbes et Christiaan Huygens : « Hobbes définit le point comme *divisible*, quoique, dit-il, on ne doive pas en considérer de parties dans la démonstration, et, [cela] malgré les objections de Huyghens, à qui il reproche de *faire usage du principe que le point n'est rien* ».

[7] Voir SEAILLES, p. 96.

En effet, mesurer la ligne consiste à la considérer comme le multiple d'une de ses parties prise comme unité. Par ce procédé, la ligne qui n'était qu'une « loi de position ou de figure » (*ECG1-1*, p. 187) devient « longueur » et va s'exprimer comme « quantité et nombre ». La notion de mesure est dépendante de la notion de quantité, parce que nous y posons « un *plus grand* et un *plus petit* » (*AP1891*, p. 15) et qu'elle « implique l'unité et le nombre ».

Comme nous avions défini, avec Euclide, la droite en tant qu'elle est « *identiquement placée par rapport à ses points* », nous pouvons définir la surface plane comme « celle qui est identiquement placée par rapport à ses droites » (*AP1891*, p. 10). Renouvier constate la symétrie de ces deux définitions. Comme nous avions interposition de points entre deux points pour former la figure droite, nous trouvons ici l'interposition de toutes les lignes possibles entre deux lignes pour former la figure plane[8].

> Ainsi, les « droites se suivent et s'ordonnent dans la constitution du plan, sans *dessus* ni *dessous*, sans pouvoir donner la profondeur, comme les points font dans la droite, sans *à droite* ni *à gauche*, sans pouvoir donner la largeur. La possibilité d'une telle surface est un fait d'intuition, une idée, qui ne comporte aucun jugement synthétique, aucun postulat » (*AP1891*, p. 10).

En ajoutant la détermination quantitative à l'idée du plus court, nous obtenons au niveau du plan, comme nous l'avions obtenu au niveau de la droite, « un instrument de mesure » (HAMELIN, p. 123) : « Le plan est parmi les surfaces ce que la droite est parmi les lignes » (*CP1889-2*, p. 345). Ainsi, la mesure par la ligne droite permet de connaître la circonférence, car la mesure de celle-ci implique celle de son rayon par l'idée d'une ligne de distance constante « entre l'un quelconque de ses points et un point unique donné sur son plan » (*AP1891*, p. 14[9]).

Il n'y a plus qu'un pas pour comprendre que la troisième dimension sera construite et « mesurée à l'aide d'une certaine droite sortant du plan » (HAMELIN, p. 122), car le volume n'est autre que « la *synthèse de l'interposition des surfaces possibles entre deux étendues superficielles quelconques* » (*ECG1-1*, p. 186).

Nous avons nos trois dimensions, il nous faut maintenant distinguer entre les notions communes et les demandes de la géométrie. Les premières, axiomes, ou κοίναι ἔννοιαι (notions communes) chez Euclide, « se réduisent à des propositions d'ordre général concernant la grandeur, l'égalité et l'inégalité, le rapport des parties au tout » (*AP1891*, p. 6) ; elles ne sont pas nécessairement géométriques et leurs énoncés ne font que traduire le sens que nous attribuons aux mots, par exemple : « le tout est la somme de ses

---

[8] Voir *ECG1-1*, p. 186.
[9] Voir aussi *CP1889-2*, p. 344.

parties, les parties [sont] plus petites que le tout, et deux grandeurs égales à une troisième, [sont] égales entre elles ». Les secondes, αἴτημα (demandes) chez Euclide, ont une signification plus précise, elles « se rapportent aux constructions fondamentales : la ligne droite, la circonférence, l'angle droit et les droites parallèles » (p. 5).

Renouvier nomme les demandes, dont Euclide se sert pour définir la droite, des « requis pour l'exactitude des théorèmes » (*AP1891*, p. 10) et il précise qu'il ne s'agit pas de postulats, dans le sens que nous donnons aujourd'hui à ce terme. Le postulat n'apparaît qu'avec « l'intuition du *distant* » (p. 11), qu'avec l'idée « d'une distance comparée à d'autres distances ». Kant a opéré cette « capitale distinction » en posant que le « concept du *plus court* [...] ne peut être déduit du concept de la ligne droite par quelque analyse que ce soit. » Le postulat tient en ce que entre deux points, la ligne droite « est la moindre distance, c'est-à-dire absolument *la distance*. Tel est *le postulat de la droite comme distance* ». Ce « *principe* »[10] est synthétique alors que « tant la *définition* que l'*axiome* sont bien des jugements analytiques, n'impliquant que l'intuition » (p. 12).

La mesure de l'angle est un postulat, une synthèse d'idées, parce qu'elle fait précisément intervenir le nombre. Renouvier rappelle que Euclide avait classé l'égalité entre tous les angles droits parmi ses demandes, justement parce qu'il concevait l'angle droit en terme d'égalité : « Quand une droite élevée sur une autre fait avec elle deux angles adjacents égaux entre eux, chacun des angles égaux est droit et la droite élevée sur l'autre est dite lui être perpendiculaire » (p. 16). Cette demande se transforme en postulat lorsque nous passons de l'égalité géométrique des angles « à la contenance, dont l'idée se rapporte à une égalité *arithmétique* » (p. 17). La « contenance est une relation qui se surajoute. [...] Le postulat consiste dans le jugement qui unit à ce rapport de position un rapport numérique ; à l'égalité dans la figure, l'égalité dans la quantité, dans le nombre ».

> Tout comme « l'idée de distance n'est pas [...] impliquée dans celle de direction ; il y a indépendance logique et liaison constante, synthèse [... entre] la représentation de deux droites en la position perpendiculaire, et [...] la conception du rapport arithmétique des angles, duquel il résulte pour les angles droits une même constance, et pour une étendue plane, pour la révolution d'une ligne droite autour d'un point, une mesure dont la valeur est de 4 angles droits » (*AP1891*, p. 19).

Il en est ainsi lorsque nous pensons à deux droites sécantes. Elles forment, à partir du point qu'elles ont en commun, une figure appelée angle. À partir de ce point de convergence et sur un même plan, il est possible d'imaginer d'autres droites qui forment d'autres angles. Nous aurons alors des rapports

---

[10] Renouvier rappelle (*AP1891*, p. 11) que c'est Archimède qui posa ce « principe » pour mesurer des courbes.

de direction et des rapports d'écartement. Ce sont ces derniers et eux seuls qui nous offrent la possibilité de mesurer la direction.

> D'« une part, les angles qui ont un côté commun établissent des rapports de direction de diverses droites comparativement à une même droite donnée, de l'autre, ils se présentent respectivement comme contenants et contenus, de sorte qu'au rapport de direction (*figure, position*), un rapport d'écartement plus ou moins grand (*quantité*) vient se joindre, et la mesure de la direction est possible » (*ECG1-1*, p. 190).

Il en est encore de même si nous pensons à des droites parallèles. Nous avons, d'une part, l'égalité de direction et, d'autre part, le caractère quantitatif par lequel nous saisissons l'écartement des deux droites comme toujours égal à lui-même, c'est ce caractère qui nous fait dire de deux parallèles qu'elles « sont deux droites équidistantes » (HAMELIN, p. 122).

7.b - Comment comprendre les nombres négatifs ?

7.b.α - Méthode algébrico-géométrique

C'est la catégorie de position qui amène Renouvier à analyser les principes de la géométrie[11], parce que cette science correspond à la marche la plus exacte que l'on puisse suivre pour examiner cette catégorie et parce que la catégorie de position, en plus d'être une condition de l'expérience en général, rend possible la géométrie[12]. Cette catégorie, de même que la géométrie, manifeste une irréductible dualité par « sa nature figurative et quantitative » (HAMELIN, p. 122), car la géométrie est cette « science qui s'efforce d'introduire la mesure et le calcul dans les rapports de position, en les ramenant à des quantités définies » (SEAILLES, p. 96). Nous l'avons présenté plus haut au travers de quelques principes de la géométrie, la mesure de la direction par les angles ainsi que le parallélisme sont des jugements synthétiques qui s'appuient sur une « synthèse primitive et indémontrable de la position et de la quantité » (SEAILLES, p. 97). Ainsi, contrairement à l'arithmétique, qui est purement analytique parce que cantonnée à l'unique catégorie de nombre, la géométrie est une science synthétique.

Elle atteint même, pour Renouvier (*ECG1-1*, p. 224), son « plus haut degré de généralité en ramenant les rapports dont elle poursuit l'investigation à de simples rapports de nombre », quand « le travail de la déduction

---

[11] Voir *ECG1-1*, p. 193.
[12] « La catégorie de position définit une condition de possibilité *a priori* de l'expérience en même temps qu'elle détermine les conditions de possibilité de la géométrie. Cela signifie que les règles de construction des rapports spatiaux dictées par cette loi de la représentation sont celles dont relève l'édification de la géométrie » (FEDI, *PC*, p. 120).

et de la recherche peut, à la rigueur, se réduire à l'analyse des relations numériques envisagées dans l'étendue » ; cela se produit lorsque la géométrie devient géométrie analytique.

> « Tel est le sens de la méthode qui a pris le nom de *géométrie analytique ou application de l'algèbre à la géométrie*. Trois axes divergeant d'un point, tracés arbitrairement d'ailleurs, pourvu que ce ne soit pas sur un même plan, correspondent aux trois dimensions, et servent de repères pour la détermination de tous les points possibles. Les *coordonnées*, estimées numériquement à l'aide d'une unité linéaire, font connaître les positions, et tout rapport de position se rattache ensuite aux rapports mutuels de divers groupes de nombres qui conviennent à divers points » (*ECG1-1*, p. 224-225).

Renouvier trouve l'expression « géométrie analytique » inappropriée pour désigner cette méthode « algébrico-géométrique », il préfère nommer cette méthode générale des mathématiques « *application de l'algèbre à la géométrie, ou application de la géométrie à l'algèbre* » (*PAH-3*, p. 278). Il estime qu'elle conserve l'avantage de la géométrie traditionnelle, qui consiste à « soumettre à l'esprit des objets relativement concrets », et qu'elle présente l'atout de ne pas particulariser ces objets : elle les place dans le rapport quantitatif « qui réunit comme sujet d'études toutes les parties de la mathématique » en généralisant les rapports, en désignant « par des symboles et les lignes ou quantités, et les opérations à effectuer sur elles ».

Ainsi, suivant Descartes et ses quatre préceptes[13], Renouvier confirme que les mathématiques n'ont qu'un objet qui tient dans les « *rapports ou proportions* » (*PAH-3*, p. 277[14]), que nous pouvons représenter géométriquement ou algébriquement.

7.b.β - Nombres négatifs

Cette méthode avantageuse qui revient à conjuguer les deux approches n'est pas cependant sans poser quelques problèmes. Le premier, que nous avons traité plus haut, tient à ce que les grandeurs envisagées dans l'espace et dans la durée « sont *continues* » alors que les nombres « sont des

---

[13] N'« admettre rien que d'évident, [...] diviser les difficultés pour en examiner toutes les parties séparément, [...] conduire ses pensées par ordre, allant du simple au composé, et [...] faire des dénombrements entiers et des revues générales » (*PAH-3*, p. 276).

[14] « Ainsi Descartes, partant de ses *quatre préceptes*, constate que les mathématiciens les ont observés, qu'ils n'ont rien admis que d'évident, qu'ils ont commencé par les vérités les plus simples, qu'ils ont procédé par ordre rigoureux, et que seuls ils ont obtenu des démonstrations. Il va suivre leur méthode, et la première chose qu'il découvrira, en l'examinant bien, c'est que *leurs sciences* peuvent elles-mêmes se simplifier, parce que leur sujet est unique au fond et consiste en des *rapports* ou *proportions*, qui peuvent aussi être représentées par des lignes, et les lignes par des notations symboliques. Il donne à ces notations, à ces signes affectés aux rapports quantitatifs, que l'imagination se peint comme des lignes, le nom de *chiffres* » (*PAH-3*, p. 277).

grandeurs *discrètes* » (*ECG1-1*, p. 224). Le second, qu'il nous faut examiner maintenant, provient de ce que les nombres croissent à partir de l'unité abstraite en un sens seulement, que donc, dans « sa stricte catégorialité, le nombre ne s'entend pas au delà des entiers positifs » (*PC*, p. 114). C'est-à-dire qu'une « quantité concrète évaluée numériquement est [toujours] positive par rapport à l'unité dont elle se forme [...]. La nature du nombre et l'origine des fonctions le veulent ainsi » (*ECG1-1*, p. 237). Le nombre croît indéfiniment en un seul sens à partir de l'unité, et la quantité de même à partir du zéro. « Le fait de l'existence d'une limite arbitraire et de deux sens opposés dans chaque dimension semble [donc] d'abord nous empêcher d'étendre la mesure aux rapports de position » (p. 240).

Néanmoins, à partir d'un point situé sur une droite, la quantité peut « se compter en deux sens opposés » (p. 239). « $+a$ et $-a$ désignent une même grandeur, et déterminent deux points différents, de part et d'autre et à distance égale » d'un troisième. De plus, ce « qui a lieu pour une droite quelconque s'applique à chacun des trois axes rectilignes qui, divergeant d'une limite arbitraire commune, servent à déterminer la position d'un point quelconque dans l'espace ». C'est de ce double sens, que nous repérons dans l'espace, que « proviennent les valeurs dites *négatives*, que représente le calcul appliqué aux questions géométriques » (p. 224). Cependant, la signification du mot nombre ne devrait pas s'étendre selon Renouvier, car les nombres dits négatifs ne sont que des « symboles conventionnels » de certaines relations et ils n'ont aucun sens sortis de leur contexte[15].

Il faut considérer ces nombres négatifs en tant qu'ils sont soustraits de manière sous-entendue à une valeur plus importante.
> « Lorsqu'une quantité susceptible de deux sens opposés, $n + x$, $n - x$, est continue entre ces deux valeurs, on conçoit nécessairement parmi les valeurs intermédiaires la valeur n. En d'autres termes, la grandeur qui varie continûment entre deux traverse nécessairement celle-ci, et c'est là même qu'elle change de sens. On dit alors que x *passe du positif au négatif, ou du négatif au positif, par zéro*, langage conventionnel et symbolique dont la vraie signification paraît quand, au lieu d'envisager x isolément, on le rapporte à la quantité indéterminée n, sur laquelle il doit être porté en plus ou en moins » (*ECG1-1*, p. 245-246).

La représentation qu'on en a, ainsi corrigée, correspond du point de vue de la géométrie analytique à un glissement des repères, à un déplacement du point d'origine fixé arbitrairement[16], à un choix différent du système des axes. L'ancienne théorie du double sens est alors débarrassée de la

---

[15] « Pris en eux-mêmes les nombres négatifs n'ont aucun sens, ils ne sont intelligibles que comme symboles conventionnels de certaines relations qui se rencontrent dans l'ordre des grandeurs continues » (SEAILLES, p. 50).
[16] Voir *ECG1-1*, p. 172.

« virtualité mystique des formules » (p. 243), de la « signification concrète intrinsèque que l'algébriste n'y aurait déposée ni directement, ni indirectement, et que, pourtant, il devrait y démêler » : l'algèbre est une langue conventionnelle, « volontaire » et « prémédité[e] de la part du calculateur ». Il n'y a donc pas de « *quantités négatives, c'est-à-dire moindres que zéro* ». Dans une fonction quelconque qui « dépend de quantités susceptibles des deux signes » (p. 245), la convention qui consiste à employer « des valeurs négatives n'a d'autre objet que de simplifier l'usage ». C'est là « le principe unique des signes dans l'application de l'algèbre à la géométrie ».

Dans l'opération par laquelle on ôte b à a, on peut feindre que $-b$ est un nombre négatif qu'on ajoute à a ; ce symbole est alors « précieux » (p. 238), par exemple pour régler des « problèmes abstraits, ou purement algorithmiques », mais il ne faut pas en oublier l'origine : c'est une convention, une interprétation, une règle « qu'on institue exprès » (HAMELIN, p. 125).

> « On s'est demandé, par exemple, quelles valeurs substituées à x réduiraient à zéro la fonction $x^2 + 3x + 2$ par exemple, et l'on trouve par l'analyse de ce problème abstrait les deux solutions -1 et -2 ; ce ne sont pas là des nombres, mais le problème n'en est pas moins résolu dans le sens algébrique pur » (*ECG1-1*, p. 238).

Cette théorie des nombres négatifs appliquée « à l'analyse géométrique s'étend sans difficulté à toutes les parties des mathématiques appliquées où les variables sont susceptibles d'un double sens à compter d'une limite » (*ECG1-1*, p. 241). Elle s'applique également dans des problèmes concrets relatifs à tous les faits que nous pouvons assimiler à des lignes, à tous les états dont la valeur croît ou décroît. C'est le cas par exemple de « la mesure de la durée, des forces, des températures », de « l'avoir d'un négociant », etc.

Tout « en restant fidèle à la loi du nombre » (SEAILLES, p. 97), nous donnons du sens aux quantités négatives, de la même manière que nous en donnons aux quantités incommensurables, infinitésimales, imaginaires et fractionnaires[17]. Ce sont des symboles qu'il faut distinguer des nombres et des quantités concrètes, car ce qui est impossible pour les uns ne l'est pas pour les autres, ce qui est absurde arithmétiquement ne l'est pas nécessairement au point de vue de l'algèbre ou de la géométrie.

> « Par exemple, la relation qu'exprime le symbole *un divisé par x* est impossible arithmétiquement, mais s'applique sans difficulté à la quantité continue ; la relation dite *racine carrée de x* n'a pas de sens arithmétique dans la plupart des cas, mais elle a toujours un sens géométrique exact ; la relation dite *moins x* est absurde par elle-même, et se justifie en prenant place dans un système de quantités comptés d'une limite arbitraire ; la relation dite *racine carré de moins x^2* ne peut pas être reçue pour signifier une fonction de x, à quelque titre que ce soit, et pourtant le symbole de cette fonction impossible entre dans la solution générale d'un ordre de problèmes, si bien que des

---

[17] Voir HAMELIN, p. 125 et SEAILLES, p. 97.

équations dont il fait partie sont non seulement possibles, mais nécessaires relativement à une équation algébrique envisagée dans toute sa généralité » (*ECG1-1*, p. 247).

Des relations, telles que $x/y = z$, possibles au niveau algébrique[18] et d'un point de vue logique, s'avèrent souvent absurdes, impossibles, insolubles, quand nous cherchons à les déterminer arithmétiquement[19].

Le « quotient d'un nombre par un autre qui n'est pas sous-multiple du premier, ou la racine de quelque degré d'un nombre qui n'est point une puissance de ce même degré, sont des chimères inintelligibles » (*ECG1-1*, p. 172).

Ainsi, s'il y a bien une extension du domaine des mathématiques au delà du « sens proprement numérique, [qui] n'est plus qu'un cas très particulier » (*ECG1-1*, p. 173), il faut néanmoins en saisir les règles :

- les nombres négatifs, fractionnaires ou incommensurables, n'ont pas de sens si nous les considérons séparément ou dans une relation simple[20] ;
- toutefois, ils peuvent exprimer des relations complexes sous-entendues : $-a$ désigne la relation $(A + a) - a$, et $1/a$ désigne $1/a \, A a$;
- les relations de ce type ne peuvent se situer que dans le continu ;
- et c'est le continu seul qui autorise à « assigner des valeurs numériques de a et de b propres à satisfaire à une relation telle que $(a/b)^m = A$, quels que soient m et A, sous la réserve d'une différence indéfiniment et arbitrairement réductible » (*ECG1-1*, p. 172-173).

---

[18] L'algébriste étudie les relations entre des nombres « exprimés par des signes généraux, par des symboles. [...] Le problème général de l'algèbre peut [...] s'énoncer ainsi : *Une ou plusieurs relations étant données entre des quantités représentées par des signes* (abstraits et généraux), *déterminer de nouvelles relations telles qu'une ou plusieurs de ces quantités s'y trouvent exprimées en fonction des autres*. Ou encore : *déterminer d'une manière générale les variations de certains nombres correspondantes à celles de certains autres nombres qui leur sont liés par des relations quelconques définies et données* » (*ECG1-1*, p. 170-171).

[19] L'arithmétique se définit comme le calcul des valeurs tandis que l'algèbre est le calcul des fonctions ; pourtant les deux ont pour objet le nombre. L'arithmétique le détermine particulièrement ou cherche à le faire, tandis que l'algèbre, en employant des symboles, demeure au niveau des relations numériques générales et abstraites. Cet objet marque donc l'unité de ces deux sciences. C'est pourquoi Renouvier accepte qu'on les désigne avec Newton, et contre Comte, sous le nom d'*arithmetica universalis* (voir *ECG1-1*, p. 267-268).

[20] Pour cela Renouvier refuse la « généralisation du nombre » proposée par Dedekind dont le système montre « le nombre entier comme un cas particulier du nombre fractionnaire, le rationnel, un cas particulier de "coupure" dans un ensemble linéaire de points » (*PC*, p. 267).

7.c - En quoi consiste l'opposition de Renouvier à une géométrie non-euclidienne ?

Couturat (p. 105) pense avec Bertrand Russel « que ce qui a ruiné la philosophie kantienne des mathématiques, ce n'est pas la Géométrie non euclidienne ». À plus forte raison, nous ne devons pas discréditer la philosophie des mathématiques de Renouvier pour ses positions concernant cette géométrie. Si effectivement il la traita parfois « avec quelque dédain » (HAMELIN, p. 124), comme consistant en des « spéculations si ingénieusement absurdes » (*ECG1-1*, p. 332), il n'a pas manqué d'étayer son propos par une argumentation construite. Il a d'ailleurs aussi salué les exercices algébriques auxquels se livraient ses contradicteurs non-euclidiens, parce qu'aucune vérité n'est « absolument à l'abri d'être mise en doute » (*ECG1-1*, p. 330), parce qu'aussi leurs exercices ont le mérite de reposer la question des liens entre la géométrie et l'espace physique, et parce qu'encore, d'une manière générale, ils invitent à une réflexion épistémologique.

> « C'est un problème logique comme un autre que celui de tirer les conséquences d'un système de vérités, dans l'hypothèse où certaine autre vérité ne serait pas vraie ; et celui-ci s'est trouvé être un exercice intéressant et piquant » (*ECG1-1*, p. 330-331).
>
> « C'est, il est vrai, quelque chose ; c'est même beaucoup, si l'on y peut ajouter l'espérance que des analyses de curiosité pure sur des hypothèses sophistiques se trouvent un jour avoir produit des résultats utiles pour la vraie science » (*CP1889-2*, p. 346).

Il critique cette géométrie non-euclidienne, dite aussi « imaginaire »[21], « abstraite », « astrale » (*ECG1-1*, p. 330), parce que les nouveaux géomètres « ne peuvent se passer de recourir au moins tacitement à l'espace euclidien » (HAMELIN, p. 124), car « c'est dans l'espace homogène d'Euclide que toutes les géométries se rencontrent et se comparent », c'est lui « le véritable et indispensable objet des géomètres ». Il est impossible que ces nouveaux « *systèmes de géométrie* puissent être construits [...] sans supposer à tout moment dans l'esprit de l'auteur et du lecteur la connaissance de ces vérités que l'on nie comme nécessaires, [...] dont l'absence rendrait certainement toute pensée géométrique impossible : le lieu universel à trois dimensions, la droite et sa loi, le parallélisme et sa loi » (*ECG1-1*, p. 331).

Renouvier se demande pourquoi les géomètres non-euclidiens ont mis en doute l'axiome des parallèles plutôt que celui de la perpendicularité. « Peut-

---

[21] Renouvier, qui regrette cette « usurpation progressive de l'imagination sur la raison » (*CP1878-1*, p. 200), note que Lobatchevski (1792-1856) a lui-même appelé cette théorie « imaginaire », signe qu'il considérait probablement son « contre-postulat [...] pour un jeu et un curieux exercice de logique géométrique » (*CP1889-2*, p. 338).

être la curiosité mathématique a rencontré moins d'aliment dans cet autre doute ; ou plutôt l'*habitude* qu'on a de regarder l'axiome de la paralléléité comme plus mal établi que celui de la perpendicularité aura borné la hardiesse des *non-euclidéens* » (*ECG1-1*, p. 331-332).

En géométrie, l'imagination et « la rigueur des définitions domine[nt] l'expérience » (*ECG1-1*, p. 318). Cette dernière ne peut se substituer aux définitions qui décident les questions géométriques : l'expérience ne saurait prouver par exemple qu'une immense droite ne puisse clore un espace, car toujours la portion de droite considérée pourrait être pensée comme une petite portion d'un très grand cercle.

« Il n'y a ni œil ni mesure au monde qui puissent assigner une différence quelconque entre une portion de droite et une portion de grand cercle d'une sphère comme le soleil, en les supposant toutes deux *tracées* sur un plan sensible » (*ECG1-1*, p. 319).

Ainsi, entre une géométrie et l'autre, c'est « la nature des hypothèses de départ » (*PC*, p. 129) qui varie. En partant, par exemple, des espaces interstellaires nos nouveaux géomètres pensent possibles d'autres règles que celles formulées par Euclide. Certains, tel le mathématicien russe Nikolaï Ivanovitch Lobatchevski, croient possible de mener par un point plusieurs droites parallèles à une droite donnée, ils s'appuient pour cela sur l'absence de preuve analytique du postulat des parallèles et sur les bornes de notre expérience. « L'illustre Gauss a donné sa très sérieuse approbation à ces travaux, dont il paraît même avoir le premier conçu l'idée » (*ECG1-1*, p. 330).

Ces géomètres imaginaires s'en prennent aussi à l'axiome du droit et du plus court, à l'espace à trois dimensions et peuvent de la sorte ruiner « tous les axiomes de la géométrie à la fois » (p. 331). Certains vont jusqu'à envisager que l'homme pourrait habiter une surface plutôt qu'un espace, ou que, s'il s'agit bien d'un espace, il pourrait être courbe ou *pseudo-sphérique*. Mais alors que les géomètres classiques se représentent leurs objets, comment les nouveaux géomètres pourraient-ils se former des images de leur système contradictoire ?

« Le géomètre ordinaire, lui, quand il pense à transporter une figure sans l'altérer, pense ce qu'il dit et se représente ce qu'il se représente, et cela toujours dans un espace à trois dimensions, le seul nécessaire et suffisant, dans lequel il figure tout ce qu'il lui plaît de lignes, surfaces et solides bien définis » (*CP1889-2*, p. 343).

Là où leur système montre des paradoxes, ils l'attribuent à nos habitudes du système euclidien. Cette objection pourrait être recevable, mais n'oublions pas que ces géomètres « ne disposent pas de représentations ou d'"images" véritablement adéquates à leurs constructions » (*PC*, p. 130). En conséquence, il est même inapproprié de parler de géométrie imaginaire, car les « auteurs de ces systèmes ne les imaginent pas, n'ont point d'images qui s'y rapportent. Leurs images sont prises de l'espace que nous nous permettrons d'appeler celui de tout le monde » (*CP1889-2*, p. 346[22]).

La position de Renouvier est donc pour le moins recevable ; de même sa compréhension du calcul des probabilités est également on ne peut plus réfléchie.

---

[22] Hamelin voit dans l'argument de Renouvier, les prémices de l'argumentation que lui, Lechalas et Couturat développeront (voir HAMELIN Octave, *Essai sur les éléments principaux de la représentation*, Paris : Alcan, 1907, p. 85-86, p. 93-103 et p. 108-117).

Chapitre 8 - Enjeux du calcul des probabilités

8.a - L'esprit nécessaire des sciences ne renvoie-t-il pas la probabilité aux jeux de hasard ?

La science-type était pour Descartes la mathématique ; ses raisonnements et sa méthode démonstrative devaient servir de modèle de certitude à toutes les sciences. Ainsi, une fois la première vérité découverte, la science, quelle qu'elle soit, n'avait qu'à simplement enchaîner les conséquences qu'elle déduisait logiquement[1]. En outre, au XIXe siècle, le développement des sciences positives contribua encore davantage à laisser penser « que le déterminisme est roi » (BLAIS, p. 44).

Renouvier n'est pas dupe d'un tel déterminisme : s'il convient que l'« esprit de la science est un esprit nécessaire[2], et très-justement, puisque son but est la recherche des lois » (*ECG3*, p. XXVII), il en voit bien les limites et notamment celle que constitue la liberté humaine. Son refus du déterminisme n'est pas surprenant, puisque le néocriticisme s'est « fixé sur les principes de relativité et de liberté » (*HSPM*, p. 453). C'est bien pour cela qu'il s'oppose à la vision restrictive que Comte a du calcul des probabilités :

> « Quant à la conception philosophique sur laquelle repose une telle doctrine, je la crois radicalement fausse et susceptible de conduire aux plus absurdes conséquences. Je ne parle pas seulement de l'application évidemment illusoire qu'on a tenté d'en faire au prétendu perfectionnement des sciences sociales... c'est la notion fondamentale de la probabilité évaluée qui me semble directement irrationnelle et même sophistique : je la regarde comme essentiellement impropre à régler notre conduite en aucun cas, si ce n'est tout au plus dans les jeux de hasard. Elle nous amènerait habituellement dans la pratique à rejeter comme numériquement invraisemblables des événements qui vont pourtant s'accomplir »[3].

Plus modéré que Comte, Renouvier nous invite, au « lieu de condamner et de réprouver en bloc [...], à] étudier, poser les principes, marquer les justes limites » (*CP1877-1*, p. 335). Car, tout philosophe, devrait « se croire obligé par état à analyser et à éclaircir [...] les notions de cause, de hasard, de nécessité et de chance » (p. 336). Renouvier adopte donc la « notion claire et

---

[1] Voir SEAILLES, p. 41.
[2] Le déterminisme est même, d'après Renouvier (*CP1880-1*, p. 371), « l'esprit [...] de la science : rien n'est plus certain ni plus légitime puisque le but de la science [...] est d'établir des enchaînements rigoureux, un ordre de détermination nécessaire des phénomènes les uns par les autres. Une loi n'est pas autre chose. »
[3] COMTE Auguste, *Cours de philosophie positive*, t. II, Paris : Bachelier, 1835, p. 371 (cité en *ECG1-2*, p. 162).

concise de la probabilité⁴ » (*ECG1-2*, p. 142) que Laplace avait développée. Celui-ci la présentait ainsi :

> « La théorie des hasards consiste à réduire tous les événements du même genre à un certain nombre de cas également possibles, c'est-à-dire tels que nous soyons également indécis sur leur existence, et à déterminer le nombre de cas favorables à l'événement dont on cherche la probabilité. Le rapport de ce nombre à celui de tous les cas possibles est la mesure de cette probabilité, qui n'est ainsi qu'une fraction dont le numérateur est le nombre de cas favorables, et dont le dénominateur est le nombre de tous les cas possibles »⁵.

Renouvier considère que Mill, tout autant que Comte, rejette la notion de possible. Comte le fait en demandant « la pure suspension du jugement en présence de tout futur inconnu » (*ECG1-2*, p. 162), tandis que Mill réduit le probable à un simple « fait mental sur lequel la réalité externe n'a point à se régler », ou à des « faits d'expérience qui constatent des établissements de moyennes, des balancements de causes variables, et des dégagements de causes constantes ». Renouvier explique que, si Mill a nuancé sa position en devenant « plus favorable à la légitimité du calcul mathématique des chances » (p. 161), il l'a tout de même cantonné à n'être que spéculation, utile parfois et raisonnable dans certains cas, mais toujours « basée sur un état d'incertitude mentale actuellement irrémédiable. » Suivant ce point de vue, il n'est pas dans la qualité d'un événement d'être ou non probable, la probabilité ne figure que « le degré de confiance que nous avons dans son arrivée », degré calculé « selon ce que nous savons actuellement ». Ainsi, l'« événement en soi n'est pas pour cela *simplement probable : il est toujours certain* » pour Mill.

Renouvier reprend l'exemple de la répartition aléatoire des décimales de π, exemple donné par Cournot dans le *Traité de l'enchaînement des idées fondamentales*. Cette analyse mérite toute notre attention, dit-il, « par la tentative d'exclure de la notion de probabilité, et même de hasard, toute idée de possibilité réelle et ambiguë d'événements contraires » (*ECG1-2*, p. 149). En effet, telle décimale de π est nécessairement paire par exemple, et il est impossible dans ce cas qu'elle soit impaire : l'ambiguïté réside simplement dans notre ignorance de son caractère paire ou impaire. Nous pouvons « bien appeler ces événements possibles ou probables eu égard à notre ignorance,

---

[4] Renouvier définit le probable comme « un *possible plus ou moins possible* et en quelque sorte *plus ou moins nécessaire* » qui exclut « le nécessaire » dans sa radicalité, en ce qu'il « ne souffre aucune ambiguïté », et qui exclut tout autant « le pur possible, qui réclame une ambiguïté » absolue, une « indifférence entière ». L'« échelle des probabilités [...] marque des degrés de possibilité entre les limites extrêmes du nécessaire positif et du nécessaire négatif. Le probable est donc une synthèse du nécessaire et du possible » (*ECG1-2*, p. 118).
[5] LAPLACE Pierre-Simon de, *Essai philosophique sur les probabilités*, Paris : Bachelier, 1825, p. 7 (cité en *ECG1-2*, p. 142).

mais non en eux-mêmes, en quoi ils sont purement et simplement certains »
(p. 149-150). C'est tout différent lorsque nous prenons pour modèle la
loterie, car dans ce cas nous pouvons bien estimer « la sortie du pair et de
l'impair également possibles » (p. 149). Mais, le sont-ils vraiment ? Laplace
voudrait que tous les événements, même les plus insignifiants obéissent
« aux grandes lois de la nature » (p. 141), au même titre « que les révolutions
du soleil » ; il estime que les événements actuels sont nécessairement liés
avec leurs antécédents par une cause ; il juge que « l'état présent de
l'univers » n'est que « l'effet de son état antérieur », et « la cause de celui
qui va suivre » ; il prétend qu'une « intelligence qui, pour un instant donné,
connaîtrait toutes les forces dont la nature est animée », saurait en déduire
« l'avenir, comme le passé »[6]. De l'analyse de Laplace, il faudrait conclure
que la probabilité n'est relative qu'à notre ignorance. Mais au fond, principes
et résultats du calcul des probabilités peuvent-ils « s'examiner et s'interpréter en vue de savoir s'ils démontrent l'existence des possibles contingents
et des futurs indéterminés et ambigus, c'est-à-dire de la liberté humaine
réelle » (*ECG3*, p. XXVIII) ?

8.b - Le probable n'est-il que le signe de notre ignorance : une simple
mesure des attentes ?

S'il existe des futurs contingents, la probabilité en « est une *qualité
inhérente* » (*ECG1-2*, p. 161). La contingence peut alors constituer « le
fondement légitime de nos attentes », que nous pouvons mesurer conformément à la supposition de ces possibles. Nos attentes ne sont plus alors
« de purs faits psychiques, variables avec l'individu et son point de vue, et
toutes fondées sur l'ignorance du certain et l'illusion du possible. » Elles
sont le reflet de la part d'indétermination qui existe dans la nature. Cette
indétermination supposée est-elle vraiment incompatible avec la nécessité
des lois du monde ? Non, car même les « propositions analytiques et le
raisonnement déductif ne se présentent comme vraiment nécessaires [...]
qu'autant que nous réunissons leurs parties, par une sorte de fiction, en un
seul acte et sous un seul phénomène présent, immédiat » (p. 110).

Les phénomènes futurs, s'ils ne sont pas impliqués « dans une proposition
générale et constante » (p. 111), ne peuvent être déclarés nécessaires qu'en
vertu de la loi de causalité. Mais cette loi prédétermine-t-elle systématiquement ces phénomènes ? Les fait-elle comme préexister « dans leurs
causes », les rend-elle « en quelque sorte préactuels » ? Ou bien faut-il

---

[6] LAPLACE Pierre-Simon de, *ibid.*, p. 4 (cité en *ECG1-2*, p. 141).

penser au contraire que les phénomènes futurs demeurent toujours incertains, au moins partiellement, tant qu'ils ne sont pas devenus actuels ?

C'est le problème de la contingence qui est ici en jeu. Y répondre impose un positionnement entre la thèse de l'« *illusion du possible* » et l'antithèse de l'« *illusion du futur nécessaire* » (*ECG1-2*, p. 116). La thèse voudrait que tout soit prédéterminé, que tout effet soit contenu dans une cause qui lui est antérieure, que « la succession des phénomènes » (p. 114) soit entièrement « réglée par une loi ». Renouvier nous rappelle que cette thèse consiste en un bien étrange emboîtement, qui nécessite « de violer le principe de contradiction en se réfugiant dans le progrès à l'infini » (p. 113), ou à admettre au terme de la série ascendante « une première cause sans cause, et alors pourquoi pas dix, pourquoi pas cent ? » L'antithèse prétend que tout futur est puissance et demande, que tout ce qui n'est pas encore reste indéterminé, comme non acte pouvant très bien ne jamais être, que les phénomènes « n'admettent de lois qu'après qu'ils sont accomplis, et ne se déterminent qu'en acte » (p. 114).

Le futur ne paraît-il incertain qu'à cause de notre ignorance des lois qui le régissent ? Renouvier s'interroge (p. 114) : « comment savoir si le rôle indispensable des possibles dans le jeu de la représentation humaine reconnaît un autre fondement que l'ignorance ? » Il admet que, dans certains cas, nous parlions d'« *acte futur* », en tant qu'il peut s'agir d'« *une partie d'un acte total composé sous une condition de temps* » ; cela est justifié pour « certains phénomènes déterminés dont la succession constante est connue » et nous invite « à une anticipation sur l'avenir ». S'appuyant sur l'expérience, Renouvier remarque que c'est toujours par induction que nous anticipons « le retour des phénomènes sériés » (p. 115), ce n'est jamais par déduction ou simple observation, car personne ne peut observer le général ; il est vrai cependant que l'expérience montre un grand nombre de cas où l'existence de nos anticipations se vérifie. Toutefois certains phénomènes, en particulier des actes humains et tout spécialement les phénomènes dépendant de la délibération humaine, semblent pouvoir échapper à « toute prévision scientifique » et plaident donc en faveur de possibles indéterminés. C'est pour cela que Renouvier nous invite à adopter une synthèse entre prédétermination et indétermination.

> « Toute science, même accomplie, affirme Renouvier, ne pourrait donner les moyens de déduire, des états antérieurs du monde, l'état futur exact et complet après un temps quelconque [... :] même les grandes lois d'ordre général ne laissent pas d'admettre dans

leurs effets une intervention minime d'événements imprévus et imprévisibles » (BLAIS, p. 126[7]).

Si Renouvier adopte la définition de la probabilité de Laplace, qu'il trouve « claire et concise » (*ECG1-2*, p. 142), il lui reproche clairement sa foi aveugle en la nécessité. Laplace insiste sur la nécessité pour toute chose, y compris la plus minime, d'avoir une cause, à l'exclusion « des causes finales, ou du hasard » (p. 141), qu'il regroupe sous la rubrique de « causes imaginaires » et qui reculent « avec les bornes de nos connaissances ». Renouvier accorde que nos connaissances font reculer le hasard, mais il doute qu'elles soient en mesure de le faire disparaître, et, s'il concède volontiers que nous refoulions les causes finales hors de la physique, il se demande si néanmoins elles n'ont pas place dans le « système complet de l'univers » (p. 142). Il est parfois très complexe de déterminer les « *véritables causes* » : « quoi de plus caché que la *cause* ? » Pouvons-nous d'ailleurs généraliser le principe de raison suffisante « à l'existence elle-même » ou « au devenir en général » ? Devons-nous rejeter radicalement l'idée de hasard, autrement dit l'idée que des causes puissent ne pas se prêter systématiquement « à des points de concours fixes et prévoyables » (p. 151) ?

C'est contre les positions extrêmes des partisans de la nécessité d'un côté et de ceux du hasard de l'autre, que Renouvier rend raison à la probabilité. Il s'y emploie, d'une part, en considérant la mesure de « l'attente du futur ignoré » (*ECG1-2*, p. 119), qui justifie déjà à elle seule l'usage de la probabilité, d'autre part, en énonçant la loi des grands nombres, qui étend le champ de la probabilité et lui donne ses lettres de noblesse, et qui se vérifie « dans les jeux, les loteries et autres séries de phénomènes qu'on n'a point coutume de considérer comme déterminés avant l'événement » (p. 120).

---

[7] Blais note (p. 124) que l'analyse de Renouvier fait penser à celle « de Bergson sur l'insertion du vital dans le mécanisme de la nature », ainsi qu'aux « études de Joseph Boussinesq et d'Henri Poincaré, et plus près de nous, de David Ruelle, sur le calcul différentiel et la sensibilité aux conditions initiales. » Blais explique (p. 127) qu'en 1859 le physicien Joseph Boussinesq « montre qu'un pouvoir directeur peut, au voisinage d'une valeur de bifurcation des solutions d'équilibre d'un système dynamique, orienter un mobile sur l'une des voies de bifurcation. Profitant de l'indifférence du système entre deux branches de solution, quelque chose de placé en dehors des séries causales agit sans rien déranger à la régularité déterministe. [...] En 1908, Henri Poincaré, dans *Science et méthode*, aborde le problème de l'imprédictibilité, et montre que le hasard et le déterminisme sont rendus compatibles par l'imprédictibilité à long terme [...] David Ruelle, qui a de nos jours théorisé ce mécanisme, reconnaît qu'il ne s'agissait déjà de rien d'autre que de la « dépendance sensitive aux conditions initiales », mais que cette découverte est venue trop tôt, quand les moyens de l'exploiter n'existaient pas, et que, de plus, elle a été occultée par la mécanique quantique, qui a introduit une nouvelle conception du hasard ».

Il est vrai qu'une éventuelle prédétermination des événements ne changerait rien au calcul des probabilités, hormis le fait qu'il ne mesurerait que les attentes. Si les événements n'arrivaient « que prédéterminés » (*ECG1-2*, p. 143), il serait « juste en soi d'attendre les uns et absurde en soi d'attendre les autres », mais cela ne nous empêcherait pas de considérer comme également probables deux événements exclusifs l'un de l'autre. Cependant, si nous acceptons la « doctrine de la nécessité », il n'existe pas de « possible réel », seulement un « possible d'imagination » ; et si ce n'est qu'un tel possible qui sert de base au calcul des probabilités, ce calcul se réduit à un simple « calcul des illusions ». C'est, pour Renouvier, le positionnement adopté par Laplace, qui rejette « tout probable en soi », qui en est donc réduit à « spéculer sur un probable illusoire ». Cela étant, prédétermination ou non, nos spéculations sur le probable semblent bien futiles « quand on pense qu'elles roulent entièrement sur la supposition de l'impossible comme possible, et du réel comme incertain » (p. 144).

Mill demandait que nous définissions deux événements également probables, non seulement en tant que l'un ou l'autre peut arriver et en tant que nous n'avons « aucune raison de conjecturer lequel » (*ECG1-2*, p. 159), mais aussi en tant que l'expérience a « montré d'abord que les deux événements sont également fréquents ». Mill voulait ainsi que nous justifiions « l'hypothèse de l'égalité de certains possibles » (p. 161) par l'expérience, en les fondant sur l'approximation et la tendance. Cournot[8] faisait de même en cherchant « à remplacer le type ancien de toute estimation de chances, le jeu, par un type nouveau emprunté à l'arithmétique. » Dans la même perspective scientifique, Renouvier part de la probabilité, définie comme « mesure de l'attente », et la confronte à l'expérience avec la loi des grands nombres. Il ne serait pas « raisonnable de mesurer ainsi l'attente [...] si l'expérience n'apportait une certaine vérification de ce calcul » (p. 119), cela reviendrait à mesurer des rêves ou des illusions. La loi des grands nombres assujettit les phénomènes qui « sont par hypothèse indéterminés, fortuits, arbitraires. » Le hasard la reconnaît pour règle et elle l'implique « comme un élément essentiel ». Elle « établit une probabilité indéfiniment croissante de la subordination des événements à leurs probabilités propres. Démontrée conformément aux règles du calcul des chances, elle trouve dans l'observation indéfiniment prolongée une vérification approchée » (p. 120).

La loi des grands nombres fonde donc le calcul des probabilités. Renouvier l'énonce ainsi :

---

[8] Renouvier discute les positions de Cournot sur les idées de « fortuité » et de hasard en *ECG1-2* (p. 150-151).

« Étant données les probabilités de deux événements qui peuvent être amenés l'un ou l'autre un nombre indéfini de fois, si l'on considère un nombre d'épreuves suffisamment grand, la probabilité d'un partage de ces événements établi dans le rapport de leurs probabilités simples respectives diffère de l'unité de moins que d'une fraction désignée quelque petite qu'elle soit. On conclut de là que le rapport du nombre total des chances au nombre des chances favorables à l'un des événements, rapport évalué par l'expérience, diffère aussi peu que l'on veut, lorsqu'on va multipliant le nombre des épreuves, de ce même rapport obtenu par le calcul. C'est en effet ce qu'on observe dans les jeux, les loteries, et autres séries de phénomènes qu'on n'a point coutume de considérer comme déterminés avant l'événement » (*ECG1-2*, p. 120).

C'est Jacques Bernoulli[9] qui le premier démontra la loi des grands nombres, mais Bernoulli n'estimait pas cependant « que le calcul des probabilités eût à mesurer autre chose que des *attentes* » (*ECG1-2*, p. 160, note 1), des cas par rapport auxquels nous sommes également indécis.

« Le calcul des probabilités suppose formellement des futurs contraires *également possibles*, et cela surtout dans les *jeux de hasard*, qui sont la matière en quelque sorte typique de son analyse[10]. Ces possibles égaux sont-ils égaux seulement eu égard à l'ignorance de l'observateur ? Ou l'expérience comparée au calcul établit-elle qu'ils le sont effectivement ? On peut interroger sur ce point la loi dite des *grands nombres*, puisque d'une part le calcul la démontre dans l'hypothèse de l'égalité des possibles (c'est-à-dire de leur imprédétermination réelle), et que, d'autre part, l'expérience la vérifie.

La vérification expérimentale de la loi des grands nombres prouve que, si la liberté est réelle, il y a une classe de faits nés de la liberté et soumis à cette loi unique, singulière, qui permet, qui même exige qu'ils soient rigoureusement imprédéterminés » (*ECG3*, p. XXVIII).

Renouvier note que Bernoulli admettait bien des événements non nécessaires et des futurs contingents, mais sous la réserve des prévisions et prédéterminations divines[11]. Renouvier trouve regrettable d'en rester à « une indécision mentale qui peut n'avoir nul rapport à la détermination réelle des choses » (*ECG1-2*, p. 160-161), alors que « la preuve rationnelle de la loi des

---

[9] Voir *ECG1-2*, p. 159-160. Renouvier écrit notamment (*CP1877-1*, p. 29) que Jean Bernoulli, correspondant de Leibniz, est « celui des géomètres qui a le plus fait pour l'extension de la nouvelle méthode », il voulait amener Leibniz « à reconnaître l'existence des infinis et des infiniment petits réels [...] Ces absurdités se présentaient avec un appareil logique fort spécieux [...]. Le marquis de L'Hospital, le premier vulgarisateur de la méthode infinitésimale [...] ne tint nul compte non plus des explications données par l'inventeur, touchant le caractère fictif ou symbolique des valeurs *différentielles* [...]. C'était évidemment et tout à la fois prêter le flanc à ceux qui, comme Buffon, reprochaient à la notation infinitésimale de substituer à la vieille exactitude mathématique un calcul trompeur d'approximation, et exposer les nouveaux symboles à devenir des sujets de spéculations mystiques ».

[10] « La volonté humaine, ou liberté, appliquée à des mouvements tels que ceux qui décident d'un tirage au sort, a toujours paru le type de ces sortes de faits ou causes, et c'est pourquoi un tel tirage a été pris aussi pour le type d'application d'un calcul qui suppose l'existence anticipée de *possibles également possibles* : le calcul des chances » (*ECG1-2*, p. 151).

[11] BERNOULLI Jacques, *Ars conjectandi, opus posthumum*, Bâle : Thurneysen, 1713, p. 210.

grands nombres et le calcul des chances tout entier » (p. 160) nous prouvent le fondement de ce calcul. Cette loi expérimentale montre « précisément l'accord de l'expérience avec les résultats obtenus *a priori* par le calcul des probabilités » (HAMELIN, p. 147).

<blockquote>« Supposons des événements numérotés 1, 2, 3, etc., tels que l'un quelconque d'entre eux soit possible au même titre que tout autre de la série, [... c'est-à-dire] autant ou aussi peu attendu que chacun d'eux pour un cas donné ; supposons de plus que l'énumération des phénomènes possibles de ce cas soit complète. Dire alors que ces phénomènes sont des futurs également probables, c'est dire simplement qu'on ne met aucune différence entre leurs possibilités respectives, dans l'attente où l'on est de la venue de quelqu'un d'eux » (*ECG1-2*, p. 117).</blockquote>

Nous pouvons prouver cette indétermination par l'expérience de pensée suivante : dans une urne contenant *m* boules numérotées, nous attendons la sortie de la boule 1 ou celle d'un autre numéro. Nous avons alors d'un côté une attente simple (*a*) ou « *possible unité* » (*ECG1-2*, p. 117) et de l'autre une attente composée de *m*-1 autres attentes (*b*) ou « *possibles nombres* ». Cette détermination des possibles « évaluable en nombres est la *probabilité mathématique* » (p. 118). Elle est donnée par les rapports numériques « entre le nombre des chances favorables à chaque événement et le nombre total des chances supposées pareilles et exactement énumérées » (p. 117) : $\frac{a}{a+b}$ ou $\frac{b}{a+b}$. L'« échelle des probabilités » va des « limites extrêmes du nécessaire positif et du nécessaire négatif » en passant par le « possible simple » dont la mesure est *un demi*.

Dans ce type de cas, l'expérience tendrait à témoigner plutôt « en faveur d'une indétermination réelle des conséquents » (HAMELIN, p. 148), mais au bout du compte l'analyse rationnelle n'est pas plus en mesure que l'observation de nous confirmer si tous les événements sont prédéterminés ou non.

Les savants disposent de méthodes, de moyens, propres à leur discipline pour « estimer la probabilité de leurs inductions, la probabilité de leurs découvertes, quand celles-ci dépendent en partie d'inférences plus ou moins contestables » (*ECG2-1*, p. 38-39). Parfois ils se trompent, parce que leurs croyances, bien que rationnelles, sont « diversement et inégalement fondées », parce que ces croyances vont de « la certitude pratique jusqu'à la conjecture la plus faiblement affirmative ». Si la mesure de ces croyances « devenait possible, c'est le calcul des probabilités qui la fournirait », il « adapterait aux raisonnements scientifiques qui ne sont que probables une échelle d'appréciation de leurs degrés d'éloignement du raisonnement apodictique. »

Troisième partie - Certitude et liberté : des sciences physiques à la philosophie de l'histoire

« Le langage constitue des sujets à volonté, et souvent la science fait comme le langage » (*ECG1-1*, p. 85).

Chapitre 9 - L'assise des sciences physiques

9.a - La méthode expérimentale

9.a.α - Rôle de l'induction et de l'hypothèse

C'est parce que l'« *expérience révèle constamment sous des données identiques des fonctions identiques* » (*ECG1-1*, p. 112), parce qu'il y a en physique une « identité de nature et d'action des lois dans les mêmes circonstances et quant aux mêmes phénomènes[1] », que nous sommes amenés à formuler des inductions, à généraliser des faits. La fécondité de l'induction tient à ce qu'elle parvient à dépasser les cas particuliers dont elle est issue. Pour cela, elle nécessite toutefois de généraliser « l'expérience pour en affirmer la constance »[2]. C'est pourquoi la logique inductive ne peut « assurer l'exactitude et la rigueur à ses procédés » ; de là il découle que les inductions scientifiques ont au mieux une « extrême probabilité rigoureusement parlant » (*ECG1-2*, p. 15). Dans les sciences physiques, l'induction a prouvé son utilité, cette utilité est admise. Mais l'induction en elle-même est-elle incontestable ? que vaut-elle ?

Renouvier rompt avec la tradition inductiviste[3] et estime qu'elle n'a pas plus de poids qu'une bonne hypothèse « suggérée par des connaissances antérieures » (*PAH-3*, p. 268), une hypothèse qui reste en attente de

---

[1] Renouvier estime que son phénoménisme « offre en ses formules générales la plus grande conformité possible avec ce que les savants regardent unanimement aujourd'hui comme le mode ou l'espèce unique des connaissances auxquelles on peut parvenir dans les sciences expérimentales » (*CP1889-2*, p. 403).
[2] Comme dit Schmaus (SSCR, p. 14), Renouvier « *contrasted the spirit of the empirical sciences, which was bound up with inductive methods, with that of the deductive mathematical sciences.* »
[3] Schmaus voit Renouvier comme un des précurseurs de cette rupture : « *Renouvier was among the first philosophers in France to break with the nineteenth-century inductivist tradition and defend the use of hypotheses in science* » (RMH, p. 132) et Cavallari rappelle (p. 167) que c'est en 1902 que Henri Poincaré publia *La Science et l'hypothèse* (Paris : Flammarion, 1902).

vérification. Parce que la proposition inductive, même si elle « est suggérée par l'observation, [...] implique toujours à quelque degré la *croyance*, par opposition à la connaissance proprement dite » (*ECG1-2*, p. 13). Le procédé d'induction ne « vaut que ce que vaut l'hypothèse, ou plutôt c'est la même chose sous un autre nom[4] ; car on ne propose point une hypothèse qui ne soit appuyée sur des exemples ou des analogies, et qui n'ait la prétention de s'étendre à la partie inconnue des faits, en attendant vérification » (p. 9-10). Cependant, l'hypothèse n'est pas toujours une induction, car « beaucoup d'hypothèses sont suggérées par des rapprochements et des analogies et ne consistent pas en des généralisations de cas particuliers » (*PAH-3*, p. 269), à l'inverse par contre « *toute induction est une hypothèse* ». L'induction consiste en « une accumulation d'exemples » (*ECG1-2*, p. 9), de « rapport[s] particulier[s] admis, que l'on cite à l'appui d'une proposition » (p. 8-9). Ces exemples ne font toutefois qu'illustrer des propriétés d'individus ou d'espèces, jamais ils ne tiennent lieu de raisonnement. S'il arrive qu'ils correspondent à l'ensemble des cas possibles, alors la conclusion est juste, l'induction est légitime et se nomme un syllogisme, sinon elle est potentiellement fausse et n'a le statut que d'une hypothèse que les faits pourront démontrer ou démentir[5].

Car l'hypothétique est toujours plus ou moins probable. Sont hypothétiques, les thèses qui énoncent davantage qu'une « représentation immédiate de l'expérience, sans interprétation » (*ECG1-2*, p. 14), ou davantage qu'une des « lois de conscience indispensables à l'exercice de l'entendement (une notion catégorique) ». Autrement dit, quiconque envisage de découvrir et de démontrer d'autres vérités, au delà de ces deux derniers types, doit faire appel à la logique et « opérer par des jugements exclusivement analytiques »[6], ou alors s'en remettre à des hypothèses (lesquelles se définissent par opposition à ces éléments). Ainsi, une « induction autre que *de simple énumération*, une induction qui forme un genre à l'aide d'espèces dont

---

[4] Renouvier avait déjà adopté ce rapprochement de l'induction et de l'hypothèse dans les articles de l'*Encyclopédie nouvelle* (« Expérience » et « Philosophie », § 11).

[5] Ce que Schmaus expose ainsi : « *After the experimentation is carried out, Renouvier said, induction intervenes, by which he meant the generalization that under the same circumstances, the laws will be the same and produce the same phenomena* [...]. *But even the inductive generalization must be regarded as a hypothesis, except in those unusual cases and the induction amounts to a deduction. When the enumeration is not complete, the conclusion does not follow logically, and the induction is only a hypothesis under a different name* » (RMH, p. 140).

[6] Il n'est possible de démontrer quelque chose qu'en concluant analytiquement, ce peut être par syllogisme, disjonction ou réduction à l'absurde, mais, s'il « y a d'autres moyens de persuasion et de croyance, [...] il n'y a point d'autre moyen de démonstration » (*ECG1-2*, p. 10).

quelques-unes seules sont connues [...] tient de l'hypothèse. » Renouvier adopte une telle définition large de l'hypothèse, car son usage n'est pas préjudiciable avec un sens plus étroit, qui voudrait que l'hypothèse ne soit appliquée qu'à des « constructions scientifiques formées de beaucoup d'éléments, êtres fictifs ou lois supposées, ou l'un et l'autre à la fois, que l'on pose par anticipation en attendant que l'expérience les démente ou, s'il se peut, les vérifie. »

L'hypothèse est « utile aux mathématiciens » (*ECG1-1*, p. 113), elle « est même indispensable aux inventeurs » et « devient d'un usage nécessaire et continuel pour les physiciens ». Elle est « utile en toute science » (*CP1872-1*, p. 132) dès lors qu'elle est « convenablement réglée, subordonnée, avouée » pour ce qu'elle est. Elle est alors le procédé « qui fonctionne pour la découverte » (*PAH-3*, p. 274), l'« instrument intellectuel de l'investigation : admirable et indispensable » (*CP1873-2*, p. 338). C'est la raison pour laquelle nous pouvons dire comme Schmaus (RMH, p. 132) : « *from an epistemological point of view, all of empirical science is hypothetical* ». Car nous ne pouvons avancer « sans admettre, sous l'apparence d'une probabilité plus ou moins grande, des rapports qui ne sont actuellement ni donnés, ni conclus » (*ECG1-2*, p. 9). Donnés et conclus, ils le seront peut-être, mais seulement lorsque nous les aurons vérifiés par l'expérience, si possible même au moyen de mesures. C'est pourquoi, si la science, dans ce qu'elle a de général et d'idéal, peut se caractériser par la certitude et la vérité, les sciences, en ce qu'elles sont particulières et concrètes, sont toujours sujettes à l'erreur, et doivent faire l'objet de vérifications « de génération en génération » (*ECG3*, p. XLIII). Le néocriticisme participe de ce travail d'analyse des sciences notamment en apportant, d'une part aux sciences « et de l'autre à la religion, les moyens rigoureux de distinguer les faits d'avec les hypothèses, et les démonstrations d'avec les croyances » (*CP1872-1*, p. 2).

L'hypothèse scientifique n'est pas l'hypothèse commune. Cette dernière peut naître d'une idée préconçue, rester relativement vague et ne pas se soucier d'une mise à l'épreuve de l'expérience. Au contraire de l'hypothèse scientifique qui doit absolument être vérifiable.

« Ce qui est capital, c'est la possibilité de vérifier l'hypothèse[7] [...] ; et le physicien doit se préoccuper de remplir cette condition, aussi bien qu'être toujours prêt à abandonner les hypothèses qui soutiennent mal l'épreuve de l'expérience » (*ECG1-1*, p. 112).

---

[7] Cournot s'exprime en des termes semblables, écrivant que ce « qui rend un fait positif, c'est la possibilité de le vérifier indéfiniment, sur tous les cas individuels, quoiqu'on n'épuise jamais le nombre des cas individuels » (COURNOT Antoine-Augustin, *Essai sur les fondements de nos connaissances et sur les caractères de la critique philosophique*, Paris : Hachette, 1851, rééd. Vrin, 1975, p. 393).

Renouvier voit ce caractère de l'hypothèse scientifique non comme un idéal, mais comme un véritable critère de reconnaissance de l'hypothèse scientifique[8], critère « admirable et indispensable » (*CP1873-2*, p. 338) par lequel le scientifique s'engage à remplacer les hypothèses par de meilleures, « si elles venaient à ne pas subir favorablement l'épreuve de l'avenir après celle du présent ». C'est ce type de critère qui guida Copernic lorsqu'il « proposa un système qui rendait mieux compte des faits que celui de Ptolémée ». En outre, l'hypothèse scientifique est plus claire et plus construite que l'hypothèse commune, elle pose « par une anticipation de l'esprit, fruit spontané des connaissances antérieures, le point précis dont il y aurait à obtenir la vérification, - ou à constater l'échec » (*PAH-3*, p. 250).

Ainsi, après le tâtonnement, les « procédés d'exploration et de découverte[9] » (*ECG1-1*, p. 113) qui semblent « tenir de la divination », disparaissent comme « un échafaudage inutile », pour « ne laisser paraître à la vue que des phénomènes ordonnés selon leurs lois ». L'hypothèse alors a joué son rôle de moyen d'investigation qui est « d'anticiper une vérité plus ou moins probable, et de diriger les recherches qui peuvent l'infirmer ou la confirmer » (*ECG1-2*, p. 67). Le cas des trois lois de Kepler[10] est caractéristique :

> « C'est au moyen d'une série de savants tâtonnements géométriques ainsi organisés, dont on ne peut lire le détail sans éprouver la plus vive admiration, que Kepler, n'arrivant pas à se satisfaire et pénétré de la foi dans l'existence d'*une loi*, qu'il cherchait, se trouva conduit à l'idée d'une révolution *ovale*, et finalement *elliptique* de la planète, en supposant le soleil placé à l'un des foyers de l'ellipse, et non plus au centre de l'orbite.
>
> Cette première des *lois de Kepler* ouvrait la voie à la *deuxième*. Les mouvements de la planète non seulement ne sont pas circulaires, mais ils ne se font pas d'une vitesse uniforme dans l'orbite elliptique. [...] Les vitesses se modifient, suivant les positions successives du mobile dans l'orbite, de telle sorte que les temps employés à la parcourir en ses différentes parties soient *proportionnels* aux aires décrites par le rayon vecteur mené du soleil à la planète. La *troisième* loi de Kepler est une relation entre les

---

[8] « *In the second, 1859 Essai Renouvier also specified that hypotheses in science must be verifiable. However, this appears more like a guiding ideal for him than a necessary condition for accepting a hypothesis in science* » (SCHMAUS, RMH, p. 142).

[9] Les questions, que l'épistémologue Bachelard pose aux savants au début de la *Philosophie du non* (Paris : PUF, 1966, p. 13), portent sur ces procédés : « comment pensez-vous, quels sont vos tâtonnements, vos essais, vos erreurs ? Sous quelle impulsion changez-vous d'avis ? » Et il les invite à nous livrer leur « rêverie mathématique, la fougue de » leurs « projets », leurs « intuitions inavouées ».

[10] Renouvier voit en Kepler le modèle du découvreur : « génie extraordinaire, mélange qu'on ne vit jamais ailleurs à ce degré, de science et de rêverie, d'anticipation et de tâtonnement, d'invention et de calcul, avec l'assiduité, avec l'inaltérable patience de l'observateur, et l'entière probité du savant décidé à ne jamais s'en faire accroire à lui-même » (*PAH-3*, p. 253).

mouvements des différentes planètes : elle lie les temps de leurs révolutions respectives autour du soleil à une certaine fonction de leurs orbites » (*PAH-3*, p. 254).

Ce rôle instrumental de l'hypothèse, de même que la place de l'hypothèse en sciences, sont caractéristiques de la pensée de Renouvier. Schmaus le considère d'ailleurs comme un précurseur de Poincaré et Duhem sur ce point.

« *A more liberal attitude towards the use of hypotheses in science is often associated with philosophers such as* Henri Poincaré (1854-1912) *and* Pierre Duhem (1861-1916). *Charles Renouvier's* (1815-1903) *contributions to bringing about this change in attitude, beginning at a time when Poincaré and Duhem were still in their cradles, have been largely overlooked* » (SCHMAUS, RMH, p. 133[11]).

Pour appuyer son argumentation, Renouvier rétablit le sens de la formule de Newton « *hypotheses non fingo* », par laquelle Newton n'entendait nullement écarter l'hypothèse scientifique de la construction de l'astronomie et de la physique. Renouvier rappelle que la « théorie de la gravitation de la lune [de Newton], premier pas, et pas décisif aussi de la théorie générale de la gravitation, n'est que cela, et que c'est parfaitement ainsi qu'il se l'est lui-même représentée » (*PAH-3*, p. 264[12]). Ce que Newton rejette, c'est la « *qualité occulte*, impossible à vérifier, interdite à la science pour cette raison », mais il s'appuie sur les découvertes de Kepler et sur celles de Galilée. Il est donc, tout au contraire, « le véritable et très conscient auteur de l'expression définitive » (p. 268) de l'hypothèse scientifique. « Kepler et Galilée avaient été ses précurseurs dans la connaissance et dans l'application correcte des règles de l'invention, et les auteurs des premières grandes découvertes qui ouvrirent la voie ».

Renouvier voit dans la proposition hypothétique, qui vise à « expliquer les phénomènes par les mouvements les plus simples possibles de la terre et des planètes, sans déplacer le soleil et sans admettre la révolution de la sphère des fixes » (*PAH-3*, p. 251), proposition formulée en 1543 par Copernic, « le

---

[11] Schmaus note que Ernest Naville, dans sa *Logique de l'hypothèse* (Paris : Germer-Baillière, 1880), cite Renouvier parmi ceux qui ont contribué à cette reconnaissance (« *the scientists Justus von Liebig, Michel Chevreul, Joseph Bertrand, and Claude Bernard ; and the historians and philosophers Philippe-Joseph-Benjamin Buchez, Jean-Baptiste Bordas-Demoulin, Guillaume Tiberghien, William Whewell, and Frédéric de Rougemont, as well as Renouvier* »). Il repère aussi que les *Essais* de Renouvier sont antérieurs aux textes de tous ces autres auteurs.

[12] « La supposition, qui n'avait rien de nouveau, puisque Kepler l'avait faite, consistait à regarder la lune comme un corps pesant placé, par rapport à la terre, dans les mêmes conditions qu'un corps terrestre, à cela près qu'il est plus éloigné, et que sa chute est *composée*, - il serait faux de dire qu'elle est *empêchée*, car elle est, à vrai dire, réelle et continuelle, - avec une autre force qui tendrait, si elle était seule, à lui faire suivre la tangente à son orbite à chaque instant : en sorte que c'est une révolution autour de la terre que ce corps accomplit » (*PAH-3*, p. 265).

type parfait de l'hypothèse scientifique réussie et vérifiée ». Renouvier la considère comme l'un des éléments qui ont amené l'application des mathématiques dans les sciences expérimentales. À l'inverse, il pose qu'une « hypothèse inutile et qui n'explique rien est toujours nuisible à la science » (*ECG2-1*, p. 289), c'est pourquoi, si elle s'avère improbable et ne résiste pas à l'épreuve, il faudra l'« abandonner sans regret » (*PAH-3*, p. 263). Car l'hypothèse n'est qu'un moyen de recherche, qu'une « vérité supposée qui est à mettre en expérience » (p. 264). Elle doit être constructive, et par là nous permettre de mieux fixer nos idées en un système qui prend en compte les connaissances sur le sujet et qui améliore sa cohérence. Ainsi donc, la probabilité de l'hypothèse ira croissante avec le nombre de cas qu'elle permettra de traiter, et cela en particulier si ces cas sont imprévus.

« Quelle raison avons-nous de penser qu'une loi qui s'accorde avec trois faits différents d'une certaine généralité s'accordera encore avec un quatrième que l'expérience va nous apporter à l'improviste ? Une raison de probabilité plus ou moins grande. Cette probabilité telle quelle milite déjà en faveur de l'hypothèse que nous avons bâtie sur les trois faits ; elle militera plus fortement sur les quatre, et encore plus si le quatrième est imprévu. [...] Une valeur toute nouvelle de la probabilité de l'hypothèse apparaît, et augmente rapidement à mesure que le système de l'entendement se trouve satisfaire à plus de faits pour lesquels il n'a pas été construit » (*ECG1-2*, p. 17).

Les hypothèses constructives, « dont les savants ont appris avec le temps à faire un usage réfléchi, systématique et exempt d'illusions » (*ECG1-2*, p. 16), ont plus de valeur scientifique que le procédé inductif, parce que la valeur des premières s'obtient, se confirme ou s'infirme, graduellement en fonction des applications et des expériences, alors que le second ne présente pas « un avantage équivalent, car la probabilité d'une inférence par généralisation ne varie point proportionnellement au nombre des *espèces énumérées* ». Renouvier prend notamment l'exemple de l'hypothèse de la gravitation universelle qui a été vérifiée par le calcul des corps célestes, par l'accord avec l'observation et par des découvertes ultérieures, comme celle de Neptune[13]. Il en conclut que

- premièrement, la « méthode expérimentale n'est pas la méthode de l'induction » (*PAH-3*, p. 269) ;
- deuxièmement, les « savants n'usent pas de l'induction autrement que nous le faisons nous-mêmes, à tout instant et sur tous les sujets, quand nous généralisons nos observations » ;
- et troisièmement, les savants « analysent les phénomènes et font, pour les lier, des hypothèses, qu'ils se proposent de vérifier par l'expérience, en s'aidant du calcul autant que possible ».

---

[13] Voir *PAH-3*, p. 268.

Par là Renouvier redéfinit les bases de la découverte scientifique, que les encyclopédistes avaient marquées comme étant l'induction et l'expérimentation[14], et qu'ils avaient attribuées à Francis Bacon. Renouvier le descend de son piédestal parce qu'il n'a pas usé de telles hypothèses, il n'en a pas reconnu l'utilité, ni le bien-fondé. Renouvier admet « l'enthousiasme » (*PAH-3*, p. 263) dont Bacon a fait preuve « comme prophète du progrès (surtout utilitaire et matériel) obtenu par la science en multipliant les expériences », mais il regrette que cet « apostolat » se soit cantonné à être « principalement littéraire »[15]. S'il lui accorde également « des vues criticistes profondes »[16], novatrices même, il estime qu'il lui a manqué « une doctrine plus large des principes de la connaissance » (*PAH-3*, p. 264) et un esprit plus « discipliné par des études vraiment scientifiques ». Il lui fait grief aussi de n'avoir pas vu que le scientifique doit « abandonner sans regret les hypothèses qui ne résistent pas à l'épreuve, ou ne conduisent pas à prévoir et à régler théoriquement les phénomènes de l'espèce en expérience » (p. 263) ; il lui reproche encore de n'avoir pas noté que le scientifique doit « appliquer la géométrie, la mesure et le calcul, autant que cela est possible, aux expériences à faire et au développement des conséquences dont on attend ou dont on a obtenu la vérification. » Et il conclut que « François Bacon a ignoré tout ce travail du véritable esprit expérimental, auquel l'induction ne prend pas plus de part qu'à tout autre exercice intellectuel, même de l'ordre pratique ; car il n'en est aucun où elle n'intervienne ».

Pour ces raisons, il regrette qu'on encense trop rapidement Bacon comme philosophe des sciences, alors même qu'on oublie trop souvent l'école expérimentale anglaise qui a conduit de nombreux travaux et réalisé d'importantes découvertes à la même période[17].

---

[14] Voir Fedi, *PC*, p. 12-13.

[15] La « gloire de ce philosophe *à cet égard* ne peut que se borner à avoir crié si haut et si éloquemment que le monde entier entendit sa voix : "Il faut faire des expériences !" » (*PAH-3*, p. 261). Il « ne fut ni expérimentateur ni mathématicien, ne découvrit ni des faits ni des lois, ne comprit ni le rôle de l'hypothèse ni le procédé des vérifications rigoureuses » (*CP1873-2*, p. 338).

[16] Renouvier fait référence ici à la part de croyance dont relève tout jugement humain, que Bacon a mis en lumière avec les quatre idoles (*Novum organum*, 1620) venant de la nature humaine, de l'esprit, du langage et des systèmes philosophiques : *idola tribus, specus, fori, theatri*.

[17] Renouvier cite les travaux de William Gilbert de vingt ans antérieurs à ceux de Bacon, ceux de William Harvey et ceux de Robert Boyle (*PAH-3*, p. 264).

9.a.β - L'expérience scientifique et la mathématisation

Contrairement aux mathématiques, qui concernent des données abstraites et fixes, les sciences physiques nécessitent l'observation et l'expérience, parce qu'elles « partent de données mobiles, variables et très composées » (*ECG1-1*, p. 113). Ceci n'est pas étonnant, car « les lois du changement [...] composent la plus grande partie de toutes les sciences, à l'exception des mathématiques pures » (*ECG1-2*, p. 46) ; l'entendement lui-même « ne fonctionne que sous condition d'une expérience quelconque, et toute expérience est un changement » (*ECG2-1*, p. 79).

Observation, classement, rapprochement, raisonnement, sont des composantes de la méthode scientifique, mais sans l'expérience systématique, dont la marche doit être dirigée par l'hypothèse, tout cela ne constitue que « de beaux édifices de conjectures sur le terrain des sciences » (*ECG1-1*, p. 111). Cette expérience, qui prend alors tout son sens scientifique, est « une suite d'épreuves » (*PAH-3*, p. 252) liées et conduites dans le but « d'admettre ou de rejeter l'explication supposée d'un phénomène », c'est-à-dire l'hypothèse directrice.

Pour cela, cette expérience commence par isoler des phénomènes qu'une simple observation donne comme entremêlés à d'autres. Elle procède par abstraction en faisant émerger des éléments qui, sans elle, n'auraient pas été observés. C'est pour cette raison que Renouvier soutient que l'hypothèse dirige « l'expérimentateur, parce que la préparation même de l'expérience comporte une anticipation plus ou moins claire de la loi qu'il faut mettre en évidence » (*ECG1-1*, p. 112) ; et Renouvier rappelle que ce qui invite l'expérimentateur à faire le choix de telle ou telle hypothèse, « ce sont des *analogies* ou ressemblances tirées de lois antérieurement connues, soit mathématiques, soit physiques ».

La répétition de l'observation, de l'expérience et des raisonnements au fondement des théories, « est l'essence de l'enseignement scientifique, en sorte que tout savant est censé avoir refait l'œuvre de ses devanciers, tout écolier est appelé à la refaire, et tout homme du monde sait qu'il l'aurait pu » (*ECG2-1859*, p. 561[18]). Cette réitération possible permet de réaliser et de vérifier, autant que faire se peut, « l'identité des circonstances » (*ECG1-2*, p. 23), qui « est une difficulté majeure » dans les sciences. Elle est indispensable également car « l'expérience, en tant que telle, ne donne point le général » (*ECG1-1*, p. 119), pas plus que l'universel (HAMELIN, p. 95) ; l'expérience « ne fait jamais connaître que le particulier » (*PAH-3*, p. 270). Il

---

[18] Partiellement cité par SEAILLES, p. 303.

est donc primordial de pouvoir la répéter et d'en faire varier les paramètres « afin de reconnaître ceux qui sont nécessaires pour tel résultat » (*PAH-3*, p. 250), en sorte « de découvrir ainsi les conditions qu'on nomme *les causes* des phénomènes ».

Renouvier regrette que parfois des scientifiques mêlent ces éléments l'un à l'autre par une « espèce d'immoralité intellectuelle » (*ECSDP-2*, p. 356). Cela ne le surprend pas, car représenté et représentatif, matière et pensée, sont « constamment et régulièrement corrélatifs, intimement associés, pénétrés mutuellement et à fond dans la représentation » (*ECG1-1*, p. 106-107). Il est normal que le doute s'installe dès que nous dépassons « le fait immédiat de conscience » (SEAILLES, p. 213-214), car nous mettons en œuvre « la perception des sens, la mémoire, le raisonnement » et nous risquons de tomber dans « les erreurs des sens, les illusions de la mémoire et de l'imagination », ou encore dans « les fautes de raisonnement ». Il est donc fréquent que l'expérimentateur se laisse tromper par ce qu'il croit être des circonstances identiques, alors qu'il n'en est rien :

« Les conditions particulières d'une observation peuvent mettre en saillie, au lieu d'une cause réelle, un antécédent dont la présence ou l'absence ne posent ou suppriment le conséquent que d'une manière fortuite et par l'effet de rencontres non nécessaires. On croit les circonstances pareilles par le cas où l'antécédent étant éloigné, le conséquent disparaît ; et elles ne le sont pas, parce qu'en retranchant l'antécédent il se trouve qu'on a retranché la cause inconnue qu'aucun signe ne trahissait. Il arrive aussi que la cause ignorée d'un phénomène à expliquer se glisse inaperçue, et cela par l'opération même d'un expérimentateur, attentif cependant, qui prend pour antécédent nécessaire et suffisant le phénomène qu'il produit à dessein, au lieu de celui dont il est l'agent involontaire. Ici encore on croit les circonstances identiques, tandis qu'on a soi-même introduit une différence essentielle » (*ECG1-2*, p. 23).

Et c'est pourquoi le contrôle mutuel entre scientifiques permet d'affiner les observations, les jugements et les raisonnements, comme l'a noté Schmaus (SSCR, p. 15) : « *Scientific certainty depends not only on empirical tests and applications, but also on "the mutual control that all types of explorers exercise in order to rectify their observations, their judgments, and their reasonings"*[19] ».

Renouvier attribue cette méthode des sciences expérimentales, combinant le raisonnement, l'hypothèse et l'expérience systématique visant à vérifier l'hypothèse, à Galilée, qui l'institua par le biais de sa loi de la chute des

---

[19] Schmaus traduit ici une partie de ce passage de *CP1878-1* (p. 196) : La « certitude est subordonnée à la bonne direction de l'esprit chez l'investigateur, et on aurait de ce côté qu'une trop faible garantie, s'il ne s'y joignait deux ressources considérables : l'une, le contrôle mutuel qu'exercent les explorateurs en tout genre pour rectifier leurs observations, leurs jugements et leurs raisonnements ; l'autre, le redressement que l'expérience prolongée et les applications ont coutume d'apporter aux inductions mal fondées et aux hypothèses fausses. »

graves. Avec lui, « la méthode des sciences expérimentales est créée, et ne peut recevoir, quant à ses principes, ni perfectionnement essentiel ni éclaircissement » (*PAH-3*, p. 256).

Dans sa *Philosophie analytique de l'histoire*, Renouvier dresse une histoire des sciences physiques. Histoire qui ne sera d'ailleurs pas sans laisser d'influence, puisque, comme le rappelle Fedi (CSPS, p. 77), elle inspirera « l'école française qui va de Gaston Milhaud à Léon Brunschvicg en passant par Paul Tannery, et [...] Henri Bergson, par l'intermédiaire de François Evellin. » Mais que veut-il montrer par ce travail ? Les découvertes qu'il nous présente lui servent à illustrer la méthode qu'il met en évidence. Il le précise, écrivant que son objet est « l'étude de la méthode scientifique et non celle des théories en elles-mêmes »[20] (*PAH-3*, p. 253). C'est pourquoi, il ne cherche pas à traiter de manière exhaustive toute l'histoire des sciences, mais fait « ressortir les premiers grands résultats de la méthode expérimentale, servie par l'*hypothèse vérifiable*, l'*induction* et les *mathématiques*, pour la recherche des lois de la nature » (p. 258).

... « et les *mathématiques* » écrit Renouvier, car, en tant qu'elles sont les sciences générales de la mesure, elles ont joué un rôle important dans la constitution des sciences physiques. Les mathématiques s'appliquent et s'imposent dans les méthodes de ces sciences, et même dans leurs objets, pensons par exemple au rôle de la géométrie en mécanique et en astronomie. Les progrès faits dans ces sciences les structurent comme sciences de la mesure.

> « Non seulement l'optique est, comme l'acoustique, une branche de cette application [de la mathématique aux sciences physiques], et s'étend jusqu'à sa matière, que la mathématique seule peut définir, mais encore les théories de la chaleur et de l'électricité ne s'en peuvent plus séparer ; et la chimie, outre ses propres calculs, relativement simples, sur les rapports des poids ou des volumes dans les combinaisons et les substitutions, est entrée par certaines de ses théories dans une étroite union avec celles de la chaleur et de l'électricité » (*PAH-3*, p. 273).

Car, dès lors que l'investigation scientifique porte sur une qualité associée étroitement à une « quantité déterminable avec précision, la mesure et le calcul entrent dans la science » (*ECG1-2*, p. 47) et peuvent lui donner toute sa portée. Autrement, si l'investigation porte sur une qualité qui ne peut être mesurée, ni directement ni indirectement, « l'observation seule en détermi-

---

[20] En cela il faudrait certainement le distinguer de l'école française qui, non seulement se serait placée plutôt dans « une perspective *continuiste* », mais aurait le « défaut » d'« exclure une véritable réflexion sur la logique et la méthodologie des sciences » contrairement aux anglo-saxons (PARROCHIA Daniel, « Y a-t-il une philosophie française des sciences ? », in BRENNER Anastasios et PETIT Annie (dir.), *Science, histoire et philosophie selon Gaston Milhaud*, Paris : Vuilbert, 2009, p. 244).

nera les variations, aidée, au besoin, par des expériences convenablement préparées » (p. 46).

9.b - « Les notions de matière et de force dans les sciences de la nature »

9.b.α - Naissance de la physique moderne avec l'appréhension scientifique du corps

Si Renouvier ne reconnaît à Descartes aucun mérite s'agissant des idées métaphysiques, il le voit comme l'inventeur de la théorie de l'incandescence et du refroidissement des astres ainsi que « de la chaleur en tant que mouvement moléculaire » (*PAH-4*, p. 284), mais, au delà de cela, il voit dans sa physique une « création du génie spéculatif entièrement nouvelle » (*PAH-3*, p. 296). C'est « une œuvre que philosophiquement nous pouvons appeler réussie et, en un sens, complète » (p. 298), parce que, même si elle « reste une construction scientifique abstraite », elle est « une science toute mécanique, mathématique, telle exactement qu'on est revenu à en comprendre aujourd'hui la constitution » en faisant abstraction de la vie. Considérer ainsi les animaux a semblé intolérable et scandaleux, c'est toutefois le point de vue adopté par la physique et la chimie actuelle qui les réduisent à des propriétés uniquement mécaniques.

À la question, « qu'est-ce qui établit de même la chimie comme science moderne ? » Renouvier répond que ce qui la distingue tout à fait de l'alchimie tient à « l'existence des éléments spécifiques, simples, toujours discernables les uns des autres, invariables dans leurs propriétés, fixes dans leurs poids et formant entre eux des rapports déterminés » (*PAH-3*, p. 160-161). On retrouve là les mêmes fondements que Renouvier a repérés dans la physique cartésienne : l'identification et la mise en rapport d'éléments simples observés scientifiquement, analysés expérimentalement, mesurés précisément...

> « C'est la multiplication des corps simples, à propriétés spécifiques, c'est l'étude de leurs relations qualitatives et quantitatives dans les combinaisons, c'est l'analyse en tout portée jusqu'à la détermination expérimentale la plus précise et aux mesures les plus exactes, c'est particulièrement la soumission à des méthodes d'observation de ceux des corps que la température actuelle du globe maintient à l'état gazeux, ou qui ne sont solidifiés qu'en des combinaisons où ils deviennent entièrement méconnaissables, c'est enfin la révélation, jusque-là refusée aux hommes, de tout ce grand fond matériel de la nature, et de ses liaisons avec la chaleur et la combustion, avec la respiration animale et végétale, avec les phénomènes fondamentaux de la vie, qui a le plus contribué à éloigner les savants du genre des hypothèses physiques qui flottent entre l'imagination vague et l'abstraction réalisée » (*PAH-4*, p. 312).

De nombreux savants participèrent à cette constitution, Renouvier cite Pasteur, « Back, Scheele, Cavendish, Priestley, Lavoisier, Dalton, Davy [...,] précédés ou servis par un grand nombre d'aides et d'émules de toutes nations, dont les petites découvertes s'accumulaient et préparaient les grandes » (*PAH-4*, p. 312). Ils éclaircirent, définirent, expliquèrent les phénomènes, découvrirent les « lois qui établissent leurs conditions de production et de dépendance pour la constitution des corps, de leurs propriétés, de leurs *actions* », et comprirent que « la recherche des *causes* en un sens supérieur à l'empirisme, et par conséquent métaphysique, n'est pas du ressort des sciences. » Ils ramenèrent les phénomènes aux mouvements et les mouvements aux forces, substituant ainsi à l'idée de cause celle de fonction[21]. Car, les causes, comme les fins, ne peuvent être envisagées « scientifiquement que dans les effets et dans les moyens, qui à leur tour paraissent, dans l'ordre des faits, à titre de quantités ou de qualités »[22] (*ECG1-1*, p. 195). Ainsi furent exclues des sciences les « qualités ou vertus secrètes, concrétées par l'imagination pour les besoins de chaque problème, comme la vertu de l'opium du bachelier de Molière » (*CP1873-2*, p. 343).

Francis Glisson[23] fut également au nombre des « promoteurs de l'esprit scientifique » (*PAH-4*, p. 304), car il fit porter son « étude sur les corps eux-mêmes et sur leurs propriétés ». La communauté mit du temps à adopter sa démarche et à abandonner les essences fictives[24]. Quand elle remplaça enfin les « anciens universaux et [...] toutes les sortes d'idées en soi » (p. 655), par une « explication des phénomènes » visant à comprendre les corps au travers de « leurs propriétés », « le changement fut grand » et « il se lia à la fondation des sciences modernes ». Cette « façon dont la physique est arrivée à

---

[21] Les sciences s'établissent au « milieu des lois et des fonctions données, sans se poser jamais les problèmes premiers » (*ECG1-1*, p. 109, voir aussi *ECG1-2* p. 25).

[22] Pour atteindre la précision que les sciences réclament, les phénomènes doivent être ramenés aux catégories de nombre, étendue, durée et devenir, en tant que cette dernière s'applique aux trois autres (voir *ECG1-1*, p. 194-195). Ainsi, la seule manière scientifique de comprendre la cause et l'effet, « c'est l'idée d'une relation entre deux phénomènes tels que, l'un étant déterminé de qualité, de position et de succession, l'autre se trouve déterminé par là même, sous ces mêmes rapports » (*CP1873-2*, p. 302).

[23] Professeur à Cambridge et médecin français, il publia en 1672 le *Tractatus de natura substantiae energetica, seu de vita naturae, ejusque tribus primis facultatibus, perceptiva, appetitiva, motiva*. Renouvier indique qu'il travailla sur la contraction des fibres musculaires et fut en cela un précurseur de Haller et de Bichat.

[24] Fedi note cette rupture que Renouvier marque dans l'histoire des sciences, rupture qui consiste à ne plus appréhender la matière comme « un substrat de qualités existant en soi » (*PC*, p. 80). Renouvier écrit en effet que ni l'« indestructibilité de la matière » ni la « matière » elle-même ne sont susceptibles « d'une détermination scientifique » (*CP1878-2*, p. 145). Cette rupture transforme et l'objet et la méthode des sciences, les autonomisant totalement de la métaphysique des causes et des essences.

considérer les corps, c'est-à-dire comme définis par les assemblages plus ou moins fixes de phénomènes qui les constituent, et par les propriétés de ces assemblages, sans autre substance ou essence » (*ECSDP-2*, p. 391), coïncida, « comme de raison, avec le progrès immense dans la connaissance des corps réels, qui s'est accompli pendant le cours d'une soixantaine d'années à peine, partagées entre le dernier siècle et le nôtre » (p. 311), ou plutôt celui de Renouvier, c'est-à-dire entre la fin du XVIIIe siècle et le début du XIXe.

> « Si le progrès est quelque part, ce doit être dans la succession des travaux scientifiques » (*CP1875-1*, p. 97) ; « les choses » s'y sont organisées « de manière à instituer une espèce de communauté et de continuité pour la recherche, la découverte, la vérification et l'enregistrement des vérités [...] entre contemporains et entre générations successives. De cette libre entente et de l'accord établi sur de certaines suites d'affirmations, il est né un progrès dont nous voyons se dérouler devant nous les anneaux. » Mais cela pose un certain nombre de questions à Renouvier : « Comment un progrès des sciences commence-t-il ? Peut-il s'interrompre ou même se perdre ? À quelles conditions se poursuit-il ? Avons-nous des garanties certaines de sa continuation ? »

La méthode de la science moderne « a été réduite[25] par les progrès des sciences » (*CP1878-2*, p. 65), elle consiste avant tout à ne plus se laisser prendre au piège des « termes universels » (*CP1878-2*, p. 107), ils ne sont plus pour « la science expérimentale » que « de simples moyens de classification ». Pour Fedi (*PC*, p. 419), « la philosophie renouviériste des sciences qui se dégage des textes éparpillés » fait voir entre autres résultats que « le véritable progrès scientifique vient plutôt de la méthode[26] » : la rupture essentielle de l'histoire des sciences consiste en une manière d'appréhender la matière sans la penser comme « un substrat de qualités existant en soi, il s'ensuit une transformation en chaîne de l'objet et de la méthode scientifiques ; les sciences de la nature se détachent de la métaphysique, la déduction cède le pas à l'expérience et à l'induction, l'étude des phénomènes et des lois supplante la vaine recherche des essences et des causes » (p. 419-420).

Pour Renouvier, qui envisage ici les sciences dans leur constitution, construisant ainsi une épistémologie diachronique, cette avancée tient notamment aux découvertes qui ont lié la chimie « aux lois de la physique générale, d'un côté, à celles de la physiologie, ou des corps organisés, de l'autre » (*PAH-4*, p. 312). Les scientifiques ont alors constaté l'étroite con-

---

[25] Par la réduction de la philosophie au phénoménisme, « les sciences physiques, qui, de la manière dont on les comprenait autrefois, faisaient corps avec la philosophie », peuvent « faire de nouveau corps avec elle » (*CP1878-2*, p. 65).

[26] Renouvier écrit notamment (*CP1875-1*, p. 98) que le progrès scientifique tient en ce que, « une fois la méthode créée, les travaux de ceux qui la reçoivent et l'appliquent s'accumulent en se supposant et se surpassant ».

nexité qu'il y a entre ces sciences, par exemple entre les phénomènes électriques et chimiques[27].

9.b.β - De la définition du corps à l'atome et au vide

Renouvier définit les corps au point de vue de la mécanique à l'image des fonctions mathématiques, « c'est-à-dire exactement mesurables et traductibles en équations » (*ECG1-1*, p. 93). Physiciens et chimistes, qui poursuivent cette analyse des corps, n'auraient donc qu'à énumérer des fonctions pour les définir exactement.

Les fonctions physiques correspondent aux « *propriétés générales* suivantes : *étendue, figure, divisibilité, mobilité* », aux propriétés susceptibles de degrés que sont « la *porosité*, la *compressibilité*, l'*élasticité*, la *résistance* »[28], aux « trois *états* [...] *gazéité, liquidité, solidité* » (*ECG1-1*, p. 94), à la « *pesanteur* », à laquelle les « notions de *poids, masse* et *densité* » se rattachent, et aux « propriétés physiques spéciales » (p. 95) par lesquelles les « corps se présentent alors comme chauds, colorés, électriques, etc. ». Quant au fait essentiel qui caractérise les fonctions chimiques, il tient selon Renouvier, en « la *transformation* des corps en présence les uns des autres, sous des circonstances données ».

Que les corps soient pesants est pour lui « une proposition synthétique apostériorique » (*ECG1-1*, p. 324), qui « ne répond point à une association d'idées inséparables », bien que cette association paraisse, il le reconnaît, « actuellement aussi confirmée que possible pour quiconque a reçu la moindre instruction scientifique. » Cependant il constate qu'un corps peut être clairement pensé « sans la qualité de la pesanteur, les autres qualités telles que l'étendue, la figure, la motilité, et les propriétés physiques comme la chaleur, la lumière, etc. étant suffisantes pour déterminer » ce « vaste concept ».

Le mérite de ces énumérations, même si elles sont imparfaites, consiste à regrouper les phénomènes « en vertu de lois particulières » (*ECG1-1*, p. 96), qui « se rattachent les un[e]s aux autres par des lois plus étendues », et qui

---

[27] Voir HAMELIN, p. 317.
[28] Notons que Renouvier ne parle pas d'impénétrabilité : il veut rester « dans les limites de l'expérience et des sens » (*ECG1-1*, p. 93), là nous constatons seulement des variations dans la résistance des corps. Il envisage cette résistance comme « l'effet des liaisons des parties d'un corps entre elles, un développement de ce qu'on nomme des *forces*, toutes les fois que les particules d'un corps tendent à être rapprochées ou éloignées les unes des autres par l'intervention d'un autre corps à proximité suffisante. »

toutes « ensemble dépendent de quelques lois générales que l'expérience révèle et des lois mathématiques de l'étendue et du mouvement ».

Renouvier constate que les physiciens ne conçoivent pas l'agrégat matériel d'une unique façon : certains y voient des « atomes purement mécaniques » (*ECG2-1*, p. 29-30), d'autres des « molécules attractives et répulsives », d'autres « encore des fluides impondérables à propriétés spécifiques ». Il considère pour sa part que l'atome symbolise des rapports, des lois, qu'il est une fiction, un point « de vue de l'esprit pour l'étude et pour la classification des phénomènes de composition et de décomposition des corps [...]. Il y a là des lois que l'esprit matérialise et pour ainsi dire incarne dans des images » (*PAH-4*, p. 451). Renouvier convient, avec Ampère, d'en admettre trois qui servent de diviseurs à la matière : les particules, les molécules et les atomes, mais ce ne sont là que des images[29].

Si nous pouvons dire que l'atome « est, du point de vue abstrait des catégories d'espace et de quantité, l'élément dernier, individuel, isolé de tout autre par un intervalle qu'on peut appeler vide, ou ne s'exerce aucune action du même ordre » (SEAILLES, p. 309), il ne faut pas le regarder comme une substance, ni comme un être en soi[30], car ce sont des phénomènes et des lois qui le constituent.

À côté de la notion d'atome, la notion de vide « est permise, ou, pour mieux dire, imposée plus que jamais, pour servir aux investigations scientifiques, à cause de l'importance prise de nos jours par la mécanique et la physique corpusculaires » (*ECG1-2*, p. 263). Car, pour Renouvier, il « ne s'agit plus d'un doute à lever dans la science, ou d'une hypothèse à appuyer ou à combattre, mais d'un problème à énoncer en termes corrects, pour la critique générale de la connaissance, et qui, sitôt posé, est résolu par la plus simple application du principe de contradiction ».

En effet, Renouvier ramène les thèses du plein et du vide à des termes généraux, sans hypothèse préalable, posant simplement que, ou il est toujours possible de trouver dans un espace qu'on imagine indéfiniment divisible « un ou plusieurs sièges de phénomènes, un ou plusieurs sièges de forces [..., ou bien] dans l'échelle descendante de ces éléments mathématiques, il finirait nécessairement par s'en trouver de tels, que nul phénomène, *en fait*, ne serait localisé dans l'intervalle de leurs dimensions » (*ECG1-2*, p. 264). Il montre que, du fait de l'impossibilité du nombre infini actuel, la première thèse est contradictoire, « puisque la multiplication des existences

---

[29] Voir HAMELIN, p. 311.

[30] L'atome n'est pas une « essence étendue et impénétrable, capable de contact, de choc et d'impulsion », il n'est qu'« un siège, indéfinissable d'ailleurs, de force exercée en de certains points » (*CP1878-2*, p. 66).

réelles et effectives suivrait le cours de la multiplication des parties mesurables d'un volume donné, laquelle n'a point de terme » (p. 265). Il en déduit la vérité de la thèse du vide :

> Quand donc « nous nous représentons des parties de l'étendue où des phénomènes de nature quelconque ont leur siège, nous devons nous représenter d'autres parties corrélatives où nuls phénomènes de cette nature n'existent. Et si nous étendons notre pensée à tous les phénomènes possibles de toute nature, nous sommes obligés d'affirmer qu'il y a des parties d'étendue représentables en principe, dans lesquelles ne résident en fait nuls phénomènes de quelque nature que ce puisse être. Tel est le concept théorique des vides » (*ECG1-2*, p. 265).

En outre, à l'idée du plein se joint automatiquement celles de la continuité et « du *solidaire* dans l'espace et le temps indéfinis » (*ECG1-2*, p. 268), de l'immobilité, de la nécessité[31]. De plus, cette idée nous fait retomber sous les arguments de Zénon d'Élée[32]. *A contrario*, « les intermittences et les distances permettent l'initiative de la locomotion », du commencement, du mouvement et de la liberté. Ainsi, les corps composés de parties distinctes ne peuvent être divisés à l'infini ; il faut penser un atomisme autant spatial que temporel et voir le continu comme « une illusion des sens » (MILHAUD, p. 118). L'existence du vide est imposée par la loi du nombre, par l'élasticité[33] et par la liberté. Par cette dernière, la « revendication du principe de discontinuité » (SEAILLES, p. 68-69) va bien au delà de la physique, elle « ouvre le champ à la vie morale ». Autant « on a de raisons de croire à la liberté, autant on en a de reconnaître l'existence du vide », écrit Hamelin (p. 311), car le système de la continuité contraint, interdit toute impulsion, empêche toute initiative, oblige à une nécessité universelle ; avec lui, « tout n'est que suite, enchaînement, conséquence, et le monde se préexiste à lui-même ; tout se presse et s'étouffe dans cette solidarité absolue, dans cette identité fondamentale. Le système de la discontinuité rend au monde l'espace, la respiration, les existences, la liberté » (*CP1873-1*, p. 302).

Cette liberté n'anéantit nullement les lois de la nature, au contraire, ce « sont toujours des lois, rien que des lois qui font du monde cet ensemble d'êtres qu'il est » (*ECG3*, p. 52), car « des phénomènes incohérents ne pourraient ni connaître ni être connus ». Tous ces phénomènes et toutes ces discontinuités se rangent donc bien sous des lois[34].

---

[31] Voir *CP1873-2*, p. 300. Séailles rappelle (p. 66), au travers des exemples d'Épicure et des stoïciens, pour l'Antiquité, de Newton et de Leibniz, pour l'époque moderne, l'étroite union du plein, du continu et de la nécessité dans l'histoire de la philosophie.

[32] Voir 6.b.β et SEAILLES, p. 67.

[33] Voir SEAILLES, p. 311.

[34] Voir HAMELIN, p. 312.

9.b.γ - Force, mouvement et cause

Si nous imaginons les atomes comme de petites masses continues, nous devons toujours les penser comme divisibles, comme nous l'avons indiqué plus haut. Pour marquer le terme de cette divisibilité, Renouvier identifie les atomes à des points mathématiques, sièges de forces, points dont l'étendue consiste « simplement en une sphère d'action de la force autour du point où elle réside » (HAMELIN, p. 309).

Il emprunte cette idée au mathématicien Boscovich, qui chercha à corriger Leibniz en pensant les monades « comme des forces pures, données en des points mathématiques, situées dans le vide, et animées des vertus attractives et répulsives de l'école de Newton » (*ECG2-1*, p. 23). Pour Boscovich, la force rend « compte de ce qui s'appelle matière et mouvement » (CSPS, p. 75), elle en rend compte mieux que ne le faisaient les « notions cartésiennes de figure et contact ». Car rigoureusement, tout contact physique est en fait impossible ; il n'est qu'une action à distance qui s'explique par les forces répulsives des atomes, forces qui croissent de manière indéfinie lorsque des atomes se rapprochent.

Mais qu'est-ce que la force[35] ? Est-ce « une qualité qui change, une substance qui se métamorphose, une cause inassignable qui devient tout ce qu'elle fait » (SEAILLES, p. 155) ? Il ne s'agit pas de faire de la force « le signe général, [...] l'entité de la cause unique, capable de produire tous les phénomènes jadis attribués aux fluides » (*CP1878-2*, p. 108). Renouvier

---

[35] Cette notion de force encadre l'œuvre de Renouvier. Elle était parmi les premiers concepts étudiés par lui dans *l'Encyclopédie nouvelle*. Il y analysait déjà la force « en tant qu'être virtuel » (*PC*, p. 53), enveloppant « une infinité de possibles », et « en tant qu'être actuel » ; il voyait déjà la volonté comme « la force qui produit la pensée, [... qui] modifie l'être » (*EN5*, p. 307). Hamelin fait remarquer (p. 34) que, dans son article « Philosophie » (*EN7*), Renouvier considérait la force comme synthèse de l'acte et la puissance. L'étude des notions de force et de mouvement constitue l'essentiel de l'article « Le principe de la physique moderne » (*CP1874-1*, p. 129-137). Nous retrouvons une analyse de la force en 1878, dans « Les notions de matière et de force dans les sciences de la nature », correspondant à une série de quatre articles de la *Critique philosophique* (*CP1878-2*, p. 106, 145, 161 & 177 *sq.*) qui prolongent la thèse soutenue par Dauriac. Nous retrouvons à nouveau la notion en 1887 dans le chapeau d'un article de la *Critique philosophique* signé Renouvier : « De l'idée de force en biologie. La philosophie biologique de Claude Bernard » (*CP1887-2*, p. 112-138). Et la force clôt le dernier ouvrage de Renouvier, dont la seconde partie est nommée « Étude sur la perception externe et sur la force ».

débarrasse cette thèse de son réalisme spatial[36]. Il faut se souvenir en effet que l'atome n'est pas un être en soi[37], mais « une abstraction, un symbole de l'existence véritable ; il est l'être considéré [...] du point de vue des seules catégories de l'étendue et de la quantité » (SEAILLES, p. 310). La réalité des « derniers éléments des organismes » (HAMELIN, p. 22) n'est donc pas dans les atomes, mais bien plutôt pour Renouvier dans les « monades », ces « spontanéités » qui intègrent « tout ce qui constitue l'existence complète au point de vue de la conscience » (SEAILLES, p. 310). Cette théorie, inspirée de Leibniz et de sa « manière de comprendre l'esprit ou l'âme et la causalité » (*ECSDP-2*, p. 361), veut exclure cependant toute métaphysique de la notion de monade.

Nous nous la représentons comme la force à l'origine de tout changement. Quand, « dans une série de phénomènes sujets au devenir, deux groupes sont envisagés de telle sorte que, le premier étant d'abord posé en acte et le second représenté en puissance dans le premier, le second devienne actuellement » (*ECG1-2*, p. 56), le principe de causalité nous fait supposer qu'acte et puissance sont systématiquement liés par une force. Cette notion représentative ne paraît dans le temps et l'espace que par ses effets[38], c'est pourquoi elle « est ce quelque chose d'indéfinissable que chacun connaît par sa conscience » (*ECG1-1*, p. 51), et qui représente toute « cause propre à altérer l'état de repos ou de mouvement d'un corps », un « rapport original » (*ECG1-2*, p. 55) liant « l'acte et la puissance », ou plus précisément « le rapport de deux actes limitant une puissance » (p. 61).

> « À ne considérer, dans la catégorie de *force*, que la thèse, c'est-à-dire l'*acte*, tout est déterminé, nécessaire. Au contraire, à ne considérer que l'antithèse, la *puissance*, tout est indéterminé dans l'avenir, et le présent même, en tant qu'*un devenu*, est contingent, fortuit, arbitraire. L'acte est le rapport posé, *ce qui est* ; la puissance, le rapport posable, *ce qui peut être*, identique, comme non acte, à *ce qui peut ne pas être*. La synthèse

---

[36] « La réalité n'est point l'objet de la physique et de la mécanique, et s'il y avait à parler de la réalité, il ne serait pas juste, ou il serait peu clair, de la définir comme *matière*, même en ajoutant que cette réalité est inséparable de la force, qui est une abstraction ! L'objet de la mécanique, et par conséquent de la physique scientifiquement constituée, c'est la matière abstraite, et non point réelle ou vivante, la matière inerte, la matière ramenée à une somme de points d'applications de forces » (*CP1884-1*, p. 165). Voir aussi HAMELIN, p. 264 et 309, SEAILLES, p. 309.

[37] Fedi écrit (CSPS, p. 75) que nous devons « renoncer d'une part à la conception de l'atome comme "étendue concrétée", dure, solide, pleine et insécable, substrat de diverses propriétés physiques et chimiques, d'autre part, à la thèse du vide posé comme étendue indépendante de toute représentation, formant le réceptacle des corps. Le plein et le vide enveloppent l'illusion de l'étendue en soi et se heurtent à la contradiction inhérente à la division actuellement infinie de l'étendue en soi ».

[38] Voir *CP1878-2*, p. 109.

s'opère dans la détermination de la puissance par deux actes limitants, l'un antécédent et l'autre conséquent » (*ECG1-2*, p. 112).

C'est pourquoi, il y a deux manières d'envisager la force : soit en considérant la synthèse de la puissance à l'acte initial ou antécédent, nous l'appelons alors cause et elle est « *pouvoir* ou force virtuelle » (HAMELIN, p. 139), car jamais elle ne tombe sous l'observation[39], soit en la liant plus spécialement à l'acte terminal ou subséquent, nous lui donnons le nom d'effet et alors « elle est la force à l'œuvre, elle est le faire ou *production*, et cette force ayant toute sa réalité peut se définir *l'acte de la puissance* ».

Mais Renouvier voit le danger qui réside dans ces deux façons de comprendre la force. Le premier sens, trop vague, peut « satisfaire à tous les effets possibles de la nature, il se prête aux différentes formes que revêt pour l'imagination un être inconnu agissant sur la sensibilité » (*ECG1-2*, p. 277). Le deuxième sens, quant à lui, peut devenir l'outil d'une « philosophie substantialiste », qui s'en sert pour « ne voir dans l'univers que des mouvements, les molécules étant elles-mêmes conçues sous des lois de position et de figure exclusivement ».

Pour ne pas tomber dans cette dichotomie, Renouvier définit différents types de forces, notamment « les forces mécaniques, physiques, chimiques, vitales et représentatives » (*ECG1-2*, p. 63) ; ces dernières concernent les facultés animales, la volition, l'appétit et « les représentations successives de toute nature » (p. 70). Dans les forces mécaniques, les actes antécédents et conséquents sont des mouvements décrits de façons précises dans des mobiles donnés ; ces actes se résument à deux éléments qui caractérisent le mobile : sa masse et sa vitesse, que nous pouvons définir et mesurer. Renouvier s'en tient donc à la position de d'Alembert en caractérisant « la force mécanique par le mouvement, soit en acte, soit en puissance dans le mobile » (p. 90). Les forces physiques sont celles « qu'on affecte à la production des mouvements des corps graves » (p. 65). Ces distinctions permettent d'avoir une vision d'ensemble de la réalité et de prendre en compte que les forces physiques revêtent différents aspects mécaniques, voire physiologiques ou vitaux, que les forces moléculaires ou chimiques « président à des phénomènes très composés, très variables, d'une observation difficile » (p. 67). Renouvier estime en effet que les hypothèses au sujet des forces chimiques sont probablement trop simplistes, et que les scientifiques manquent de moyens de vérification à leur sujet. Chaleur,

---

[39] Séailles précise (p. 107) : « L'expérience externe nous donne l'ordre de succession des phénomènes, mais le phénomène de la cause à proprement parler ne tombe pas sous l'observation ; nous voyons deux faits se suivre, nous ne voyons pas l'un produire l'autre. »

électricité et lumière donnent lieu à ce genre de « forces, en tant qu'on les regarde comme causes de modifications qui s'ensuivent ».

Ce que Renouvier vise par là, c'est que nous attribuions au mot force son sens scientifique, que nous l'employions même précisément dans ce sens mécanique ; où il ne représente qu'un « mouvement donné [...,] une somme de forces vives (mécaniques) qui va se composant et se décomposant mécaniquement » (*ECG1-2*, p. 277-278[40]). Parce que si, en elle-même, la force « ne se laisse pas ramener au nombre et mesurer, à la manière de l'étendue ou de la durée » (p. 90), nous pouvons cependant l'atteindre par son action et les changements qui en résultent.

> « La force proprement dite, son existence, sa nature, sont des faits d'ordre extra-scientifique. Pût-on l'assigner d'une manière exacte et précise, sa définition ne conduirait point par elle-même à la mesurer, ce qui est le but de toute science. La mesure de la force ne s'obtiendrait jamais que par celle des changements qu'on rattacherait à son action : c'est ce qui a lieu dans le plus simple de tous les cas, celui de la mécanique » (*ECG1-2*, p. 77).

Ceci ne signifie pas, loin de là, que Renouvier entende ainsi réduire toutes les qualités à la seule force mécanique (les éléments présentés ci-dessus le prouve) ; il voit au contraire dans ce procédé une fâcheuse réduction contre laquelle il ne manque pas de nous mettre en garde[41].

Les phénomènes externes n'expriment pas la pleine réalité, ils ne sont que des abstractions[42], qui sont parfaitement inintelligibles s'il n'y a pas une conscience pour les penser. « Au fond il n'y a que des phénomènes internes et par conséquent il y a partout des forces et des causes » (HAMELIN, p. 143). La science moderne ne s'y est pas trompée, puisqu'elle « s'efforce de plus en plus de ramener tous les phénomènes au mouvement et à ses lois » (SEAILLES, p. 313). Le mouvement, comme la vitesse, n'est pas une donnée absolue, il dépend de l'étendue et de la durée. Ainsi, nous pouvons nous représenter, dans un système de repères à trois axes, le mouvement d'un point donné dans l'espace ; de là « il s'ensuit, comme en géométrie, une grande facilité pour mettre en équation les problèmes et pour les traiter généralement » (*ECG1-2*, p. 97).

Nous pouvons traiter de la sorte le mouvement en acte et concevoir de même le mouvement en puissance. Ce mouvement « qui n'est point donné actuellement, mais qu'on se représente comme devant se produire sous certaines conditions, et dès l'instant que certaines autres conditions cesseraient d'exister » (*ECG1-2*, p. 93). Renouvier donne un exemple de cette

---

[40] Cité également par SEAILLES, p. 155.
[41] Voir *ECG1-2*, p. 277.
[42] Le « représentatif et le représenté sont indispensables l'un et l'autre à la constitution d'un objet quelconque de la connaissance » (*ECG1-2*, p. 326).

« *puissance de mouvement* » avec un corps dont la chute est empêchée par un obstacle : dès que l'obstacle opposé à la chute est ôté, le corps chute librement « quelle que soit sa masse, de 9m, 809 environ par seconde ». Séailles remarque (p. 204) que c'est ce « passage des forces de tension à l'état de forces vives, actuelles, accomplissant un travail mécanique, [qui] nous permet de concevoir la quantité de mouvement créée comme aussi petite qu'il nous plaira, et pratiquement inassignable. Un caillou qui se détache et roule suffit à produire une avalanche. » La force est cette synthèse qui réunit puissance et acte, possibilité et réalité, « synthèse originale, irréductible, qui domine la catégorie de cause » (SEAILLES, p. 107).

Les mouvements « ne sont que des rapports » (*ECSDP-2*, p. 375), des rapports qui s'établissent dans notre conscience. Ainsi, comme le rappelle Fedi (*PC*, p. 137), Renouvier est « conduit à rectifier la définition aristotélicienne. Certes, le temps est le nombre du mouvement, mais il n'y a d'avant et d'après que pour une conscience à laquelle est déjà donnée la succession »[43]. Si le mouvement était une chose en soi, il impliquerait les contradictions de l'infini[44], mais comme nous demeurons dans la représentation et que nous comparons des quantités définies d'espace parcouru et de temps écoulé, nous n'avons pas à nous inquiéter des paradoxes de Zénon[45].

C'est donc en mécanique que la force peut être le plus simplement définie. Là, elle « ne s'évalue que par le mouvement qui seul relève des mathématiques » (SEAILLES, p. 112). Car, quelque soit le type de forces, toutes « les sciences ne peuvent jamais que constater par l'observation des successions de phénomènes, ou mesurer les mouvements pris comme équivalents mécaniques des forces qui échappent elles-mêmes à la mesure ».

En adoptant le point de vue mécanique, nous résolvons la force simplement par son « effet : la vitesse ; ou bien encore sous la signification autre, mais également nette, dont la psychologie accuse le type dans la volonté » (*ECG1-2*, p. 277). Ainsi nous évitons les erreurs de langage qui conduisent à revenir à la physique des essences, au « langage des qualités occultes » (p. 278), aux « spéculations de l'école d'Ionie[46] sur les transformations d'une substance unique de la nature », et qui consistent à parler de conversions ou de transformations des forces pour exprimer des propriétés des corps, des

---

[43] Fedi renvoie ici à *LP*, p. 370.
[44] Voir 3.d.α et CSPS, p. 63.
[45] Voir 9.b.β et SEAILLES, p. 57-58.
[46] « Au demeurant », écrit Renouvier (*ECG1-2*, p. 288), « je ne trouve pas étrange que le siècle de la "philosophie positive" soit celui de la restauration du naturalisme ionien des Thalès et des Anaximandre, comme il l'est autre part de celle des éléates ; car la positivité n'est qu'un masque sous lequel se déguisent des affirmations métaphysiques aussi absolues qu'il y en ait eu jamais. »

qualités sensibles de ces corps et les rapports de ces qualités en se gardant de les expliquer. Pour réduire correctement la physique à la mécanique, il faut d'abord « faire rigoureusement abstraction, dans les phénomènes, de tous les caractères impliquant la sensibilité ».

C'est cet « emploi équivoque du mot *force* »[47] (*PAH-4*, p. 317) que Renouvier reproche à Spencer : il part « d'une notion confuse » (SEAILLES, p. 155), ne définit pas « la nature de la force, élément primordial, qui se retrouve en tout ce qui est ». Spencer voit dans la force comme un « principe actif premier [...] inconnaissable en soi » (*PAH-4*, p. 317), « une réalité suprême, [...] une idée universelle » (BLAIS, p. 61). Cela supprime toute scientificité à son système évolutionniste, attendu que les savants ne conçoivent la force que comme « un terme abstrait, servant à grouper tous les rapports d'antécédents à conséquents invariables, dans les phénomènes du mouvement » (*PAH-4*, p. 318). Jamais le physicien ne prétend atteindre « le phénomène de conscience lui-même » (p. 319), ni cette force vue comme une chose en soi, « cette *force* qui produit quelque autre chose, ou se transforme en quelque autre chose ». Spencer commet une « confusion vicieuse » (*ECG1-2*, p. 286) et procède à des « identifications purement verbales » en pensant que la force se métamorphose.

En définissant correctement la force, Renouvier résout la question « de savoir si le savant doit se livrer à la recherche des causes » (*ECG1-2*, p. 77). Si nous considérons la cause comme cherchant le pourquoi, ce pourquoi qui réside dans les conditions déterminant un phénomène, et le comment, en tant qu'il recouvre les relations qui le constituent et le font varier, « il est certain que la vraie science, en fait, n'a jamais été autre chose », puisqu'elle cherche « l'ensemble des conditions nécessaires et suffisantes pour la production d'un phénomène ou d'un changement » (FEDI, *PC*, p. 155). La causalité scientifique n'est que là, elle n'est pas dans la « *transitivité* d'une vertu passant d'un sujet à un autre sujet qu'elle informe » (*CP1876-1*, p. 53) ; elle se tient uniquement dans l'étude des lois formant « des relations constantes entre phénomènes ou séries d'événements. » Cela revient à substituer les lois aux causes et « donne aux sciences une clarté et une exactitude inconnues des anciens physiciens » (*CP1876-1*, p. 379). Si, au contraire, nous considérons la cause hors de sa « signification positive [...], alors non seulement le savant ne doit pas rechercher les causes, mais il ne le peut pas » (*ECG1-2*, p. 77). En ce sens, il n'a « pas plus à chercher les fins que les causes ; les unes comme les autres sont soustraites à l'expérience directe et à la mesure mathématique » (SEAILLES, p. 117[48]). Il doit se borner « à la recherche des

---

[47] Expression reprise par BLAIS, p. 61.
[48] Voir aussi HAMELIN, p. 155.

relations constantes de succession, à l'établissement de formules qui présentent les phénomènes comme fonctions[49] les uns des autres » (HAMELIN, p. 141-142). Être scientifique, ce n'est pas désigner de vagues causes, c'est déterminer « les conditions que les phénomènes ont dans leurs antécédents [...] et dans leurs circonstances » (*ECG2-1*, p. 17).

Renouvier nous précise que parmi toutes ces conditions, il en est une que nous pouvons en effet qualifier de véritable cause. Il illustre cette distinction par l'exemple d'un enfant jetant un outil dans un étang. Les conditions sont la présence de l'eau et du projectile, la proximité de ces deux éléments, la densité de l'objet, la pesanteur..., elles forment tous les antécédents nécessaires qui sont en nombre indéfini. Toutes ces conditions sont bien des circonstances nécessaires, mais la cause déterminante est uniquement dans ce que l'individu « a lancé l'outil dans l'étang » (*ECG1-2*, p. 80). Renouvier voit donc « le fondement scientifique de la distinction entre la cause d'un phénomène et ses conditions » en ce que la première est effectivement déterminante alors que les secondes ne sont que nécessaires. La cause est l'acte déclencheur : l'idée de force qui « accompagne constamment celles du changement et du devenir » (DCR, p. 190), « le dernier fait qui a précédé celui-là comme sa condition, nécessaire aussi, mais cette fois nécessaire et suffisante, ce que n'était aucun des précédents »[50].

Cet exemple définit l'action humaine comme cause de l'événement. Cela n'est pas surprenant car, pour Renouvier, la cause, sous son aspect le plus pur et le plus caractéristique, est exprimée par « la relation représentative entre la volonté, dans une conscience donnée, et les idées, en tant qu'elles sont subordonnées au vouloir et qu'il est en notre puissance de les appeler, de les maintenir ou de les éloigner. Le siège de cette cause est exclusivement interne » (*PAH-4*, p. 449). C'est pourquoi il faut veiller, ce que n'a pas fait

---

[49] La caractéristique de la physique moderne tient à ce que cette idée de fonction vient se substituer à celle de cause, comme le précise Schmaus (RMH, p. 137 qui s'appuie sur *ECG1-2*, p. 25) : « *In the second edition of this work he added that "the substitution of the idea of function for the idea of cause is the characteristic of modern physics"* ».

[50] Nous pouvons donc synthétiser cette analyse en reprenant les termes de Séailles (p. 111) : « La cause est une condition : 1° *nécessaire*, c'est-à-dire sans laquelle un phénomène n'aurait pas eu lieu, toutes choses étant égales par ailleurs ; 2° *suffisante*, c'est-à-dire qui posée donne le phénomène ; 3° effectivement déterminante. »

Maine de Biran[51], à distinguer « l'acte mental de la volonté avec le sentiment de l'effort musculaire qui en est la suite ». Car, au niveau des phénomènes externes, et en adoptant un point de vue scientifique, la causalité d'un phénomène doit laisser place à « l'ensemble des conditions nécessaires et suffisantes de sa production ».

> Quant « aux effets externes, il était pour moi très clair qu'on ne peut rendre raison qu'en recourant à la *loi* en vertu de laquelle tels faits se produisent, lorsque tels autres faits sont donnés qui en sont les conditions nécessaires et suffisantes. L'ordre général de la causalité dans la nature se réduit, pour notre connaissance, à cette harmonie des faits dépendant les uns des autres dans le temps et le devenir ; seulement, les cas relatifs à l'existence animale nous offrent, au nombre des antécédents qui conditionnent les évènements, des *causes*, telles que je viens de les définir, des *actions* sans lesquelles ces évènements ne se produiraient pas ; et les autres cas nous permettent encore de supposer des *actions* d'une nature analogue, quoique inconnues en elles-mêmes » (*ECSDP-2*, p. 397).

La « théorie scientifique de la causalité naturelle » (*PAH-4*, p. 450) mise en œuvre par Renouvier opère donc à la fois sur l'ensemble des phénomènes déterminés par des lois dans l'univers et sur la volonté. Ainsi, elle « embrasse le déterminisme des phénomènes » mais « n'exclut nullement les causes libres quand il en vient ». Renouvier refuse de croire à une « constance quantitative des forces » (*CP1878-2*, p. 112) ; il n'admet pas que des « forces nouvelles » qui viennent à se produire soient vues exclusivement comme « des transformations de forces antérieures [...] L'idée que nous avons des effets de la volonté chez les animaux, spécialement chez l'homme, s'oppose absolument à ce qu'un tel principe soit reçu d'emblée. Pour le faire passer, on devra s'adresser à la métaphysique et aux sciences. La métaphysique aura à démontrer le déterminisme absolu. Les sciences auront à faire la même preuve ». Mais c'est pour lui peine perdue.

---

[51] Renouvier reproche à Maine de Biran d'avoir cru prouver l'acte libre et la conscience comme une « force extérieure mouvante, une cause immédiatement locomotive » (*CP1876-1*, p. 116), alors qu'il faut la rechercher « dans la puissance volontaire sur le théâtre mental de la réflexion et de la direction des pensées, qui est le seul où l'on puisse en donner une définition empirique et directe ». Il est en effet impossible de saisir la « transition de la *volonté* au *mouvement* » (p. 117), d'assurer que la force locomotive soit bien engendrée par la volonté et non par la représentation de l'effet attendu, et de garantir que le moteur soit plutôt la volonté libre que le désir, la passion.

Chapitre 10 - L'homme, sa liberté, ses certitudes et son histoire

10.a - L'homme et l'animal

10.a.α - Particularité du vivant

Il y a pour Renouvier deux vérités à prendre en compte quant au vivant. Premièrement, « le système vivant, quelle que se trouve être son origine en remontant la suite des vivants antérieurs, n'a pas son commencement et son principe dans le milieu inorganique ; mais [...] il forme, à l'encontre de celui-ci, un groupe distinct, dans lequel des phénomènes propres et spontanés se produisent et suivent un cours tranché jusqu'à ce qu'il se décompose » (*ECG2-1*, p. 36-37). Deuxièmement, ce « groupe distinct détermine en des points essentiels le mode d'action des forces physico-chimiques auxquelles il prête un laboratoire particulier avec toutes sortes de vases et d'instruments coordonnés. C'est ce qui a lieu dans le moindre des embryons » (p. 37). C'est-à-dire que des interventions extérieures perturbatrices peuvent facilement troubler l'évolution et devenir des agents de décomposition. Cela étant, Renouvier ne suit cependant pas l'idée de Xavier Bichat[1] qui voudrait qu'un principe de vie anime sans cesse les vivants, sans quoi ils ne résisteraient pas à ce qui les entoure et tend en permanence à les détruire. Renouvier se range plutôt du côté de Claude Bernard pour qui les « influences physico-chimiques » sont tout autant « nécessaires au fonctionnement des propriétés de la matière vivante » qu'« à la manifestation des propriétés de la matière brute. Ces conditions sont, d'un côté comme de l'autre, l'oxygène, la chaleur, la lumière, l'électricité, etc. »[2].

D'ailleurs, si la mort est évidemment l'issue fatale de la vie, si en effet l'« animal meurt, et non pas l'hydrogène » (*ECG1-1*, p. 100), « la permanence, caractère reconnu des fonctions inorganiques, ne semble faire défaut dans les fonctions organiques qu'autant que celles-ci sont prises individuellement. Elle reparaît dans les fonctions d'espèce ou de race » (p. 101).

> « Il faut ôter à Descartes ses esprits animaux, à Hobbes ses mouvements du cerveau et du cœur ; non qu'il n'existe rien de tout cela, mais la biologie devra substituer des réalités précises à ces hypothèses vagues » (*ECG2-1*, p. 179).

---

[1] BICHAT Xavier, *Recherches physiologiques sur la vie et la mort*, Paris : Baillière, 1829, 5ᵉ éd., p. 2 (voir *ECG2-1*, p. 35-36).
[2] BERNARD Claude, « L'expérimentation dans les sciences de la vie », in *Revue des cours scientifiques* n°9 du 30 janvier 1869, Paris : Germer-Baillière, 1869 (cité en *ECG2-1*, p. 36).

La spécificité du vivant tient bien plutôt à cette première caractéristique « que certains corps joignent incessamment à leur propre composition quelques parties des corps environnants et se défont de quelques-unes de leurs propres parties. De là les fonctions d'*absorption*, d'*assimilation*, d'*exhalation* et de *développement* » (*ECG1-1*, p. 97-98). Une seconde caractéristique des corps vivants consistent en ce qu'ils « se reproduisent ; l'expérience constate que, en général, ils proviennent de parents et sont précédés par des germes. Cette fonction de *génération* met le sceau à la distinction profonde des corps vivants et de tous les autres » (p. 98). De même que la distinction entre les êtres qui disposent de la sensibilité et de la locomotion correspond à la classe des animaux dans les corps vivants, alors que les corps appartenant à la classe des végétaux ne disposent pas de ces attributs mais seulement de la nutrition et de la génération.

Lorsque Renouvier étudie (*ECG2-1*, p. 237-239) le lien entre les mouvements organiques et les conditions mentales, il distingue d'abord trois types de mouvements purement organiques et totalement indépendants de la volonté : 1. les mouvements vitaux des organes internes (cœur, intestins, etc.), 2. les mouvements dits réflexes (vomissements, convulsions, etc.), 3. les mouvements accompagnant inconsciemment des mouvements volontaires, et qui parfois les compromettent (Renouvier n'en donne pas d'exemple). Il propose ensuite cinq types de mouvements faisant graduellement appel à la conscience : 1. « mouvements instinctifs », 2. les « mouvements consécutifs aux passions [...] qui se produisent sans avoir été envisagés d'avance », 3. les « mouvements consécutifs à l'imagination, et auxquels sont dus les mêmes effets que pourrait amener la présence actuelle de l'objet imaginé », 4. les « mouvements consécutifs à la représentation de ces mêmes mouvements envisagés simplement comme possibles »[3], 5. les mouvements vraiment dus à la volonté. »

10.a.β - La volonté distingue l'homme de l'animal

Cette gradation est importante, car la « différence de l'homme et des animaux, bien qu'essentiellement marquée dans le jeu de la conscience, se ramène[4] [...] au problème de la volonté » (*ECG2-1*, p. 67). Mais, qu'est-ce que la volonté ? Elle « n'est pas la spontanéité avec laquelle on est trop souvent tenté de la confondre » (SEAILLES, p. 181). Renouvier ne la voit pas comme « une faculté séparée, ni une lutte d'idées dont la plus forte triomphe

---

[3] Hamelin (p. 237) les nomme « mouvements préimaginés ».
[4] Sans parler de la religion, du sens moral, ni du sentiment du beau, mais la volonté est aussi cet « empire sur les instincts, sur les passions » (CAVALLARI, p. 175).

(p. 183), mais comme « un caractère de la représentation elle-même » ; plus encore, les « représentations directrices, déterminantes, [...] sont la volonté même » (p. 184) « et font le caractère original de la vie proprement humaine » (p. 185). « Par la volonté toutes les fonctions intellectuelles se transforment, s'étendent, prennent la marque propre de l'humanité ».

Cette volonté siège-t-elle dans la simple animalité, ou l'animal n'est-il « élémentairement » animé que par la seule passion[5] ? Sommes-nous en droit « de refuser à l'animal toute participation à la volonté » (HAMELIN, p. 247) ? « Renouvier tend à le faire, déclare même qu'il le fait, et pourtant hésite lorsqu'il s'agit de trancher absolument et précisément la question ». Selon Hamelin toujours, Renouvier concède à l'animal quelques « rudiments de raison et la pratique d'une sorte de raisonnement intuitif » (p. 209) : « l'infériorité de l'animal » consistant « uniquement dans l'absence de réflexion et d'abstraction[6] », dans le manque de « retour sur ses fonctions propres » (SEAILLES, p. 179). Les animaux « en reste[nt] à l'action toute spontanée qui s'exécute sans se connaître ». S'ils composent des jugements, ils « ne les analysent pas ; ils emploient les notions générales et ne les considèrent pas » (*ECG2-1*, p. 121). Si les animaux s'expriment et par là utilisent des signes pour communiquer, ils ne sauraient en instituer de nouveaux : « ces signes demeurent à peu près invariables et ne se scindent ni ne se combinent pour s'appliquer à des pensées plus restreintes ou plus étendues ».

> « Le langage des animaux se mesure à leurs passions ; nous le comprenons assez pour être assurés, et sa fixité si bornée le prouve, qu'il n'admet point l'idée des purs possibles, des actes indéterminés, des futurs ambigus, non plus qu'il ne suppose aucune pensée de la pensée. [...] Pour eux, point d'analyse, point de doute, point d'hypothèses, point de conditionnel général et indépendant » (*ECG2-1*, p. 205).

Les animaux n'atteignent pas à l'universalité abstraite du symbole, du concept, puisque leurs jugements ne sont pas réfléchis. C'est pourquoi nous pouvons dire que, même si les animaux s'expriment par signes voire même parfois avec des sons articulés, ils « ne signifient pas et ne parlent pas » (p. 122). De même, nous pouvons dire qu'ils ne raisonnent pas[7], sinon ils sauraient « conclure par le principe de contradiction ou par le syllogisme, [...] opposer clairement les membres d'une alternative ou discerner les moyens termes d'une suite d'espèces ». Pour Renouvier, « le raisonner n'est pas où ne se produit ni progrès ni science. » C'est donc seulement d'une

---

[5] Voir HAMELIN, p. 231.
[6] C'est grâce à la volonté que « l'abstraction et la science deviennent possibles », comme le rappelle Cavallari (p. 175).
[7] Il est d'ailleurs « assez manifeste que l'idée de volonté » se « trouve engagée » dans celles « d'*attention*, de *réflexion* et de *raison* » (*CP1876-2*, p. 186).

« forme imaginative » de l'intuition des contraires dont peuvent disposer les animaux, et pas d'une « comparaison réfléchie de jugements ».

La volonté est placée par Renouvier « au nœud de la conscience humaine » (*ECG2-1*, p. 194), « à la racine de l'attention et de la réflexion » (MILHAUD, p. 85), car elle peut régner sur les habitudes, les passions et les instincts. Renouvier définit ainsi la volonté : elle « est une habitude en quelque sorte inverse, un empire sur les habitudes » (*ECG2-1*, p. 210). « Par elle se modifient les séries logiques ou naturelles de la pensée, et jusqu'à l'instinct, jusqu'à la nature, jusqu'aux lois fondamentales de l'intelligence, puisque le libre exercice de la raison peut » aller jusqu'à « nier la raison. » La volonté est « l'avènement d'une fonction d'un genre si nouveau, [...] que les choses cessent d'*être* simplement, mais *se font elles-mêmes*, et qu'une nature se produit par-dessus la nature ». Renouvier constate ici le lien étroit qui unit volonté, abstraction et science. « L'abstraction devient possible, ainsi que l'expérience systématique : double fondement des sciences » (p. 211). Il s'agit d'un « passage de la pensée simple et de la passion, [...] forces fixes et invariables, aux fonctions de réflexion et de volonté, qui constituent la force libre ».

> L'« animal [...] certainement *distingue, unit*, et *détermine* : mais l'homme seul réfléchit, et fait passer volontairement à l'état réfléchi les termes qu'il *différencie, généralise*, et *définit* ; sa conscience explique ce qu'elle implique, et ainsi commencent les classifications et les conventions, fondements de l'œuvre de la science » (*ECG2-1*, p. 88).

Renouvier pointe la spécificité de l'humain qui est d'abstraire et de généraliser. Même l'enfant est apte « à recevoir et à créer des signes et à tirer des inductions » (*ECG2-1*, p. 129), alors que l'animal se contente, par son langage figé, d'exprimer ses émotions ou sentiments. Renouvier reproche à Darwin de n'avoir pas vu cette « distinction essentielle » (*CP1876-1*, p. 187), « vérité essentielle que M. Max Muller a établie »[8].

Bien sûr l'animal peut être en mesure de comparer, mais il ne dépasse pas les objets empiriques, il n'a pas ce procédé d'analyse et de synthèse[9] : seul l'homme est capable de « *rapporter des rapports, en tant que tels, à la conscience* » (*ECG2-1*, p. 65) ; de « *les concevoir par l'abstraction* [...] ; *en comparant, se représenter la comparaison même, et distinguer, composer les rapports ainsi abstraits, au lieu des groupes naturels ou immédiats* ». « Cette conscience de la conscience, cette relation des relations » est la

---

[8] Renouvier fait référence ici à son contemporain, le philologue allemand Friedrich Max Müller (1823-1900).

[9] Les animaux peuvent « manifester de l'incertitude et se déterminer », mais c'est, selon les termes de Renouvier (*CP1876-2*, p. 187), dépasser « les bornes de l'observation » que de les imaginer « délibérer » et « résoudre ».

« *réflexion* » ; par elle, l'homme acquiert une maîtrise sur les choses et les idées. Cela étant, il n'est pas rare que l'expérience nous rappelle « à nos dépens que nous ne sommes pas toujours maîtres de nos idées, qu'elles nous possèdent parfois plus que nous les possédons » (SEAILLES, p. 189).

Aussi, plutôt que de poser, comme Janssens (p. 102), que c'est la raison comme telle « qui distingue l'homme de l'animal », mieux vaut soutenir, ce qui sera davantage fidèle à l'esprit et à la lettre de Renouvier, que c'est la réflexion. Comme l'animal ne dispose pas de cette « conscience de la conscience », il ne faut lui attribuer ni « l'automotivité, [ni] la liberté » (HAMELIN, p. 239) ; même si nous pouvons reconnaître dans ses actes une certaine contingence, des choix, et même si les « fonctions de conscience qui constituent la vie psychique ne sont pas étrangères à l'animal » (SEAILLES, p. 178). La différence fait que l'« homme cherche *le meilleur*, là où l'animal ne poursuit que *son bien* » (*ECG2-1*, p. 185). Et cette différence tient à « la fonction humaine par excellence » (SEAILLES, p. 176) : la volonté, que la raison, la science et la morale supposent, car elles sont suspendues « aux problèmes qu'elle pose et qu'elle permet seule de résoudre ».

La volonté, « la plus élevée des fonctions de la conscience » (HAMELIN, p. 228) qui constitue pour le néocriticisme « l'essence de la personne humaine » (JANSSENS, p. 110), est réservée à l'homme[10] ; elle lui garantit sa part de liberté. Une part qui ne peut être, c'est bien vrai, séparée de l'intelligence sans laquelle elle ne serait « que hasard, caprice et déraison » (SEAILLES, p. 195).

La liberté est donc « ce caractère de l'acte humain, réfléchi et volontaire, dans lequel la conscience pose étroitement unis le motif et le moteur identifiés avec elle, en s'affirmant que d'autres actes exclusifs du premier étaient possibles au même instant » (*ECG2-1*, p. 317[11]). Comme l'écrit Séailles (p. 198) : « je suis maître de mes actes, parce que je ne subis pas mes motifs, parce que j'interviens dans mes jugements. » Liberté et volonté peuvent donc être considérés comme des synonymes ; Hamelin confirme cette lecture de Renouvier (p. 230) : « la volonté, rupture avec l'ordre total du monde et principe de nouvelles orientations pour la conscience, est la même chose que la liberté ».

C'est ainsi que, pour Renouvier, une action libre est nécessairement une action motivée ; il considère l'acte libre et la volonté comme des équivalents et refuse de voir en la liberté une sorte de modification du destin hasardeuse

---

[10] Selon Hamelin (p. 244), c'est « par crainte de compromettre la liberté » que Renouvier s'est refusé à accorder aux animaux ce privilège de la volonté.
[11] Cité aussi par JANSSENS, p. 121.

que nous subirions passivement, « un hasard intérieur, un *clinamen* transporté du dehors au dedans » (HAMELIN, p. 248).

La liberté est ce choix entre plusieurs possibles, pour celui que nous souhaitons faire passer à l'acte, et c'est pourquoi, comme le rappelle Prat (p. 60), le « problème de la liberté ne peut donc se poser que dans la délibération et que par elle. » Prat insiste d'ailleurs sur le fait que poser de la sorte la personne, à part des choses, revient à la faire exister par elle et pour elle, à l'individualiser.

L'homme alors devient quelqu'un, il se sent capable d'agir sur le cours des choses, il se sent un agent libre[12], libre de faire et de se faire comme disait Lequier. Mouy voit avec raison (p. 37) dans la reconnaissance de l'existence personnelle et dans celle de la liberté, ainsi que dans le lien étroit entre les deux, des affirmations essentielles qui ont constamment dominé la philosophie de Renouvier.

10.a.γ - Renouvier est-il opposé à la théorie de l'évolution ?

Si Renouvier n'est pas hostile à la méthode « qui s'applique à l'étude des séries de faits et d'événements et aux lois de génération et de transformation des êtres, dans un ordre défini de phénomènes » (*PAH-4*, p. 279), il est cependant opposé d'une manière générale aux théories transformistes et évolutionnistes[13]. Il considère comme « une seule et même doctrine », qui oublie d'examiner ses fondements logiques et métaphysiques. Cette théorie « de l'origine envisagée au point indéterminé le plus bas, de l'évolution universelle, du progrès nécessaire, indéfini » est « la négation de tout principe *a priori* de la raison, de tout principe de l'existence ».

Sa critique de l'évolutionnisme est essentiellement fondée sur les arguments ci-après.

> Si « les spéculations d'histoire naturelle qui ramènent ainsi la vie et la pensée à des organismes élémentaires et à des sentiments évanouissants pour origine pouvaient aboutir, elles auraient aussi pour effet de déduire les catégories supérieures des catégories inférieures, ce qui est contraire à la logique. Rien dans le Monde [...] n'est concevable que par la Conscience, et l'on voudrait faire sortir la Conscience des formes mêmes qui en sont extraites et ne valent que comme abstractions quand on les en sépare. Ainsi le Monde existerait avec la sensibilité ; il y aurait des objets avant que des objets fussent représentés, des sujets sans rien d'intelligible pour les définir ! Telle est la

---

[12] Voir PRAT, p. 39-40.
[13] Renouvier pensait que la théorie de l'évolution n'était qu'une « toquade générale » qui ne durerait que « quinze ou vingt ans » (CRJ, p. 10, lettre du 14 mai 1878) et il considérait le transformisme comme une « chimère [...,] un retour déguisé de la physique mécanique à celle des qualités et des essences », une manière de « replonger la physique dans la métaphysique » (*CP1878-2*, p. 165).

thèse qu'il faut envisager quand on prend origine dans les catégories mécaniques, illusivement scindées d'avec toute représentation possible » (*ECG1-2*, p. 305).

Les évolutionnistes prétendent « établir une continuité absolue dans la nature, dans laquelle il n'y aurait que des modifications insensibles et nécessaires excluant tout commencement réel dans l'ordre phénoménal » (*PAH-4*, p. 678). Cela revient à « nier les *différences fondamentales* partout où s'observent des différences moindres par l'établissement d'une échelle de progression [..., à rejeter les] divisions en vertu de l'existence des subdivisions » (*ECG2-1*, p. 128). Cela équivaut pour Renouvier à utiliser « le calcul différentiel » pour « prouver qu'il n'y a point de différences finies » ; en établissant cette « continuité chimérique » (SEAILLES, p. 323), ils espèrent réduire toute chose à un type unique ; en « diminuant les intervalles », ils s'imaginent « les avoir supprimés ».

Ils ne font ainsi que « réduire l'Espèce au Devenir » (*ECG1-2*, p. 295). Sous prétexte de continuité, ils réduisent la complexité à une fausse simplicité, et pensent avoir saisi le supérieur en l'ayant ramené à l'inférieur.

Ils sortent des limites scientifiques lorsqu'ils font porter leurs spéculations « sur l'origine *de l'espèce* et non plus seulement *des espèces* dans un champ borné » (*PAH-4*, p. 280), lorsqu'ils cherchent « *in globo* un principe et une source en quelque chose qui n'aurait admis en soi d'abord aucune spécificité ». Ils confondent « le domaine de la science avec les spéculations métaphysiques qui y cherchent un appui.

> L'histoire des espèces est incontestablement un objet des sciences naturelles. Les temps et les conditions d'apparition des espèces, leurs relations ou de simultanéité, ou de succession ou de filiation sont à rechercher, et le fait même, mais le fait seul des constatations scientifiques régulièrement acquises doit décider de ce qu'on peut savoir de l'origine de chacune. Qu'ensuite par des hypothèses on anticipe, rien de plus juste, ne fût-ce que pour aider la recherche ou la stimuler. Mais quand on porte l'hypothèse jusqu'à la prétention d'éliminer de proche en proche toutes les existences spécifiques du Monde, pour les restituer ensuite et les expliquer en assignant leurs origines *à toutes*, on ne fait pas de la science, on ne fait pas même de la philosophie inductive correcte, puisqu'on vise à supprimer une condition indispensable de l'intelligence des phénomènes » (*ECG1-2*, p. 295).

Les évolutionnistes veulent « ramener tous les jugements et l'esprit lui-même à l'expérience » (*PAH-4*, p. 678), mais ne se rendent pas compte que la « matière est inconcevable si ce n'est sous les conditions de la pensée » (*ECG1-2*, p. 306). Ils oublient que la représentation passe par une conscience et que sans elle il n'y a pas de représenté, que les objets que nous identifions comme tels ne sont que des abstractions construites par la conscience d'un sujet. Reconnaissons que c'est « une singulière prétention que celle de faire sortir la conscience de ce qui n'existe, de ce qui n'a de sens que par elle » (SEAILLES, p. 157).

Ils omettent les « caractères essentiels, que l'on ne peut enlever ni aux enfants ni aux hommes les plus primitifs, à savoir le langage et la conscience de soi, ou réflexion » (BLAIS, p. 64). Ils oublient « la notion de la justice et le sentiment religieux » (*PAH-4*, p. 717) qui caractérisent l'homme. Renouvier refuse donc que nous regardions « les hommes des plus basses tribus que nous pouvons observer à l'état appelé *sauvage* » comme le type déjà bien évolué des premiers hommes, objectant qu'il s'agit là d'une hypothèse non démontrée favorisant la « confusion de l'espèce humaine avec la nature animale », le mélange entre « l'expression sensible et inarticulée des émotions et la parole qui signifie des concepts ».

Renouvier ne nie pas que certains peuples semblent s'approcher d'un intermédiaire entre l'homme et le quadrumane, pas plus qu'il ne soit aveugle à la croissance semblable de l'homme et des animaux, du fœtus à l'adulte. Mais il note l'absence avérée d'exemple indubitable d'une mutation de l'animal à l'homme.

En outre, l'évolutionnisme pose un problème théorique de premier ordre à Renouvier, au travers de la question morale, qui est absente du règne animal : rattacher simplement l'homme à ce règne, c'est aussi nier la spécificité morale de l'homme. Selon Renouvier (*CP1880-1*, p. 377), le « système de l'évolution » entre « en opposition formelle avec les notions communes de la morale et du droit » ; il juge que si ce système « est destiné à régner, ces notions s'affaibliront et s'altéreront indubitablement ». En plus, si la naissance de l'espèce humaine ou son développement n'est que purement accidentelle, il s'agit là d'un cuisant « démenti à l'idée d'une finalité enveloppant et gouvernant la nature » (HAMELIN, p. 330).

Comme pour Renouvier, le mystère des origines de l'homme demeure entier si nous en restons aux strictes preuves scientifiques, il propose donc que nous considérions

> « l'homme donné primitivement, en un ou plusieurs couples sur les points les plus favorables de la surface de la terre ; nous le supposerons capable de réflexion, doué de raison, apte à la parole par conséquent ; libre enfin, c'est-à-dire en état de délibérer ses actes avec la conscience de pouvoir les modifier et se modifier lui-même, c'est-à-dire encore propre à expérimenter, non moins qu'à acquérir de l'expérience ; et moral, ou, en d'autres termes, appelé par sa conscience à se reconnaître des devoirs indépendants de ses appétits » (*ECG3-1864*, p. 209).

Daniel Becquemont rappelle (p. 139-140) que, selon Renouvier, l'homme est dans l'histoire, que « toute idée même de *pré* histoire » est « blâmable a priori », car « avant, il n'y avait pas d'homme »[14]. Becquemont reproche à Renouvier une distinction radicale nature/culture, une vision enfantine et religieuse de l'homme primitif « proche de l'innocence d'Adam avant la

---

[14] Citant *CP1874-2*, p. 328.

Chute » (p. 143), et l'absence de considération « de l'ancienneté de l'homme » (p. 150) et de l'« immensité des temps géologiques ». Ces observations ne sont sans doute pas dénuées de fondements, mais, d'une part, elles n'ôtent probablement rien aux objections de Renouvier, et d'autre part, elles pourraient laisser sous-entendre que Renouvier n'est qu'un mystique, un rêveur ignorant des théories scientifiques. Or, il n'en est bien évidemment rien, un simple passage de la *Philosophie analytique de l'histoire* suffira amplement à le prouver :

> « L'ouvrage posthume de de Maillet (*Telliamed*, 1748 – anagramme de son nom) [...] part d'une fausse interprétation des atterrissements des fleuves. La mer aurait primitivement recouvert le globe, et son retrait, continué pendant le cours des âges serait la loi fondamentale qui, [...] aurait donné lieu à la production de tous les animaux et de l'homme même, par la transformation des êtres marins primitifs. [...] Avant cette publication, le Vénitien, Antonio Moro (1740), avait imaginé la terre entière couverte d'une couche d'eau très élevée, un soulèvement successif des montagnes par l'action du feu central [...], Linné lui-même, au commencement de son *Systema naturae* (1735) envisageait telle chose que la fécondation de l'eau de l'Océan par un air sec et actif, doué de la puissance génératrice [...], l'Anglais Lhuyde s'était déjà représenté leur formation comme procédant de certains germes qui, transportés par les vents et par les eaux, se seraient engagés par filtrations dans les terrains et y auraient trouvé des sortes de matrices (*Lithophylargium britannicum*, 1699) » (*PAH-4*, p. 285-286).

Dans cet ouvrage, Renouvier rappelle l'histoire de l'évolutionnisme qui prend sa source dans la théorie de l'emboîtement des germes. Cette théorie fut échafaudée au XVIIe siècle et formalisée par Antonio Vallisnieri (1727), elle se développa avec les expériences de Albrecht von Haller (1758) sur l'incubation d'embryons de poulets ; ses thèses furent défendues par Charles Bonnet[15] et Lazzaro Spallanzani, puis prolongées par Nicolaas Hartsoeker, qui observa « les animalcules spermatiques » (*PAH-4*, p. 288), et par Antonii van Leuwenhœck, lesquels « admirent aussi la préexistence et l'emboitement, mais essentiellement dans les mâles ».

Cette théorie nous fait remonter « des séries d'ancêtres sans abandonner l'individualité préexistante de chaque être par qui l'espèce va se multipliant dans la lignée » (p. 287), tandis que, dans la théorie de l'évolution, les individus sont « considérés comme les produits successifs, tous éphémères, des *forces de la nature*, et comme les composés variables de la *matière universelle* » (p. 288). La première n'interdit pas « les modifications possibles des germes, et par suite celles des individus eux-mêmes dans le cours de la

---

[15] Bonnet généralisa cette idée leibnizienne à l'ensemble du règne organique, mais elle fut vite contredite par « les observations embryogéniques » qui rendirent « manifeste que la formation des organes procède, non par voie de grossissement, mais bien de complexité croissante dans une masse relativement simple » (*ECG2-1*, p. 28).

vie de chaque espèce ; et rien ne prouve que ces modifications ne puissent aller jusqu'à altérer les types » (p. 289).

En 1794, dans sa *Zoonomie*, Érasme Darwin attribue comme origines à toutes les fonctions des corps les sensations, liées aux appétits des organes qui produisent les sécrétions des glandes, d'autres physiologistes parlent de « force plastique (*nisus formativus*) » (p. 309), d'autres mettent « les fonctions vitales sous la dépendance d'un fluide ou électrique, ou spécifiquement nerveux. » Ces hypothèses fluidistes préparent « une *explication de la vie* » rattachée « à des phénomènes physiques. » Mais c'est dès 1759 que la théorie de la préformation de Haller a été discutée par Kaspar Friedrich Wolff ; dans sa *Theoria generationis*, il lui objecta l'épigenèse et ses observations sur les vaisseaux sanguins (développement de l'embryon par complexification) et il regarda « la formation du fœtus comme une fonction de la nature où toutes ses forces interviennent, et non pas seulement comme un produit des parents » (p. 293).

Renouvier est favorable à l'épigenèse en ce qu'elle invite à poser une loi de formation des êtres, la loi étant « tout ce que la science peut atteindre et doit poursuivre. Et la loi se présente sous deux faces : 1° comme l'ordre des phénomènes que l'observation et l'expérience seules peuvent établir ; 2° sous l'aspect du principe général qui les lie. » Pour Renouvier, « l'espèce existe par les individus et pour eux, non les individus par l'espèce et pour l'espèce » (p. 294) ; il croit également que les individus sont rattachés à une finalité, et pas seulement à une causalité mécanique, suivant par là Claude Bernard et son idée de force vitale, qu'il trouve cependant « trop séparée de l'être vivant » (*PAH-4*, p. 294).

> « Dans tout germe vivant, il y a une idée créatrice qui se développe et se manifeste par l'organisation. Pendant toute sa durée l'être vivant reste sous l'influence de cette même force vitale créatrice, et la mort arrive lorsqu'elle ne peut plus se réaliser »[16].

La position défendue par Renouvier (*ECG1-2*, p. 296-297) nous semble d'ailleurs loin d'être dénuée d'intérêt. Elle a le mérite de mettre en exergue l'illusion qu'il y a à penser un objet sans sujet :

> « Lorsque nous remontons par la pensée à l'époque de l'incandescence du globe, nous savons qu'il existe d'autres mondes dans l'espace, d'autres êtres et d'infinies possibilités, et ce n'est qu'arbitrairement que nous pouvons supposer un état de choses où tout dans le Monde se réduit à des mouvements, ou aux lois physico-chimiques qui résultent du mouvement. Nous ignorons si des causes externes au globe, et des causes du genre intelligent, ne régissent pas le développement de la vie sur le globe à mesure de son refroidissement et ne le conduisent pas à ses fins.
>
> Cette supposition n'est pas même une supposition d'un genre permis à la raison, attendu que l'objet et le sujet sont inséparables et que nuls phénomènes ne sont

---

[16] BERNARD Claude, *Introduction à l'étude de la médecine expérimentale*, Paris : Baillière, 1865, p. 162.

intelligibles que sous les conditions de la pensée. Ôtée la représentation, il ne reste rien du Monde connaissable.

En ce même état d'incandescence, nous ignorons si des germes indestructibles des différentes espèces, et par conséquent ces espèces mêmes ne sont pas déjà données, en sorte que les êtres proprement dits, avec leurs organes et leurs liaisons mutuelles se développeraient sous des circonstances qui font partie d'un système de moyens et de fins.

D'une manière générale, et dans toutes les hypothèses possibles sur l'origine, aussi réduite, aussi exténuée que possible, attribuée aux fonctions les plus inférieures, et à vrai dire les plus abstraites, elles-mêmes enfin évanouissantes, il y a toujours quelque chose dont nul système de genèse matérielle ne parvient à se débarrasser : c'est la puissance de ce qui doit être : c'est la loi ou l'ensemble des lois qui produisent ce monde ordonné dans le temps et dans l'espace, *selon toutes ses espèces*. L'évolution et le devenir ne nient l'être spécifique, ou même l'être individuel, qu'en apparence. Au fond, cet être est affirmé à sa place et dans sa loi [... qui renferme] ces propres notions en puissance et les réalise [...] sous des conditions convenables. »

Mouy perçoit (p. 197) un infléchissement dans la position de Renouvier[17] : alors qu'en 1864 il cherchait querelle à Lamarck dans ses *Essais*, en 1903 dans le *Personnalisme*, il se serait rangé à une théorie transformiste discontinuiste, considérant les espèces inférieures non comme les causes des supérieures, « mais comme les "matrices" qui ont servi à les abriter. C'est en ce sens que l'homme "descend" du singe. » Ces commentaires de Mouy fort pertinents répondent si l'on veut par anticipation aux remarques de Becquemont, mais ils ne semblent pas mettre en lumière un changement de point de vue de Renouvier : la position de 1903 paraît plutôt éclairer sous un nouvel angle celle des *Essais*.

D'ailleurs Hamelin confirme (p. 343) que les « tendances individualistes et discontinuistes [de Renouvier] le rendaient favorable à Darwin, qui fait sortir l'espèce de l'individu et caractérise les êtres vivants par une accumulation de variations spontanées ». Cependant « le darwinisme se trouve écarté en dernière analyse parce qu'il contrarie le principe des spécificités irréductibles, lequel ne pourrait céder, même sur un point reconnu par l'auteur pour secondaire, que devant un témoignage formel de l'expérience. »

En effet, Renouvier perçoit la *Philosophie zoologique* de Lamarck, malgré quelques « découvertes ou hypothèses importantes[18] » (*ECG1-2, p. 302*), comme une « métaphysique » déguisée « en théorie scientifique ». Il reconnaît toutefois en Lamarck lui-même « un vrai et très savant naturaliste »

---

[17] Milhaud avait également noté (p. 157) que Renouvier s'était rallié dans ces derniers ouvrages « à la théorie de la transformation des espèces et à la théorie cosmogonique de la nébuleuse, mais sans admettre plus qu'autrefois le *continu* de l'évolution. »

[18] Pensons aux études de paléontologie et d'embryologie et aux parallèles faits entre ces deux sciences notamment quant à une « l'échelle des êtres comme se développant dans le temps » (HAMELIN, p. 323).

(*PAH-4*, p. 287) qui réussit à constituer le système de l'évolution au début du XIXe siècle en abolissant « *la notion de l'espèce* » de l'histoire naturelle, en la remplaçant « par une hypothèse qui explique *la formation des espèces* » et en expliquant « que cette formation a été progressive. » Renouvier synthétise la thèse lamarckienne et les raisons de son échec ainsi :

> « Les premiers animaux furent très simples et leurs besoins nuls. Les besoins produits et accrus graduellement amenèrent les penchants et les actes, et les actes devenant habituels causèrent un développement d'organes propres à les faciliter. À mesure que les individus caractérisés par un organisme déterminé ont changé de milieu, de conditions et d'habitudes, cet organisme est allé se modifiant ; ils sont devenus capables de fonctions nouvelles par l'acquisition d'organes nouveaux, eux-mêmes variables à la longue, et, après de nombreuses suites de générations héritant de facultés acquises, se sont trouvés constitués *en espèces différentes* de celles dont ils sont descendus.
> La théorie qui supprimait ainsi le fondement naturel de l'espèce sans autre raison que la possibilité de phénomènes de transformation dont les pareils ne sont jamais montrés avec une telle portée, cette théorie sortait des bornes du savoir positif, puisqu'elle était forcée de traiter de la question métaphysique de l'origine *des êtres* et non pas seulement *des espèces* ; elle sortait même des conditions logiques de la science en jetant son sujet tout entier dans le devenir, et s'interdisant en principe la définition et la classification sans lesquelles l'histoire naturelle tombe dans le chaos ; et elle ne tenait pas compte d'une loi physiologique aussi importante que celle qui, s'opposant aux hybridations naturelles, établit empiriquement un élément inséparable de l'idée que nous pouvons nous faire de ce qui caractérise une espèce dans la nature. Des raisons si fortes motivèrent amplement la répulsion que les savants, surtout en France, éprouvèrent pour les idées de Lamarck, et, par suite, leur tendance à rejeter jusqu'à la supposition d'une variabilité limitée des types spécifiques » (*PAH-4*, p. 295).

Par contre, lorsque le darwinisme fait son entrée dans le XIXe siècle, relevant le lamarckisme critiqué par Cuvier[19] et Renouvier, ce dernier salue le remplacement de « l'action vague des milieux » (*ECG1-2*, p. 302) « et de

---

[19] Renouvier note que le lamarckisme ne résista pas aux critiques de Cuvier. Seule la « *Philosophie anatomique* de Geoffroy Saint-Hilaire », qui « s'appuyait sur les analogies morphologiques observées entre les espèces, même éloignées, et sur les vestiges d'organes », comme « signes reconnaissables d'organes perdus ou transformés, chez les animaux actuels » (*PAH-4*, p. 295-296), réussit à se maintenir. Étienne Geoffroy Saint-Hilaire ne cherchait pas à anéantir la notion d'espèce, il voyait « telles espèces vivantes comme les mêmes que des espèces fossiles transformées par le changement des conditions » (p. 296). Il se rattachait par là à Buffon, lequel accordait le sentiment aux animaux mais maintenait « fortement le caractère spécifique de l'homme » (p. 291) autour de « la *puissance de réfléchir*, définie par deux *opérations de l'entendement* : l'une qui est la *comparaison des sensations*, origine des idées ; l'autre la *comparaison des idées* origine des idées générales et des idées abstraites » (p. 291-292). Buffon a admis des variations dans les espèces qu'il attribuait non aux hybridations, comme l'avait proposé Linné, mais aux « actions du milieu » (p. 291). Cuvier tenait quant à lui à la stabilité des caractères et refusait toute transition ; Blainville et l'école positiviste le suivirent dans cette voie, mais un grand nombre de naturalistes ont rejoint Darwin « qui apportait une hypothèse nouvelle et féconde à l'appui du transformisme des espèces » (p. 296).

la génération exagérée des organes par les fonctions et les besoins », que soutenait Lamarck, par le « principe net et puissant de la consolidation des variétés vivantes et de leur élévation par voie d'accumulation et d'hérédité, à la valeur d'espèces » (p. 302-303) ; Darwin donne alors « au transformisme une formule précise et d'une application bien visible » (*PAH-4*, p. 296). Renouvier parle même du « génie » dont Darwin a fait preuve en appliquant « la loi de la concurrence vitale de Malthus à l'histoire générale des êtres ». Il salue l'« heureuse timidité » (*ECG1-2*, p. 303) qui a poussé Darwin à faire descendre les animaux « d'au plus quatre ou cinq formes primitives, et les plantes d'un nombre égal ou même moindre »[20]. Darwin était tenté de « faire un pas de plus » et de « croire que tous les animaux et plantes descendent d'un prototype unique » ; mais il était conscient de ne s'appuyer pour cela que sur « l'analogie » qui « peut être un guide trompeur »[21]. Cette limitation à quelques « *formes* premières » (p. 303) correspond pour Renouvier à « *un certain nombre d'espèces* », c'est donc en fin de compte « de l'Espèce qu'on part afin d'expliquer l'Espèce[22] » (p. 304).

Mais il se demande où « sont les limites des variations spécifiques constatables ou supposables par la méthode des sciences en dehors de toute hypothèse métaphysique » (*PAH-4*, p. 297) ? Et surtout, il reproche à Darwin d'avoir donné une origine exclusivement animale à l'homme en oubliant la difficulté essentielle, « qu'il n'a certes pas surmontée » (*ECG1-2*, p. 303), difficulté qui consiste à « expliquer l'origine de la moralité et l'origine du langage ».

10.b - La liberté de l'homme

10.b.α - La liberté ne nie pas la causalité

> « La liberté[23] n'exige pas l'indétermination totale de certains futurs, même de ceux qui dépendent directement d'elle ; l'arbitraire des productions, l'absence d'origine motivée, la négation des relations antérieures, le vide de toutes les lois déterminantes à l'entour

---

[20] Renouvier cite ici la traduction de M. Moulinié de l'*Origine des espèces* (Paris : C. Reinwald, 1873, p. 507).
[21] *Ibid.*, p. 507-508.
[22] C'est ce que Hamelin exprime (p. 327 qui renvoie à *ECG3*, p. 144, 155-157) en ces termes : « Si réductibles et si variables que soient les formes actuelles, il faut bien se représenter que la matière ne peut pas commencer par de l'unité sans différence. Elle ne saurait commencer que par de l'unité déjà différenciée ».
[23] Jules Lequier regardait ce problème « comme le premier et presque l'unique de la science et de la pratique » (*ECG2-1*, p. 371), et Renouvier écrit à James (CRJ, p. 26, lettre du 5 septembre 1882) : « Plus je vais, plus je tends à croire que toute la philosophie, tant théorique que pratique, y est réellement suspendue. »

d'une classe de faits, tel n'est point le caractère des évènements libres »[24] (*ECG2-1859*, p. 459-460).

Ce serait une erreur que de considérer la liberté comme niant la causalité, elle n'en est qu'un « cas particulier » (SEAILLES, p. 200). Un cas où le conséquent n'est pas prévisible du seul antécédent comme il en est dans la plupart des phénomènes physiques.

Si la liberté était affranchie de la causalité, elle serait indépendante des lois physiques, psychiques et sociales, or, bien au contraire, l'acte libre suppose nécessairement ces lois[25]. Être sans loi ce serait être sans rapport. Même le hasard « tel qu'on peut l'imaginer dans de très étroites limites de spontanéité naturelle est évidemment soumis à des lois en tant qu'il ne saurait dépasser ces limites mêmes » (DCR, p. 192).

En effet, contrairement au pur premier commencement, le libre arbitre ne supprime ni les termes antécédents, ni l'ordre des rapports, ni les lois[26] dont il ne limite que partiellement l'empire, ni non plus la possibilité de la science[27].

> « La question du libre arbitre est entièrement différente de celle du pur premier commencement des phénomènes ; car celle-ci, posée à l'extrême limite, supprime par hypothèse tout terme antécédent des relations constitutives des choses ; tandis que le postulat de la liberté suppose un ordre donné de rapports et de lois dont il ne limite que partiellement l'empire nécessaire » (*ECSDP-2*, p. 394).

Si donc nous pouvons voir l'acte libre comme soustrait à l'enchaînement nécessaire des lois universelles dans la nature, il n'est pourtant pas sans cause ; il n'est pas « une exception à la causalité » (MILHAUD, p. 95). Renouvier dit même que cet acte « ne déroge en aucune manière à la doctrine du déterminisme universel, en ce qui touche la connexion des phénomènes en général » (DCR, p. 191). Loin d'être « sans raison et sans loi » (p. 192), il se rattache bien au contraire à des données antérieures, à des antécédents, à des circonstances, « à des motifs, à des mobiles d'action et à des passions ». C'est simplement « la délibération comme condition préalable » qui le caractérise.

Cette délibération est la volonté : « la propriété qu'à l'homme de *créer*, de faire sortir en certains cas des mêmes précédents donnés un fait ou le contraire de ce fait, ambigument, sans prévision possible, même imaginable » (*CP1873-2*, p. 126[28]). Entre plusieurs possibles, l'acte libre porte à

---

[24] Cité aussi par JANSSENS, p. 158 et HAMELIN, p. 420.
[25] Voir HAMELIN, p. 244.
[26] Même si nous pouvons penser en termes « d'*actes pures* », de « *commencement absolu* », pour caractériser le libre arbitre (*CP1878-2*, p. 186).
[27] Voir JANSSENS, p. 159.
[28] Cité également par SEAILLES p. 197.

l'existence un fait ou l'autre, mais sans que cela crée une « entorse à la nécessité des lois de la nature, physique ou psychique » (BLAIS, p. 125).

L'acte libre n'a pas « la vertu de défaire un lien nécessaire entre un conséquent et ses antécédents » (*ECSDP-2*, p. 380-381), ce n'est qu'à l'instant où l'un des possibles est advenu que les autres deviennent impossibles. Ce que l'acte libre postule, c'est une « indétermination avant l'acte » (DCR, p. 192), indétermination partielle, définie, limitée, et qui disparaît après l'acte, qui est lui « toujours relatif à des antécédents et à des conséquents ». Renouvier en propose un exemple :

> « dans la supposition où tel notaire, actuellement au bagne, ne se serait trouvé libre de cette manière qu'une fois en sa vie, savoir le jour où il s'est décidé à faire un faux en écriture privée, c'en serait assez pour que cette vie et sans doute aussi les vies de quelques autres se fussent trouvées singulièrement modifiées, et actuellement et dans les générations à venir. La liberté ainsi réduite au minimum d'application conserve toute son importance. On le sentira encore mieux si l'on considère, au lieu d'un acte privé, un acte public, un de ceux qui décident de la guerre ou de la paix, de l'adoption ou du rejet d'une mesure politique » (*CP1873-1*, p. 103).

C'est en cela que les actes libres sont des « commencements premiers relatifs et partiels[29], des commencements de séries » (*ECSDP-2*, p. 378). Ils invitent à rejeter une prédétermination absolue des actes futurs et rendent une certaine place à la contingence aux côtés des explications sur les choses que nous livrent les sciences, et qui nous incitent souvent à croire en un simple déterminisme des événements.

> Cependant, « l'importance du déterminisme, du point de vue de l'explication scientifique, ne devrait pas faire oublier que la liberté se loge, voire se dissimule au cœur de l'acte même de recherche, aussi scientifique et méthodologique qu'elle se veuille. Mais s'il faut la discerner dans ce type de recherches, il faut également la voir à l'œuvre dans la décision, à reprendre sans cesse, de résister à toutes sortes de propositions dogmatiques, y compris à celles auxquelles une conception trop peu critique de la science confère les traits du scientisme » (TURLOT, p. 7 [préface de Vincent]).

10.b.β - Arguments en faveur de la liberté

Il n'y a que deux possibilités[30], soit tout absolument est nécessaire, c'est la thèse d'un déterminisme absolu dans lequel la liberté n'est qu'une apparence, soit il y a place au moins pour un petit nombre d'actes qui échappent à cette nécessité, à cette prédétermination, c'est la thèse de la liberté. Rien ne nous oblige à nier l'existence de ces actes libres, à rejeter la réalité d'un libre

---

[29] La liberté est un « commencement, partiellement indépendant, de certaines suites de phénomènes au sein des phénomènes antérieurs [...], abstraction faite des conditions environnantes, elle est le commencement même et l'être même » (*ECG2-1*, p. 366, cité par HAMELIN, p. 274 et par SEAILLES, p. 237).
[30] Voir HAMELIN, p. 269.

arbitre, bien au contraire, nous pouvons affirmer que, de ces « deux thèses qui s'opposent, la thèse du libre arbitre est la plus probable » (SEAILLES, p. 205).

La liberté, notion non pas importante mais « souveraine en philosophie[31] » (*ECG2-1*, p. 369), apparaît comme le fondement de la personne, de la moralité, de la vérité, de la certitude et de toute science pour les raisons suivantes[32].

- Complexité du système de l'univers : l'avenir, même s'il est soumis à des lois, comporte semble-t-il une part d'inconnu, et les prévisions, même les plus précises, devraient toujours réserver une place à l'imprévu. Renouvier le pense et il estime qu'une prévision n'est jamais « que partielle et approximative » (*ECG2-1859*, p. 464), là où elle se veut « certaine ; ailleurs, elle est conjecturale et plus ou moins probable ». Il a conscience des rapports étroits que peuvent entretenir les choses les plus éloignées ; il note que « le moindre déplacement volontaire d'un homme sur la surface du globe terrestre modifie, quoique dans des limites singulièrement étroites, mais enfin modifie, et la marche de la planète, et celle du soleil, et l'application de la loi de gravitation, aussi loin que son empire s'étend d'astre en astre dans l'immensité »[33]. Cela nous laisse penser qu'il serait faux d'accorder « aux lois de l'univers une régularité si inflexible que l'on puisse déduire des états antérieurs du monde ses états futurs » (JANSSENS, p. 160).
- Langage et opinion courante : au quotidien, nous nous exprimons et nous agissons comme si la liberté ne faisait aucun doute. Cette croyance est inhérente à notre langage, voire à notre nature. Nous disons que telle chose aurait pu être autre, que telle personne aurait pu ou dû agir autrement, faire ce qu'elle n'a pas fait[34]. Il serait bien étrange que cette opinion nous soit imposée par une nécessité universelle.
- L'homme auteur de sa vie : si un individu appliquait tous les effets du déterminisme, sa vie en serait pour le moins bouleversée. Il serait

---

[31] Renouvier rappelle ici sa dette envers son ami et maître : « Je dois donc à la justice de déclarer que j'ai fait des emprunts nombreux et considérables à M. Lequier, sur cette grande question de la liberté ». James fera de même vis-à-vis de Renouvier ; dans sa lettre du 2 novembre 1872, il écrit : « Grâce à vous je possède, pour la première fois, une conception intelligible et raisonnable de la Liberté » (CRJ, p. 3).

[32] Voir pour l'essentiel des arguments *ECG2-1859* (p. 324-369), ainsi que HAMELIN (p. 268-288), JANSSENS (p. 115-116), MILHAUD (p. 92-99) et SEAILLES (p. 243).

[33] Cité aussi par Fedi (*PC*, p. 304).

[34] Voir *ECSDP-2*, p. 364.

apaisé peut-être, car il n'aurait plus à avoir de remords pour ses actions passées, pas davantage que de doutes, d'hésitations et de craintes quant à un avenir incertain. Contrairement à l'homme libre, auteur de son destin, l'homme du déterminisme serait indifférent et soumis à son irréductible destinée ; résigné à l'égard de toutes les injustices, il ferait preuve inévitablement de laxisme, ne pourrait que s'abandonner lui-même à ce *fatum*, se vouant irrémédiablement à l'inaction[35].

- Responsabilité des auteurs : la morale invite donc à croire en la liberté, sans quoi nous nous plaçons dans un fatalisme où les pires actes ne sont que les conséquences logiques de leurs antécédents et où les hommes qui en sont les auteurs ne sont que les outils impuissants de cette détermination, que les instruments innocents de cette fatalité, et cela même s'ils ont commis les pires atrocités.
- Pilier de la morale : s'il n'y avait pas de choix possible, nos actions ne seraient pas motivées, elles perdraient toute qualité morale[36]. La conséquence profonde du déterminisme est donc l'anéantissement de tout jugement moral. Il ne serait plus cohérent de fonder une quelconque répression sur l'idée de justice. Toute loi morale serait supprimée, de même que tout devoir et tout droit : « Le postulat de la raison pratique porte tout entier sur la possibilité de l'acte mental de libre arbitre » (*PAH-4*, p. 450). Au mieux la morale se réduirait à un utilitarisme[37], car la liberté est bien « le seul fondement de l'ordre moral » (JANSSENS, p. 161).
- Source de progrès : dans l'hypothèse déterministe, toute idée de progrès moral humain serait donc insensée.
- Détermination de la vérité : liberté et vérité sont étroitement unies. En effet, nier la liberté reviendrait à détruire toute utilité et toute légitimité à « l'acte de délibérer » (*HSPM*, p. 438), c'est-à-dire en définitive à la notion même de vérité. En supprimant la possibilité du doute, de la critique, de la suspension du jugement, le discernement

---

[35] Voir *ECG3*, p. XXV.
[36] « Si la liberté n'est qu'une illusion psychologique, l'obligation morale ne peut être une réalité ; sa force s'évanouit. » Liberté et obligation morale « doivent subsister inséparables dans l'esprit ou en disparaître ensemble » (*CP1875-1*, p. 321). Voir aussi HAMELIN, p. 243.
[37] « Selon cette manière de penser des savants qui voudraient ne voir partout que science exacte et rigoureuse, le grand objet de la direction des sociétés et de l'éducation ne serait point de former l'homme à la raison et à la liberté par la liberté, en quoi est le dernier mot de la morale, mais de créer les milieux propres à le déterminer dans le sens le plus généralement utile, et, pour cela, d'attribuer des pouvoirs à ceux que la nature et la marche des choses ont le mieux instruit de la connaissance des milieux et de l'art de les constituer » (*SM2*, p. 403).

essentiel entre vrai et faux est annulé, l'erreur devient aussi nécessaire que la vérité.
- Validité de la science : dans un tel système, les jugements, qu'ils soient vrais ou faux, se valent, étant donné qu'ils découlent de l'ordre du monde. À l'opposé, le libre arbitre donne tout son sens à la vérité, il est donc essentiel pour la science. L'objection qui voudrait que soient opposées science et liberté est alors retournée, car en supprimant le libre arbitre, c'est la science que nous supprimerions[38].
- Absence de preuve logique indubitable : d'ailleurs, si tout était nécessaire, notre jugement en faveur de la nécessité ou de la liberté le serait aussi, ainsi, rien ne permettrait d'affirmer qu'il soit vrai, si ce n'est qu'il entre dans l'ordre du monde. *A contrario*, s'il y a place pour la liberté, notre jugement doit alors être libre, donc rien ne nous garantit qu'il soit certain[39] :

« L'homme qui serait certain de pouvoir faire ce qu'il a décidé de faire ne pourrait plus regarder son acte comme un acte libre. La liberté affirmée nécessairement n'est plus une liberté. La liberté, comme le dit Jules Lequier, ne peut être affirmée que librement » (PRAT, p. 39).

Il en découle que la liberté ne peut être démontrée ; elle ne peut être qu'une « affirmation proprement et explicitement morale [...] qui doit s'avouer comme ressortissant à la raison pratique » (HAMELIN, p. 266).

« La démonstration de la réalité du libre arbitre [... est] impossible, il n'y a qu'un acte de croyance qui, après examen de tous les motifs rationnels et moraux [...], puisse décider l'option du philosophe entre les deux hypothèses » (*HSPM*, p. 438).

En conséquence, rien n'interdit de penser un déterminisme absolu masqué par la simple ignorance que l'homme a la plupart du temps des raisons profondes « qui l'inclinent à agir d'une façon plutôt que d'une autre » (PRAT, p. 39).
- Argument logique de l'infini : mais d'un point de vue logique, il y a toutefois contradiction à penser que tout phénomène est la seule conséquence possible et nécessaire de ses antécédents, car alors nous devons admettre « que le procès rétrogressif des causes est infini et

---

[38] Janssens cite en note (p. 163) un extrait de l'article de Séailles, « un philosophe inconnu Jules Lequier » (in *Revue philosophique de la France et de l'étranger*, 1898, p. 121) : « La nécessité semble impliquée par la science qui ne pose que des relations comme par la raison qui ne repose que dans l'absolu [...]. On oppose la science et la liberté, on veut supprimer celle-ci au nom de celle-là ; Jules Lequier retourne l'objection en preuve : on ne peut selon lui supprimer le libre arbitre sans supprimer du même coup la science, parce que le libre arbitre est la condition de la certitude, parce qu'avec lui disparaît la distinction du vrai et du faux, c'est-à-dire la science elle-même » (voir 10.c).

[39] Voir JANSSENS, p. 125.

que la somme des phénomènes actuellement écoulés est un infini numérique actuel, dont la conception est contradictoire en soi » (*HSPM*, p. 438).
- Probabilité et loi des grands nombres : en plus de quoi, le calcul des probabilités et la loi des grands nombres sont des arguments forts en faveur de l'hypothèse de la liberté, puisqu'ils montrent qu'il y a une « *égale possibilité* d'une série de cas, c'est-à-dire, en somme, [...] une indétermination » (MILHAUD p. 94).
- Les philosophies nécessitaires sont caduques : par ces arguments principaux, Renouvier estime avoir prouvé la nullité des systèmes qui conduisaient à adopter la doctrine de la nécessité.

10.c - Certitude, croyance et liberté

« Qu'est-ce que la certitude ?[40] Les Grecs le cherchaient et nous le cherchons encore. Des académies le demandent et obtiennent des réponses convenues. Parmi les philosophes, les uns ont dit que certainement la certitude existait, d'autres que certainement non, et un petit nombre, plus avisé, que cela même était incertain » (*ECG2-1*, p. 351).

La question de la certitude[41] peut sembler dépassée, « surannée » (*CP1878-1*[42], p. 49), car elle est au nombre des questions délaissées, que nous ne pouvons ni oublier ni résoudre, au nombre des questions pour lesquelles nous sommes persuadés « que tout ce qu'on en peut dire a déjà dû être dit nombre de fois. » Pourtant, Jules Lequier et Renouvier ont mis à nu un lien étroit entre liberté et certitude[43].

Ils ont montré que la solidarité entre liberté et certitude tient à ce que la liberté pose le problème plus général « de la connaissance, en posant celui de la certitude ». Renouvier a prouvé qu'il n'est pas possible de résoudre scientifiquement la question de la liberté, nous ne pouvons que « résoudre librement le problème de la science » (SEAILLES, p. 209) ; même si cela peut paraître « étrange » et « inquiétant » : il est impossible de « savoir la liberté, on ne peut que vouloir la science ». Il n'y a en effet que quatre possibilités :
1. affirmer la nécessité nécessairement, affirmation que je ne pourrai justi-

---

[40] Pour plus d'éléments sur ces questions, voir en particulier : *ECG2-1859*, p. 371-564, partie intitulée « La certitude » ; *AP1895*, p. 3-79, « Doute ou croyance » ; *CP1878-1*, p. 193-202, « La question de la certitude. L'esprit scientifique ». Dans *ECG1* (p. 115), Renouvier se demande aussi ce qu'est la *certitude* et à « quel signe juger de la vérité de la critique en elle-même, de l'exactitude des analyses et de la perfection des synthèses ? »
[41] Renouvier était déjà critique au sujet de ce problème lorsqu'il rédigeait ses articles pour l'*Encyclopédie nouvelle* (voir *ECSDP-2*, p. 370).
[42] *CP1878* comporte huit articles sur la certitude.
[43] Voir HAMELIN, p. 278 et SEAILLES, p. 129.

fier ; 2. affirmer librement la nécessité, affirmation qui vaut la précédente et conduit au scepticisme ; 3. affirmer nécessairement la liberté, affirmation contradictoire ; 4. affirmer librement la liberté[44], affirmation des postulats de la contingence et de la liberté qui permettent de comprendre la vie morale et intellectuelle, de « rendre l'intelligence possible, [... de] légitimer ses actes » (SEAILLES, p. 231). Renouvier, « philosophe de la contingence et de la liberté » (MOISANT, p. 286), compose ici « la théorie de la croyance rationnelle ». Elle est une « critique de la théorie nécessitaire » (SEAILLES, p. 216) qui « nous introduit à la vraie théorie de la certitude » (p. 216-217). Mais qu'est-ce au fond que la certitude ? Quand y a-t-il certitude ? Quand pouvons-nous être certains d'une chose ?

Alphonse Darlu[45] disait, d'après Dauriac (TPR, p. 347), que les pages de Renouvier sur la croyance et la certitude étaient « les plus profondes, peut-être, que jamais philosophe ait écrites ». Si elles sont effectivement profondes, elles sont aussi « inquiétantes », car nous sommes habitués à opposer croire et savoir. Or Renouvier nous montre que si nous pouvons croire sans savoir, il nous est impossible de savoir sans croire : « Là où la certitude se rencontre, la croyance l'accompagne et la consacre. » Cela signifie que les plus hautes vérités scientifiques ne sont finalement que simplement probables et reposent sur des « actes de foi » (SEAILLES, p. 102).

En cela, la démarche de Renouvier est toute différente de celle de Kant[46] qui coupait l'homme en deux, en logeant la science dans sa *Critique de la Raison pure*, et la foi à part dans la *Critique de la Raison pratique*. En effet, nous ne pouvons qu'abonder dans le sens de Hamelin qui écrit (p. 259) : la « prétention à la nécessité, à l'intellectualité absolue des jugements de la *Raison pure* est vaine, et d'autre part il ne conviendrait pas que la foi fût irrationnelle ». Renouvier réintroduit donc, comme il se doit, la croyance dans la science et la science dans la croyance. Hume avait déjà mis « en avant l'idée de croyance (*belief*) » (TURLOT, p. 41) et avait limité « la certitude apodictique » aux seules mathématiques. Renouvier va plus loin, sans nier les lois scientifiques, il prend en compte la part d'incertitude qui peut résider en elles. Une originalité de la position de Renouvier vient de la relation qu'il établit entre ces deux concepts ; il demande que nous introduisions « dans la science la croyance, en y déterminant sa signification

---

[44] Voir HAMELIN, p. 273-274 et SEAILLES, p. 133.

[45] Professeur de philosophie, Darlu (1849-1921) a eu pour élèves notamment de Brunschvicg et de Couturat.

[46] Verneaux relève cependant (p. 39) quatre caractéristiques de la croyance inspirées de Kant dans le système de Renouvier : « 1° La croyance n'est pas une impression passive, comme le veut l'empirisme ; 2° elle est un *jugement* ; 3° elle est l'affirmation d'une réalité ; 4° elle n'est pas *purement intellectuelle*. »

et son rôle » (*ECG2-1859*, p. 409)⁴⁷ ; il souhaite que nous rendions « la croyance elle-même scientifique en s'arrêtant aux limites de l'universalité et de la raison dans le développement de la foi ».

Car, même les vérités réputées les plus inébranlables, hormis les phénomènes immédiats, doivent être mises en doute dans la doctrine de la croyance. Dans l'immédiateté, « point de doute possible ; toute incertitude serait contradictoire, car il faudrait penser que peut-être on ne pense pas ce qu'on pense, ce qui est précisément le penser » (*ECG2-1*, p. 368⁴⁸). Par contre, dès que nous sortons de notre représentation individuelle, nous passons nécessairement « par un acte de croyance » (*ECG1-1*, p. 115). C'est pourquoi les « débats sont nécessaires (p. 375), car « même des vérités qui passent pour les mieux établies, ne sont en définitive que des croyances ».

Renouvier s'approprie ici l'argument pyrrhonien, « suivant lequel, au-delà du phénomène actuel l'apodicticité des jugements n'est plus garantie et devient une affaire de croyance » (FEDI, CSPS, p. 81⁴⁹). Nous ne pouvons que constater cette mise en doute autant dans l'histoire de la philosophie que dans celle des sciences⁵⁰ ; une des erreurs de l'éclectisme a d'ailleurs été, selon Séailles (p. 26), de confondre la science et la croyance. Comte, de même, n'a pas vu « que la réduction de la pensée humaine au savoir positif n'est pas de l'ordre de la science⁵¹, mais de celui de la croyance » (TURLOT, p. 42) ; il n'a pas compris qu'un « philosophe ne reçoit pas seulement sa conviction, mais aussi la fait » (*ECSDP-2*, p. 275) ; ainsi, il doit se résigner « à cette espèce de doute [...] inévitable et salutaire, qui consiste à s'avouer faillible ». Le philosophe « obéit à des mobiles plus compliqués que les idées pures, là même où il semblait n'y avoir que le jeu de ces forces » (p. 275-276).

Le doute est d'ailleurs le « signe radical de la volonté, la marque essentielle de ce développement achevé qui fait l'homme capable de spéculation sur toutes choses, et l'élève à sa dignité d'être indépendant et autonome »

---

⁴⁷ Cité par VERNEAUX, p. 71 et SEAILLES, p. 241. Schmaus commente (RMH, p. 146) ainsi cette idée : « *Where earlier generations of French philosophers had sought certainty in the sciences through Cartesian foundations an Reidian induction, Renouvier spoke instead in terms of rational belief* ».

⁴⁸ Cité par JANSSENS, p. 128 et SEAILLES, p. 222.

⁴⁹ Voir aussi SEAILLES, p. 35 et MOISANT, p. 294.

⁵⁰ Voir *PAH-4*, p. 659.

⁵¹ Tout « est-il sujet de science ? [...] tout est-il déterminé ? » (*ECG2-1*, p. 344) Non, il y a bien un « champ » (*ECG1-2*, p. 358) qui « s'ouvre à la croyance libre, là où ne s'étend pas la Science », et cela « sans la contredire. [...] Là où il n'est permis à la Science ni d'affirmer ni de nier, le champ est vaste, la carrière est libre ; l'instinct et le sentiment s'y porteront toujours, et la spéculation elle-même s'exercera sur les probables » (p. 358-359).

(*ECG2-1*, p. 366[52]). Renouvier, à la différence de Comte, sait bien faire la distinction entre les deux concepts ; tout en gardant à l'esprit qu'il nous est impossible de sortir de notre représentation autrement que par un acte de croyance[53], il cherche à comprendre à quel moment le doute apparaît :

> « Je doute, dans l'ordre de la science et dans celui de la pratique, lorsque, voulant accomplir le cercle de l'analyse et de la synthèse de mon sujet, des termes m'échappent [... ;] l'incertitude provient de ce que la représentation intellectuelle est incomplète, et que ce que je la sais telle ; et je me dis n'être pas sûr, n'être pas fixé, ne pas comprendre, en un mot ne pas savoir » (*ECG2-1*, p. 354).

Alors, reposons la question : « Qu'est-ce que la *certitude* ? À quel signe juger de la vérité de la critique en elle-même, de l'exactitude des analyses et de la perfection des synthèses ? » (*ECG1-1*, p. 115) La certitude a pour contraire l'incertitude dont le synonyme est le doute. Quand ne doutons-nous pas ? Dans « l'un de ces trois cas : quand on *voit*, quand on *sait*, quand on *croit* », répond Renouvier (*ECG2-1*, p. 352). Mais bien souvent nous sommes sûrs de voir ou de savoir quelque chose et, après réflexion, nous nous rendons compte de notre erreur ; nous avions cru voir, nous avions cru savoir. Aussi, plutôt que de prétendre voir ou savoir, nous « devrions dire que *l'on croit voir*, que *l'on croit savoir*, et toujours que *l'on croit* » (p. 353). Ainsi, des trois termes, voir, savoir et croire, croire « est le plus général et enveloppe les deux autres. » Voir et savoir ne sont pas des processus entièrement distincts du croire[54]. Ceci renverse totalement l'idée commune de croyance[55]. La croyance n'est plus uniquement ce terme péjoratif lié à l'opinion et opposé à la certitude et à la raison, cette notion qui caractérise des jugements particulièrement variables et peu motivés - quand nous croyons sans voir et sans savoir -. La croyance correspond au contraire à toute affirmation « dont les motifs se représenteraient comme suffisants » (p. 353), « dont on sent que la vérité est, de fait, contestable » (*ECSDP-2*, p. 296).

> « Croyance et possibilité de douter sont des termes concomitants, comme de l'autre côté, évidence et impossibilité de douter » (*ECSDP-2*, p. 3[56]).

Le terme de certitude se trouve alors ramené aux cas où l'affirmation contraire à celle en laquelle nous croyons « serait entièrement rejetée par la

---

[52] Cité par SEAILLES, p. 221.
[53] Renouvier constate (*ECG1-1*, p. 115) qu'il ne nous est possible de sortir de notre représentation « que par un acte de croyance ; et [que] pour amener d'autres personnes à participer à cet acte, il faut quelque chose de plus que de brèves réponses didactiques à des questions faciles à formuler en peu de mots ; il faut de longues analyses et une suite de motifs coordonnés. »
[54] Voir BLAIS, p. 118.
[55] Voir MILHAUD, p. 95.
[56] Cité par SEAILLES, p. 242.

conscience. » Autrement dit, nous sommes certains et n'accordons aucune place au doute, non pas quand nous voyons ou savons simplement, mais uniquement dans les circonstances où nous croyons fermement voir ou savoir. Ce qui signifie en définitive que « toute certitude est croyance » (TURLOT, p. 46) puisqu'elle repose sur ces trois fondements : voir, savoir et croire, et que de ces trois fondements, croire « est celui qui convient comme terme général » (HAMELIN, p. 252).

> « L'homme, par rapport à l'objet de sa pensée, est certain, s'il le comprend de toute l'étendue de son intelligence, et se sent porté un instinct puissant, animé d'une volonté immuable en l'affirmant, et se complaît dans cette affirmation entièrement et sans réserve » (*ECG2-1*, p. 367).

Ce qui crée cette assurance dans la croyance capable d'en faire une certitude, c'est la passion, la volonté. Ainsi, le plus souvent, les « trois éléments de certitude » (HAMELIN, p. 253) sont « qu'on *sait*, parce qu'on *aime*, parce qu'on *veut* », et inversement, les « trois raisons d'être incertain » sont « ne pas *savoir*, ne pas se *passionner*, ne pas *vouloir* »[57]. Blais parle avec justesse (p. 118) de trois « composantes » ou « facteurs » « indissociables » pour qu'une conviction ne reste pas « flottante » : il s'agit de « l'intervention de la clarté intellectuelle, de la passion et de la volonté » ; Janssens utilisait un vocabulaire approchant lorsqu'il invoquait (p. 145) « les connaissances de l'entendement, les impulsions du cœur, l'action réflexive et les décisions de la volonté »[58].

Tout cela signifie donc que la « certitude est une croyance, [...] produit des trois fonctions représentatives, l'intelligence, la passion et la volonté » (p. 134). Il n'y aura pas certitude si les éléments intellectuels ne sont pas assez clairs, précis et sûrs, si les faits dont il s'agit ne m'attirent pas, et si mon jugement ne peut être fixé par ma volonté[59]. C'est en ce sens que la certitude est toujours relative à l'homme : « c'est le principe même de la relativité » (JANSSENS, p. 96). Comme le disait Platon, et comme l'a rappelé Séailles (p. 12), le philosophe « philosophe avec toute son âme ». C'est le point de vue adopté par Renouvier : pour lui le philosophe et son système sont indissolublement liés, sa personnalité et ses spéculations sont inséparables[60].

Ne croyons pas que les certitudes scientifiques[61] soient étrangères à ce constat ; le cœur et la volonté entrent même parfois dans les certitudes

---

[57] Voir aussi SEAILLES, p. 216-217.
[58] Voir aussi *ECG2-1,* p. 355.
[59] Voir MILHAUD, p. 96.
[60] Voir aussi VERNEAUX, p. 72.
[61] En 1885 (*CP1885-1*, p. 10), Renouvier regrette « un grand relâchement de l'esprit logique dans la manière dont l'idée de certitude est appliquée aux sciences de la nature. »

mathématiques. Renouvier voit bien (*ECSDP-2*, p. 276) que seuls « la passion et le vouloir » peuvent « donner et entretenir le goût du travail, porter à la recherche et mettre l'unité de direction dans l'emploi de l'intelligence ».

> « L'élément de l'aperception sensible ou rationnelle est partout, et on ne le conteste pas. L'élément passionnel et l'élément volontaire entrent visiblement dans toutes les affirmations relatives à la vie et à la conduite. Enfin, si les doctrines se formaient indépendamment de ces derniers éléments, elles ne seraient pas si variables, si divergentes, et les sciences elles-mêmes n'anticiperaient pas si habituellement sur les faits acquis, mais se développeraient d'une marche toujours régulière, et banniraient toute controverse. On a vu, on voit encore jusqu'aux mathématiques avoir leurs sophismes, leurs erreurs, leurs trouvailles impossibles » (*ECG2-1*, p. 356[62]).

Si les premiers principes des sciences relèvent, comme nous l'avons indiqué plus haut, du premier ordre de certitude, ils ne relèvent pas des sciences elles-mêmes. Il n'est pas possible d'envisager une démonstration sans données préalables. Cela reviendrait à démontrer toutes les propositions, y compris celles que la démonstration suppose ; ce qui implique un « *cercle vicieux* ou *progrès à l'infini*. L'analyse qui fait les sciences part, en effet, de synthèses données, propres à chacune et convenablement choisies » (*ECG1-2*, p. 10). Les progrès dans les différentes sciences pourront corriger, mais jamais totalement « extirper cette part d'incertitude qui les entache » (JANSSENS, p. 178). Quel est l'apport du scientifique dans ses théories, le rôle de l'expérimentateur dans ses démonstrations ? Comment distinguer la portion passionnelle et la partie rationnelle[63] ? Renouvier s'interroge sur cette partialité des sciences :

> « puis-je admettre quelque part de *purs raisonnements*, une *observation pure* et des *jugements nécessaires* : nécessaires dans le sens d'une parfaite impossibilité de les frapper d'un doute quelconque ? Et n'est-ce pas là reconnaître des vérités que ni la passion ni la volonté ne concourent à poser ? » (*ECG2-1*, p. 357)

Il admet que, dans les sciences, il existe des vérités qui ne sont pas issues de passions ou de volontés, dans la mesure où, le plus souvent en effet, passions, croyances et liberté ne viennent pas altérer les données des sciences dans lesquelles la règle est que « la raison et l'observation doivent dominer » (*ECG2-1*, p. 357). Il est d'ailleurs particulièrement important pour Renouvier de bien les délimiter « pour l'ordre et le progrès régulier des

---

[62] Partiellement cité par SEAILLES, p. 218.

[63] « Je crois [...] que les savants pèchent assez souvent en ce qu'ils transportent hors du domaine qu'ils cultivent les habitudes intellectuelles spéciales qu'ils y ont contractées ; je crois aussi que la plupart d'entre eux confondent la preuve rigoureuse avec la preuve probable (parfois très peu probable), et la preuve dans une science avec la preuve dans une autre ; mais je suis convaincu qu'à l'exception de quelques esprits faux, il y en a partout, les hommes de science se laissent fort rarement égarer par le vice à proprement parler logique d'un raisonnement, déductif ou inductif, appliqué à un objet de leurs investigations accoutumées et circonscrites » (*ECG1-2*, p. 19).

associations humaines » (*ECG1-1*, p. XIV) et de garder à l'esprit que les croyances relèvent « du domaine individuel, libre, variable, mobile », tandis que « la raison a pour champ le général, la communauté, la loi. » Cette délimitation nous évitera de prendre « notre ignorance réelle » (SEAILLES, p. 154) pour « une science apparente » et de confondre « l'acquis certain avec l'acquis très probable, et celui-ci avec le moins probable et avec l'amas litigieux des faits et explications courantes, et encore bien des fois avec ce que s'ingère d'y joindre un auteur dévoré du zèle de quelque propagande » (*CP1873-1*, p. 233-234[64]).

S'il n'y a pas de moyen certain pour discerner le vrai du faux[65], il y a une méthode : « c'est la réflexion soutenue[66], la recherche constante, la sainte critique, d'un mot le sage exercice de la liberté[67] » (SEAILLES, p. 228). Il s'agit donc d'une démarche individuelle ; c'est par une décision du libre arbitre que chacun peut se construire ses propres certitudes. En une phrase cela signifie que la « certitude repose sur la croyance, et la croyance, sur la liberté », comme le synthétise très bien Fedi (*PC*, p. 11). Autrement dit, l'acquisition de la vérité d'une manière générale fait appel aux conditions de la croyance libre, individuelle et volontaire.

Ces « considérations sur la vérité et l'erreur, c'est-à-dire sur la certitude, concluent [...] en faveur de la liberté » (HAMELIN, p. 272). Si le vrai paraît bien être « une fin désintéressée » (p. 218), il offre cependant « un triple intérêt : celui du savoir pur, celui des applications utiles, enfin un intérêt de beauté ». Il est donc « objet de passion » (p. 256). Ainsi, loin d'être « subie » (SEAILLES, p. 231) ou « impersonnelle », la raison est bien plutôt « personnelle, libre, agissante ; elle entraîne [...] le mérite et la responsabilité ». Elle

---

[64] Cité par SEAILLES p. 21-22. Séailles (p. 245), Fouillée (*Revue philosophique de la France et de l'étranger 1883-1*, p. 355) et *CP1879-1* (p. 366) font référence à cette formule de la thèse de Victor Brochard (*De l'erreur*, Paris : Alcan, 1897, p. 7) : « L'homme n'est capable de *science* que parce qu'il est *libre* ; c'est aussi, parce qu'il est libre, qu'il est sujet à l'erreur. »

[65] Nous qualifions de « vrais » des rapports qui s'accordent « avec des lois que nous constatons ou croyons constater, c'est-à-dire selon que ces lois les impliquent ou qu'elles les excluent, dans les sujets où elles paraissent » (*ECG1-1*, p. 64). Ainsi ce que nous nommons « *vérité* est [...] une *conformité* de la représentation particulière avec la représentation en général supposée à son tour conforme avec elle-même, et tend[ant] à se confondre avec la *réalité* » (p. 65).

[66] Comme l'écrit HAMELIN (p. 271), réfléchir « est le moyen, idéalement infaillible d'éviter l'erreur. »

[67] Janssens (p. 171) reprend cette même formule empruntée à Renouvier (*ECG2-1859*, p. 473) : « Cette méthode, c'est la réflexion soutenue, la recherche constante, la saine critique, l'élimination des passions nuisibles, la satisfaction des justes instincts, l'équilibre observé entre la connaissance qui souvent nous fuit et la volonté prête à supposer ou à feindre la connaissance : c'est, en un mot, le sage exercice de la liberté. »

demande l'adhésion de « l'intelligence, [de] la passion et [de] la liberté » (p. 36).

Cette triple adhésion implique une mise en doute, une remise en question, impose un effort par lequel l'individu se place dans une situation d'incertitude, d'inconfort à laquelle la plupart des hommes préfèrent échapper. Mais douter nous permet de limiter notre dogmatisme qui « n'engendre que systèmes et manie, folie, intolérance, fanatisme, inhumanité »[68] (*ECG2-2*, p. 101).

Il ne s'agit pas simplement d'affirmer cette liberté en continuant à agir de façon mécanique, habituelle, acquise, en s'abandonnant à la vie qui nous est imposée, comme si nous n'étions que des produits de notre milieu, « des choses parmi les choses » (PRAT, p. 42).

Il ne s'agit pas plus d'affirmer cette liberté dans le noumène, là où Kant l'avait reléguée, « hors du temps et de l'espace, en des conditions qu'on ne peut définir » (*PAH-4*, p. 454), c'est-à-dire dans le néant, « ne laissant qu'un pur déterminisme gouverner le monde à sa place ». Ce « dont nous avons besoin », c'est de « la liberté de l'homme qui nous est connu, de l'homme qui vit dans l'espace et dans le temps », et non de « la spontanéité d'un être qui échappe à toute connaissance » (SEAILLES, p. 33). Renouvier restitue à l'homme réel la liberté en l'autorisant à « commencer des séries de phénomènes » (*PAH-4*, p. 454).

Pour ce/se faire, l'homme doit organiser sa vie, la faire, commencer par douter, puis « chercher péniblement sa voie parmi les écueils » (PRAT, p. 42). Cela demande un effort, effort qui est l'« essence profonde de la volition » (HAMELIN, p. 229). Mais l'homme, s'il est bien « une volonté de faire » (PRAT, p. 42), n'est malheureusement « pas une puissance de faire » ; c'est pourquoi, comme le précise Renouvier (*ECG2-1*, p. 366), « l'ignorant doute peu, le sot encore moins et le fou jamais. Le monde serait bien dif-férent de ce qu'il est, si la plupart des hommes savaient douter ».

Il en découle que, même s'il est un élément pertinent dans la recherche de la vérité, le recours au consentement universel ne peut être retenu comme critère de certitude, pas plus en philosophie que dans les sciences, car « en appeler au témoignage de tous les hommes revient à abolir la différence entre ceux qui réfléchissent et ceux qui ne le font pas » (BLAIS, p. 119). Le « consentement d'autrui et l'accord même général ne sauraient être ni indifférents ni nécessitants » (*ECG2-1859*, p. 545), car il n'y a pas de

---

[68] Cité aussi par JANSSENS, p. 174.

certitude à « proprement parler [...], seulement des hommes certains[69] » (*ECG2-1*, p. 366).

Cette croyance « diffère de la foi mystique, variable, arbitraire, que l'imagination enfante pour la plus grande partie, et que l'éducation et la coutume perpétuent dans les nations »[70] (*ECG2-1*, p. 367). Contre cette foi mystique, Renouvier s'insurge, reprochant aux hommes d'aller vers la facilité en formulant des hypothèses de ce type : « *It is easier to be mystical than scientific, and to formulate speculatively possible, but practically unverifiable, hypotheses than to apply verifiable ones* »[71].

Hamelin résume (p. 272) les raisons de fonder la certitude sur la liberté : cette doctrine « est exempte de mysticisme » et « exempte de cercle vicieux », puisqu'elle place la conscience hors du « cercle de la connaissance », permettant ainsi de discerner les « deux ordres de certitude » ; elle laisse place au « progrès » et permet « de rendre compte de la vérité et de l'erreur d'une façon humaine », ce qui est « conforme aux apparences » et nous incite à l'effort nécessaire pour nous éviter de « tomber dans l'erreur ». Ce que Renouvier attend, c'est « que nous fassions subir à nos croyances la vérification des faits » (JANSSENS, p. 172).

La croyance doit donc être soumise à la raison, mais, comme le remarque Verneaux (p. 41), c'est bien là « une règle toute négative ». Le vrai fondement de la croyance réside dans « "le devoir", ou "la loi morale" ou "le principe[72] de l'obligation morale", ou "le sentiment moral", ou "la raison

---

[69] Schmaus commente cette formule (SSCR, p. 6) ainsi : « *There is no such thing as certainty for Renouvier, at least not in any epistemological sense. Certainty is rather a psychological state of a human being. "Properly speaking," he said, "there is no certainty; there are only people who are certain". In particular, he held that there is no absolute certainty in science. [...] At best we have but the consent of the majority, and this is subject to vary under numerous conditions and thus cannot be a criterion of truth* ».

[70] Cité par MILHAUD, p. 98 et partiellement par HAMELIN, p. 256.

[71] Harold Chapman Brown, « *The problem of the infinite in space and time* », in The Journal of Philosophy, Psychology and Scientific Methods vol. 6 n°19, 1909, p. 518.

[72] Les principes intellectuels qui sont à la base du néocriticisme sont intimement liés, Renouvier les énumère dans *ECSDP-2* (p. 332). Le « principe de la *croyance* » y est défini ainsi : « renoncement à l'évidence et à la prétendue nécessité du jugement ; aveu et franche acceptation des facteurs de la volonté et des affections dans la recherche et dans la déclaration de la vérité, dans toutes les affirmations, hormis dans celles qui se rapportent à la constatation empirique et immédiate des phénomènes ». Les autres principes sont subordonnés à celui-ci, il s'agit du « principe du *devoir* », qui reconnaît une « règle d'action, soumettant la conduite et les rapports volontaires des hommes à des conditions autres que leurs affections et que la constante recherche des jouissances et du bonheur », du « principe de la *liberté* », du « principe de la *création* » et « du principe du *nombre* ». Renouvier y ajoute (p. 333) quatre postulats de la raison pratique : la « *liberté* », « l'*immortalité* », « la *divinité* » et « le postulat du *péché*. »

pratique", ou "la morale" : toutes ces expressions étant équivalentes sous la plume de Renouvier ».

10.d - Histoire et progrès

10.d.α - La *Philosophie analytique de l'histoire* et l'*Uchronie*

La philosophie de l'histoire n'est pas de nature à menacer la liberté ; « elle ne tient ce caractère que de l'esprit de ceux qui l'écrivent, et de l'interprétation qu'il leur plaît de donner aux causes générales ou particulières des faits » (*ECG2-1*, p. 323). C'est pourquoi, ce que Renouvier reproche le plus aux philosophies de l'histoire en général, dont bien sûr celle de Hegel, ce n'est ni de re-construire l'histoire, ni de ne pas accorder suffisamment de place à la méthode expérimentale, c'est « la construction par synthèse » (HAMELIN, p. 340). Leur méthode synthétique s'en tient aux idées générales, à une « simplicité artificielle » (MILHAUD, p. 125) qui prend « la réalité historique comme un tout distinct de ses parties » (MOUY, p. 135). Elle est faite « de parti[s] pris » (MILHAUD, p. 119) et construite sur des liaisons *a priori* qui invitent à croire en un enchaînement, en une loi nécessaire de l'histoire. Voulant à tout prix faire émerger « un plan du devenir déterminé *a priori* » (BLAIS, p. 47), les penseurs qui ont fait ce type de philosophie de l'histoire « sacrifient les faits aux systèmes et méprisent l'analyse rigoureuse requise par la méthode historique » ; ils procèdent « par regroupements grossiers, classements arbitraires, rejet de la complexité et de la diversité » (p. 48) : ce sont « des visions simplificatrices et totalisantes de l'histoire » (p. 49).

À l'opposé, pour rédiger sa philosophie de l'histoire, qu'il nommera justement *Philosophie analytique de l'histoire*. Renouvier part des faits, s'intéresse à leurs détails[73], recherchant finement par « la saine méthode analytique », comme il dit (*ECG4-1864*, p. 142), tout ce qui a été. La démarche est ici empirique, allant du donné à l'idée et laissant toute sa place à la complexité[74]. La « saisie globale du sens au-delà du chaos des événements » (BLAIS, p. 56) n'intervient qu'après analyse préalable. La

---

[73] Le lecteur que peut qu'abonder dans le sens de Blais qui indique (p. 46), à propos de cette analyse de Renouvier étendue sur environ 2700 pages, qu'elle « force l'admiration par son érudition, son ampleur encyclopédique, et la nouveauté de ses analyses en matière de démarche historique. » Hamelin avait déjà noté (p. 353), en parlant de ce texte, que Renouvier possédait « une science prodigieuse pour son temps. »

[74] « La philosophie analytique de l'histoire nous permet de poser le problème dans toute sa complexité, de laisser à la science son caractère théorique, de ne rien enlever à l'idéal de sa pureté, de son élévation, et de rétablir un lien entre la pratique et la théorie, entre le réel et l'idéal » (SEAILLES, p. 266).

Philosophie analytique de l'histoire permet alors de distinguer les sciences des mythes, d'appréhender les évolutions scientifiques, de se prononcer sur leurs déterminations et de mieux comprendre l'état présent des sciences.

En procédant ainsi, Renouvier conçoit une autre approche de l'histoire, dans laquelle il y a place pour le certain ou fatal, mais aussi pour le probable, l'hypothétique, l'accidentel et l'acte libre[75]. Il attribue un rôle aux actes individuels, considérant l'histoire « comme un tissu d'actions et de réactions individuelles » (MOUY, p. 136), comme une suite de progrès et de régressions qui trouvent leurs sources dans la liberté et la volonté des êtres humains[76]. Il montre que les institutions ne sont pas plus puissantes que les hommes, car ce sont toujours des hommes qui les créent ou les détruisent, les perfectionnent et les corrompent[77]. La liberté humaine est ainsi pour lui « un facteur réel de l'histoire, autant que la coutume ou la force des choses » (BLAIS, p. 87).

> « Renouvier développe magistralement cette thèse, que le cours de l'histoire n'est assujetti à aucune évolution uniforme de phases enchaînées, que tout y est varié, imprévu, original, malgré les similitudes fréquentes, parce que tout y découle, en dernière analyse, du libre arbitre individuel ; enfin, que le fait dominant de l'histoire est l'emploi *bon ou mauvais*, moral ou immoral, de cette liberté, et que tout s'explique par là, les bons comme les mauvais exemples s'accumulant par contagion et s'enracinant en coutumes [...] et donnant naissance à des institutions bienfaisantes ou funestes, à des vertus ou à des vices nationaux, à l'établissement de la justice ou au développement des guerres, de l'esclavage, du despotisme »[78].

Comme le *Manuel de philosophie ancienne* (p. 13), la *Philosophie analytique de l'histoire* vise à « satisfaire, à la fois, et la philosophie et les études historiques. » Son introduction (*ECG4*) « est un livre d'histoire, dans le sens le plus littéral du mot, autant au moins qu'un livre de philosophie » (HAMELIN, p. 339). Renouvier y « pose les bases d'une méthode historique à la fois analytique et critique » (BLAIS, p. 45). Avec cet ouvrage, la critique est cette fois appliquée aux religions, aux philosophies et aux sciences, et à « leur succession dans l'histoire » (*PAH-4*, p. 750).

Renouvier cherche à ôter de l'histoire en général, comme de l'histoire des sciences en particulier, les mythes et les idoles « qui encombrent selon lui tous les domaines du savoir, y compris les plus positifs et les plus rationnels » (CSPS, p. 64). Il discute donc la méthode des historiens, qui s'appuient parfois trop sur des témoignages, lesquels sont sujets aux inter-

---

[75] Voir MOUY, p. 153.
[76] Voir CAVALLARI, p. 177.
[77] Voir SEAILLES, p. 255.
[78] TARDE Gabriel, *Les Transformations du pouvoir*, Paris : Alcan, 1909 (Elibron, 2001, p. 214 - cité partiellement par SIBERTIN BLANC Guillaume, « Renouvier et Tarde : l'accident monadique en sociologie historique », in *Corpus n°45*, 2003, p. 189).

prétations et aux opinions de leurs auteurs ; il considère que plus le témoignage est nouveau et extraordinaire plus sa valeur diminue, et que, s'il est logiquement impossible, sa valeur doit être considérée comme nulle[79].

Il veut que l'histoire soit « respectueuse des faits empiriques » (BLAIS, p. 44), qu'elle use des outils, des matériaux et autres ressources à disposition de l'historien (analyse des monuments, des mythes et des légendes, des inscriptions et des symboles, des langues, utilisation de la philologie...), mais en se gardant des « étymologies abusives et des analogies rapides » (p. 49) et en appliquant toujours « les méthodes de la science expérimentale ».

Le travail de Renouvier dément les philosophies du progrès en mettant l'accent sur « l'étude *a posteriori* du fait apostériorique par excellence, [...] l'acte libre et, par suite, car c'est là ce qu'il y a de plus libre, l'étude des faits de moralité » (HAMELIN, p. 347). Ainsi, s'il se propose bien de dégager des lois, son travail sur l'histoire est davantage orienté vers la démonstration de la liberté[80] de l'homme, l'exposition de l'homme en tant qu'agent moral. C'est pourquoi ce qui est central ce n'est pas l'histoire de l'industrie, des institutions, des guerres, de la politique, c'est l'histoire des doctrines, de la moralité.

Loin d'être un parti pris d'interprétation, il s'agit là d'une nécessité, car « nous ne pouvons atteindre la morale qu'à travers l'histoire » (*ECG4-1864*, p. 698[81]) et inversement nous ne pouvons atteindre l'histoire qu'à travers la morale. En effet, l'histoire seule nous permet de confronter nos croyances, nos coutumes, nos pratiques, nos rites, nos valeurs, etc. à ceux de nos ancêtres ; nous pouvons par là vérifier s'ils sont variables et fluctuants ou attachés à notre nature. De même, la morale seule nous permet d'appréhender l'histoire : « nous ne pouvons comprendre et juger l'histoire sans faire usage des idées morales qui l'engendrent et la dominent » ; sans cela l'histoire n'est qu'un récit inutile et insensé. Comme l'histoire ne peut « s'abandonner à la simple description des faits » (BLAIS, p. 44), la « *Philosophie analytique de l'histoire* sera donc une série de monographies comportant des conclusions morales et, au besoin, des leçons morales » (MOUY, p. 136), nous permettant d'orienter notre action.

Pour montrer que l'histoire aurait pu se dérouler autrement, être « autre chose que ce qui s'est réellement passé » (BLAIS, p. 45), Renouvier propose

---

[79] Voir *ECG2-1*, p. 293.
[80] « Ce qui l'a intéressé par-dessus tout dans l'histoire, ce n'est pas l'élément loi. À cet élément, il n'a laissé que la part strictement indispensable, et il a concentré son effort sur l'élément liberté » (HAMELIN, p. 344).
[81] Cité aussi par SEAILLES, p. 250-251.

une *Uchronie (l'utopie dans l'histoire)*[82], qui vise à combattre et à ébranler « les préjugés dont le fatalisme ouvert ou déguisé est la racine » (*UUH*, p. 412). Cette expérience de pensée nous présente « la civilisation européenne, telle qu'elle n'a pas été, telle qu'elle aurait pu être » (*UUH*, p. I). Elle nous fait « remonter la pente de l'histoire que tout récit pousse à se représenter comme un cours "naturel" des choses et des événements, saturé en déterminations [... ;] l'homme se faisant, avec ses possibles, sa contingence, son indétermination, ses bifurcations. » (TURLOT, p. 9 [Préface de Vincent]).

Dans ce roman historico-philosophique sur lequel Renouvier a travaillé « près de vingt ans (1857-1876) » (MOUY, p. 153), la bifurcation initiale est une simple décision de Marc Aurèle en faveur d'un partage de l'Empire. Ce choix aurait possiblement maintenu l'Occident dans une république polythéiste, et relégué en Orient le christianisme, changeant ainsi toute l'histoire. Renouvier nous démontre, en imaginant cet autre passé possible, cet autre passé meilleur, que « le grand moteur des mouvements de l'humanité n'est autre que la liberté » (HAMELIN, p. 342).

10.d.β - Religion et progrès

Mais le savant cherche avant tout à comprendre et à expliquer, non à juger ; la vie est simplement ce qu'elle est pour le scientifique, ni méchante ni bonne. Il s'ensuit que, au sens strict, le « problème du mal n'existe pas pour la science » (PRAT, p. 83). S'il lui venait d'ailleurs « l'ambition de se substituer aux philosophies ou aux religions » (*CP1878-1*, p. 201), elle s'écarterait « de ses voies propres », perdant « le véritable esprit scientifique et l'usage correct de la méthode scientifique » (*CP1875-2*, p. 401) : ce serait une erreur « de voir tout en elle et d'en tout attendre, et surtout de vouloir faire passer sous son pavillon tout ce que nous pouvons construire d'hypo-

---

[82] Pour Dauriac (TPR, p. 354), cette œuvre a de nombreuses « qualités de puissance, de richesse et de vraisemblance scientifique qui l'élèvent, d'une rare hauteur, au-dessus d'un grand nombre d'essais et de fantaisies analogues ». Éric Vial explique (« *L'Uchronie* et les uchronies », in *Corpus n°45*, 2003, p. 162-165) qu'en effet l'*Uchronie* n'est pas une invention de Renouvier comme l'avait indiqué Mouy, mais qu'il y a des antécédents chez Pascal, chez Louis Geoffroy et d'autres. Vial admet cependant qu'« il n'y a ni continuité, ni influence directe ou indirecte, mais cousinage », et qu'« on perçoit son originalité, avec tout un livre, continu, comme seul Geoffroy semble l'avoir osé auparavant [...]. De plus, ce livre porte explicitement le problème de la liberté, réfléchit sur lui-même, sur ces mécanismes, ses possibilités de production, son sens. » Vial précise également (p. 166), en reprenant le mot de Hubert Grenier, que l'ouvrage éponyme de Renouvier donna son nom à un « néologisme mort-né ».

thèses qui dépassent sa portée actuelle, ou même toute portée qu'elle puisse jamais avoir ». Si donc Renouvier s'est préoccupé du problème du mal, c'est comme philosophe en quête de sens, comme philosophe en somme ; car, nous ne sommes « vraiment philosophe, [...] disait-il souvent, qu'à la condition de vouloir chercher un sens à la vie » (PRAT, p. 157).

> « La vie ne peut avoir d'intérêt pour un penseur qu'à la condition de chercher à résoudre le problème du mal. La philosophie, la vraie philosophie, serait celle qui nous apprendrait à vivre et à mourir. Le "Personnalisme" voudrait être cette philosophie » (*DE*, p. 61).

Ainsi, « une philosophie qui néglige le problème du mal ou qui, s'y étant engagée, s'y enlise, n'est qu'une demi-philosophie » (DAURIAC, TPR, p. 338). Renouvier a conscience de la réalité du mal ; il nomme « état de guerre »[83], « l'état réel des sociétés historiques » (SEAILLES p. 297), l'état dans lequel nous sommes. Dans la « cosmodicée » (*NM*, p. 454), qu'il rédige dans ces derniers ouvrages, il attribue cet « état de guerre » à la libre volonté des hommes qui se sont placés en opposition avec la volonté divine raisonnable, détruisant alors l'harmonie de la création et de l'homme lui-même, qui est devenu un être déchu[84]. D'ailleurs, « les notions les plus élémentaires de probabilité » (HAMELIN, p. 349), invitent à penser que plusieurs hommes devaient nécessairement « faillir, ce qui donne accès au mal dans le monde ». La liberté est donc la première cause du mal[85] : car non seulement nous ne sommes jamais certains de bien faire, mais en plus, c'est presque quotidiennement que nous constatons les « aberrations du libre arbitre » (MOUY, p. 54). Pourtant, la liberté est aussi la condition nécessaire du bonheur et de la justice, sans elle l'homme aurait été sans conscience ; c'est pour cette raison que dieu a créé des agents libres et que « le plan du monde devait être conçu de telle sorte que le mal pût exister » (PRAT, p. 160).

Dauriac marque une nette distinction : pour lui (TPR, p. 346), « "Criticisme" est le nom d'une méthode. "Personnalisme" est le nom d'une doctrine. » Séailles, suivant la même démarcation, s'est attaché à exposer le néocriticisme et n'a pas insisté sur le personnalisme, dernière philosophie de Renouvier, qui affaiblit selon lui (p. II) la pensée de Renouvier. Prat estime pourtant (p. 11) que « la religion de la Justice et de la liberté », qui est développée dans le Personnalisme, est le fruit des analyses contenues dans

---

[83] Voir BLAIS, p. 99.
[84] Voir PRAT, p. 233. Mouy (p. 120) remarque que ce désordre de la société civilisée est une idée chère également à Rousseau et à Fourier, que Renouvier a longuement étudié ; mais Hamelin note (p. 334) que, dans ses *Essais*, Renouvier, bien que déjà « séduit par l'idée de faire dépendre le mal physique du mal moral », n'avait pas encore développé ses doctrines de la création et de la chute.
[85] Le « drame de la vie, c'est le drame de la liberté » (PRAT, p. 236).

les *Essais* et la *Science de la morale*. Ces deux interprétations sont fondées, car, pour Renouvier (*LP*, p. I), le personnalisme est en effet « le vrai nom qui convient à la doctrine désignée jusqu'ici sous le titre de néocriticisme », parce que la personne seule peut acquérir la vérité par un acte volontaire, parce qu'elle se donne seule sa règle de conduite, qu'elle génère ses propres représentations, que toute existence, si petite soit-elle, doit être conçue comme une personne et qu'enfin le monde est issu d'une initiative, d'un acte, d'une volonté de la personne divine. Le personnalisme prend en fait appui sur quatre postulats : la règle impérative du devoir, la nécessité morale de la récompense, le premier commencement du monde et la solution du problème du mal au travers de la chute[86].

Séailles ne croit pas à cette mutation du néocriticisme et il pense (p. 362) que si Renouvier conserve bien le même vocabulaire et les mêmes questions, il modifie et la méthode et l'esprit de sa philosophie, il « tend vers un véritable dogmatisme, il aborde et prétend résoudre les questions d'origine ». De la contradiction de l'infini actuel, il déduit les bornes de l'espace et du temps, un premier commencement et un créateur : Renouvier a donné un créateur au monde, mais la plupart de ses disciples ne l'ont pas suivi[87]. Dauriac juge qu'il n'y a pas nécessité à passer de la catégorie de personnalité à la conscience de soi et à l'existence de tous les êtres comme étant nécessairement des personnes, et encore moins à l'existence d'une « Personne-Dieu ». Il reconnaît qu'il n'y a pas incompatibilité entre néocriticisme et personnalisme, mais pense qu'il n'est pas nécessaire « d'être théiste quand on est déjà néo-criticiste ». Séailles, dans le même état d'esprit, ne voit, dans « cette philosophie du péché originel » (p. 393), guère plus qu'« une mythologie abstraite, appliquant les résultats de la science aux gigantomachies des âges primitifs » (SEAILLES, p. 389).

Il y a incontestablement dans le Personnalisme l'expression d'un ardent « sentiment religieux » (MILHAUD, p. 159). Faut-il alors retourner Renouvier contre lui-même et dire qu'il a « trop de l'esprit prêtre pour avoir beaucoup des scrupules du savant » (*CP1878-1*, p. 199) ? Non, car le personnalisme est « une *religion laïque*, si l'on peut ainsi parler, une religion d'intellectuels, sans dogme, qu'elle voudrait imposer, sans prêtre, sans Église, une religion philosophique dont l'objet serait de résoudre le problème du mal, de prêcher le relèvement possible de la personne humaine par le culte de la justice » (*DE*, p. 105). S'y trouve opposé « au dieu des théologiens, le dieu personne morale, le dieu selon la justice ». C'est une « philosophie-religion », une « religion rationnelle ».

---

[86] Voir Dauriac, TPR, p. 349.
[87] Voir TPR, p. 354 et 356.

Renouvier estimait « que seule la religion pourrait régénérer la France » (PRAT, p. 278), que sa cosmogonie et son eschatologie, dont sa « raison personnelle approuvait tous les articles » (MOISANT, p. 277), pouvaient avantageusement concurrencer les dogmes catholiques. Il savait néanmoins qu'elles « étaient hypothétiques » et rappelait même à Prat (p. 234) « que sa grande hypothèse des trois mondes » (la création, la chute, la Restauration de la cité divine) « n'était pas, à proprement parler, une hypothèse scientifique. »

Cette concurrence à la religion catholique était nécessaire, parce que cette religion est, pour Renouvier, absolument « hostile au développement de la raison humaine[88] » (*CP1872-1*, p. 402[89]) : elle s'appuie sur « la crédulité », elle « a lié ses intérêts à la cause du despotisme », elle est « la grande bannière des ennemis de la science et de la liberté » (*ECG2-1*, p. 370), elle est « la plus ruineuse des hérésies sociales, le pire des fléaux politiques » (MOISANT, p. 282). C'est pourquoi il soutient, non seulement qu'il « n'y a pas eu de progrès en religion, *depuis* l'avènement du christianisme[90] » (*PAH-4*, p. 646), mais que, pire encore, l'état « de la religion n'est tout entier et partout qu'une décadence visible » (p. 648).

Même s'il n'y a guère de progrès possible en religion, Renouvier constate que les sciences ont rendu à la religion « un service inappréciable en la forçant à s'affranchir des basses superstitions, des fictions enfantines et du culte de la lettre et de la légende[91], pour se spiritualiser » (*CP1876-1*, p. 19). Cela devrait nous permettre de passer d'une « illusion certaine et [...] nuisible [...] à une foi du moins raisonnable » (p. 18), ce qui constituerait somme toute « un grand progrès pour le sentiment religieux ».

> « Les personnes vraiment éclairées [...] devraient aujourd'hui sans hésiter rejeter les miracles religieux d'ordre physique, et placer désormais leur religion ailleurs que dans l'hallucination ou le mensonge. [...] Quant à celles qui ne se contentent pas de croire aux miracles anciens, mais qui prétendent en constater de nouveaux, puisque malheureusement il y en a de celles-là, nous ne saurions en dire franchement toute notre pensée

---

[88] Que « le corps de Dieu crucifié soit présent à la fois tout entier dans chacune des hosties consacrées des cinq parties du monde ; [...] que Dieu le fils s'incarne seul pendant que Dieu le père, dont la substance est la même, demeure immuable dans le ciel ; [...] que Dieu soit certain à l'avance de ce que les hommes feront, sans qu'il soit nécessaire qu'ils le fassent ! [...] ce ne sont jamais là que des contradictions ; ou, s'il s'y trouve d'autres difficultés, elles pourront sembler légères à ceux qui passeront par-dessus celles-là » (*ECSDP-2*, p. 373-374).
[89] Cité aussi par Mouy (p. 71), qui rappelle qu'après 1842 Michelet a également « peu à peu renié le moyen âge [... et] le catholicisme » (p. 69).
[90] La charité n'est absolument pas un progrès sur la justice (cette question est discutée notamment par SEAILLES, p. 257, DAURIAC, TPR, p. 351 et MOUY, p. 63).
[91] L'attrait de Renouvier pour le protestantisme tient à cela essentiellement : il était en harmonie avec l'idée protestante « de libre examen », avec la « tournure d'esprit », la « mentalité » (MOISANT, p. 279) protestante.

en peu de mots sans recourir à des qualificatifs qui ressembleraient plus que nous ne voudrions à des outrages » (*CP1876-1*, p. 7).

Chacun peut donc maintenant « placer les limites de ses croyances pour n'aller pas à l'encontre de la raison » (*CP1876-1*, p. 132), mettant ainsi d'accord la foi et la raison. Malheureusement, selon Renouvier nous ne voyons « plus guère le problème de la "conciliation de la raison et de la foi" occuper le public philosophique » (*PAH-4*, p. 756). Renouvier voudrait que le savoir ne soit pas supprimé par la croyance et inversement, mais qu'il y ait place pour « une foi morale rationnelle » (TURLOT, p. 43), une foi dont nous aurions conscience qu'elle ne sera jamais « une connaissance théorique susceptible d'une certitude objective[92] ». Il nous invite à chercher les croyances les plus rationnelles, les plus probables « sur la nature et l'origine des êtres, sur l'immortalité des âmes, sur l'existence de Dieu et le principe du mal, sur ces inévitables problèmes » (SEAILLES, p. 304). Ces croyances se distingueront de la foi religieuse commune par leur caractère rationnel et universalisable. Nous ferons alors « "un emploi criticiste" de la croyance » (p. 334), un emploi qui ne sortira pas du connaissable, de l'expérience, du « monde sensible et phénoménal » (p. 343), même pour exposer l'idée de dieu. Ainsi, lorsque Renouvier discute l'immortalité, il ne la fonde pas « sur l'indestructibilité d'une substance spirituelle, mais bien sur les droits de la personne morale à la persistance et au progrès » (p. 347). Lorsqu'il s'interroge sur l'idée de dieu[93], il la voit comme « notre conscience agrandie, proportionnée aux dimensions de l'univers fini qu'il mesure et qu'il crée » (p. 16). La « théologie de l'absolu » (p. 352) a été dissoute par le néocriticisme en même temps que l'infini actuel. C'est donc jusque dans « les problèmes de la vie future et de la divinité » (MILHAUD, p. 105) que « Renouvier fait effort pour se placer au point de vue de la connaissance positive et scientifique » demandant « qu'on applique à certains faits connus l'induction naturelle et normale dont use le savant ».

> L'« homme a le devoir et le droit d'affirmer qu'il est libre, que son âme est immortelle et qu'il y a un Dieu, parce que l'homme est un être moral. Il y a un Dieu, une âme et une liberté, parce qu'il y a une Loi morale. La Loi morale est ainsi la première de toutes les vérités, le fondement de toutes celles de cet ordre. Et c'est la liberté qui l'affirme, en s'affirmant elle-même.
> Tels sont les premiers principes du criticisme » (*CP1872-1*, p. 70).

---

[92] Renouvier reste donc ici dans la perspective kantienne qui définit la conviction comme subjectivement suffisante, la foi comme objectivement insuffisante au contraire de la certitude, et l'opinion comme insuffisamment subjective et objective au contraire du savoir (voir *CP1878-1*, p. 373).

[93] Pour Verneaux (p. 44), Renouvier aboutit à une conception semblable à celle de Kant qui conçoit Dieu « comme une personne, douée d'intelligence et de volonté, cause suprême de la nature. »

Nous sommes loin ici « de l'extase platonicienne ou chrétienne et de livres inspirés » (*ECG2-1*, p. 294), loin du « mysticisme », loin « de l'inspiration et de la contemplation », ces domaines qui sont « aussi celui de l'erreur, un commencement de fanatisme et une pente vers la démence ». La thérapie modeste et préventive proposée par Renouvier est une sorte d'« hygiène morale » (p. 295) qui passe par l'« instruction, l'habitude de l'attention et de l'étude » ; elle supprimera « beaucoup d'occasions de vertige, en rétrécissant le domaine de la crédulité et des superstitions les plus communes [...]. L'instruction générale et philosophique », ainsi que « l'éducation » couperont « la racine du mal », si elles sont bien dirigées « de manière à exercer la réflexion propre et indépendante, à fortifier la volonté, à créer l'habitude d'une comparaison désintéressée des motifs de juger et de croire dans tous les cas possibles » (p. 295-296). Le remède est donc « *savoir douter, apprendre à douter* » (p. 296).

Cela, le Moyen Âge, fruit du christianisme, l'a interdit. Avec ses 1350 ans « de ténèbres profondes sous le règne de la croix[94] » (MOUY, p. 79), il n'a généré au mieux qu'une période stationnaire des sciences[95], un grand vide de Ptolémée à Copernic, d'Archimède à Galilée... Le Moyen Âge n'a pas préparé la Renaissance ; s'il a transmis « les reliques de la sagesse antique » (MOUY, p. 47), « c'est bien malgré lui », puisqu'il ne cherchait en fait « qu'à les détruire ».

> « Les historiens des sciences qui ont lu ou parcouru les livres d'Albert le Grand relatifs à la physique et aux sciences naturelles nous les dépeignent comme des œuvres de compilation et de commentaire, d'un très grand développement, dont Aristote et les auteurs arabes fournissent presque tout le fonds [... Il ne s'y trouve] aucune découverte scientifique notable, non plus qu'aucune vue capitale touchant la méthode » (*PAH-4*, p. 158).

Renouvier ne voit aucune grande découverte au Moyen Âge, il y admet tout au plus quelques perfectionnements : en gravure, dans l'imprimerie, l'horlogerie, la papeterie, la verrerie et la métallerie, avec l'architecture ogivale, la poudre à canon, les moulins à vent, le contre-point en musique...[96]

Roger Bacon, esprit brillant du XIIIe siècle, « n'eut ni prédécesseur ni successeur » (*PAH-4*, p. 162) et fut un des seuls à s'attaquer aux docteurs de l'église. Les sciences ont été encore, longtemps après lui, mêlées à l'astrologie et à l'alchimie, à « cet amas d'erreurs ou d'illusions[97] » (p. 157) qui

---

[94] Mouy emprunte cette formule à Renouvier (*CP1875-1*, p. 100).
[95] Voir *PAH-4*, p. 159.
[96] *Ibid.*
[97] Renouvier appelle aussi l'astrologie, l'alchimie et la magie des « sciences illusoires » (*CP1878-1*, p. 197).

infestait les recherches ; il a fallu de nombreuses années pour que les recherches empiriques se développent et qu'« on vit se déployer du génie. »

Le Moyen Âge, période de léthargie[98], est encadré par deux « faits de progrès : le premier, la fondation de la liberté antique et de la science antique[99], cinq ou six siècles avant le commencement de notre ère ; le second, la fondation de la liberté moderne et de la science moderne, plus de deux mille ans après » (*SM-1*, p. 389). Renouvier ne voit que ces deux « révolutions de l'esprit » (BLAIS, p. 56) pour être identifiées sans conteste comme des « faits de progrès ».

Il n'est pas dupe de la démocratie grecque et sait bien que derrière l'idéal, elle tendait peut-être davantage dans les faits à l'aristocratie voire pire, mais, en un sens, notre civilisation industrielle comporte aussi de « grands fiefs, [des] suzerainetés financières et industrielles, avec une foule de menus vassaux qui sont peut-être des serfs » (MOUY, p. 149). Cependant la fondation de la cité libre antique et la liberté retrouvée dans l'histoire moderne avec la Révolution française forment deux actes « d'*écart absolu* » (*CP1875-1*, p. 152). Le second a été préparé par la Réforme qui a affranchi « l'esprit par rapport à l'Église » (*PAH-4*, p. 721), ce qui « a été la condition

---

[98] « Non seulement la marche des sciences était arrêtée partout, mais elles dépérissaient, la critique était morte et l'on ne pouvait presque plus trouver aucune personne capable de penser avec correction sur aucune chose au monde » (*CP1875-1*, p. 99-100).

[99] C'est un « même esprit rationaliste d'investigation, d'analyse et de critique » qui « animait » la plupart des savants et philosophes antiques ; ils « formaient de véritables académies libres, aussi bien que des écoles, dans chaque branche des connaissances. En un mot la science était fondée, la positivité régnait dans le domaine qui lui appartient légitimement, sans que la philosophie fût exclue » (*CP1875-1*, p. 99).

de l'affranchissement politique », et par « le protestantisme[100] », qui a marqué « le libre représentant de la religion hors de toute *orthodoxie* [...] excluant par conséquent le pouvoir du prêtre, et bannissant la superstition des sacrements, le commerce des miracles et l'adoration de la cour céleste ». Ces deux écarts absolus sont d'autant plus importants pour Renouvier, que la liberté des hommes conditionne en grande partie le « progrès des sciences, le goût du savoir, la force de la raison [...] et le génie lui-même » (p. 724).

Cela suffit à prouver, pour Renouvier, qu'« on ne voit pas la famille humaine obéir dans son ensemble à une loi de progrès » (*SM-1*, p. 388). Cette théorie fatale[101], qu'elle relève de la providence divine, d'un matérialisme historique, d'une sélection naturelle, ou de quoi que ce soit d'autre, suggère que le genre humain serait appelé, comme par une loi naturelle, à s'orienter vers une société de plus en plus parfaite, juste et heureuse ; qu'il y aurait une marche progressive « de l'espèce vers sa perfection » (SEAILLES, p. 253) dans laquelle nous pourrions marquer des étapes successives. Il n'en

---

[100] L'alternative « protestantisme ou catholicisme » revient, pour Renouvier, au choix entre « la liberté ou l'autorité en matière de foi » (*CP1877-1*, p. 89). Pour illustrer le danger du cléricalisme catholique, Renouvier s'appuie sur l'extrait d'un appel à la jeunesse française du pasteur protestant libéral Athanase Coquerel (discours prononcé en décembre 1872 à Paris ; COQUEREL Athanase fils, *Quel était la religion de Jésus ?*, Paris : Sandoz et Fischbacher, 1873) : « Les enfants, sous leur direction, n'apprendront que des faits choisis, des notions triées pour les besoins de la cause. On leur apprendra à ne pas chercher, à ne pas penser, à croire sur parole, à abdiquer leur raison, à mettre leur conscience en tutelle ; on les enrégimentera dans des congrégations aveugles et occultes. Les couvents d'hommes et de femmes se multiplieront de tous côtés ; l'obscurité s'épaissira ; le sol reviendra au clergé. Et la France, qui ne pourra soutenir la lutte contre les nations voisines, mutilée encore, rétrécie, énervée, s'affaissera sur elle-même. Ce qui restera de vivant en elle émigrera en Belgique, en Amérique, partout ; et elle sera une Espagne plus déchue que sa voisine... Il n'y a plus qu'une force au monde capable de vaincre le cléricalisme : c'est la lumière, c'est la liberté, c'est la libre recherche, c'est le libre examen : c'est non pas la religion de l'obscurantisme, mais celle du libre examen » (p. 89-90). Renouvier éprouve une « haine des superstitions papistes, et du matérialisme des sacrements, et de la domination épiscopale » (p. 93). Il aimerait que nous tenions « l'enseignement religieux moins séparé des droits populaires, moins étranger à l'esprit de la justice sociale ». Il voudrait que nous ne soyons plus « pieds et points liés aux évêques » (p. 94), à cette « théocratie et [à] son cortège d'institutions » (*CP1877-2*, p. 194). Il nous propose donc une conversion au protestantisme qui permettra à chacun « d'user de son influence et de sa liberté [...,] d'échapper à l'étreinte religieuse, *civile et politique* d'un sacerdoce qui domine sous le masque de la religion » (p. 196), de « se placer sur un terrain de sincérité et de liberté » et de « rompre d'insupportables chaînes », de ne pas revenir « à la vieille erreur de la libre pensée qui veut triompher de la religion par autre chose que la religion » et de ne pas nier « la légitimité des croyances religieuses et leur place dans la société [...], en excluant seulement les faux semblants et la contrainte ».

[101] « *What had to be repudiated [for Renouvier] was the idea of a necessary progress in this world, whether that necessity rested on Newton's laws of motion, God's providence, Hegel's world spirit, Darwin's natural selection, or Marx's historical materialism* » (LOGUE, p. 63).

est rien, et, s'il y a parfois des faits de progrès, la série de ces faits est bien « discontinue et contingente » (MOUY, p. 46).

« La Philosophie du Progrès est une doctrine à prétentions scientifiques » (MOUY, p. 75), mais elle « ne réussit pas à se constituer scientifiquement » (SEAILLES, p. 256) et, « dès qu'on interroge l'histoire loyalement et sans parti pris, elle se heurte à la dénégation des faits », à leur variabilité, à « l'impossibilité de les décomposer, d'en reconnaître les facteurs premiers » (*PAH-4*, p. 724), à « la loi des actions et des réactions dans les grandes phases historiques et non pas seulement dans les courtes périodes », à « l'importance des faits qui échappent à tout calcul et à toute prévision », qui « fournissent » des « arguments [...] pour un jeu d'inextricables [...] infiniment complexes ». Si ces arguments n'apportent pas la preuve irréfutable de la discontinuité et de la contingence, ils nous incitent cependant à y croire. C'est donc « par un acte de croyance rationnelle » (*HSPM*, p. 438) que le néocriticisme se montre « l'adversaire des théories du progrès nécessaire de l'humanité[102] dans l'ordre moral, et dans tout autre ordre que celui des connaissances mathématiques et physiques et de leurs applications industrielles » (BLAIS, p. 94) ; c'est donc logiquement qu'il nie « tout système et toute loi supposée de l'histoire ».

> Même là « la science, la méthode scientifique, exigent des distinctions et des définitions. De quelle époque à quelle autre, de quelle société à quelle autre y a-t-il eu progrès ? Quels peuples ont accompli des progrès, et quels progrès ? Y a-t-il ici progrès dans la connaissance ? Y a-t-il là progrès dans le bonheur ? Y a-t-il progrès dans la morale privée, progrès dans les institutions et dans les lois, progrès dans la justice ? Et avant de poser toutes ces questions et de tâcher de les résoudre à l'aide de bonnes analyses historiques, il est encore bon de savoir ce que c'est que la justice sociale, et à quoi l'on peut connaître que la moralité humaine s'élève ou s'abaisse » (*CP1875-1*, p. 68).

Le néocriticisme marque la distinction « entre une conception du progrès comme loi historique et l'espérance morale et républicaine[103] d'une amélioration sociale », entre fatalisme et « philosophie de l'action et de la perfectibilité ». Car, avec le fatalisme et la soumission qu'elle implique, la

---

[102] Mouy note qu'à l'époque des *Manuels*, Renouvier croyait encore à l'idée saint-simonienne et comtienne d'une loi du progrès (voir MOUY, p. 21 *sq.* et HAMELIN, p. 19-20). Il écrivait par exemple que cette idée de progrès, acceptée par nombre de grands penseurs, tendait « grâce à d'incessantes recherches, à se constituer scientifiquement sur ses véritables lois » (*MPM*, p. 368). Mais rapidement Renouvier en est venu à considérer cette « croyance au progrès général » comme caractérisant au contraire « le commencement même de la décadence » (BECQUEMONT, p. 152).

[103] Nous retrouvons semblable formule chez Mouy (p. 80), qui rappelle que le progrès doit être entendu comme « espérance morale et républicaine plutôt que comme une loi historique ».

« théorie du progrès n'est pas seulement fausse, elle est dangereuse[104] » (SEAILLES, p. 260). Contre les « courtisan[s] de la fortune [...,] Renouvier a donc cru bon de réagir et il l'a fait », selon Mouy (p. 50), « avec une violence qui dépasse, sans doute, le but ». Mais il faut se rappeler qu'au XIXe siècle, le progrès était « une sorte d'idéal, ou de principe métaphysique » (MOUY, p. 9), il était « le Dieu des français[105] ». Cette transformation prétendument continue était idéalisée, elle était pensée comme ayant pour fin et pour but le bien. Le vrai bien ne peut être cette « puissance matérielle ou intellectuelle » (p. 13) : s'il existe un vrai progrès, il doit être moral.

> Nous pensons « que, peu à peu, par le développement continu de la Science et des sciences, l'humanité pourrait atteindre plus de bonheur. Et c'est une sottise. Il n'est pas vrai que la Science puisse diminuer le travail humain. Les machines et les inventions, qui ne vont pas sans dangers et sans graves accidents, ne font qu'abrutir le travailleur et que ruiner sa santé. Le bonheur ne doit pas se chercher dans cette voie. Il n'est pas démontré que, si le machinisme supprimait le travail, l'homme serait plus heureux ; j'ai même une forte tendance à croire qu'il serait plus malheureux qu'il n'est, et plus près de la brute. Et la Science, si elle réalisait les espérances que beaucoup ont fondées sur elle, deviendrait une excellente méthode d'abêtissement ! La Science détruirait la Science.
> Ce n'est pas là le rôle de la Science que de préparer le bonheur. La vraie science doit rester théorique ; elle ne peut être qu'une méthode de recherche. C'est là ce qu'il faudrait comprendre, c'est là ce qu'on ne comprend pas » (*DE*, p. 84-85).

Le progrès serait ce « bon génie prétendu d'une humanité assurée de venir à bout de tous les obstacles et de tirer un bénéfice croissant de l'augmentation de ses savoirs et de ses techniques, tous les types de biens devant concourir harmonieusement à la prospérité et au bonheur de tous. Une telle croyance [...] n'est pas justifiée par les faits » (TURLOT, p. 9 [Préface de Vincent]). Rien ne dit que l'accroissement de la puissance de l'homme sur la matière, que les progrès techniques et scientifiques, génèrent un supplément de moralité dans le genre humain. Mais bien pire, une telle croyance

---

[104] « Rien n'est plus faux et en même temps plus propre à nous affaiblir, à nous énerver, et à démoraliser l'histoire, que la loi du progrès nécessaire guidant depuis ses origines l'évolution de l'humanité, en dehors des efforts de notre liberté. » C'est pourquoi Renouvier « rejette avec la plus grande énergie toute idée d'un progrès continu et fatal » (MILHAUD, p. 126).

[105] Séailles confirme (p. 252) que le progrès était alors « un véritable dogme » auquel adhéraient les « disciples de Hégel, les Saint-Simoniens, les positivistes, les socialistes ». Face à eux, « Renouvier résiste à l'entraînement général et il ne se lasse pas de dénoncer cette forme nouvelle de la superstition » qu'est la foi inconsidérée en la science, « d'opposer à cette abstraction divinisée les objections de la logique et de l'histoire. » Renouvier publie, dans la *Critique philosophique*, une lettre de Louis Ménard dans laquelle on lit ses propos qui pourraient être attribués à son maître : « je déclare qu'à mes yeux la doctrine du progrès, même sous » sa « forme atténuée, est en opposition perpétuelle avec les faits historiques, et ce qui est bien plus grave, incompatible avec toute espèce de morale » (*CP1875-1*, p. 53).

« conduit à s'aveugler et, partant, à résilier la responsabilité de l'agir personnel et public ».

« Il faut donc rétablir la contingence dans l'histoire en rendant à la liberté son rôle » (SEAILLES, p. 261). Seule cette indétermination retrouvée donnera « au progrès son vrai sens, il nous appartient de le vouloir et de le réaliser », il nous appartient de travailler au progrès, au seul vrai progrès, au progrès moral.

> « Le progrès jusqu'ici ne s'est pas fait de lui-même, il ne continuera pas non plus par la seule force des choses ; mais il doit nous suffire qu'il soit possible. Notre tâche est d'y travailler. Pas un effort vers cette fin n'est perdu ; toutes nos moindres actions ou servent à cette œuvre ou la compromettent : comment donc la vie serait-elle sans intérêt et sans but ? À voir le but où il est et à prendre la vie comme il faut, c'est l'optimisme qui est le vrai, non cet optimisme béat, toujours satisfait, qui nie les tristesses de la réalité ; encore moins cet optimisme immoral qui consiste à tout excuser parce que tout s'explique, et à trouver bon tout ce qui arrive, mais un optimisme agissant, militant, fait d'ardeur à vouloir le mieux, et d'obstination à croire qu'on ne le veut jamais en vain » (MARION Henri, *De la solidarité morale, essai de psychologie appliquée*, Paris : Germer Baillière, 1880, cité en *PAH-4*, p. 677).

Nous ne devons pas attendre ce qui est censé être, mais travailler à l'accomplissement du progrès[106], de ce progrès qui « se définit par la liberté et par la justice[107] » (SEAILLES, p. 262), de ce progrès qui « est possible parce qu'il dépend de l'initiative des individus » dont le « devoir est d'y travailler », de ce progrès qui « est celui de la personne » (MOUY, p. 40) et sur lequel chaque homme peut agir d'abord par le « travail actif de la raison » (BECQUEMONT, p. 153).

Penser au progrès, c'est au sens large penser, par exemple, au chemin parcouru de la lampe à huile à la lampe à diodes électroluminescentes, et à celui qu'il y a eu de la sauvagerie des populations primitives à la délicatesse de nos civilisations contemporaines, c'est parfois faire des raccourcis en s'imaginant que les progrès techniques ont rendu les hommes plus libres et meilleurs[108]. Mais il faut éviter « d'employer le mot de progrès dans sa généralité vague » (HAMELIN, p. 424), et il faut cesser de croire que le progrès scientifique entraînerait mécaniquement le progrès moral, que la moralité de l'homme peut être estimée « selon l'avancement de son industrie » (BECQUEMONT, p. 135), cela est « inadmissible ». S'il y a bien une incidence entre « développement des forces productives, développement culturel et développement moral » (p. 136), elle est inverse, en effet, « le progrès moral dépend beaucoup moins du progrès intellectuel que le progrès intellectuel ne

---

[106] Voir *CP1872-1*, p. 7.
[107] « Le progrès ne se réalise pas de lui-même. C'est aux hommes à le réaliser par la liberté, qui doit être à la fois le moyen et le but des agents raisonnables » (MILHAUD, p. 144).
[108] Mouy évoque ce point en des termes voisins (p. 146).

dépend du progrès moral » (MOUY, p. 79). Renouvier fonde son « idée de progrès sur [...] des bases volontaristes et éthiques » (BLAIS, p. 56) et il révèle par là cette erreur « qui consiste à attribuer le progrès de la civilisation au progrès des sciences » (*PAH-4*, p. 721). Ceux qui raisonnent ainsi oublient « ce que les sciences ont dû à la liberté, [...] qu'elles n'ont pas conquise », mais au contraire « qui a été conquise pour elles ».

Les multiples découvertes des sciences expérimentales et les nombreuses applications qui en découlent[109], les « progrès dans la connaissance et dans la maîtrise des forces naturelles » (BLAIS, p. 97-98), n'autorisent « aucune des conclusions que les sectateurs » du progrès « veulent en tirer. L'accroissement de puissance » occasionne « pour l'humanité des dangers aussi énormes que les moyens qu'elle met à sa disposition ».

> « L'esprit scientifique a rendu à l'humanité d'inappréciables services. Ce n'est pas une raison pour attribuer à la science les progrès moraux de l'humanité. Si par son extension dans le monde, l'esprit scientifique a combattu les superstitions, les crédulités, les hypothèses arbitraires, il ne faut pas, d'autre part, oublier que cet esprit résulte lui-même de la liberté de penser et de la vie morale dont la liberté est la source.
> Ce n'est pas la science qui nous a enseigné la vie morale, c'est la culture de l'antiquité, la tradition judaïque du monothéisme et du messianisme, enfin les œuvres des grands philosophes ou artistes de toutes les nations européennes depuis la Renaissance jusqu'à nos jours. C'est une grossière illusion, née de la doctrine du Progrès, que celle qui invite un si grand nombre de personnes à croire qu'un jour viendra où la civilisation matérielle apportera à l'humanité la vie heureuse.
> Si nous examinons de près le problème, nous constatons que le travail n'a pas diminué dans le monde. L'emploi des machines contribue à abêtir le travailleur, les grands ateliers font de l'ouvrier une machine. Ils dégradent, trop souvent, la femme et l'enfant, ils dissolvent la famille. Par elle-même la science ne peut pas promettre et ne promet pas le bonheur. Elle ne prépare pas plus la paix qu'elle n'est capable de préparer la justice. Nous voyons les découvertes scientifiques appliquées à l'art de la guerre. C'est elle qui fournit les armes nouvelles d'une grande puissance, très ingénieuses, très meurtrières » (PRAT, p. 136-137).

Les scientifiques veulent croire « que la propagation des notions scientifiques est le facteur principal du progrès moral » (*PAH-4*, p. 719), Renouvier lui n'y croit pas, même s'il ne nie pas « que la méthode expérimentale et la critique rationnelle des faits et des croyances de toute nature n'aient, en se répandant, détruit des superstitions, affaibli des erreurs et des préjugés séculaires, amélioré dans une grande mesure la législation des États et les

---

[109] Entre technicité et philosophie c'est plus qu'une divergence pour Renouvier, c'est une réelle opposition à la fois dans les méthodes et dans les objectifs ; la première vise le « rendement » (MOUY, p. 190) là où la seconde cherche l'« intelligibilité » et la « rigueur ».

L'homme, sa liberté, ses certitudes et son histoire

coutumes[110] ». Mais comme le rappelle Hamelin (p. 422), il ne faut pas oublier l'ambivalence des « merveilleuses applications » des sciences : les plus grandes découvertes ont été « dans l'art de détruire », les crimes[111] existent toujours, les mœurs n'ont pas été grandement améliorées, l'alcoolisme n'a pas disparu, les libertés politiques sont encore bafouées « par la mauvaise foi et la violence. » Pour Renouvier (*PAH-4*, p. 706), « l'histoire des nations anciennes et du moyen âge[112] démontre que les civilisations matérielles sont souvent accompagnées, en leur accroissement, de graves reculs moraux ».

Cette façon d'appréhender l'histoire n'est-elle pas de nature à freiner les avancées scientifiques ? Le fait de ne pas avoir foi dans le progrès pourrait bien empêcher de progresser ; c'est en tout cas ce que suggère Hamelin. Mais, comme le remarque Mouy (p. 164[113]), « la doctrine du Progrès peut servir et sert souvent de prétexte à la prodigalité et à l'imprévoyance » ; en plus de quoi « en nous garantissant que tout finira bien, elle encourage l'égoïsme et la paresse ».

De cette doctrine « est née l'opinion que la science aurait un jour la clé de tout » (*PAH-4*, p. 713), que ce progrès ira sans borne jusqu'à nous faire découvrir tous les mystères, comprendre toutes les lois de la nature, réaliser toutes les applications, obtenir enfin « l'explication universelle. » Croire cela c'est oublier que les savants se bornent « à l'étude d'un sujet déterminé, chacun en sa partie », laissant aux philosophes les problèmes des causes premières, des premiers principes, de l'essence des choses et de leur fin ; c'est omettre aussi que tout raisonnement implique l'acceptation d'un certain nombre d'éléments préalables, faute de quoi l'explication se transforme en cercle vicieux ; c'est refuser encore la moindre part au hasard[114]. Lorsque la science « cherche la synthèse totale, elle usurpe le titre de science, elle est

---

[110] Il concède également que la religion est « la conservatrice de la moralité populaire, et une source de très sérieux contentement relatif pour les individus », lesquels ont « perdu celle des conditions de bonne conduite et de bonheur qui tiennent à la stabilité de la vie et des idées et à la croyance à une vie future » (*PAH-4*, p. 719-720).
[111] En outre pour Mouy (p. 117), ce fameux « Progrès ne supprimera jamais la peine des hommes, ni cette atroce séparation qu'est la mort. Il faudra toujours gagner du pain à la sueur de son front, et mourir à la fin ».
[112] Le Moyen Âge perd l'Occident, « il le livre aux Barbares ; il le ramène au berceau des pires coutumes ; il le met dans l'obligation de reprendre, sur de nouveaux frais, cette œuvre si pénible, si chanceuse et si longue, la création des États libres, de la liberté et de la loi » (*CP1877-1*, p. 299).
[113] Mouy s'appuie sur les arguments donnés par Dominique Parodi lors de sa communication au Congrès de Philosophie de 1900 (« L'idée de progrès universel », *Bibliothèque du congrès international de philosophie*, Paris : Colin, 1903, vol. II, p. 181-214).
[114] Voir *ECG2-1*, p. 273-274.

une mythologie de la substance et de ses métamorphoses, un art dialectique » (SEAILLES, p. 158) qui prétend offrir ce que même la métaphysique ne saurait donner.

Conclusion - Liberté, morale et philosophie de l'action

« L'erreur est de définir les fonctions en identifiant sans distinguer, ou encore, en distinguant sans identifier. Des deux manières, on manque le rapport, unique objet de la science » (*ECG1-2*, p. 272).

1 - Place des sciences et de la philosophie des sciences dans l'œuvre de Renouvier

S'agissant « de la méthode scientifique et de sa valeur » (*CP1877-2*, p. 98), Renouvier nous exhorte : « ne nous en écartons pas ». Il nous guide sur le chemin de l'amélioration des sciences et nous conjure de ne pas « négliger la logique » (*CP1875-2*, p. 404), de ne pas « nous montrer accommodants sur la preuve en matière de sciences », de ne pas prendre « des hypothèses pour des principes, et des arguments approximatifs [...] pour des preuves sans réplique. Ce n'est pas ainsi qu'ont été fondées les sciences : ni les sciences logiques, ni les sciences expérimentales ; et ce n'est pas ainsi qu'elles progresseront et continueront de pouvoir prétendre à faire l'éducation rationnelle de l'humanité ».

Il est partisan d'une recherche sincère de la vérité et il a le désir de la communiquer. Peut-être que Proudhon avait raison en disant que Renouvier ne savait pas écrire, mais nul ne peut douter que ce philosophe savant, en présentant de longs développements sur l'analyse, la géométrie, la mécanique ou encore les sciences naturelles, et en écartant autant que possible les mystères, la métaphysique et même les charmes du progrès, a fait preuve de l'attitude mentale loyale et de la bonne foi qui doit être celle du chercheur. S'il rejeta surtout l'absolu, l'infini et la substance, ce fut en utilisant les armes de la méthode scientifique et du principe de non-contradiction, en affirmant la relativité de la connaissance. Son opposition aux positivistes était un rejet de la doctrine fataliste, de la science prétendue, sûrement pas un reniement de la démarche du scientifique. Il n'était pas un sceptique, plutôt un penseur qui usait du doute, tel un honnête chercheur voulant poursuivre « l'œuvre de la critique manquée en Allemagne » (*ECG1-1*, p. XV). Contrairement à Victor Cousin, il avait compris l'impossible scission « du connaître et du croire » (*CP1878-1*, p. 50), autant que l'impossibilité de saisir « des phénomènes sans rapport à la connaissance » (*ECG1-1*, p. 105).

Si la philosophie de Renouvier est incontestablement une philosophie de la connaissance, son néocriticisme se propose aussi (*ECG1-1*, p. XI) « l'analyse et la coordination des principes » des « sciences constituées », qui toutes se basent « sur un choix convenable d'hypothèses » (*ECG1-1*, p. 107). Sa démarche, comme la science en général, s'organise par « l'observation, l'analyse, les rapports et les lois constatables, les synthèses vérifiables » (*ECG1-2*, p. 273), même si elle met en question les principes desquels elle part, comme toute philosophie. Son néocriticisme « s'inspire de l'esprit de la science » (*ECG1-1*, p. XII), il est cet esprit lui-même, en même temps qu'il donne à la philosophie, en ne l'attachant qu'aux phénomènes et à leurs lois, « une constitution scientifique » (*CP1884-2*, p. 135). Parce que c'est à la critique de fonder rationnellement les sciences, elle peut être vue comme antérieure à elles, comme supérieure et comme législatrice. Mais, si une caractéristique des sciences est bien de ne pas fournir « de démonstration de ses propres principes » (*ECSDP-2*, p. 24), alors la critique n'est pas la Science, tout au plus « l'essai *de la science* » (*ECG1-1*, p. 107) : « une philosophie des sciences, laquelle serait même la vraie philosophie » (*CP1873-1*, p. 235) qui s'inspire des lois de l'expérience et de la raison, de « l'esprit scientifique » (*PAH-4*, p. 715) auquel « nous devons d'être affranchis [...] du dogmatisme autoritaire et des superstitions ». La méthode critique est pour Renouvier « assimilable à la méthode scientifique » (*CP1878-1*, p. 371), elle est cette philosophie des sciences qui étudie les « méthodes des différentes sciences, de la nature et de la légitimité de leurs postulats, [...] de leurs procédés de recherche et de découverte » (*ECG1-2*, p. 40). Mais elle est aussi cette « étude de la méthode en général, [...] de la logique et de la psychologie, qui sont préalables à toute recherche portant sur les principes de la connaissance » (*CP1873-1*, p. 235), ce que n'a pas été le positivisme. Ce dernier a dédaigné les « premiers principes [...,] les notions premières de phénomène et de loi » (*ECG1-1*, p. XVI).

Comte prétendait déjà que tout est en fait relatif, mais Renouvier ne s'est pas contenté de dire que « *l'absolu* [...] n'est que le corrélatif du *relatif* » (*ECG1-1*, p. 71), ou que « toutes nos idées expriment des relations » (*PAH-4*, p. 329). Il a étayé son affirmation sur l'observation naturelle, sur l'observation et l'évolution des sciences, et il a prolongé cette idée, par la « ferme application » (*PAH-4*, p. 444) des « principes de contradiction et de relativité », qui sont des éléments essentiels du néocriticisme. Renouvier définit une loi comme « un phénomène composé, produit ou reproduit d'une manière constante, et représenté comme un rapport commun des rapports de divers autres phénomènes » (*ECG1-1*, p. 78-79) et il affirme « qu'il n'y a pas de phénomène sans relation définie, ni de relation définie sans loi qui l'exprime en la généralisant » (*CP1872-1*, p. 389). Les lois ainsi définies sont statiques, stables, invariables ; alors, pour décrire les « assemblages de phénomènes » (*CP1876-1*, p. 49) qui « dépendent les uns des autres, et où les variations des uns dépendent des variations des autres », Renouvier emprunte à la langue mathématique le terme de fonction. Les « lois premières et irréductibles de la connaissance » (*ECG1-1*, p. 119) sont les catégories, elles sont les « postulats » du philosophe (*ECG2-1*, p. 134) et en elles « se trouvent les fondements de toutes les sciences » (*ECG1-2*, p. 372) ; nous comprenons que Renouvier y voit « le problème le plus ardu qui se puisse présenter à un philosophe » (*DE*, p. 9). Kant en « a parfaitement défini la nature et l'objet » (*ECG1-1*, p. 141), mais, pour Renouvier, les catégories ne sont pas des formes vides qui transforment, elles sont seulement les lois générales auxquelles toute représentation est soumise. La première dans l'ordre abstrait est la relation « que toutes les lois possibles ne font [...] que diversifier » (*ECG1-1*, p. 120), elle se retrouve dans l'ordre concret constituée par la personne, car « toute connaissance est donnée comme une représentation » (*PAH-4*, p. 447). Et comme, « sans conscience, la représentation est inintelligible » (*ECG1-1*, p. 120), « le Monde est [...] donc un ensemble de conscience ». Le phénoménisme de Renouvier écarte par là ce concept vide qu'est le noumène.

Il pose également quatre certitudes, qui sont elles-mêmes présupposées par les sciences : la réalité de la conscience, la réalité du monde (des choses extérieures à notre conscience), la réalité d'autres consciences, et l'identité entre les lois et les choses de notre conscience et du monde. Il nous invite aussi à considérer la possibilité de l'erreur qui est inhérente à l'exercice « des fonctions sensibles, intellectuelles et volontaires » (*ECG2-1859*, p. 492). C'est la raison pour laquelle un classement des sciences par leur degré de certitude est inapproprié, de même que l'ordre historique et la complexité croissante de la hiérarchie proposée par Comte. Renouvier nous suggère plutôt une division des sciences « par la nature des données, et qui est en même temps une division par la nature des méthodes » (*ECG3*, p. XLIII). Cela rejoint la division classique entre sciences logiques, où tout est loi, analyse et synthèse, et sciences physiques, où les lois sont cachées derrière les faits. Les premières ont leurs objets dans l'entendement et ses formes ; il s'agit de la logique, qui s'occupe des relations de qualité, et de l'algèbre, qui traite des relations de quantité, laquelle se subdivise en arithmétique, géométrie, mécanique et mathématiques appliquées. Les secondes ont leurs objets dans l'expérience, elles se distinguent selon l'exposition et l'exploration en histoire naturelle, physico-chimie, qui s'intéresse à des corps inorganiques, et biologie, qui s'occupe des corps organiques. Un troisième groupe est formé par l'éthique, l'économique et la politique qui s'opposent aux sciences logiques dégagées de tout lien social et aux sciences physiques impersonnelles. Au dessus de ces trois groupes se place la critique, elle est le « tronc commun de toutes les sciences » (*ECG2-1859*, p. 501). Renouvier considère les sciences historiques comme une partie importante de la critique, incluant notamment l'histoire des sciences. Il place la philosophie des sciences en un terrain mixte entre les sciences concernées et l'étude des catégories dont elles dépendent.

Il considère la logique générale comme « la science des sciences » (*ECG1-1*, p. 124), car c'est par elle que nous cherchons la vérité. C'est pourquoi elle fait l'objet de son *Premier Essai*, dans lequel il développe des exposés de logique pure ainsi que des « débats de la philosophie de la logique » (*ECG1-2*, p. 33). Il y montre que « le raisonnement dans les sciences [...] roule tout entier sur des substitutions » (*ECG1-1*, p. 335-336), c'est-à-dire des syllogismes. Celui qui domine les mathématiques s'énonce ainsi : « *deux quantités égales à une troisième sont égales entre elles* » (*ECG1-1*, p. 336-337). Cet axiome est « l'unique fondement de cette série de substitutions à laquelle se réduit presque toute la méthode des sciences exactes ».

L'objet des mathématiques n'est autre en effet que le « rapport *du multiple à l'un* » (DCR, p. 202), lequel n'est qu'« une espèce plus abstraite de celui de la partie au tout ». Le nombre est ainsi conçu comme un « tout d'unités » (*ECG1-1*, p. 163) et envisagé par Renouvier dans une pure acception mathématique, comme nombre discret. La fécondité des mathématiques tient à cet axiome qui veut que : « le tout de plusieurs touts est identique avec le tout de leurs parties » (*ECG1-1*, p. 166). Lorsque parfois « le rapport du multiple à l'un se pose sans se préciser » (*AP1896*, p. 21), alors « la notion de *quantité* passe à celle de la *grandeur*, qui est une quantité vague ». Ainsi nous déduisons du nombre la quantité, la grandeur et la mesure : nous ne trouvons une idée de la quantité en général que par l'idée que nous avons du nombre. Cette originalité de Renouvier fait voir son néocriticisme comme la « philosophie du nombre » (SEAILLES, p. 362). Il est vrai que c'est bien le nombre qui nous fait passer de l'indéfini au défini, il semble donc pertinent que la loi du nombre soit la deuxième catégorie. Le principe immanent à cette loi s'énonce ainsi : « tout ensemble réel, qu'on suppose obtenu par composition de parties réelles, d'éléments distincts et réels [...] est, par là même qu'il est un tout, un tout déterminé ; forme une somme concrète déterminée, et répond en conséquence à un nombre abstrait déterminé. [...] On ne peut s'en affranchir sans sortir des conditions de l'entendement » (*CP1873-2*, p. 293). Cette loi exclut tout infini quantitatif de la quantité discrète ainsi que de la quantité continue. Elle implique un atomisme spatial et temporel posant des actions intermittentes, c'est-à-dire un principe de discontinuité niant le continu autant que le plein et le nécessaire. Elle aboutit donc à un principe de liberté, qui seul permet la morale. Certains ont opposé à Renouvier qu'une pluralité pourrait bien être sans nombre, que la totalité pourrait bien être séparée de la pluralité puisqu'elle est liée à elle par une relation synthétique, donc séparable, qu'il pourrait y avoir place pour autre chose qu'un nombre fini ou un nombre infini, que c'est justement parce qu'il est infini que notre intuition n'est pas en mesure de le saisir, que l'argument de Renouvier impose d'accepter sa prémisse qui est que penser revient à nombrer. Mais la possibilité de la série illimitée des nombres n'entraîne pas que cette série soit effectivement donnée dans les phénomènes, bien au contraire, non seulement « rien ne s'oppose à ce que la limite soit » (*ECG1-2*, p. 222), mais plus encore, « le principe de contradiction exige qu'elle soit » : que serait un « tout donné de parties dont le nombre n'est ni ne peut être donné » (*ECSDP-2*, p. 366) ? Renouvier rappelle l'absurdité d'un infini en acte et il s'appuie sur la distinction de l'infini, qu'on croit actuel (qui n'est qu'une manière abrégée de parler, comme l'écrivait Leibniz) et de l'indéfini. Seul l'indéfini existe, il est la possibilité de prolonger la série, l'absence de fin, l'infini abstrait, en puissance. Rétablir cette distinction permet à Renouvier de sortir des antinomies kantiennes en montrant « que l'Absolu n'appartient pas à la représentation, ou du moins ne s'y trouve que comme négation pure » (*ECG1-2*, p. 217), contrairement au sens positif que la chrétienté a cru pouvoir donner à ce concept. Parce que la régression à l'infini serait contradictoire, nous sommes forcés d'admettre un premier commencement, même s'il est incompréhensible, il est au moins concevable, alors que l'infini est à la fois inconcevable et contradictoire.

Malgré cela, « étendue et durée sont en général représentées comme des continus » (*ECG1-2*, p. 47), et l'idée de quantité continue se forme lorsque l'esprit ajoute à l'idée de continu « des divisions [...] et quand il prend l'une d'elles arbitrairement pour servir de commune mesure aux autres (DCR, p. 182). Nous réduisons « aux lois du nombre les lois du continu » (*ECG1-1*, p. 224) grâce aux « fractions, qui forment un trait d'union du nombre et du continu », du fait qu'une fraction peut changer de numérateur et de dénominateur sans changer de valeur et du fait du principe d'homogénéité par lequel un dénominateur commun entre deux fractions peut être négligé. Mais il n'y a pas plus d'infiniment petit que d'infiniment grand : « *l'idée d'être plus petite que toute quantité donnée* » (*ECG1-2*, p. 248) est « une contradiction dans les termes », car une quantité donnée est toujours « plus grande que sa moitié ». Il nous faut donc remplacer l'infini par l'approximation indéfinie : les incommensurables ne sont pas mesurables, une fois cela accepté « les principes du calcul infinitésimal se fixeront dans les notions claires de l'indéfini, de l'indéterminé et de l'arbitraire » (*ECG1-1*, p. 265).

Alors, « l'ancienne métaphysique aura cessé d'obscurcir [...] l'étude des mathématiques », et cette étude pourra devenir, selon Renouvier, « la meilleure introduction à la vraie philosophie ». Mais cette approximation, dont il faudra se contenter, étant indéfinie, il s'en suivra « une admirable rigueur, cette foi vraie et sans mystère » (p. 255), puisque « l'erreur est indéterminée, toujours inassignée et arbitraire ; et, *a posteriori*, [...] inassignable et nulle ». Renouvier use du même procédé en géométrie, où l'on se sert par exemple « d'une figure indéfiniment approchée de la proposée » (p. 232) pour mesurer la circonférence.

La géométrie est construite sur un certain nombre de faits d'intuition : d'abord la première figure possible, la ligne droite, qui implique certaines demandes et conduit à la grandeur linéaire « par laquelle toutes les autres grandeurs sont évaluées » (*ECG1-1*, p. 179), ensuite la surface plane, qui « est parmi les surfaces ce que la droite est parmi les lignes (*CP1889-2*, p. 345), enfin le volume ainsi que l'espace indéfini à trois dimensions dans lequel une figure peut s'étendre. Pour présenter cette construction de la géométrie, Renouvier prend soin de ne pas confondre les axiomes, « propositions d'ordre général » (*AP1891*, p. 6), les demandes, qui se rapportent aux constructions fondamentales de la géométrie, et les postulats, qui sont synthétiques et n'apparaissent qu'avec « l'intuition du *distant* » (*AP1891*, p. 11) et avec l'idée « d'une distance comparée avec d'autres distances ». La méthode algébrico-géométrique est une représentation de l'espace en trois axes qui servent de repères pour attribuer à tout point dans l'espace des coordonnées et rattacher les rapports de position « aux rapports mutuels de divers groupes de nombres qui conviennent à divers points » (*ECG1-1*, p. 225). Cette « application de l'algèbre à la géométrie » (*PAH3*, p. 278) montre le caractère conventionnel des nombres négatifs : « $+a$ et $-a$ désignent une même grandeur, et déterminent deux points différents, de part et d'autre et à distance égale » (*ECG1-1*, p. 239) d'un point d'origine, mais la convention qui consiste à employer des « valeurs négatives n'a pas d'autre objet que de simplifier l'usage » (p. 245), en effet $-a = n - a$. Les nombres négatifs, fractionnaires ou incommensurables, nous précise Renouvier, n'ont pas de sens si nous les considérons séparément ou dans une relation simple, ils peuvent cependant exprimer des relations complexes sous-entendues qui se situent dans le continu, par exemple $-a$ peut désigner $(A+a)-a$ et $1/a$ peut désigner $1/a$ Aa. Tel un géomètre classique, Renouvier se représente donc « un espace à trois dimensions, le seul nécessaire et suffisant » (*CP1889-2*, p. 343) ; il voit les géométries non-euclidiennes comme d'ingénieuses absurdités, mais reconnaît aussi qu'aucune vérité n'est « absolument à l'abri d'être mise en doute » (*ECG1-1*, p. 330) et que ces systèmes invitent à la réflexion épistémologique, à repenser les liens entre la science abstraite et l'espace physique.

C'est ce qui l'intéresse aussi dans le calcul des probabilités. Parce que, à l'opposé de l'idée « nécessitaire » (*ECG3*, p. XXVII) qui règne dans les sciences, le néocriticisme s'est « fixé sur les principes de relativité et de liberté » (*HSPM*, p. 453). Le probable est ce « *possible plus ou moins possible* et en quelque sorte *plus ou moins nécessaire* » (*ECG1-2*, p. 118), qui n'est pas limité aux jeux de hasard, qui n'est pas que le reflet de nos attentes ou de notre ignorance. Renouvier examine donc la probabilité mathématique et l'application de la probabilité aux sciences, probabilité des découvertes, des inductions, des raisonnements scientifiques qui parfois « ne sont que probables » (*ECG2-1*, p. 39).

La fécondité des inductions scientifiques vient de ce qu'elles dépassent les cas particuliers, de ce qu'elles mettent en évidence la constance des phénomènes, de ce qu'elles généralisent ; néanmoins les inductions n'ont au mieux qu'une « extrême probabilité rigoureusement parlant » (*ECG1-2*, p. 15). Par cette critique de l'induction, qui s'accompagne d'une critique de Francis Bacon, Renouvier rompt avec la tradition inductiviste. Il ne voit dans l'induction qu'une hypothèse. Cela ne signifie pas que l'hypothèse soit à ces yeux sans valeur, c'est au contraire un procédé « qui fonctionne pour la découverte » (*PAH-3*, p. 274). C'est même l'« instrument intellectuel de l'investigation » (*CP1873-2*, p. 338). Et l'hypothèse scientifique l'est plus encore. Celle-ci se distingue de l'hypothèse commune en ce qu'elle est davantage construite et surtout en ce qu'elle se doit d'être vérifiable. L'hypothèse scientifique est une « vérité supposée qui est à mettre en expérience » (*PAH-3*, p. 263), c'est pourquoi le scientifique doit abandonner une hypothèse qui ne résiste pas à cette épreuve. L'examen du rôle de l'hypothèse en sciences place Renouvier, aux yeux de Schmaus, comme un précurseur de Poincaré et de Duhem. Renouvier rétablit d'ailleurs Newton comme « le véritable et très conscient auteur de l'expression définitive de » (*PAH-3*, p. 268) l'hypothèse scientifique. S'appuyant aussi entre autres sur Kepler et Copernic, il rappelle que la valeur d'une hypothèse augmente avec le nombre de cas qu'elle permet de traiter, et plus encore si ces cas sont imprévus : la valeur de l'hypothèse constructive se confirme ou non en fonction des applications et des expériences ; elle obtient par là une valeur bien supérieure à la simple induction. Dans les sciences physiques, c'est l'hypothèse qui doit diriger l'observation, le classement, le raisonnement et toute la méthode scientifique, sans quoi tout cela ne constitue que « de beaux édifices de conjectures sur le terrain des sciences (*ECG1-1*, p. 111). La répétition avec modification des paramètres confirme « l'identité des circonstances » (*ECG1-2*, p. 23), elle est indispensable car l'expérience « ne fait jamais connaître que le particulier » (*PAH-3*, p. 270). L'expérimentateur doit toujours veiller à distinguer ce qui relève du phénomène de ce qui ne touche qu'à son interprétation. Le contrôle mutuel des scientifiques entre eux permet de rectifier les erreurs de ce type ; Renouvier le montre dans son histoire des sciences, qui met en avant la méthode scientifique, son histoire qui, selon Fedi, inspira notamment Bergson, Brunschvicg, Milhaud et Tannery. Renouvier y présente les débuts de la physique moderne, perçue comme « une science toute mécanique, mathématique » (*PAH-3*, p. 298[1]), la naissance de la chimie comme science des éléments simples observés et mesurés scientifiquement et expérimentalement, excluant toutes les « qualités ou vertus secrètes » (*CP1873-2*, p. 343). Les corps sont alors « définis par les assemblages plus ou moins fixes de phénomènes qui les constituent, et par les propriétés de ces assemblages, sans autre substance ou essence » (*ECSDP-2*, p. 391). Renouvier liste les propriétés des corps, car cette énumération montre que les corps peuvent être regroupés « en vertu de lois particulières » (*ECG1-1*, p. 96), lesquelles « dépendent de quelques lois générales que l'expérience révèle et des lois mathématiques de l'étendue et du mouvement ». Il admet avec Ampère trois diviseurs à la matière : particules, molécules et atomes, mais refuse de substantialiser l'atome qui n'est que symbole, abstraction, loi, image, point mathématique. À l'atome, il faut joindre le vide, la discontinuité qui « rend au monde l'espace, la respiration, les existences, la liberté » (*CP1873-1*, p. 302). L'atome est un siège de force, au sens de la force mécanique qui se caractérise « par le mouvement, soit en acte, soit en puissance dans le mobile » (*ECG1-2*, p. 90). La force mécanique sert de modèle à Renouvier, qui souhaite donner un sens vraiment scientifique à ce terme, en ramenant les phénomènes au mouvement en acte ou en puissance et à ses lois. Ainsi nous pouvons les traiter scientifiquement, comme forces vives ou forces de tension, par le biais du calcul mathématique ou de la méthode algébrico-géométrique. Le concept de force n'est plus équivoque, ne peut plus être confondu avec une vague cause. Il devient possible de résoudre la force simplement par son « effet : la vitesse » (*ECG1-2*, p. 277) ; ou en psychologie par « l'acte mental de la volonté » (*PAH-4*, p. 449) qui doit alors être parfaitement dissocié d'« avec le sentiment de l'effort musculaire qui en est la suite ».

Tout individu, tout « animal meurt, et non pas l'hydrogène » (*ECG1-1*, p. 100), c'est pourquoi, même s'il reconnaît qu'au niveau de l'espèce le caractère de permanence semble réapparaître, Renouvier refuse l'assimi-

---

[1] Voir aussi *CP1874-1*, p. 129.

lation de l'origine du vivant dans l'inorganique. La spécificité du vivant tient aussi pour lui, d'une part, aux échanges qu'il entretient avec son environnement, « les fonctions d'*absorption*, d'*assimilation*, d'*exhalation* et de *développement* » (*ECG1-1*, p. 98), d'autre part, à la fonction de génération. La classe des végétaux ne dispose pas des fonctions de la sensibilité et de la locomotion, tandis que celle des animaux par rapport aux humains ne dispose pas de la volonté. Si les animaux composent des jugements, ils « ne les analysent pas » (*ECG2-1*, p. 121), s'ils utilisent des signes, ils n'en instituent pas, ils n'atteignent pas l'abstraction, la généralisation, l'universalité abstraite des symboles. Renouvier n'accepte pas que ces différences fondamentales soient niées et remplacées par des différences moindres, par une échelle de progression ; il refuse que les divisions soient évacuées au profit de subdivisions, voire d'une chimérique continuité. En plus de quoi, il voit bien que les évolutionnistes sortent du champ scientifique en faisant porter leurs spéculations sur l'origine de l'espèce. La *Philosophie zoologique* de Lamarck n'est pour lui qu'une « métaphysique » (*ECG1-2*, p. 302) déguisée en théorie scientifique, qui fût heureusement corrigée par Cuvier et Darwin. Les interrogations de Renouvier demeurent cependant quant à la possibilité de constater scientifiquement ces variations spécifiques, quant à « l'origine de la moralité et l'origine du langage » (p. 303) et quant à « la notion de justice et le sentiment religieux » (*PAH-4*, p. 717). La volonté chez l'homme consiste en une fonction spécifique par laquelle « les choses cessent d'*être* simplement, mais *se font elles-mêmes*, et qu'une nature se produit par-dessus la nature » (*ECG2-1*, p. 210), qui fait que l'« homme cherche *le meilleur*, là où l'animal ne poursuit que *son bien* » (*ECG2-1*, p. 185). La décision volontaire est le libre arbitre de l'homme, cet acte libre qui postule une « indétermination avant l'acte » (DCR, p. 192). Renouvier croit en cette liberté, car elle est le fondement de la personne, de la moralité, de la vérité et de la certitude, autant que des sciences. Il avance plusieurs arguments en faveur de cette liberté : la complexité du système de l'univers peut laisser place à l'indétermination, l'opinion invite à y croire, l'attitude humaine agit comme si elle existait, la responsabilité s'évanouit si la liberté disparaît, la morale et le progrès de la morale l'imposent, le choix de la vérité n'en serait pas un si la liberté était niée, la nécessité imposerait une infinité d'antécédents, la loi des grands nombres et le calcul des probabilités, ainsi que l'échec des philosophies nécessitaires. Après Lequier, Renouvier a mis en lumière le lien entre liberté et certitude ; il bouleverse le rapport entre croire et savoir en nous annonçant que « les vérités qui passent pour les mieux établies ne sont en définitive que des croyances » (*ECG1-1*, p. 375). Il nous demande ici de nous « avouer faillible » (*ECSDP-2*, p. 275) : plutôt que de dire que l'on sait, nous devrions dire « que *l'on croit savoir*, et toujours que *l'on croit* » (*ECG2-1*, p. 353). Il veut, d'une part, que nous considérions « dans la science la croyance, en déterminant sa signification et son rôle » (*ECG2-1859*, p. 409), et d'autre part, que nous rendions « la croyance elle-même scientifique en s'arrêtant aux limites de l'universalité et de la raison dans le développement de la foi ». Savoir, passion et volonté sont les trois composantes de la certitude pour Renouvier, même de la certitude scientifique. En exprimant cela, il ne détruit pas la crédibilité des sciences, il veille au contraire à ce que nous ne confondions pas « l'acquis certain avec l'acquis très probable, et celui-ci avec le moins probable et avec l'amas litigieux des faits et explications courantes » (*CP1873-1*, p. 233-234). Il rejette le dogmatisme et laisse place au doute, élément des plus importants, car, comme Renouvier le rappelle, « l'ignorant doute peu, le sot encore moins et le fou jamais. Le monde serait bien différent de ce qu'il est, si la plupart des hommes savaient douter » (*ECG2-1*, p. 366). La croyance doit donc être soumise à la raison. C'est ce que fait Renouvier dans sa philosophie de l'histoire, il use de « la saine méthode analytique » (*ECG4-1864*, p. 142) et de la critique pour montrer la place du probable, de l'hypothétique, de l'accidentel et de l'acte libre dans l'histoire. S'il s'intéresse particulièrement à l'histoire des religions, des philosophies et des sciences, c'est parce que ce qui lui paraît essentiel, c'est l'exposition des doctrines, de l'homme en tant qu'agent moral, car « nous ne pouvons comprendre et juger l'histoire sans faire usage des idées morales qui l'engendrent et la dominent » (*ECG4-1864*, p. 698). Nos sociétés sont dans un « état de guerre » (*NM*, p. 454) qu'il faut attribuer à la liberté humaine ; c'est la cause du mal et en même temps la condition nécessaire du bonheur et de la justice. Se sentant obligé de trouver une réponse au problème du mal, Renouvier rebaptise sa philosophie personnalisme et construit alors une religion laïque, « une religion d'intellectuels, sans dogme [...], sans prêtre, sans Église, une religion philosophique dont l'objet serait [...] de prêcher le relèvement possible de la personne humaine par le culte de la justice » (*DE*, p. 105). Il nous proposait de passer d'une « illusion certaine et [...] nuisible [...] à une foi du moins raisonnable » (*CP1876-1*, p. 18). Le protestantisme, excluant « le pouvoir du prêtre, et bannissant la superstition des sacrements, le commerce des miracles et l'adoration de la cour céleste », était une solution alternative à la religion catholique, son personnalisme en est une autre. Le catholicisme, cette « grande bannière des ennemis de la science et de la liberté » (*ECG2-1*, p. 370) est responsable, selon Renouvier, de la période de léthargie qu'a été le Moyen Âge. Cette période suffit d'ailleurs à prouver qu'il n'y a pas un progrès constant de la société : le progrès « ne s'est pas fait de lui-même, il ne continuera pas non plus par la seule force des choses ; mais il doit nous suffire qu'il soit possible. Notre tâche est d'y travailler » (*PAH-4*, p. 677) : de travailler au progrès moral d'abord, car ce serait une erreur de rapporter « le progrès de la civilisation » (p. 721) avant tout « au progrès des sciences », ce serait oublier « ce que les sciences ont dû à la liberté », ce serait se duper en croyant que la science aura « un jour la clé de tout » (p. 713). En effet, comme l'a écrit Séailles (p. 158), dès que la science « cherche la synthèse totale, elle usurpe le titre de science, elle est une mythologie ».

2 - La liberté comme socle de la morale

La destruction de la science totale entreprise par Renouvier n'est nullement un anéantissement de la science en général ; Renouvier n'adopte pas une position antiscientifique comme le croyait Fouillée, il « veut réagir, non contre la science, dont il détermine seulement les limites, mais contre le scientisme, prompt à donner pour de la science ce qui n'en est pas » (*CP1886-1*, p. 21[2]).

Si en effet, les sciences constatent, observent, font des expériences, cherchent à prévoir, à dégager les lois, leur rôle est bien « de comprendre et d'expliquer la réalité, non pas de la corriger » (PRAT, p. 80). Si « elles nous présentent une exacte vision de la réalité », elles « pourront, dans une certaine mesure, nous apprendre à nous mouvoir dans cette réalité » ; cependant elles ne pourront « jamais préparer pour l'humanité la vie heureu-

---

[2] Cité également par TURLOT, p. 109.

se, la vie belle. » Seule une *Science de la morale*[3] « apprendrait aux hommes non plus seulement à raisonner avant d'agir, mais à *raisonner raisonnablement* ».

C'est pourquoi, comme le note Schmaus[4], Renouvier était tout à fait opposé à l'idée de baser la morale sur la science, hostile à adosser, semblablement à Comte « les démonstrations de la morale scientifique au tableau des fonctions cérébrales » (MA, p. 66[5]), défavorable au projet de construire une « morale naturalisée par la science ». Comment construire alors « la morale comme science » (*SM-1*, p. 23) ? Seule l'attitude criticiste le permet[6], elle « ne nous condamne pas à l'indifférence et à l'abstention sur les problèmes qui intéressent le plus l'homme et sa vie morale » (SEAILLES, p. 159).

Celui « qui veut accepter la morale comme telle et pour elle-même doit s'affranchir, je ne dis pas » (*SM-1*, p. 15), écrit Renouvier, « de la foi et de toute croyance, ni des hypothèses, car il y en a de licites, mais de toute intervention de l'hypothèse scientifique et de la foi religieuse dans le domaine propre de l'éthique. » Une science de la morale doit être rationnelle, positive et distincte de l'histoire, elle ne doit pas dériver de

---

[3] Pour Turlot (p. 79), et même pour des adversaires de Renouvier d'après Séailles (p. 11), la « *science de la morale* (1869) est sans doute le plus important traité de morale de la philosophie française au XIXe siècle, et peut-être même depuis le *Traité de morale* de Malebranche. L'ouvrage s'étend sur près de 1 200 pages, abordant successivement, en quatre livres, le fondement d'une morale rationnelle pure, la réintroduction nécessaire de principes secondaires (écartés par Kant), la transformation de la morale dans l'histoire, le problème du droit sous le contrat social. » Turlot en dégage (p. 80-81) « le mouvement et les articulations 1) À quelles *conditions* peut-il y avoir pour nous une *morale* ? Qu'il y ait un être doué de raison et qu'il se croie libre. Or nous, les hommes, nous sommes tels. [...] 2) À quelles conditions peut-il se constituer une *science* de la morale ? Qu'il y ait une détermination de *notions*, ainsi que l'exige une science [...] C'est l'inspiration critique même, permettant seule la "fondation scientifique de la morale". 3) Plus précisément, la morale doit être comparée aux *mathématiques*. [...] "de même qu'il y a des mathématiques pures et des mathématiques appliquées, il doit y avoir une morale pure et une morale appliquée" [...] "La morale pure, c'est la paix ; la morale appliquée, c'est la guerre." 4) Plus précisément encore, l'état de guerre ne commence qu'au niveau [...] où l'agent moral [...] est posé en face d'un *autre agent moral*. C'est là [...] qu'apparaît le conflit. [...] 5) Il s'en suit que les sociétés ont dû, historiquement, organiser une force de contrainte garantissant les droits économiques [...] Ce qui était le devoir même dans la morale pure : maintenir et épanouir la personne, devient un droit au niveau de la morale appliquée. La personne doit être défendue contre les empiétements et atteintes susceptibles de la ruiner ou de l'affaiblir. »
[4] « *Renouvier was particularly opposed to the appeal to science as a basis for moral and political doctrines* » (RMH, p. 134).
[5] Fedi renvoie sur ce point à *AP1867*, p. 30-31 et *CP1875-1*, p. 200-208.
[6] Voir HAMELIN, p. 356.

l'expérience, mais la dominer et la juger[7]. C'est une grande difficulté pour Renouvier de réussir à s'affranchir de ce qui a jusqu'ici tenu lieu de morale, une morale qui s'est s'appuyée sur « des hypothèses [...] contraires les unes aux autres [... et] incompatibles avec l'esprit scientifique » (*SM-1*, p. 22), en se posant « sur le fondement ruineux des doctrines religieuses et métaphysiques » (SEAILLES, p. 267).

L'édification de la morale en tant que science doit partir de postulats et de principes, car elle « exige une construction ; et cette construction des postulats [est] d'ailleurs nécessaire [...] pour tout établissement de vérités, puisqu'on ne saurait démontrer tout et se passer de principes » (*SM-1*, p. 21).

L'« indétermination réelle des futurs, dans les actes libres, [... est] une des conditions de l'explication demandée de la moralité » (*ECSDP-2*, p. 371) : la croyance en la liberté est le premier postulat de cette construction, par elle l'homme est auteur de lui-même, « l'individu devient une personne, il décide pour une part de sa nature même et de sa destinée » (SEAILLES, p. 235) ; il « est doué de raison et se croit libre » (p. 269), « tel est le double fondement nécessaire et suffisant de la moralité dans l'homme » (*SM-1*, p. 2).

> « La vérité, non pas prouvée, mais réclamée et digne d'être choisie, est celle qui pose un fondement pour la morale » (*ECG2-2*, p. 137).
>
> « Les croyances libres sont les seules morales » (*CP1877-2*, p. 277).

Il n'y a pas de moralité sans liberté, elle est « la clé de voûte de toute la philosophie morale de Renouvier » (MILHAUD, p. 56), ou « *l'alpha et l'omega* de la moralité », pour reprendre l'expression de Mouy (p. 42), qui ajoute justement que « tout le reste tient à cela, tous les biens qui semblent préférables à la liberté, le savoir, la justice, et même la paix, ont la liberté pour condition et même plus proprement pour cause. »

> « La morale nous fait de la croyance à la réalité du libre arbitre un dernier devoir, de même qu'elle nous fait, et que la vie entière nous crée une première nécessité d'en accepter l'apparence » (*SM-2*, p. 421).

De la croyance en la liberté dépend l'idée que nous nous faisons du mal ; Renouvier ne manque pas de voir les « très puissants liens logiques » (*ECSDP-2*, p. 293) entre d'un côté, « le pur déterminisme et les thèses réalistes de l'infini et de l'évolution, l'éthique du bonheur et la prétention de l'évidence, de même que, de l'autre côté, entre le libre arbitre et les thèses de la limitation et de la création, la loi morale et l'aveu de la croyance ». C'est donc par la liberté que la moralité est davantage qu'une simple « apparence, que la dignité de la personne prend le sens d'une valeur cosmique et effectivement existante » (HAMELIN, p. 288).

La morale est une science normative, pure, idéale, elle « cherche le devoir être volontaire, le devoir faire des personnes, le devoir être des choses en ce

---

[7] Voir SEAILLES, p. 250.

qui dépend des personnes » (SEAILLES, p. 268), « la vérité qui devrait être » (PRAT, p. 227).

> « La morale et les mathématiques ont cela de commun que, pour exister à titre de sciences, elles doivent se fonder sur de purs concepts. L'expérience et l'histoire sont plus loin de représenter les lois de la morale que la nature ne l'est de réaliser exactement les idées mathématiques ; cependant ces lois et ces idées sont des formes rationnelles également nécessaires, celles-ci pour être la règle des sens, celle-là pour diriger la vie et pour la juger. De même qu'il y a des mathématiques pures et des mathématiques appliquées, il doit y avoir une morale pure et une morale appliquée. Mais si nous entendions par morale appliquée la vie même [...] son écart de la morale pure est si grand qu'il va jusqu'à la contradiction. Nous entendons une application scientifique, une théorie de la vie » (*SM-1*, p. 7).

La science de la morale doit toutefois, « sans rien sacrifier des exigences de la raison, prend[re] en compte l'homme concret, l'homme sensible, passionné, conduit par des intérêts et des mobiles » (BLAIS, p. 137), d'où la nécessité d'une morale pure et d'une morale appliquée[8]. La morale pure ne correspond qu'à l'état de paix, « où chacun travaille de toutes ses forces à remplir ses engagements tacites ou formels, avec une entière confiance dans la bonne volonté des autres, où il n'y a ni plaintes, ni sujets de plaintes, ni débats, ni luttes, ni fraudes, ni violences, où l'autorité par suite se confond avec la liberté » (SEAILLES, p. 285).

Il faut une morale appliquée, car la morale « n'est ni bien réelle si elle ne s'applique, ni bien appliquée à moins qu'on n'en ait la ferme et constante intelligence » (*SM-2*, p. 396). Pour éviter un second Moyen Âge, il est urgent d'établir cette science de la morale qui prend en compte l'homme réel. Elle va « redonner à l'agent "une réelle puissance causale" et poser la loi morale "dans le monde de l'expérience" au lieu d'en reléguer l'empire "hors du temps et de l'espace" » (MA, p. 67 citant *PAH-4*, p. 453-454).

> Si « nulle initiative ne prend sur les âmes, au nom de la raison, un empire comparable à celui que donnent la passion religieuse ou le prestige de la force, on peut s'attendre à voir de deux choses l'une : ou les autorités du passé reprendre vie et force au delà de ce qu'on croit, ou, en supposant que celles-ci ne puissent désormais triompher de l'anarchie universelle, les sciences et les méthodes scientifiques interprétées dans le sens matérialiste et déterministe se charger progressivement de toutes les parties de la direction sociale.
>
> Dans cette dernière hypothèse [...] le panthéisme de la race germanique communiquera probablement une sorte de caractère religieux au positivisme plus négateur, plus brutal des races latines démocratisées. L'humanité sera ainsi conduite au sein d'un second moyen âge, où les savants prendront la place des prêtres, où la science remplacera la foi » (*SM-2*, p. 569-570).

---

[8] Hamelin expose en détail la morale pure (p. 358-385) puis la morale appliquée (p. 386-401).

3 - Pour une philosophie de combat

Notre vie, non en tant que nous sommes faits de chairs et d'os, mais en ce que nous sommes des individus, des êtres pensants, en tant qu'il y a une humanité..., toute notre vie est suspendue à la question de savoir s'il y a ou non « existence d'un ordre moral de l'univers » (*ECSDP-2*, p. 243). En fait, la « vie intellectuelle ne se sépare pas [...] de la vie morale » (SEAILLES, p. 230), il y a, chez Renouvier, identification entre devoir et travail[9]. Sa vision invite donc à construire, sur des valeurs telles que la raison, la liberté, la personne et la justice[10], « une société d'individus agissant, [...] à former des hommes énergiques et des citoyens libres, comptant sur eux-mêmes, non sur la force des choses » (SEAILLES, p. 364).

Il bâtit une morale fondée sur le travail et la justice, parce que, même si nous sommes pris « par la nécessité de vivre, par les hasards de la vie, par les passions » (PRAT, p. 141), par l'attrait des « images, promettheuses de plaisirs », même si chacun « cherche péniblement et obscurément sa voie dans les ténèbres et dans les misères de la vie de guerre », comme le rappelle Prat (p. 299), l'homme « a la puissance de s'élever à comprendre que sa mission est de préparer la vie selon la justice ».

Une justice qui reconnaît à chaque homme et à chaque femme[11] une égale liberté, une égale dignité, qui considère l'homme comme une fin et non un

---

[9] Voir *SM-1*, p. 93-95.

[10] Séailles note (p. 26) qu'à l'opposé de Comte, de Taine et de Renan, Renouvier « défend les idées de liberté, de justice, d'individualisme qui ont été celles de la Révolution française ». Logue revient sur cette même idée (p. 33) : « *Renouvier's philosophy was also a philosophy of combat. It was a struggle against the errors common to his day (and not so absent as some to think from our own) and a battle in defence of fundamental values: reason, freedom, the individual.* » Voir aussi MILHAUD, p. 132.

[11] « La condition de la femme dans la société est loin encore d'être celle qui conviendrait à une personne consciente de ses devoirs et de ses droits. Ses rapports avec l'homme sont souvent dangereux, pleins de conséquences iniques et cruelles. Hors du mariage, elle ne peut que difficilement vivre de son travail ? Et la prostitution est une sorte d'excommunication légale, une servitude infâme. On reproche à la femme son infirmité mentale en matière de généralisation et d'invention, ses penchants à la superstition, sa facilité à subir des influences déraisonnables, mais on oublie, que la société de guerre a, de tout temps, éloigné la femme de ses conseils et de ses entreprises. Ces reproches, plus ou moins justifiés, et qui ne peuvent s'adresser à toutes les femmes, ne devraient cependant pas nous faire oublier que, l'état de demi-servilité où elle a été jusqu'à présent réduite et le manque de protection sociale, suffisent à expliquer qu'elle nous apparaisse, dans certains cas, comme un être artificiel et pervers. L'homme enfin, ne devrait jamais oublier que la femme est avant tout la mère, l'amante, la consolatrice dans les jours d'épreuve, la compagne des bons et des mauvais jours, objet d'amour, principe conservateur de l'humanité » (PRAT, p. 133).

moyen[12], n'efface pas la personne au profit du collectif impersonnel, d'une société toute puissante qui pourrait user de ses sujets comme de jouets, qui aurait le droit « de sacrifier la majorité des individus à je ne sais quel bien collectif, impersonnel » (SEAILLES, p. 292).

La liberté et la volonté sont les « conditions de l'action » (BLAIS, p. 63), conditions nécessaires et suffisantes qui nous invitent à agir, à construire notre avenir : « La leçon de Renouvier est [...] une leçon d'autonomie » (TURLOT, p. 11 [Préface de Vincent]). Milhaud, qui ressuscite le philosophe mort pour une conversation imaginaire avec Comte, lui attribue notamment cette sentence (p. 160) : « Il n'y aura de progrès que celui que tu feras ; il n'y aura de justice, de paix, de liberté, que celles que tu sauras conquérir... » Blais confirme (p. 21) que Renouvier s'est appliqué « à construire une philosophie de l'action, une philosophie qui, éliminant l'absolu et le supra-naturel de la pensée et de la politique, accorde le maximum de place à l'énergie et à la volonté. »

Renouvier refusait que la philosophie soit déconnectée de la conduite, des devoirs et des espoirs de l'humanité[13]. Lui et son ami Pillon « s'étaient donné la mission de conduire à bonne fin cette grande œuvre : le relèvement moral de la France. Ils n'ont jamais dévié de la ligne droite : Faire des hommes conscients de leurs devoirs autant que de leurs droits, des citoyens » (PRAT, p. 261). Tous ces efforts étaient-ils vains ? Le néocriticisme est-il mort avec son maître ? A-t-il encore sa place dans notre société ? En son temps, Renouvier donnait déjà la réponse (*PAH-4*, p. 751-752) : cette place va être assurément bien modeste, car le néocriticisme...

« procède par distinctions et analyses sévères, et n'admet de croyances que raisonnées et intelligibles. Toutefois, tant qu'existera la liberté de penser, éclairée par l'étude des idées et des institutions de tous les temps, et spécialement de l'antiquité classique ; tant que les méthodes scientifiques défendront l'esprit populaire contre un excès de crédulité et de superstition, et que l'esprit scientifique lui-même saura se défendre du dogmatisme naturaliste, et des vastes hypothèses, hors de toute expérience possible, qui ne sont jamais que des formes de panthéisme étrangères au savoir positif ; enfin, tant que la culture théorique, abstraite et désintéressée, préservera les applications de la science aux arts industriels de se réduire à des routines, le criticisme pourra se garder une place où il opposera sa résistance à l'absolutisme métaphysique, et réclamera l'obéissance à la loi de la pensée rationnelle.

Cette loi, à laquelle on ne peut échapper qu'en sortant du monde intelligible, s'appelle en termes abstraits le principe de relativité, et la méthode qu'elle commande en philosophie est la méthode phénoméniste, qui consiste à définir scientifiquement les êtres et leurs fonctions en qualité de phénomènes assemblés et régis par des lois. La personnalité elle-même, ni en dieu, ni en l'homme, la conscience ne peut être atteinte et définie que par cette méthode. La conscience est la loi première et fondamentale, la loi

---
[12] Le « critérium de la moralité, c'est le respect de l'homme par l'homme » (MOUY, p. 144).
[13] Voir *CP1873-1*, p. 233 et SEAILLES, p. 26.

irréductible dont toute autre connaissance suppose l'application, et qui ne peut se ramener à aucune autre, s'expliquer par aucune autre. Relativité, phénoménisme, lois de conscience, ce sont de sèches désignations, mais il en faut de telles pour que la philosophie atteigne la précision scientifique dont elle ne doit pas laisser le privilège aux sciences. »

Annexes

Figure 1 : Catégories selon le *Premier Essai de critique générale*

CATEGORIES	THESE	ANTITHESE	SYNTHESE
RELATION	DISTINCTION	IDENTIFICATION	DETERMINATION
Nombre	Unité	pluralité	totalité
Position	Point (*limite*)	espace (*intervalle*)	étendue
Succession	Instant (*limite*)	temps (*intervalle*)	durée
Qualité	Différence	genre	espèce
Devenir	Rapport	non-rapport	changement
Causalité	Acte	puissance	force
Finalité	État	tendance	passion
Personnalité	Soi	non-soi	conscience

Figure 2 : Catégories selon la *Nouvelle Monadologie*

RELATION		DISTINCTION	IDENTIFICATION	DÉTERMINATION
RELATIONS STATIQUES	QUALITE	différence	genre	espèce
	QUANTITE	unité	pluralité	totalité
	POSITION	limite (*dans l'espace*)	espace	étendue (*déterminée*)
RELATIONS DYNAMIQUES	SUCCESSION	limite (*dans le temps*)	temps	durée (*déterminée*)
	DEVENIR	rapport (*nié*)	rapport (*affirmé*)	changement
	FINALITE	état	tendance	passion
	CAUSALITE	acte	puissance	force
PERSONNALITÉ		SOI	NON SOI	CONSCIENCE

Fondations des sciences dans le néocriticisme de Renouvier

Figure 3 : Proposition d'une synthèse des catégories de Renouvier

du plus simple / abstrait

Catégories	Thèse	Antithèse	Synthèse	Regroupements opérés dans			Divisions des fonctions de l'entendement
				ECG	NM	DE	
1 - RELATION	Distinction ou ipséité (distinct)	Identification / identité ou altérité (identique)	Détermination ou perception (déterminé)			Relation comme catégorie	Comparaison, attention, réflexion
2 - Nombre ou Quantité (combien)	Unité (un)	Pluralité (multiple)	Totalité (tout)	Rapports invariables, stabilité	Relations statiques	Catégories logiques ou de l'entendement	Numération
3 (ou6) - Qualité (quel)	Abstraction / Différence	Généralisation / Genre	Spécification / Espèce				Raison, signification, jugement, raisonnement
4 (ou3) - Position ou Espace (où)	Point (limite)	Espace (intervalle)	Étendue déterminée				Imagination
5 (ou4) - Succession ou Temps (quand)	Instant (limite)	Temps (intervalle)	Durée déterminée				Mémoire ou prévision
6 (ou5) - Devenir	Rapport / Rapport nié	Non-rapport / Rapport affirmé	Changement	Rapports inconstants	Relations dynamiques	Catégories de position	Pensées, séries de la pensée (ces six premières fonctions de l'entendement correspondent à l'intelligence)
7 (ou8) – Causalité	Acte	Puissance	Force			Catégories de la personne	Volonté, questions complexes sur la passion, la volonté et l'organisme
8 (ou7) – Finalité	État	Tendance	Passion				Passion, instinct, habitude
9 – PERSONNALITE	Soi	Non-soi	Conscience				Liberté

au plus composé / concret

Annexes – Figures

Figure 4 : Classification des sciences d'après le *3ᵉ Essai de critique générale*

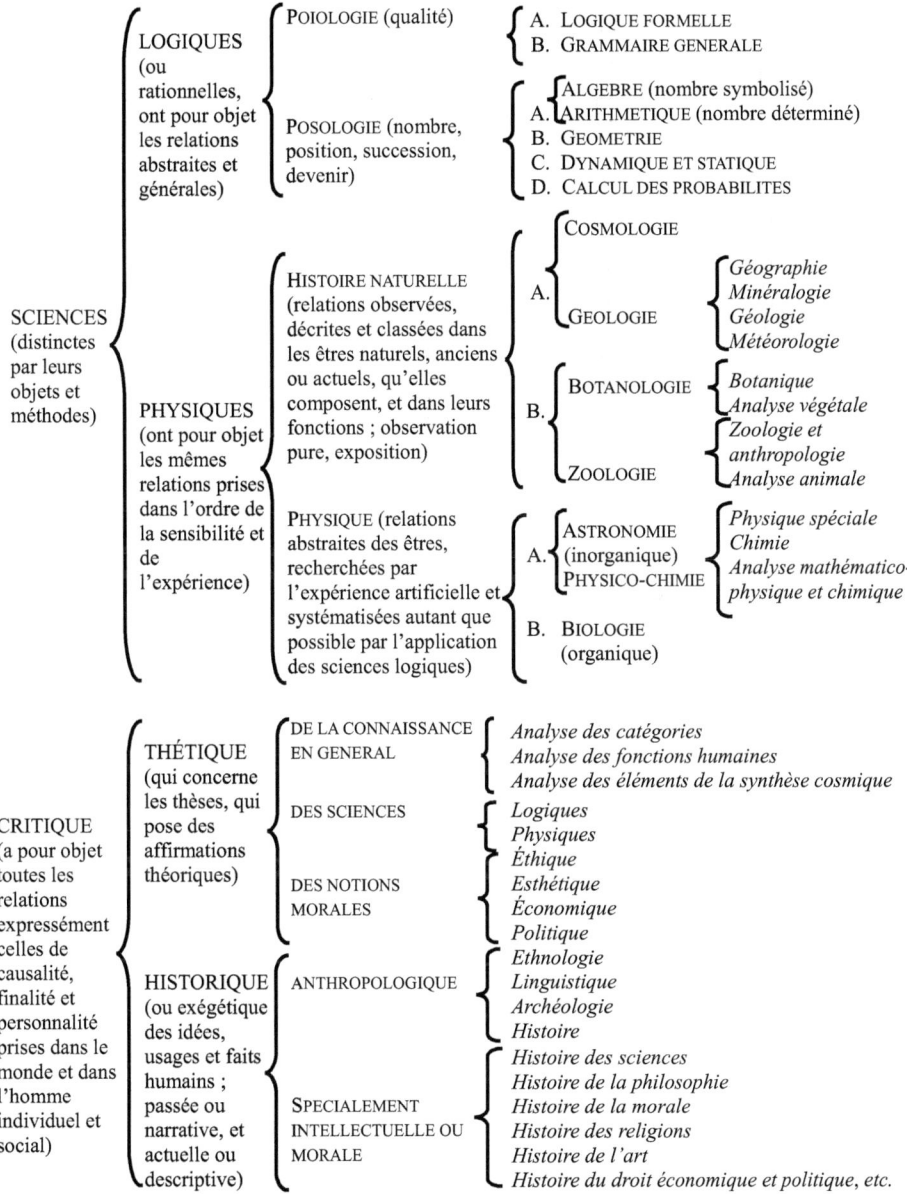

Annexe A - Examen partiel et subjectif des fonds Renouvier et Louis Prat

Ce document répertorie de manière subjective la plupart des pièces des Fonds Ch. Renouvier et L. Prat de la Bibliothèque interuniversitaire Paul Valéry de Montpellier III. Ces fonds sont composés de multiples documents contenus dans des boîtes à archives (ici repérées A, B...). La correspondance adressée à Renouvier (reprise ici sous la seule lettre L détaillée par microfilm) fait l'objet de plusieurs boîtes. Ces documents microfilmés (environ 1650 images) sont maintenant rassemblés sur deux DVD déposés à la bibliothèque de Montpellier et au Centre Jacques Petit à l'Université de Franche-Comté.

A/ La psychologie + notes diverses

Cette boîte à archives contient deux chemises cartonnées. Presque tous les feuillets manuscrits de Renouvier sont numérotés en haut à droite ; quasiment tous sont écrits seulement au recto, souvent d'une écriture très petite sur du papier de 20 cm par 10 cm approximativement. Tout est mélangé et il existe plusieurs numéros identiques avec la même écriture et le même papier ; il n'y a guère de numéro 1, ce qui rend difficile le repérage des textes concernés.

Aa/ Chemise identifiée « Essais correspondances ». Il s'agit pour l'essentiel de simples feuillets, on y trouve en outre :

Aa1/ une première épreuve imprimée des pages 73 à 108 du « Petit traité de morale » (ch. II « Devoirs domestiques ou de famille ») comportant de nombreuses corrections de Renouvier en marge et une deuxième épreuve des pages 61 à 72 (marquée 2 en haut à gauche par Renouvier) ;

Aa2/ un courrier (qui semble daté du 24/--/1902) avec ce qui serait un texte à paraître sur « le point de vue intellectuel et moral en France au XIXe et l'influence de l'Allemagne » ;

Aa3/ une note recto-verso « sur le précepte de Kant (imp. Catég.) (envoyée à m. p. août 1867) » ;

Aa4/ plusieurs feuillets écrits très fin concernant l'empereur Auguste avec une vingtaine de mots expliqués en contexte (agriculture, commerce, philosophie, lois, armée, Pline, Marc Aurèle...) ;

Aa5/ au nombre des feuillets, on trouve les articles suivant (articles parus dans la *Critique philosophique*) :

Aa5.1/ « La morale criticiste et la critique de M. Fouillée – deuxième article », qui débute ainsi : « La partie de la *Critique des systèmes de morale contemporain* qui concerne le *criticisme phénoméniste* est la seule qui va nous occuper ici » ;

Aa5.2/ « La morale criticiste et la critique de M. A. Fouillée – quatrième article » qui commence de la sorte : « V.- *Cinquième fondement de la morale criticiste : l'humanité fin en soi et fond du devoir.* - M. Fouillée débute, dans cette partie de son examen de la morale criticiste (1), par un reproche que j'aurai le plaisir, pour la rareté du fait et le sérieux de la discussion, de reconnaître valable, si lui-même ne le réduisait à bien peu de chose, à une question de mots » ;

Aa5.3/ « La morale criticiste et la critique de M. A. Fouillée – cinquième article » qui débute ainsi : « VI.- *Sixième fondement de la morale criticiste ; le libre arbitre, moyen du devoir.* M. Fouillée commence cette dernière partie de son examen de la morale criticiste en reproduisant la confusion dans laquelle il est tombé au sujet des idées de *fondement* et de *postulat* en morale » ;

Aa5.4/ « Examen des "premiers principes" de Herbert Spencer (1) – V.- Notions de physique générale ; les absolus-relatifs, données premières de l'évolution » ;
Aa5.5/ un feuillet n°25 (et les suivants au moins jusqu'au n°35) qui débute par « II. Une exposition abrégée de la doctrine chrétienne de M. Clay, et de sa morale, commence en ces termes » ;
Aa5.6/ un certain nombre de feuillets (écrits en violet) dont le n°53 porte le ch. « IV.- *Les personnifications* » ;
Aa5.7/ un feuillet n°17, dont les premières lignes sont : « III. - *Premiers fondements de la morale criticiste : La raison, la liberté apparente, le désir ou finalité relative.*- M. R., au début de son livre, nous apprend que la moralité a chez l'homme un "double fondement nécessaire et suffisant"... » ;
Aa5.8/ un feuillet sans numéro intitulé « Intelligence et conscience : l'esprit est inséparable de l'âme » et dont la première phrase est : « Je me propose de défendre, aussi brièvement qu'il me sera possible, la théorie kantienne des rapports de l'entendement et de l'expérience, la thèse opposée à celle que M. V. Egger a soutenue ici (1) avec tant d'esprit » (ce renvoi fait référence à *Critique philosophique*, 31 août 1885) ;
Aa5.9/ au moins les trois premiers feuillets de « *Ce que fait la volonté (What the will effect.)* »...
Ab/ Chemise repérée « Manuscrits Essais psychologie Notes brouillons » qui contient :
Ab1/ deux paquets de feuillets numérotés et assemblés par un lacet, référencés par Renouvier « notes – brouillon juillet et août 1863 (à transcrire et coordonner) série A » et « notes – brouillon septembre et octobre 1863 (à transcrire et coordonner) série B » ;
Ab2/ cinq carnets [de qui sont-ils ? de Prat peut-être] de manuscrits numérotés de 2 à 6 et portant le titre « Psychologie analyse de Renouvier ».

B/ Notes et revues
Ba/ Une multitude de feuillets volants (approximativement 200 à 300), dont
Ba1/ une partie au moins des brouillons de l'*Esquisse d'une classification systématique des doctrines philosophique* (4ᵉ partie, 4ᵉ opposition, « la nécessité et la liberté » et 5ᵉ partie, 5ᵉ opposition, « le bonheur ; le devoir ») ;
Ba2/ un feuillet titré « Les problèmes de l'esthétique contemporaine La nouvelle métrique » (qui fait référence au n°2 de la nouvelle série de la *Critique philosophique*) ;
Ba3/ « Réponses à M. Hodgson » (feuille double qui inclut le feuillet intitulé « Hodgson phil... réfl. IV (t.I, p. 219) *Présentation et représentation* » ;
Ba4/ deux feuilles portant le titre « Comment se pose la question sociale » qui semble correspondre à un article de la *Critique philosophique ;*
Ba5/ un n°47 intitulé « XI Les civilisations matérielles antiques. L'Égypte. Ses origines, son éclat et sa fin » ;
Ba6/ un feuillet plié en deux titré « Éléments catégoriques de la théorie du mal » ;
Ba7/ trois feuillets de notes sur l'ouvrage de Guyon *La morale d'Épicure* ;
Ba8/ une copie double intitulée « le bien » qui paraît être des notes sur un article, les dernières lignes semblent titrées « la douleur » ;
Ba9/ un poème de Goethe intitulé « Le divin » ;
Ba10/ deux feuillets dont le premier est marqué « H. Sp. Principes de psychologie chap. II Le postulat universel » ;
Ba11/ un feuillet avec les « Derniers analytiques sub fin et trad. » puis commentaire de Renouvier ;
Ba12/ sept pages de commentaires sur le « Discours de M. Stuart Mill au meeting de l'association pour la réforme de la propriété territoriale, le 16 mai 1871 à Londres » ;

Annexe A – Examen partiel et subjectif des fonds Renouvier et Louis Prat

Ba13/ quatre listes de noms et départements correspondants ;
Ba14/ quatre pages, n°42 à 45, correspondant au début du ch. XXVIII de *La nouvelle monadologie ;* elle débute par « les monades les plus élémentaires qui forment par leurs groupements les molécules des corps inorganiques simples... » ; le début du chapitre XXVII qui commence ainsi : « La vie est l'état des monades pour le service et pour le développement des relations desquelles sont organisés des groupes d'autres monades, dont chacun peut de même avoir son fonctionnement particulier constitué pour une vie spéciale, c'est-à-dire contenir des monades disposées pour le service de quelques-unes d'entre elles, qui réciproquement conditionnent leurs propriétés... » ;
Ba15/ au moins 11 feuillets portant le titre « La haute métaphysique contemporaine – V E. Clay et Tolstoï – la morale ... la charité absolue » ;
Ba16/ un lot d'au moins six feuillets intitulés « Septième partie ; conséquence touchant la classification des doctrines » ;
Ba17/ une lettre de Proudhon à « *f* » dans laquelle il remercie pour l'*Essai de critique.*
Bb/ Le n°93 daté du 15 avril 1897 de *La revue blanche* comportant notamment un article de Christian Cherfils intitulé « La question Hoëné Wronski ».
Bc/ Le carbone d'une lettre tapée à la machine adressée le 21 novembre 1900 à Monsieur le Secrétaire perpétuel par Charles Renouvier en réponse à sa nomination à l'Académie en remplacement de Paul Janet.
Bd/ Plusieurs lettres de Bergson à Renouvier et Prat, découvertes par Pyguillem ;
Bd1/ dont trois publiées avec une explication dans la revue *Lumière des Cimes La France Trésor des Cités Bergson Vivant (*hiver 1981-82), qui édite ces lettres de Bergson à Renouvier ainsi qu'une lettre à Louis Prat (p. 57-61) avec un commentaire ;
Bd2/ une correspondance des années 1980 entre Gérard Pyguillem (résidant à Montpellier) et la Revue de l'enseignement philosophique à propos de la correspondance Bergson, avec les copies de ces lettres ;
Bd3/ Bergson écrit notamment dans sa lettre à Renouvier du 19/12/1900 reprise dans la revue *Bergson Vivant* : « Sur le conseil de plusieurs de vos confrères de la section de philosophie, je viens de poser ma candidature à l'Académie des Sciences morales (fauteuil de M. Ravaisson). Ce serait un bien grand honneur pour moi que d'obtenir l'appui ou tout au moins la bienveillante sympathie du maître dans les écrits duquel nous avons tous appris à penser » ;
Bd4/ puis dans son courrier du 27/04/1902 : « C'est avec le plus grand plaisir que j'ai accepté la mission de lire à l'Académie votre belle et profonde étude sur *Le Personnalisme* » ;
Bd5/ et aussi à Louis Prat le 07/09/1903 : « Je n'ai pas eu le bonheur de connaître M. Renouvier personnellement, mais j'ai commencé si jeune à l'étudier, je dois tant à la lecture de ses travaux. Je crois que la plupart des philosophes de ma génération pourraient en dire autant. Son action a été profonde... ».

C/ Fonds Charles Renouvier - carnets

Ca/ Une chemise avec des coupures de presse : des articles sur Secrétan, sur Mill (dans le *Daily News*), un abstract des *Principes de la nature* 2e éd. paru dans le n°427 de *Cosmos*, « Dieu par Victor Hugo », un article de journal signé Anatole France, la retranscription de la « 4ème conférence de l'abbé Ravigan » intitulée « Église de notre-dame » dans le journal *l'Époque*, et une page de l'édition de « La Croix » du 12/11/1975 avec un article intitulé « Une vue lucide sur le protestantisme français un et divers ».
Cb/ Le brouillon d'une lettre à Ménard du 28/03/1875 et une vieille chemise contenant des brouillons de Renouvier bien ordonnés (mais avec des manquants) :
Cb1/ « De la géométrie retouché dans l'appendice », p. 35 *sq. :*
« 35/ XXV De la géométrie dite de position et de l'idée d'ordre dans les mathématiques.

Fondations des sciences dans le néocriticisme de Renouvier

La *géométrie de position* a pour objet selon Carnot qui s'est le premier servi de ce nom, de rechercher spécialement la connexion qui existe entre les positions respectives des diverses parties d'une figure proposée et leurs valeurs comparatives. Elle est la doctrine des quantités dites positives et négatives ou plutôt le moyen d'y suppléer car cette doctrine y est entièrement rejetée ; elle considère cette diversité des positions des lignes qui
36/ s'exprime souvent par de simples mutations de signes. La notion des quantités positives et négatives y est enfin suppléée par celle des quantités *directes* et *inverses* ; c'est-à-dire que distinguant d'une manière tranchée les rapports de *grandeur* d'avec les rapports de *position* la géométrie a exprimé la position au moyen du signe sans songer à la quantité. Le procédé qu'il emploie consiste à rapporter toutes les figures à une seule figure prise pour terme de comparaison puis à l'aide des signes à exprimer les modifications qui les distinguent. En donnant ces explications Carnot a soin de marquer qu'il n'entend pas s'occuper de ce qu'avant lui on a nommé *géométrie de situation*, à savoir de certains problèmes qui ne sauraient se traiter que par la géométrie pure, mais que toute sa théorie a trait à l'application de l'algèbre à la géométrie qu'il faut à la fin systématiser et étendre.
L'habile géomètre l'ingénieux penseur que je montrerai plus tard avoir imaginé une théorie du calcul infinitésimal aussi voisine qu'il se pouvait de la vraie, me semble aussi le premier qui ait éclairci la doctrine plus difficile encore et plus embarrassée des quantités négatives. Je ne partage point toutefois ses idées, mais je les trouve très nettes dans une matière ordinairement si obscure, je les reconnais pour vraies en ce qu'elles présentent de positif et je pense qu'une légère modification peut les dépouiller du caractère d'exclusion qu'elles affectent. Ainsi Carnot examine séparément divers systèmes de figures dans lesquelles les éléments communs en même nombre affectent des positions différentes. Il appelle respectivement inverses ou directs les éléments linéaires qui retranchés à d'autres dans certains cas leur sont dans certains cas ajoutés pour l'établissement des formules. Séparant toujours ce qui est de la quantité de ce qui est de la position il n'admet une formule générale à représenter à la fois les cas divers d'une figure que moyennant des changements de signes qui la rendent spécialement applicable. Et de la sorte les signes représentent pour lui d'une part des relations d'addition ou de soustraction, sans lesquelles il n'y aurait pas d'algèbre, d'autre part et dans une entière indépendance, des rapports de position que la construction seule fait connaître. Cet examen direct des figures me paraît indispensable en effet et c'est bien ainsi qu'on doit s'assurer de la correspondance du calcul et de la géométrie dans les problèmes complexes auxquels on l'applique ; mais comment le géomètre qui va jusqu'à montrer que les figures corrélatives où quelques éléments deviennent inverses peuvent se transformer les unes dans les autres d'une manière continue a-t-il pu se résoudre à
37/ fractionner la science et pour ainsi dire à ruiner la généralité de la géométrie algébrique dans les efforts même qu'il fait pour la fonder. Je ne trouverais à la reprendre en aucun point si, moins hostile à la doctrine universellement reçue jusqu'à lui, il eut observé que ces mêmes signes qui marquent l'addition et la position les unissent aussi et ne changent pas de rôle et que tous les systèmes corrélatifs se ramènent à un seul représenté par une seule équation dès que la quantité ajoutée ou retranchée aux deux sens opposés à compter d'une origine arbitraire est pour cela même nommée positive ou négative.
On peut ce me semble établir que les principes de la géométrie de position doivent rentrer a priori dans les principes généraux du calcul et qu'il est peu profond de les en isoler. Je rappelle d'abord que je n'envisage, à l'exemple de Carnot que les propriétés des figures exprimées par des équations. Or il n'entre dans une équation que des quantités estimées en nombres, lesquelles sont ajoutées ou retranchées ou combinées en diverses manières par des opérations positivement dérivées de celles-ci. Ainsi a priori je puis dire que le double dans la ligne est le moyen nécessaire et suffisant de l'expression de tout ordre de position susceptible

de s'écrire algébriquement. Dans toute équation certaines sommes de quantités obtenues par des formations différentes se trouvent de part et d'autre égalées. Les signes primitifs et principaux qui y figurent marquent l'addition ou la soustraction : si donc ces signes représentent par convention du géomètre quelque corrélation de lieu entre des lignes il faut en même temps qu'ils représentent une corrélation de quantité et l'une ne peut se séparer de l'autre. J'ai fait voir ci-dessus que par les lois de la quantité, des lois de position pouvaient être exprimées ici je conclus que jamais on n'exprimera de lois de position sans que des lois de quantité se trouvent impliquées ni par conséquent d'une autre manière au fond que par le moyen de ces dernières. Si l'on en juge autrement que l'on propose aussi quelque nouvelle définition de l'équation ou quelque procédé qui permette de généraliser la géométrie des anciens sans recourir aux équations.

Pour étendre les considérations qui précèdent et pour mieux en communiquer l'esprit ; j'ajouterai que l'idée d'*ordre* ne me paraît point devoir entrer nommément dans la définition des sciences mathématiques. L'ordre, universellement parlant, constitue une notion première que l'on ne définirait pas sans tautologie : mais on a souvent remarqué que le caractère de l'ordre se signalait essentiellement partout où l'esprit aperçoit quelque multiplicité déterminée enveloppée en une souveraine unité. Cette vague notion se précise dans l'objet des mathématiques, et il me semble que je puis énumérer un certain nombre de cas distincts où elle est toutefois définie. Le

38/ premier de ces cas se rencontrera naturellement dans *l'égalité*. L'égalité est cette unité idéale (a) [note (a) en marge : il est sans doute inutile d'avertir le lecteur que l'idée d'unité n'est pas prise ici dans son acception mathématique.] en laquelle deux objets qui sont multiples d'ailleurs ou quant au nombre ou quant au lieu se réunissent comme dans une communauté d'être. Or il est clair que les notions de nombre et de quantité et celle de mesure qui en dépend expliquent aussi la notion d'égalité lorsque l'on prend pour critère la réduction à l'identité numérique. Quant à l'identité pure et à la superposition géométrique qui en est le parfait symbole, il faut bien avouer que l'idée d'identité est une idée irréductible mais il ne s'ensuit pas qu'elle doive figurer dans la définition des mathématiques parce qu'elle fournit à la science un principe et non pas un objet. Après le cas de l'égalité je citerai le cas de la *similitude*. Mais la similitude, on le sait, se définit par l'égalité de certains éléments (b) [note (b) en marge : La proportionnalité des côtés dans les figures semblables n'est autre chose que l'égalité de quelques rapports c'est-à-dire de quelques nombres.] : ainsi ce genre d'ordre rentre dans le précédent. La *symétrie* la plus composée en ses éléments pourvu qu'elle soit définie, se réduit encore à l'égalité par sa définition même après cela tout ordre moins simple doit résider nécessairement dans une loi qui gouverne des éléments multiples et qui les réduit à cette sorte d'unité dont j'ai parlé, unité de but si l'on veut, de composition, d'arrangement ou de plan. Or les seuls éléments mathématiques sont ici des *distances*, des *intervalles*, ou de nombre ou de quantité. Si on en étudie l'ordre directement, c'est le nombre et c'est la quantité qu'on étudiera, et si c'est par l'intermédiaire des équations on n'impliquera de plus que l'idée de mesure qui en dérive par le moyen des idées d'égalité et d'unité. En effet les lois de nombre et de quantité ne sauraient être que des nombres ou des quantités liés de quelques manières à ceux que l'on considère ; tout mode de liaison, en cette matière est une équation puisque les inégalités mêmes s'y ramènent ; et il n'est pas une équation qui ne soit une mesure, qui même n'implique une mesure pour chacune des quantités, dont elle est le lien. Ainsi le prophète qui a dit à Dieu : *omnia in mensura et numero et pondere dispouisti* a pu ne point ajouter la mention expresse de l'ordre, parce que l'ordre de l'univers est précisément dans ces trois choses. Les objets créés sont réglés, composés *par nombre, poids et mesure*, c'est-à-dire qu'ils sont ordonnés ; et c'est dans le nombre même dans le poids et dans la mesure que réside l'ordre réel. L'ordre n'est point entré dans le système des créatures

Fondations des sciences dans le néocriticisme de Renouvier

indépendamment du nombre, mais il a été mis des nombres dans la création, et des nombres de nombres, et par ces derniers l'ordre a régné sur la force et sur l'étendue. Si l'ordre est encore ailleurs, ce n'est plus dans les choses passives [une troisième note en marge indique : (c) L'*analogie* dont les auteurs de systèmes ont de tout temps si étrangement abusé n'a rien de mathématique. Cette idée n'est je crois que celle de l'ordre plus ou moins indéterminé que l'esprit peut envisager entre plusieurs objets qui, comme ils ont certaines différences ont aussi certains rapports observables certains éléments approximativement les mêmes ou doués des mêmes propriétés. L'induction par analogie, mode très aberrant du raisonnement humain consiste à conclure des rapports visibles ou propriétés communes de ces objets à d'autres rapports cachés et inverses afin de tout ramener, et l'inconnu et le connu, à un plan unique hypothétiquement conçu. Il n'y a pas de fausse hypothèse qui n'ait à son service autant d'analogies et d'inductions spécieuses qu'il en faut pour l'étayer dans l'imagination. Et tous les abus naissent précisément de ce que certaines analogies nous guident sans cesse dans la vie et ne nous trompent point.]

39/ et nées ; mais dans l'acte même et dans le créateur. Selon cette autre acception l'ordre est identique à la pensée : il est dieu ; il est l'homme à l'image de dieu ; et puisqu'il faut ici revenir aux mathématiques il est le mathématicien.

Quand je regarde la science du nombre comme supérieure en généralité, peut être en dignité, à la science de l'ordre je n'entends nullement exclure la géométrie pure du rang des plus hautes spéculations. Il existe en effet une géométrie qui descend directement de celle des anciens qui n'a jamais voulu se démettre entièrement en faveur des nouveaux calculs de Descartes et de Leibniz et qui, se réduisant à ses propres forces a fait dans notre siècle son progrès inattendu. Sous les noms d'*analyse* et de *synthèse*, noms impropres d'ailleurs à plusieurs égards, le calcul et cette géométrie ont occupé quelque temps les savants de leur querelle (?). Pour n'être pas exclusif on doit avouer ce me semble que si l'algèbre a droit à la suprématie de nos connaissances abstraites, la géométrie à son tour plus voisine du monde concret établit le lien nécessaire des abstractions et des réalités, des modes de l'esprit pur et des choses de l'étendue ; il ne serait donc pas surprenant que les considérations géométriques, je veux dire l'étude immédiate intuitive et raisonnée, des lois de l'ordre, de la position, du mouvement, conduisent à des découvertes plus nombreuses et plus importantes surtout que ne le peut faire l'habile maniement de tant de formules qui n'expriment que des relations déjà connues. Ce n'en est pas moins une formule qui élèvera la découverte de toute loi géométrique ou dynamique à sa dernière généralité dans l'abstraction du nombre et réduira du même coup à de simples opérations de langage la synthèse et l'analyse des relations complexes que cette loi renferme à titre de conséquences.

Je reviens à l'étude des sens inverses ou opposés, unique élément de l'ordre que je n'aie point distingué en mentionnant d'une manière générale les distances et les intervalles, il s'ensuit des principes posés que le sens doit être donné par la mesure des quantités ajoutées ou retranchées et la géométrie de position rentrer ainsi dans la géométrie algébrique ordinaire. »

[Au dos de la p. 39, on peut lire :] « De l'*ordre* en géométrie – retranché dans l'appendice »

« 44/ Après qu'on a de la sorte expliqué la nature et la signification des fonctions qui relient les unes aux autres les lignes trigonométriques usuelles, en montrant que ces lignes doivent y être introduites par leurs valeurs relatives en coordonnées rectilignes, il est aisé d'interpréter les rapports plus simples encore que soutiennent certaines de ces lignes pour des axes déterminés. Si en effet à un certain nombre exact de quadrants de circonférence on ajoute ou on retranche un axe donné, le nouvel axe obtenu aura quant à la valeur absolue tantôt la même ligne trigonométrique que le premier tantôt celle qui correspond à la différence entre un quadrant et ce même axe quant à la valeur relative, les lignes trigonométriques des deux axes pourront avoir les mêmes signes ou des signes contraires. C'est une sorte de relations qu'il

Annexe A – Examen partiel et subjectif des fonds Renouvier et Louis Prat

faut établir successivement par une revue exacte des figures après quoi l'on sait quelles lignes peuvent être substituées les unes aux autres dans le calcul, et avec quels signes. On établit de la même
45/ manière les rapports entre les lignes trigonométriques d'un arc et de ce même arc pris négativement. Au surplus, nulle difficulté sur les axes négatifs ; l'arc (-x) a les mêmes lignes trigonométriques que l'arc (360° -x) et n'en doit être distingué que dans les problèmes où le double sens des axes à compter de l'origine a servi à en évaluer les quantités. Dans ce cas les quantités négatives auraient la même signification que sur une droite et devraient être interprétées de même... » ;
Cb2/ « Développement pour le n°4 de l'appendice ; valeurs négatives » p. 44-47 ;
Cb3/ « Exposants fractionnaires et négatifs (logarithmes) appendice IV n°7 » p. 52-54 ;
Cb4/ « Histoire des méthodes ; calcul infinitésimal » p. 83-116 (avec 15 pages manquantes) ;
Cb5/ p. 125 *sq.*
Cb6/ « Différentielles de divers ordres » p. 132-134 ;
Cb7/ « Application de la série de Taylor » p. 146-152 ;
Cb8/ « Points singuliers » p. 153-156 ;
Cb9/ « Terme complémentaire » p. 156-159 ;
Cb10/ « Interprétation des valeurs 0/0 » p. 159-161 ;
Cb11/ « Retranché dans la théorie de l'homogénéité ; non classé » p. 162-164 ;
Cb12/ « Retranché dans le passage de l'homogénéité qui regarde la détermination par le principe général des fonctions » p. 165 ;
Cb13/ « Coefficient de direction ; Valès (?) ; appendice IV n°6 à la fin » p. 166 ;
Cb14/ « Du probable mesure des probables » p. 167-171 et p. 220.
Cc/ Un carnet (sans couverture) rempli par Renouvier d'une poésie et de son analyse d'un point de vue numérique.
Cd/ Un petit livre agenda horloger de 1936.
Ce/ Un petit livre relié avec de multiples notes (beaucoup de pages sur les Francs ouvriers, la politique...).
Cf/ Un petit carnet relié (toutes les pages ont été numérotées, seules les 40 premières sont écrites) :
Cf1/ un travail sur les catégories des p. 17-20 ;
Cf2/ aux p. 25-33 « Le conditionné est donné par la chaîne entière des conditions » ;
Cf3/ p. 35-40 « Berthelot disc. d'ouvert. du congrès international de chimie appliquée (28 juillet 1896 *Le temps*) » ;
Cg/ Un carnet format paysage où Renouvier indique les articles qu'il a écrits (quand ils sont finis, envoyés, corrigés et publiés), il débute en 1868 et va jusqu'à mi 1879 (voire 82?) + diverses notes et « Points de repère (à mettre en ordre) ».
Ch/ Un autre carnet format paysage couverture noire avec divers textes principalement sur morale et religion (pages numérotées ; carnet écrit jusqu'à la p. 25).
Ci/ Un carnet couverture blanche marqué « IV sur Aristote et la Grèce ».
Cj/ Un fin carnet (58 p.) sur la religion.
Ck/ Un carnet relié vert foncé où Renouvier a recopié des textes de Aristote, Saint Thomas, Spinoza... (et une feuille volante) ; ce carnet comporte une table des matières.
Cl/ Un carnet « cahier n°3 » comportant aussi des extraits de divers textes recopiés par Renouvier.
Cm/ Un autre carnet « II » comportant également des extraits : Dante chant II, Simplicius, Berkeley...
Cn/ La couverture (seule) d'un cahier portant mention sur la première de couverture « Louis Prat – L'Éducation et la Vie » et au dos un texte sur l'éducation et la vie.

Fondations des sciences dans le néocriticisme de Renouvier

Co/ La copie d'époque d'un manuscrit épais de « M. Bouchet Doumenq trouvé après sa mort à la Verdette le 27 juillet 1884 » et des lettres de M. Henri Couturier à M. Bouchet Doumenq.
Cp/ Un petit carnet sans couverture intitulé « notes littéraires » (textes recopiés ou remarques de Renouvier ?).
Cq/ Un carnet à la couverture marbrée comportant des notes sur H. Spencer, *Principes de psychologie* (portant la mention en marge « génie analogique, dont la logique et les mathématiques sont le côté faible »).
Cr/ Un carnet façon liège marqué PH comportant des notes de Renouvier sur la morale chez Platon, et sur l'évangile essentiellement.
Cs/ Un petit carnet beige à la couverture en tissu (celui en meilleur état) tout en anglais et sans rature (est-ce la copie d'un ouvrage - ex. James ? - ou des projets d'articles ?) et une feuille volante où Renouvier évalue dans une note d'avril 1861 son patrimoine en 1859 : « Loupian 260000 ; Omelas et Laprade 220000 ; maison et mobilier Montpellier 100000 ; obligation et rente env. 120000 ; Salins Bougnas et méz 35000 ; reçu Charles 90000 ; A. Léa 80000 [...] » ; une autre note où il précise les conditions d'embauche de son personnel à La Verdette en 1887.
Ct/ Un autre petit carnet beige plus abîmé, dans lequel Renouvier a consigné le temps qu'il a fait tous les jours du 1er janvier 1898 au 15 août 1903 avec parfois un mot sur son état de santé, l'envoi de ses manuscrits ou quelques autres commentaires ; il y a noté son déménagement à Prades du 10 au 16 juin 1901 (temps froid, pluie et vent) et l'achat de la maison le 18 avril 1901 ; on y repère qu'il avait séjourné à Prades depuis le 6 juillet 1900 et est rentré à Perpignan le 20 septembre. Il a noté quelques visites d'une certaine Geneviève.
Cu/ Un grand carnet à la couverture noire comportant de nombreuses notes sur la Chine et l'Inde ; et en première page quelques énoncés de Laplace et Bernoulli, ainsi qu'une feuille volante intitulée « chronologie des faits sémitiques ».
Cw/ Un carnet gris qui comporte en deuxième partie un travail de chronologie des œuvres et des auteurs, et en 1ère partie un « Essai d'une vision systématique des sciences » (texte d'une vingtaine de pages) :
« 4/ Essai d'une vision systématique des sciences
Les divisions usuelles des sciences celles que suivent les bibliographes dans la confection de leurs catalogues, tiennent peu de compte des rapports naturels qui existent entre les diverses parties de nos connaissances et n'éclairent point les vues que suit l'entendement dans la recherche de la vérité.
Les savants se font des méthodes particulières, ils placent la science qu'ils cultivent au centre d'un système d'études et disposent les autres autour d'elle comme autant de satellites en raison du secours qu'elles peuvent apporter à leur science de prédilection.
Depuis le renouvellement des études les philosophes ont éprouvés le besoin d'une générale qui rattache les parties différentes de la connaissance à leurs principes qui les coordonne dans leurs relations et assure ainsi les progrès de l'esprit dans les voies de la vérité.
Sans doute une méthode semblable ne sera jamais que relative ; proportionnée à l'état des sciences elle ne pourrait être parfaite qu'autant que celles-ci seraient finies et elles ne sauraient l'être mais la méthode n'est pas
4 bis/ nécessaire pour l'ordre pour le progrès, pour nous confirmer dans ce que nous avons appris, pour nous préparer à apprendre davantage. Celle que le génie de Bacon a proposée sépare l'entendement en trois facultés mémoire imagination raison et distribue la connaissance en trois parties l'histoire qui se rapporte à la mémoire la poésie qui nait de l'imagination et la philosophie que la raison produit. Ce système supérieur à ceux qui l'ont précédé reposait sur des bases fragiles, une analyse sévère a trouvé d'autres forces dans l'entendement elle a

reconnu d'ailleurs que l'action simultanée de toutes ces forces est nécessaire au développement de chaque partie de la connaissance.
La matière que renferment les trois divisions de Bacon n'est pas ensuite déterminée avec exactitude, l'histoire des emplois de la nature c'est-à-dire toute la famille des arts est jointe à celle des productions naturelles. Bacon ne pouvait méconnaître sans doute que l'intelligence lorsqu'elle façonne les corps à divers usages procède autrement que lorsqu'elle se contente de les décrire que de là naissent deux opérations différentes. Mais il cédait peut-être au défi de repousser une erreur dominante de son temps qui attribuait à l'art une force propre indépendante de celle de la nature (de augmentus fc. l.2 ch. 2 p. 45 lips-yver 1694) telle est l'allure de notre esprit ; il perçoit un principe faux qui s'accrédite ; il le combat par un principe
5/ opposé qui est une méprise encore. [...] »
Cx/ Un grand carnet 15x30 de couverture verte comportant des notes (très serrées) sur divers textes notamment « Aug. Cauchy *Cours de physique mathématique* » à partir de la p. 84 ; « Idées de M. Ampère sur la lumière et la chaleur » p. 91 jusqu'en p. 98, ainsi qu'une chronologie générale depuis – 4455 « Égypte. Le roi ména. 1ère Dynastie » jusqu'en 1704 « M. Bossuet » : environ 150 pages d'événements mondiaux recueillis par Renouvier (ainsi que quelques feuilles volantes).

D/ Fonds Charles Renouvier - documents photo.
Da/ Une enveloppe kraft contenant :
Da1/ une photographie de famille en bordure de forêt, une autre avec deux militaires ;
Da2/ un portrait de trois enfants, une photographie de deux enfants ;
Da3/ un bébé, deux hommes en montagne ;
Da4/ un homme d'âge mûr aux allures de diplomate (un portrait et une photographie en terrasse) ;
Da5/ un homme d'âge mûr à moustache et melon (deux clichés différents d'une même prise) ;
Da6/ le portrait d'un homme à large moustache et cheveux courts ;
Da7/ un portrait de profil fait à Londres (probablement un philosophe anglais) ;
Da8/ cinq photographies petits formats dont trois d'un jeune homme (peut-être Jules) et deux d'un homme grisonnant et barbu (peut-être Charles) ;
Da9/ deux photographies d'une belle jeune fille ;
Da10/ quatre photographies de mères (deux ou trois femmes différentes).
Db/ Une chemise repérée « Documents familiaux ; donation Aucompte Adrien ; Divers » :
Db1/ une « Acceptation de Donation » faite par Hector Gras, notaire à Avignon, datée du 27 janvier 1894 indique que « Madame Marie Anne Henriette Fouchet, sans profession, veuve de M. André Aucompte, domiciliée et demeurant au même domaine [, il s'agit de La Verdette...,] tutrice des dits mineurs [François Charles, Henri Roger, Geneviève Henriette et Charlotte Louise Marie Aucompte] accepte la donation qui leur est faite par M. Renouvier de l'ensemble du domaine de La Verdette » (Renouvier se réservant la jouissance de la maison jusqu'à sa mort) et de Coulon, ainsi que la Donation datée du 6 janvier 1894 ;
Db2/ l'acte de vente du domaine de Loupian établi par Maître Félix Gaubert le 18 mai 1860 que Renouvier a fait sur procuration de « Jean Antoine Renouvier, son père, propriétaire, Chevalier de la légion d'honneur, domicilié à Montpellier [...] en qualité de seul et unique héritier de Mr. Jean Barthélémy Renouvier son père domicilié et décédé à Montpellier » ;
Db3/ deux autres documents.
Dc/ Une chemise repérée « Corresp. Familiales ; lettres adressées par son père, par Jules R. » ;
Dc1/ différents documents dont un à propos « d'une lettre à M. L. Prat 2 oct. 80 » sur quelques sujets philosophiques.
Dd/ Une chemise repérée « Correspondance avec : Éditeurs, Imprimeurs, Revues » ;

Fondations des sciences dans le néocriticisme de Renouvier

Dd1/ une lettre à O. Hamelin (qui n'est pas de Renouvier) ;
Dd2/ une lettre « drôle » de Hoëné Wronski, libraire ;
Dd3/ cinq feuillets imprimés qui semblent être de Bouchet-Doumenq intitulés « Les commandements de la conscience (fragments d'un écrit en vue d'un projet de Société coopérative.) » ;
Dd4/ un article signé H.M. dans le journal *Le Temps* du 31 mars 1893 qui explique que le Prix Gegner de l'Académie des sciences morales et politiques a été remis cette année-là à F. Pillon :
« [...] M. F. Pillon n'est probablement pas très connu du grand public. En revanche, quiconque s'intéresse au mouvement des idées contemporaines sait que M. Pillon a été, de 1872 à 1889, le collaborateur de Renouvier à la *Critique philosophique*. Quand je dis : le collaborateur, ce n'est pas assez dire : le seul collaborateur, ou à peu près. Sauf quelques rares articles signés d'autres noms, la *Critique philosophique* a été rédigée toute entière, durant ce laps de temps, par Renouvier et par Pillon. À eux deux, ils ont soutenu le poids de cette publication qui marquera certainement dans l'histoire de la pensée française.
On n'a pas jusqu'ici rendu pleine justice à la *Critique philosophique*. Lorsqu'on reprend aujourd'hui la collection de ce recueil, on est frappé de voir avec quelle pénétration d'esprit, avec quelle vigueur de logique, avec quel sérieux moral, avec quelle hauteur de vues, les événements y sont étudiés, commentés, jugés. Je laisse complètement de côté les articles proprement philosophiques, ou pour mieux dire techniques [...]. Mais n'eussent-ils fait que dire au pays : La première condition de ton relèvement moral, c'est de voir clair dans tes idées, leur part n'eût pas été médiocre.
M. Renouvier vit aujourd'hui retiré, mais non inactif, dans une propriété du département du Vaucluse. M. Pillon est resté sur la brèche. Depuis que la *Critique* a cessé de paraître, il publie un recueil intitulé l'*Année philosophique* [...]. Ce recueil contient des travaux originaux, purement philosophiques – M. Renouvier en insère un chaque année – et des comptes rendus remarquables de toutes les publications philosophiques. M. Pillon n'a jamais professé. Il mène l'existence la plus digne en son austérité. C'est un modeste et un laborieux qui a travaillé pour le progrès moral de son pays et de son temps. Voilà le prix Gegner réhabilité. »
Dd5/ p. 117-124 d'un document non identifié avec un commentaire de « Édouard Gans sur l'Introduction à l'histoire universelle par M. Michelet, et sur d'autres travaux français analogues » ;
Dd6/ quelques tracs politiques.

E/ Fonds Ch. Renouvier - notes de lect. ; corresp. Rel.
Ea/ Une chemise repérée *Notes de lecture :*
Ea1/ p. 290-300 de *La Critique philosophique* n°19 du 7 juin 1884 comportant une partie de l'article « Les labyrinthes de la métaphysique » ;
Ea2/ un vieux cahier jauni portant la mention « pièces, titres, diplômes, littéraires R. ; devoirs de classe, distr. de prix, passeport » et comportant en 1ère page l'indication : « Cette traduction de Pétrone est de sc. et n'a jamais été imprimée. » Puis dessous d'une autre encre : « Je crois que c'est celle de Nodot. » 74 pages d'une écriture sans rature (document magnifique!) ;
Ea3/ trois grandes feuilles doubles dont le titre est « Lettre d'Aristippe à Adrien » ;
Ea4/ deux pages de The philosophical review ;
Ea5/ une bonne centaine de feuillets numérotés pour l'essentiel (feuillets qui doivent se rattacher à ceux des autres boîtes) ;
Ea6/ une partie des brouillons de la *Morale des écoles*, p. 2-14 (sur feuillets bleus) ;
Ea7/ cinq feuillets numérotés portant le titre « Montesquieu » ;
Ea8/ 16 feuillets numérotés (recto-verso) sur « Janet 16e siècle t.I & II, 17e & 18e » ;
Ea9/ un certain nombre de feuillets sur la bible de Renan et d'autres sujets ;

Annexe A – Examen partiel et subjectif des fonds Renouvier et Louis Prat

Ea10/ p. 125-150 correspondant à la fin de l'article de G. Séailles « Un philosophe inconnu : Jules Lequier » paru dans la *Revue philosophique de la France et de l'étranger* ;
Ea11/ environ 10 feuillets avec des listes de livres ;
Ea12/ six feuillets reliés portant sur « Lotze ; psychologie médicale ou psychologie de l'âme » et correspondant à une analyse du § 33, des extraits du § 30 et analyse et extrait du § 28 ;
Ea13/ un petit carnet jauni titré « cahier alpha définitions et notes grammaticales et philosophiques » avec quelques feuilles volantes ;
Ea14/ le programme du Congrès international de l'enseignement des sciences sociales (Paris, du 30 juillet au 3 août 1900) ;
Ea15/ un article signé E.L. du *Temps* n°12580 de novembre 1895 relatant la soutenance à la Sorbonne de la thèse en théologie de Henry Michel à laquelle ont assisté Pillon et Renouvier ;
Ea16/ un long article intitulé « Banqueroute de la science » non signé (qui pourrait bien être de Renouvier) ;
Ea17/ un article de journal intitulé « Académie des sciences morales et politiques » qui relate le discours de M. Fouillé à propos de son prédécesseur M. Adolphe Franck ;
Ea18/ un article de journal de Yves Le Querdec daté du 16 juin 1894 intitulé « Criticisme et catholicisme » faisant référence au *Monde* du 11 juin et s'intéressant à la morale criticiste et à la science.
Eb/ Une chemise repérée Corresp. Religieuse + notes :
Eb1/ des feuillets sur Bain, Montesquieu, les hypostases de Spencer, d'autres feuillets numérotés (à rapprocher des autres), des notes sur Bentham, Owen, Mill, un petit feuillet titré « Uchronie T. III », un feuillet avec les errata 1er et 2e *Essai* ;
Eb2/ trois copies doubles (12p.) comportant un texte qui semble s'intéresser à la *Philosophie positive* de Auguste Comte, mais qui poursuit avec des notes sur Leibniz, Schelling, Augustin... ;
Eb3/ feuillets 301-309 sur la cosmogonie, la physique et le monde de Descartes ;
Eb4/ quatre feuillets (sur un faire-part de mariage) sur « Guyau Les prb. de l'esthétique » ;
Eb5/ divers autres feuillets, un en anglais, un en latin ;
Eb6/ un feuillet recto-verso sur Gassendi, Galilée et Kepler ;
Eb7/ un cahier écrit sur les quatre premières feuilles et comportant des listes d'auteurs et d'œuvres (classés par un système de lettres et numéros).
Ec/ Une chemise (enveloppe kraft) repérée « Notes de lectures des parents de C. Renouvier » :
Ec1/ brouillons d'une lettre « à M. Evellin 30 janv. 81 » et d'une lettre « à M. Milhaud 29 décembre 81 » ;
Ec2/ une copie double sur « Kant Crit. 1. p. 2e p. logiq. Transcendantale », deux feuillets sur « Critique de la raison pure analyse faite sur la 1ère édition (2e éd. Tissot) préface, un feuillet avec suppléments et remarques aux feuillets précédents « préface de la 2e éd. de Kant » et d'autres notes sur Kant ;
Ec3/ feuillets bleus n° 2 à 71 d'un texte sur Kant intitulé « Mahaffy », dont le ch. II s'intitule « L'introduction. Considérations préliminaires. - La distinction spécifique entre les facultés cognitives » (p. 26), le ch. III « L'esthétique transcendantale », son §1 « Définitions. L'intuition est la connaissance immédiate que nous avons des objets. » (p. 48) ; avec ces feuillets, glissés dans une grande enveloppe, les feuillets 23 à 56 et ce qui semble être le n° 1 qui porte pour titre « La philosophie critique de Kant chapitre I Les deux préfaces § 1 Du style de Kant » ;
Ec4/ « Études philosophiques sur la révolution française » en six feuillets de vieux papier ;
Ec5/ note envoyée à M. W. Y. à propos de Delboeuf 04/03/1883 ;

Fondations des sciences dans le néocriticisme de Renouvier

Ec6/ deux feuilles comportant des listes de mots sortis du dictionnaire (lettre A) et deux feuilles sur la grammaire ;
Ec7/ six feuillets pour s'opposer à une analyse politique de *La Gazette* ;
Ec8/ 14 feuilles dans une double page correspondant à un article sur « la distinction des deux pouvoirs » « spirituel » et « temporel » (l'article n'a pas de titre mais ces mots de la 1ère page sont soulignés), il est signé « Charles Renouvier membre de l'Institut de France » ;
Ec9/ une carte postale venue de Suisse de quelqu'un qui a vu Secrétan peu avant ;
Ec10/ et encore bien d'autres feuillets.

F/ Corresp. adressées à Louis Prat / -1- / ADA-BON

Une vingtaine de chemises répertorient les documents en fonction de leur expéditeur :
Fa/ Une lettre de Alcan.
Fb/ Une de Asclier qui publia « Renouvier u. der französ Critizmus » dans *Kantstudien*.
Fc/ Plusieurs courriers de *l'Éveil Catalan*.
Fd/ Une lettre de G. Belot.
Fe/ Trois lettres de Bergson (Gérardmer, le 7 septembre 1903 ; Paris, le 29 septembre 1903 ; 2 juillet 1906).
Ff/ Une carte de visite annotée de Léopold Bernard, professeur agrégé de philosophie, qui dit avoir lu avec profit un livre prêté par Renouvier et regrette de n'avoir pu retourner à La Verdette.
Fg/ 160 lettres de Paul Berner à L. Prat du 03/09/1903 au 24/01/1940 ; notamment sur les sujets suivants : la mort de Renouvier, le problème du mal, l'espace (31/05/1908) et la réalité de l'étendue selon Renouvier, la publication des ouvrages de Renouvier à la libr. Georg à Genève (vers 1908-09), les disciples de Renouvier (vers 1930), la correspondance Prat - L. Ménard (21/06/1933) :
« ...Vous n'ignorez pas, mon cher ami, que sous certains points de doctrines, M. Pillon ne partage pas la manière de voir du maître. Cette divergence de vue porte essentiellement, je crois, sur la catégorie de l'espace. Si j'ai bien compris Ch. Renouvier, la réalité de l'étendue réside dans celle des rapports de lieu qui lient les objets de la représentation, et il attribue à ces rapports la même réalité qu'aux rapports de ressemblance et de différence, de nombre, etc. M. Séailles estime que Renouvier a eu tort de ne pas séparer les formes de l'intuition sensible, espace et temps, des catégories de l'entendement. M. Pillon ne souscrit qu'en partie à cette objection de M. Séailles, et c'est à l'espace seul qu'il conviendrait, selon lui, de faire la distinction précitée. Pour M. Pillon, "les rapports de lieu auxquels nos représentations lient leurs objets ne peuvent, d'après la nature du contraire, être qu'illusoires ; étant illusoires, ils ne sont nécessaires que pour nous, nécessaires que d'une nécessité *relative* qui résulte de la forme contingente de notre sensibilité et de notre imagination ; donc la réalité de l'étendue n'est nullement impliquée par celle des êtres élémentaires entre lesquels la forme contingente de notre sensibilité et de notre imagination nous oblige à nous représenter des rapports de lieu." M. Pillon fait ensuite, une distinction, qu'il tient pour essentielle, entre les phénomènes construits, qui relèvent de notre sensibilité, et qui mériteraient le nom d'apparence, et les phénomènes disconstruits, seuls réels aux yeux de la raison. Et c'est cette distinction des deux représentatifs, celui de la raison et celui de la sensibilité, qu'il oppose aux arguments formulés par M. Miéville contre la doctrine du phénoménisme, d'après laquelle le réel nous apparaît sous les formes des temps et de l'espace, dont l'essence est la discontinuité, ce qui fait, dit M. Miéville, que les êtres ne sont que comme phénomènes, c'est-à-dire comme affectés des formes de la sensibilité et, comme phénomènes ils seraient ce qu'ils ne sont pas comme êtres. Je suppose que le maître n'ignorait pas ces diverses objections ; aussi, serais-je heureux de savoir ce qu'il en pensait, ainsi que ce que vous en pensez vous-même, mon cher ami... »

Annexe A – Examen partiel et subjectif des fonds Renouvier et Louis Prat

Fh/ Une lettre du 02/01/1913 du professeur de philosophie au collège de Castelnaudary, Samuel Bertrand, qui envisageait de faire une thèse sur les divergences Secrétan - Renouvier et demandait une bibliographie à Prat.
Fi/ 10 lettres de la revue de Lugano (Suisse italienne) *Coenobium Rivista Internationale di Liberi Studi* concernant la publication d'articles de Prat.
Fj/ Deux cartes d'Alfred Binet, le directeur de l'*Année psychologique.*

G/ Corresp. adressées à Louis Prat / -2- / BOU-FON

Ga/ Une vingtaine de lettres de Émile Boutroux, dont celle du 01/--/1903 depuis le Finistère, par laquelle il adresse ses condoléances à Prat pour le décès de Renouvier : « J'apprends avec une profonde et bien douloureuse émotion le malheur qui vous frappe, la perte que font la philosophie et le pays. Combien je m'étais attaché à M. Renouvier en connaissant l'homme après le penseur... »
Gb/ Deux lettres et une carte de Victor Brochard, membre de l'Institut, dont celle du 08/09/1903 : « Je viens de recevoir la lettre par laquelle vous m'annoncez le décès de notre Maître Renouvier et je vous en remercie. Sa mort a été un deuil cruel pour tous les amis de la philosophie et bien davantage encore pour ceux qui depuis trente ans s'étaient mis à l'école de ce grand esprit, avaient adopté une partie de ses idées, profité de ses travaux, admiré la lucidité et la fermeté d'esprit dont il n'a cessé de faire preuve dans son admirable vieillesse. Il laissera parmi tous ceux qui l'ont connu et apprécié un impérissable souvenir. C'est de lui qu'on peut dire, comme du vrai philosophe, qu'il vivra dans l'esprit de ses disciples. »
Gc/ Trois lettres de Lionel Dauriac,
Gc1/ dont celle du 8 (?) octobre 1903 : « ... Il vous doit ses derniers livres. Vous l'avez aidé à les parler avant de les écrire. Ce je ne sais quoi de vivant que sa phrase avait prise et que d'autres que moi ont remarqué, venait de votre compagnie. La préface de votre Aglaophamos où se trouvent des choses si curieuses sur le dialogue a dû se ressentir de vos entretiens. [...] Ces vers quels qu'en soit la valeur actuelle, s'ils n'ont pas été détruits ne laisseraient pas d'être intéressants. Vous pourriez en faire un choix. Il ne manquerait pas de revues pour en faire connaître des extraits. La *Revue latine* de Jeagnet où j'ai mes petites et au besoin mes grandes entrées serait ouverte à ce genre de reliques. Je viens de terminer pour cette revue un article général sur *Renouvier*. Il est bon que les lecteurs italiens et espagnols de ce magazine sachent en gros ce qu'était le philosophe et sa philosophie. Qu'il ait tenu à ses idées dernières plus qu'aux autres c'était dans l'ordre et qu'il ait connu la philosophie comme une religion contrôlée et approuvée par la raison, il ne faut pas craindre de le dire, – puisqu'aussi bien, l'histoire est là pour en fournir la preuve – ce sont les théologiens qui ont tracé à la philosophie son programme. Je doute cependant qu'il eût accepté le mot de religion pour caractériser sa doctrine. Je me souviens de ce qu'il m'écrivait jadis au sujet de l'article *Criticisme* de la *Grande Encyclopédie*. Ce sont à peu près ces termes : « Il n'y a aucun rapport pour le contenu formel entre ma philosophie et une religion quelconque ». Il faisait connoter l'essence de la religion positive dans la *formalité* et non dans la matérialité du contenu. Je ne sais si ces idées sont restées les mêmes. [...] Ce qui fera la grande originalité du maître sera d'avoir *bouclé* sa doctrine en ne laissant aucun problème sans réponse, et d'avoir épuisé presque jusqu'au delà de la borne humainement assignable ce droit d'option qui était à ses yeux le droit par excellence du philosophe [...] » ;
Gc2[=REN054-12]/ et celle du 4 septembre : « J'apprends par le *Journal* la fin de cette vie que je m'étais accoutumé à voir durer toujours. Celui que nous perdons est un assez grand homme pour qu'il y eût impertinence à se presser de le louer. Mais il ne s'agit pas de ce que nous perdons, de ce que perdent la philosophie et la science, de ce que la France vient de

perdre. Il s'agit de ce que vous perdez vous mon cher ami, et c'est à cette douleur que je viens m'associer. [...] ».

H/ Corresp. adressées à Louis Prat / -3- / FOU-MAN
Ha/ Une dizaine de lettres de Marcel Foucault, professeur à la faculté des lettres de Montpellier. Dans son mot du 30/11/1912, il fait référence à la réédition de la *Logique* devenue introuvable, qu'il a reçu de Prat, et dans sa lettre du 02/01/1913 à celle de la *Psychologie*. Dans son courrier du 03/12/1920, il parle d'un mémoire de diplôme « sur la Philosophie sociale de Renouvier » pour lequel il doit constituer un jury. Il écrit dans sa lettre du 20/06/1911 : « cette parole que j'entendais prononcer, il y a déjà longtemps, par Hamelin : Renouvier sera grand dans l'histoire, parce qu'il a placé la réalité dans l'individu. »
Hb/ Sept lettres de Louis Foucher :
Hb1/ dans celle du 12/08/1910, il rappelle l'aide que lui a apporté Prat dans la préparation de son mémoire sur la *Première philosophie de Renouvier* en 1907, il dit qu'il a poursuivi son « étude des premières formes de la philosophie de Renouvier, de son mémoire sur le Cartésianisme jusqu'aux premiers Essais » et il se propose de rééditer les articles introuvables de l'*Encyclopédie nouvelle* qui sont, dit-il, « de si haute importance et pour l'histoire du grand penseur et pour celle même du XIXe siècle » ;
Hb2/ dans la lettre du 15/08/1912, il écrit entre autres : « je vous dois compte du travail que j'ai poursuivi depuis deux ans en vue d'une réédition des articles de Renouvier dans l'Encyclopédie nouvelle. En m'autorisant à faire cette publication, vous m'aviez mis en garde contre deux dangers : la mévente presque certaine et un faux jugement de valeur sur l'importance des articles. Ces avertissements m'ont fait réfléchir, et s'ils n'ont pas renversé mes projets, ils m'ont aidé à en préparer plus prudemment la réalisation [...] Quant à l'importance des articles, voici ma pensée que je soumets bien simplement à votre haute compétence : je crois que les articles montrent, contrairement à l'interprétation de M. Séailles, que le néocriticisme et le personnalisme ne sont pas deux philosophies, mais une seule, la seconde achevant la première ; ils le montrent, puisque le personnalisme est, comme la philosophie des Essais, en germe, en marche dans les articles. Ainsi la seule publication nouvelle des articles fortifierait, ce me semble, la thèse qui représente le personnalisme comme la pensée non seulement finale, mais définitive, complète, profonde de Ch. Renouvier. [...] Les meilleurs résultats que j'ai obtenus en biographie concernent les relations de Renouvier avec ses amis bretons, le Gal la Salle, Michelot, Lequier, et sa participation aux luttes d'idées de 1848 (collaboration à la Feuille du Peuple etc). Sur ce second point mon embarras est grand (quoique compensé par le plaisir de la demi-découverte) de voir que plus je cherche à la Nationale dans les revues et journaux de 1848-1851, plus je trouve, - pour ainsi dire. Par contre, je ne trouve *plus rien* à partir de janvier 1851 (article de R. dans l'Almanach du Peuple). Mais n'est-ce pas que mes recherches sont encore incomplètes ? » ;
Hb3/ dans celle du 22/06/1927, il écrit : « Monsieur, j'ai été très heureux du jugement que vous portez sur mon livre ; ce jugement est pour moi d'un grand poids. En travaillant, j'avais eu constamment l'ambition de le mériter. En ce qui concerne l'évolution de la pensée de R. je n'ai qu'à m'instruire en lisant les vues que votre lettre m'apporte. Je suis trop resté prisonnier des formules : première, dernière philosophie de R. De même (et je viens d'en prendre conscience en rédigeant un compte-rendu du Renouvier de G. Milhaud pour la *Revue d'Hist. de la philos.*) je n'ai pas assez montré le lien de la doctrine du maître avec l'idéalisme cartésien, lien si apparent dans le 1er manuel. [...] Enfin, monsieur, en ce qui concerne les *erreurs* que vous me signalez, je m'arrêterai à la plus importante, celle de la p. 39 (?) "épuisé physiquement et moralement..." J'ai beaucoup hésité à écrire cette phrase ; voici sur quel témoignage je l'ai fait. En 1907, au début de mon enquête biographique, M. G. Milhaud, alors

Annexe A – Examen partiel et subjectif des fonds Renouvier et Louis Prat

professeur à Montpellier, répondant à quelques questions que je lui avais posées sur la parenté de Renouvier, ajoute spontanément ceci : « mais je tiens de M. Prat un renseignement que je regrette de n'avoir pas connu plus tôt, sur Renouvier *sortant de l'École polytechnique* (souligné par M. Milhaud). Si M. Pillon ne vous l'a pas communiqué ; la voici, il me paraît fort intéressant. "Renouvier a pendant quelques temps mené la vie à grandes guides, ne songeant qu'à jouir de sa grande fortune pour s'amuser jusqu'au moment où épuisé, n'en pouvant plus, physiquement et moralement, il demande conseil à son ami le Docteur L..." (encore vivant il y a quelques années, j'ignore s'il est mort depuis. M. Pillon pourrait vous renseigner là-dessus certainement) "Il faudrait, lui répondit son ami, te mettre à un travail intellectuel capable de t'intéresser fortement." Le hasard fit qu'à ce moment même Renouvier sut que l'Académie des sciences morales mettait Descartes au concours. Vous savez le reste. "Renouvier (d'après M. Prat) revenait souvent sur cette crise de profond découragement et paraissait y ajouter quelque importance dans l'explication de sa vie intellectuelle et morale." M. Milhaud ajoutait que vous ne lui aviez pas fait un secret de ces renseignements et que je pouvais en user comme je l'entendais. Il est évident pour moi après votre lettre que G. Milhaud n'a pas mis, dans cette relation de vos dires l'exactitude qu'on pourrait attendre d'un mathématicien. J'en ai eu le sentiment et vous remarquerez que j'ai édulcoré le texte et cherché à ne pas présenter R. jeune comme "ayant fait la noce". Toutefois mon texte en dit encore trop dans ce sens, et je voudrais d'autant plus l'effacer que je n'ai jamais eu le désir, bien au contraire, de présenter R., déjà à nos yeux de catholiques grand hérétique, comme ayant été, ne fût-ce qu'en sa jeunesse, un dévergondé. Soyez sûr que si mon petit livre, par une heureuse fortune, atteignait à une réédition, mon premier soin serait de changer cette malheureuse phrase, maintenant que je sais que M. Milhaud a mal compris et inexactement rapporté vos propos. [...] après votre lettre, il me paraît que la vie sentimentale de R. s'éclaire ainsi : il eut de bonne heure, avant de philosopher exclusivement, une amie qui fixa son affection, fut la compagne de sa retraite à Fontainebleau, la "madame Renouvier" des lettres de Secrétan et mourut en 1877. (Une lettre de R. à G. d'Allenas, dont j'ai eu connaissance et que je comprends mieux maintenant, est ici mon document principal). Si je me trompe, j'ose vous demander, Monsieur, de corriger encore mon erreur. Il va de soi que, même en l'absence d'un mariage officiel, je mets en l'espèce dans cette hypothèse l'attitude morale de R. bien au dessus de celle du jouisseur qui ensuite a "fait une fin" pour le mariage » ;
Hb4/ dans une lettre non datée à laquelle il joint son ouvrage sur la jeunesse de Renouvier, il précise qu'il a obtenu son titre de docteur "à la Faculté des Lettres de Bordeaux le 28 mai dernier", "avec la mention très honorable" ;
Hb5/ une autre lettre du 12 septembre (sans année) est consacrée aux articles de Renouvier dans l'*Encyclopédie nouvelle*, elle précise : « Cela ferait donc en tout dix articles. Reste la question très difficile de la datation des articles [...] Voici à quels résultats je suis, pour le moment arrivé. 1° Descartes 1842 (ou 1843) 2° Panthéisme 1843 (?) 3° Euler 1844 4° Expérience 1844 5° Fatalisme 1845 à 1847 6° Fermat it 7° Fichte it 8° Ficin it 9° Force 10° et Philosophie 1847 [... Il termine sa lettre par :] Veuillez agréer, Monsieur le Professeur, avec le sentiment toujours grandissant de ce que je vous dois, l'expression vive de mon respect ».
Hc/ Une lettre d'Anatole France datée du 26/10/1902, où il dit en outre : « Dites, je vous prie, à monsieur Renouvier que son envoi m'est précieux. Je le tiens pour un des plus puissants esprits du siècle et je profiterai beaucoup à connaître sa pensée sur l'importante question de l'enseignement de l'État et des congrégations. Quand monsieur Renouvier a fait de la critique littéraire, il a passé tous les critiques en force et en sagesse. Son étude sur Victor Hugo, que je viens de relire, témoigne de la délicatesse de son âme autant que de la rectitude de son esprit. Je ne doute pas qu'il ait montré les mêmes qualités dans la Critique sociale ».
Hd/ Une vingtaine de lettres de Octave Hamelin (originaux et copies dactylographiées) de

1883 à 1907 ; notamment la lettre à Prat du 09/10/1904 dans laquelle il écrit entre autres : « Quant au point principal et de dogme nous sommes, et je m'en réjouis, en grand accord. Le vrai sens de la relativité de la connaissance est que la connaissance consiste dans une relation et que c'est une relation, la plus haute de toutes, qui est le véritable objet de la définition de Spinoza. Voilà ce que vous dites interprète fidèle assurément de M. Renouvier. C'est ainsi que j'avais compris. Relativité ne signifie point imperfection, comme chez Cournot par exemple, et il est possible de donner une vraie et pleine définition de ce qu'on appelait l'être ou la substance. »

He/ Une lettre de A. Hannequin du 19/05/1892 qui débute par « Mon très vénéré Maître ».

Hf/ Une lettre du 06/10/1901 de Robert Kastor fait mention d'une gravure de Renouvier parue dans la *Revue Encyclopédique*.

Hg/ Quatre lettres de A. Lalande à Prat entre 1906 et 1924.

Hh/ Cinq lettres de Xavier Léon de la *Revue de métaphysique et de morale* datées de 1904, à propos de la publication par la revue des *Derniers entretiens*, de 10 lettres de 1908 à 1910, de la correspondance avec Secrétan et d'autres lettres ultérieures sur divers sujets.

Hi/ Une lettre de Ernest Leroux du 08/04/1908 (difficilement lisible) qui fait référence à une « introduction de M. Renouvier » et qui dit notamment : « nous l'avons reproduit in extenso dans la Revue Critique (plusieurs numéros) dans le dernier numéro de la Revue d'histoire des religions. »

Hj/ Abondante correspondance de M. Hyacinthe Loyson à L. Prat.

I/ Corresp. adressées à Louis Prat / -4- / MAR-QUE

Ia/ Lettre de « Tchie » Momugliano depuis Udine qui écrit en novembre 1908 à Prat et lui demande en italien le volume des *Derniers entretiens*.

Ib/ Lettres de Gaston Milhaud :

Ib1/ une du 01/09/1904 où il demande des renseignements à Prat sur l'éducation religieuse de Renouvier ;

Ib2/ une carte aussi de 1904 où il demande : « Était-ce *par principe* (union libre, comme reclus (?) qu'il n'avait pas épousé la compagne avec qui il a vécu très longtemps, ou bien les circonstances s'y étaient-elles opposées ? » ;

Ib3/ celle écrite à Montpellier, le 21 nov. -- (?), qui débute ainsi : « J'ai l'intention de proposer une souscription - qui s'étendrait, si possible, aux universités du midi (Toulon, Bordeaux, Aix...) - pour l'érection d'un buste de Renouvier dans la Cour du palais de l'Université. Nous avons déjà celui d'Aug. Comte, - l'autre serait le pendant naturel de celui-là -. Tous deux, de Montpellier, - tous deux sont l'honneur de la philosophie française dans le monde, - tous deux sont venus à la réflexion philosophique vraiment féconde, en s'appuyant d'abord sur la pensée scientifique - Je ne sais trop encore quelle marche il faudra suivre » ;

Ib4/ la lettre du 07/09/1904 s'interroge sur l'influence éventuelle du cours de philosophie positive de Comte sur Renouvier et sur celle de Lequier : « Or c'est le 1er Essai qui affirme le phénoménisme. Je sais bien que Renouvier lui-même rattacha son attitude phénoméniste à sa loi du Nombre et à la solution des antinomies, et je ne doute pas qu'il y ait là quelque chose de vrai, - mais je crois qu'il n'aura lu le Cours de philosophie positive qu'entre l'article philosophie et le 1er Essai, et qu'en somme il y aura eu, pour ses affirmations catégoriques du phénoménisme, une part d'influence due à cette lecture, un encouragement tout au moins... [...] Celui des traits caractéristiques de sa philosophie qui me paraît être le plus [... (?)] c'est (à part bien entendu son idéalisme) - l'attraction qu'exerce sur lui la substitution de la croyance à l'évidence. (Il y en a des traces déjà dans le Descartes). Faut-il voir là de très bonne heure l'influence de Lequier ? Celui-ci n'a-t-il pas été son camarade d'école ? » ;

Annexe A – Examen partiel et subjectif des fonds Renouvier et Louis Prat

Ib5/ trois lettres de Lausanne écrites par H. Narbel. La première du 17/06/1912, qui demande la permission à Prat de publier des lettres que R. a envoyées à M. Petavel Olliff décédé peu avant et dont il est en charge de publier une biographie. La seconde, du 23 juin, dans laquelle il remercie Prat pour son autorisation et lui dit que le volume devrait paraître en novembre, qu'il y trouvera des détails sur La Chaux de Fond. Dans la troisième du 29/11/1912, il le remercie et indique que le volume est sorti de presse.
Ic/ Quatre lettres échelonnées entre 1905 et 1911 de Pierfrancesco Nicoli (en italien).
Id/ La troisième page uniquement d'une lettre de Henri Peyre à Prat qui parle, semble-t-il, de la publication potentielle de la correspondance Ménard - Renouvier : « La troisième (28 mars 1875) revient sur ce problème du progrès, qui occupait alors les pensées des deux amis. La quatrième et la cinquième (du 2 janvier et du 1er septembre 1891) commentent certaines publications de L. Ménard relatives à la religion critique et exposent brièvement le point de vue de Renouvier sur le polythéisme et le monothéisme, le symbolisme chrétien, etc. En espérant que vous pourrez me donner une réponse favorable [...] ».
Ie/ Une lettre du 12 novembre 1912 de Georges Pellison qui demande autorisation de publier quelques pages de Renouvier dans « une anthologie des Prosateurs contemporains » qu'il prépare aux éditions Delagrave.
If/ Une lettre de François Pillon du 3 septembre 1903 à propos du décès du Maître : « [...] Je savais bien que le Maître était très vieux et qu'à son âge le moindre accident peut aisément devenir grave. Mais sa belle vigueur intellectuelle, que j'admirais et sa puissante [... (?)] de travail me faisaient illusion. Il me semblait que cette lumière n'était pas près de s'éteindre. »

J/ Corresp. adressées à Louis Prat / -5- / RAB-XAV
Contenant un bon nombre de chemises avec diverses correspondances adressées à L. Prat dont les suivantes :
Ja/ Sept photographies (cinq portraits d'hommes : au dos de celle d'un jeune homme de profil « À mon illustre et vénéré maître un fervent et dévoué disciple Paul Farez Lycée d'Orléans, 4 décembre 1890 », une femme : avec inscription au dos « à mon parrain M. Dumond janvier 1888 », un monument : Joséphin Soulary).
Jb/ Une chemise fournie sur la correspondance de Han Ryner, des coupures de presse, une photographie au dos de laquelle il est écrit : « au grand Philosophe Louis Prat son admirateur son ami Han Ryner », un cahier dont le contenu a été retranscrit sur des feuilles dactylographiées et qui correspond à un dialogue entre Han Ryner et un « cher Monsieur » qui semble être l'abbé Viollet.
Jc/ Une chemise « Frans v. Schéele (professeur à l'Université d'Upsala) » contenant quatre lettres dont une brulée datée du 9 août, une autre du 3 octobre 1899 à laquelle se joint le livre de Schéele (*Renouviers teoretiska grundtankar – kritisk studie*, Stockholm : Jos. Seligmann (I Distribution), 1899, 85p.
Jd/ Deux cartes de visite, 11 cartons et trois lettres de G. Séailles (écriture quasiment illisible) dont :
Jd1/ un carton à l'occasion du décès de Renouvier, où Séailles écrit : « Nous perdons un des maîtres de la pensée française au XIXe siècle, le plus grand à coup sûr avec Auguste Comte ».

K/ Manuscrit Charles Renouvier Analyse didactique des dialogues de Platon
Ka/ Trois grands cahiers correspondant au texte dactylographié par G. Pyguillem en décembre 1966. Un sans annotation, un deuxième avec des corrections, et un troisième corrigé par une autre personne (ces deux derniers avec pages numérotées). La couverture indique

« Ch. Renouvier de l'Institut - analyse dialectique des dialogues de Platon - inédit » (ce texte passe en revue, résume, explique et commente tout Platon).
Kb/ Une vieille couverture de livre en guise de chemise renfermant un manuscrit de Renouvier qui porterait le titre « À la recherche de Dieu » de 400 feuilles numérotées avec des manquants.
Kc/ Un petit carnet brun contenant le manuscrit de « Analyse didactique des dialogues de Platon ».

L/ Correspondance adressées à Renouvier

Microfilm 1 : ALBENAS à CHEYSSON – REN 1 à 43 dont :
BERGSON Henri – REN016-1 à 4
BOUTROUX Émile – REN026-1 à 36

Microfilm 2 : CHIFIDE à LASSALE – REN 44 à 93 dont :
COUTURAT Louis – REN049-1 à 2
CRASSOUS Mme – REN051-1 à 8
DAURIAC Lionel – REN054-1 à 12
FAUVETY Charles – REN064-1 à 4
FOUILLEE Alfred – REN065-1 à 12
HAMELIN Octave – REN081-1 à 13
HENNEGUY Félix – REN082-1 à 16
LACHELIER Jules – REN092-1 à 5

Microfilm 3 & 3 bis : LAURET à PILLON – REN 094 à 127 dont :
LAURET – REN094 : remerciement pour l'envoi du livre sur Victor Hugo.
LECHALAS Georges – REN095 : dont les articles suivants et les lettres du
20/01/1888 : six pages discutant les arguments de Renouvier contre le philosophe américain M. Abbot à propos du poids d'un atome d'hydrogène ;
11/12/1892 : qui remercie pour la réponse de Renouvier ;
18/08/1895 : fait part de sa douloureuse émotion à propos de la doctrine du péché originel développée par Renouvier ;
01/12/1895 : en prolongement de la précédente, sur la question du temps pour nous et Dieu ;
15/07/1898 : demande d'explications suite à la publication de l'article « l'idée de Dieu » dans *l'Année philosophique* ;
25/07/1898 : remercie pour la réponse de Renouvier, mais n'adhère pas à sa position concernant le fait que Dieu ne soit pas antérieur au monde ;
05/09/1898 : remercie pour l'envoi de la *Philosophie analytique de l'histoire* et informe Renouvier de l'analyse faite par la *Revue de métaphysique* de l'ouvrage *Fondements de la géométrie* de Russel, que Lechalas compte commenter dans *Les annales de philosophie chrétienne*, il joint à Renouvier le 1er article ;
25/10/1898 : évoque l'écriture de la *Monadologie*, demande une réimpression de la *Logique* et invite Renouvier à lire l'ouvrage de Russel sur la géométrie ;
30/01/1899 : remercie pour l'envoi de la *Monadologie* et indique toute l'influence qu'a eu Renouvier sur lui ;
04/04/1899 : dit qu'un autre que lui fera un compte rendu de la *Nouvelle monadologie* dans les *Annales de philosophie chrétienne* et indique qu'il continue à penser que Renouvier est plus proche de l'occasionnalisme de Malebranche que de Leibniz, il dit en être resté à son

Annexe A – Examen partiel et subjectif des fonds Renouvier et Louis Prat

opinion indiquée en décembre 1892 dans sa recension des *Principes de la nature* dans la *Revue philosophique de la France et de l'étranger* ;
07/05/1899 : il fournit à Renouvier l'article indiqué en lui demandant de répondre aux questions qu'il a marquées d'un trait bleu dans son article (tome XXXIV, p. 628 à 646 pointe §3 p. 631, p. 632, §1 p. 633, §2 & 3 p. 637, §1 & 2 p. 638, p. 645-646) ;
27/05/1899 : indique qu'il a vu Pillon à Paris et qu'il ne saisit pas la position de Renouvier quant à la substance ;
04/07/1899 : discute longuement la question des « actes libres », la « force libre » et dit avoir lu l'étude de Renouvier dans l'*Année philosophique* « sur le Principe de relativité » ;
28/09/1899 : demande l'autorisation à Renouvier de publier un article avec les objections et réponses de leur correspondance ;
04/10/1899 : dit joindre l'épreuve de l'article pour acceptation et révisions éventuelles ;
13/01/1900 : indique notamment que « notre » article paraîtra dans le prochain numéro de la *Revue de métaphysique* ;
18/02/1900 : accepte la proposition de Renouvier de lire avant publication les propos de leur discussion sur le phénoménisme que Renouvier souhaite insérer dans la 2e éd. de la *Nouvelle monadologie* ;
07/12/1900 : a reçu et lu les additions prévues, il dit qu'« elles ajoutent peu » et explique pourquoi il n'adhère pas au phénoménisme de Renouvier ;
10/12/1900 : remercie pour la livraison du dernier livre de Renouvier ;
14/05/1903 : envoie une copie d'un article sur le « Hasard » publié et s'appuyant grandement sur la *Logique* de Renouvier ;
l'article « Analyses et comptes rendus – Ch. Renouvier *Les principes de la nature* » par G. Lechalas ;
l'article « Le hasard » par G. Lechalas (16 p.) ;
l'article « Les conflits de la science et de la philosophie au congrès international de philosophie de 1900 » par GL ;
l'article de GL sur l'édition des œuvres de Descartes par Adam & Tannery in *Revue des questions scientifiques*, avril 1898 (13 p.) ;
l'article de GL intitulé « La géométrie générale et les jugements synthétiques a priori » (p. 157-169) extrait de la *Revue philosophique de la France et de l'étranger* dirigée par Th. Ribot.
LEO André – REN096 : lettre non philosophique
LEON Xavier – REN097 :
lettre du 20/04/1894 : invite Renouvier à faire partie d'un comité d'honneur pour patronner l'édition complète des œuvres de Descartes sous la responsabilité littéraire et scientifique de Adam & Tannery. XL écrit : « Dans ce comité figureront les plus autorisés des savants et des philosophes de la France et de l'Étranger. À ce double titre nous souhaiterions y voir figurer votre nom et nous espérons que vous ne nous refuserez pas cette nouvelle marque de votre sympathie » ;
26/10/1900 : « Monsieur & illustre maître, À la suite des travaux du Congrès international de philosophie, la direction de la Revue a pris l'initiative de la création d'une Société de philosophie ayant pour objet de : Remédier à la dispersion des travaux philosophiques en créant un centre de communication et d'informations ; Travailler au rapprochement des savants & des philosophes ; Instituer entre ceux-ci des discussions pour préciser le sens & la position des différents problèmes ; Critiquer & déterminer le langage philosophique ; S'occuper des questions relatives à l'enseignement de la philosophie aux différents degrés d'instruction ; Préparer l'organisation des futurs Congrès. Cette société ne doit comprendre qu'un nombre limité de membres ; et pour la constituer nous avons fait appel en dehors des

Fondations des sciences dans le néocriticisme de Renouvier

collaborateurs ordinaires de la Revue aux membres de la section de philosophie de l'Institut, aux professeurs du Collège de France de la Sorbonne, de l'École Normale.
Permettez-moi de vous demander pour cette œuvre l'appui de votre nom. Ce serait pour nous un grand honneur de pouvoir inscrire au nombre des membres fondateurs de notre Société à côté de celui de la plupart de nos maîtres, le nom de Renouvier, ce nom cher à tous les amis de la philosophie et devant lequel ils s'inclineraient [... (?)] et respect.
Veuillez agréer, Monsieur & illustre maître, l'hommage de mon profond respect. »
LEROUX Ernest – REN098 : deux décomptes et deux courriers de l'éditeur à son auteur.
BRUHL Lévy – REN099 : une lettre remerciant pour l'envoi du *Victor Hugo* et donnant son point de vue sur ce poète.
LIARD Louis – REN100 :
lettre du 12/02/1878 : très intéressante à propos des philosophes d'université, d'un texte sur Cournot, des emprunts faits à Renouvier, de son influence.... ;
29/07/1879 : fait part de sa reconnaissance « pour m'avoir si puissamment aidé à asseoir mes convictions philosophiques » et remercie pour les articles sur lui parus dans la *Critique* ;
26/09/1882 remerciements du même ordre ;
25/10/1895 : pour informé qu'il s'est chargé auprès d'Ernest Leroux de la réimpression de la *Philosophie analytique de l'histoire* ;
12/05/1896 : « Vraiment lorsqu'il y a vingt-cinq ans je me déclarais un des premiers adeptes du néocriticisme, j'étais loin de songer que le maître voudrait un jour me dédier un de ses ouvrages » ;
25/06/1898 : à propos de la rédaction d'un ouvrage ;
27/02/1900 : même sujet ;
28/02/1900 : une souscription à 50 ex. de *Victor Hugo le philosophe* au nom du Ministère de l'Instruction publique ;
10/04/1900 : qui informe que la majorité de la commission était favorable à ce que Renouvier obtienne le prix Estrade et qu'il reste à ce que l'Académie valide cette décision ;
22/--/1900 : confirme la nomination de Renouvier à l'Académie et s'en réjouit : « maintenant il est avéré qu'il y a quelque chose de changé, et pour la philosophie française » ;
24/06/1901 : remercie pour l'envoi de *Histoire et solution des problèmes métaphysiques* ;
02/08/1901 : à nouveau un bon de souscription au nom du ministre pour 50 ex. des *Dilemmes...* ;
14/11(ou12)/1901(ou2) : remercie pour un ouvrage ;
Un correspondant italien demandant le discours inaugural de Renouvier à l'Académie ;
Un acte de vente d'un terrain appartenant à Jean Antoine Renouvier père de Charles et Chevalier de la légion d'honneur.
LOYSON Hyacinthe – REN103 : vaste correspondance
MENARD Louis – REN109-1 à 4
MILHAUD Gaston – REN114-1 à 2
PILLON François – REN126-1 à 76

Microfilm 4 : PINET à ZURCH – REN 128 à 168 dont :
PRAT Louis – REN136-1 à 6
RAVAISSON Félix – REN140-1 à 3
SAVOUREUX Franck le – REN162-1
SEAILLES Gabriel – REN155-1 à 4
SECRETAN Charles – REN156-1 à 6
TARDE Gabriel – REN 158-1 à 7

Annexe A – Examen partiel et subjectif des fonds Renouvier et Louis Prat

Microfilm 5 : Renouvier à divers correspondants – REN 169 à 172 dont :
RENOUVIER à PRAT Louis – REN169-1 à 9
RENOUVIER à PILLON François – REN170-1 à 2

Annexe B - Quelques éléments biographiques concernant Renouvier

L'homme

Charles Renouvier a été un philosophe français du XIXe siècle. Il naquit le 1er janvier 1815[1] à Montpellier et mourut le 1er septembre 1903 à Prades. Janssens écrit (p. 11) que la « mort le surprit à 88 ans, comme il avait vécu : au travail ». Il s'est éteint, selon la belle formule de Gaston Milhaud (p. 11), « après avoir voulu, comme Socrate, exprimer en un dernier entretien ses convictions philosophiques et ses espérances ».

Il était le cadet d'une riche famille bourgeoise et estimée de Montpellier. Son grand père paternel, Jean Barthélémy Renouvier, était membre de l'assemblée départementale durant la Convention, son grand père maternel quant à lui était membre du Conseil des 500 et sénateur durant le Consulat (LOGUE, p. 23). Son père, Jean Antoine Renouvier, politicien de tendance libérale et républicaine, a été élu député de l'Hérault en 1827, puis est passé dans l'opposition à la formation du Ministère Polignac en 1829. Il possédait une propriété à Montpellier et une autre à Loupian (à une trentaine de kilomètres à l'Ouest de Montpellier). Sa mère, Marie Crassous, était « très pieuse », d'après ce que nous en dit Foucher[2]. Le frère aîné de Charles, Jules Renouvier, fut archéologue et homme politique, plusieurs fois député, il mourut en 1860 à Montpellier, comme son père trois ans auparavant. Nous avons peu d'information sur sa sœur et sur les biens familiaux, on peut penser que sa famille possédait des vignes (peut-être à Loupian), c'est en tout cas ce qu'en dit Gunn (p. 42) : « *Renouvier was a member of a well-to-do family of wine-growers, being the youngest of three children. He had one sister and one brother, Jules, who is remembered for his important contributions to French Archaeology.* »

Quoiqu'il en soit, Charles était rentier[3] et la fortune de famille lui permit de vivre modestement et de subventionner ses publications. Il ne se maria pas, mais vécut maritalement pendant 40 ans[4], jusqu'à la mort de sa concubine au printemps 1877 ; l'issue fatale de cette relation amoureuse est attestée notamment par une lettre de Charles Secrétan datée du 22 mai 1877,

---

[1] Renouvier le confirme dans la lettre du 4 janvier 1887 qu'il adresse à Secrétan (*CRS*, p. 157). Il a correspondu avec Secrétan de 1868 à 1891.
[2] FOUCHER Louis, La jeunesse de Renouvier et sa première philosophie 1815-1854, suivi d'une bibliographie chronologique de Charles Renouvier, Paris : Vrin, 1927, p. 11.
[3] Voir FEDI, p. 9.
[4] Les commentateurs convergent sur ce point ; voir par exemple BLAIS, p. 15 *sq.*

par laquelle il compatit à la peine de son ami suite au décès de « Madame Renouvier » (*CRS*, p. 138). Secrétan ignorait-il que cette liaison n'avait jamais été officialisée ? Et qui était cette Madame Renouvier ? Etait-ce la gouvernante, Madame Aucompte, qui aurait eu, semble-t-il, un enfant de lui ? Quoiqu'il en soit, lorsqu'elle mourut, Renouvier subvint à l'éducation du jeune Adrien Aucompte et de son frère ; il les invita à rejoindre la villa de La Verdette. Renouvier y vécut plus de vingt ans avec Adrien Aucompte ; « infirme et peu robuste » (PRAT, p. 178), ce dernier voua jusqu'à son décès « un véritable culte » à Renouvier. Quelques temps après la mort d'Adrien Aucompte, Louis Prat demanda à Renouvier s'il consentirait à venir s'établir avec lui « à Perpignan, pour y vivre ses derniers jours » (p. 178-179).

Dans sa jeunesse, Renouvier étudia d'abord au collège de Montpellier à partir de 1822, puis à Paris au collège Sainte-Barbe-Rollin de 1829 à 1832. Il se souvient avoir été à cette époque le souffre douleur de ses camarades. Après cela, il entra à l'Université, au collège Charlemagne ; il n'en conserve guère que la digne attitude de son professeur, M. Poret, trop occupé qu'il était à lire le *Globe* et trop absorbé par ses rêveries saint-simoniennes. Il écrit (*ECSDP-2*, p. 358) : cette folie saint-simonienne « ne tint pas chez moi jusqu'à la vingtième année, mais elle me laissa un cruel désenchantement, et en même temps un goût maladif pour les synthèses absolues et un dédain pour les procédés analytiques et les connaissances modestes ». Il l'avoue, c'était un élève médiocre jusqu'à ce qu'il comprenne, en préparant « les examens d'entrée à l'École Polytechnique [...,] la nécessité et la beauté du travail » (PRAT, p. 16).

« Je dépensai quatre années, comme tous les polytechniciens, à des études exclusivement mathématiques. Je ne profitai peut-être pas de ces études autant que j'aurais dû, – soit défaut d'aptitude assez spéciale, soit aussi qu'un reste de préoccupations peu saines détournât mon esprit de l'intérêt qu'il faut porter aux détails quand on veut y réussir. Toutefois, ces préoccupations mêmes ont eu, à l'égard de la vocation que je me suis sentie plus tard, cet avantage, qu'elles m'ont incliné fortement à réfléchir sur les méthodes, à chercher leur véritable sens et leur justification ; et d'autre part, l'application et l'assiduité imposées à tout écolier, même à celui qui ne dépassera jamais ce rang d'écolier dans ces matières, n'ont pas laissé d'établir chez moi une certaine assise de connaissances solides dont je n'aurais pu me passer » (*ECSDP-2*, p. 358-359).

Mais toutes les fois « qu'il se trouvait devant un examinateur, il avait le trac, il balbutiait. Il redoutait surtout Auguste Comte qui n'était pas aimable » (PRAT, p. 20). À la sortie de Polytechnique, son « classement lui donnait droit à être sous-lieutenant dans le service de la marine. Il hésita longtemps », mais la « carrière militaire n'avait, pour lui, aucun attrait ».

Au cours de ces quatre ans à Polytechnique, il se lia d'amitié avec Jules Lequyer (ou Lequier), qui s'intéressait comme lui à la science[5] ; il le retrouva en 1843 et ils reprirent leurs longues discussions « sur le redoutable problème » (PRAT, p. 17) de la liberté[6], problème qui taraudait Lequier.

Après son passage à Polytechnique, il reste quelques années relativement désœuvré [Hb3]. Encore jeune et déjà valétudinaire, il décide de partir prendre l'air méditerranéen de l'Italie. Sitôt de retour en France, « son état de santé quelque peu amélioré, il prend la décision ferme de recommencer ses études, de réapprendre ou, plus exactement, d'apprendre le grec et le latin, de lire les textes anciens [...]. Il est, il veut être un autodidacte ; apprendre et comprendre par lui-même » (PRAT, p. 22). Si bien que, « vers la fin de 1839, quand l'Académie des Sciences morales et politiques met un sujet au concours, il n'est plus tout à fait l'ignorant qui n'avait aucune confiance en sa puissance d'agir ».

Jusqu'en 1865, il vécut essentiellement à Paris, impasse Royer Collard d'abord en 1851, puis en banlieue, à Carrière-sous-Bois, avant d'acheter aux Basses Loges en 1856, conservant toutefois un pied à terre rue de la Michaudière, jusqu'à son déménagement rue d'Enfer fin 1861, où il ne restera que deux ans, comme dans son logement suivant, quai des Augustins. Ensuite, il s'installera durablement dans sa nouvelle propriété de La Verdette à proximité d'Avignon, propriété achetée à son ami fouriériste Boucher-Doumenq. Il n'en déménagera que quelques années avant sa mort, s'établissant alors, comme nous l'avons indiqué plus haut, avec son disciple et ami Louis Prat, d'abord à Perpignan puis à Prades[7] (village situé à une cinquantaine de kilomètres à l'ouest de Perpignan), dans une petite maisonnette rouge, au 11 route Nationale.

---

[5] Voir BLAIS, p. 17.

[6] « J'avais retrouvé, quelques années après notre sortie de l'école, un de mes plus chers camarades, dont la passion pour la philosophie n'était pas moindre que la mienne et qui s'appliquait avec une ardeur singulière et toutes les ressources d'un esprit extraordinairement subtil à cette unique question de la liberté. Il ramenait du moins toutes les autres à celle-là, en l'approfondissant et les approfondissant ; et celle-là, il se la rendait vivante et pratique jusqu'à en être possédé, jusqu'*au tragique*. Jules Lequier méditait jour et nuit le plan d'une reconstitution de la méthode et d'une réforme entière de la philosophie et de la théologie, par le *simple et ferme vouloir* d'un penseur de mettre la liberté à sa place de "première vérité" dans l'"œuvre de la connaissance", et de faire droit, pour l'établissement de toutes celles qui en dépendent, c'est-à-dire absolument de toutes, aux exigences de cette vérité unique niée par presque tous les philosophes et mal comprise ou trahie par les autres » (*ECSDP-2*, p. 381-382).

[7] Voir Annexe A, § Ct.

Mais au delà de ses quelques éléments plutôt anecdotiques[8], il y a finalement très peu à dire sur la vie de Renouvier, si ce n'est, et c'est là l'essentiel, qu'elle « s'est écoulée toute entière, au moins depuis sa sortie de l'École polytechnique, dans son cabinet de travail » (MILHAUD, p. 9). Prat présente (p. 283 *sq.*) la force de travail de Renouvier :

> Il « se levait à six heures précises du matin. [...] À sept heures, il s'installait en son cabinet de travail [...]. Il travaillait sans interruption jusqu'à midi. Il écrivait régulièrement chaque jour trois pages de vingt-sept lignes. [...] Cette habitude de travail régulier lui permettait d'écrire environ mille pages par année. [...] L'heure de la promenade et la durée de la promenade variaient selon la saison. Mais, tous les jours les causeries et les discussions philosophiques recommençaient, très animées. [...] La soirée était consacrée à la lecture. [...] Sa curiosité intellectuelle était toujours en éveil. Il était toujours prêt à apprendre, à comprendre, à discuter ».

Finalement pour ce philosophe sur le tard, comme pour Gaston Bachelard, sa vie est son œuvre.

L'écrivain

Renouvier présente son entrée en philosophie comme une découverte accidentelle de Descartes, qui se transforma en « enchantement » et le poussa quelques temps plus tard à soumettre un manuscrit à l'Académie des sciences morales et politiques en réponse au prix qu'elle organisait sur le cartésianisme[9] :

> « Me trouvant désœuvré par suite de ma renonciation au service public où j'aurais pu être appelé, je fus amené accidentellement à lire le livre des Principes de Descartes, et puis ses autres ouvrages ; et ce fut, je puis le dire, avec un véritable enchantement que je m'initiai, moi si novice, à cette méthode mathématique appliquée aux idées, à cette pensée si ferme, à cette langue si belle et si ample, à ce système fortement construit dont les lacunes ou les vices échappent facilement à qui n'a pas suivi encore avec l'attention voulue son développement historique jusqu'au moment de l'apparition de la *Critique de la raison pure*, qui seule a renversé définitivement les bases de la doctrine cartésienne. Je lus ensuite rapidement l'*Éthique* de Spinoza, les principaux traités métaphysiques de Leibniz et de Malebranche, un très petit nombre d'autres ouvrages, et je cédai à cette espèce de fougue philosophique, en écrivant en quelques mois, pressé par le temps, un mémoire sur le cartésianisme, que j'osais soumettre au jugement de l'Académie des sciences morales et politiques » (*ECSDP-2*, p. 359 et *CP1877-2*, p. 276).

---

[8] Pour une biographie plus détaillée, on pourra se reporter notamment à la notice que Jules Thomas publia dans sa réédition du *Manuel républicain*, à celle rédigée par Claude Millet du groupe Hugo, à la riche biographie qu'a publié Foucher et surtout à l'autobiographie que Renouvier écrivit d'abord dans la *Critique philosophique* (1877-2, p. 275-279, 305-313 et 377-385) puis qu'il reprit avec quelques compléments sous le titre « Comment je suis arrivé à cette conclusion » dans *ECSDP-2* (p. 355-405).

[9] Fedi précise que c'était Victor Cousin qui avait proposé ce sujet sur le cartésianisme à l'Académie.

Renouvier reçu une mention honorable, à la demande, dit-il, de l'« estimable et consciencieux M. Damiron » ; c'était en 1838 (ou 1939 si l'on en croit Prat), et ce furent Jean Bordas-Demoulin et Francisque Bouillier qui obtinrent le prix. Renouvier n'était pas satisfait de son travail, mais estimait que si le sien « avait quelque chose qui pût le recommander, c'était la naïveté, une manière d'attaque directe des textes [...] sans aucun recours aux interprétations reçues, et le rôle prépondérant donné aux idées mathématiques et physiques de Descartes, pour l'intelligence de l'ensemble de sa doctrine. »

Il considère ce mémoire comme son « point de départ ». Sur cette base, il pu constituer ce qu'il nomma : le « fond de mon travail et de mes progrès » (*CRS*, p. 8, lettre du 10 janvier 1869) et qui « tenait à l'idée que je devais me faire de l'infini considéré mathématiquement, c'est-à-dire dans l'espace et dans le temps. Là aussi fut ma révolution ».

L'Institut lui avait donc, d'une certaine manière, donné son élan. Et en effet, comme l'écrit Milhaud (p. 31), ce premier manuscrit quelque peu étoffé devint en 1842 le *Manuel de philosophie moderne*. Cette première publication importante, l'incita à poursuivre ses travaux, il sortit deux ans plus tard un *Manuel de philosophie ancienne*.

Renouvier est l'auteur de plus de quinze volumineux ouvrages dont la plupart comprennent plusieurs tomes[10]. Mais entre son galop d'essai pour l'Académie et la publication de son deuxième *Manuel*, il commença par rédiger quelques articles, en particulier dans *La feuille du peuple*, *La liberté de penser* et huit textes pour l'*Encyclopédie nouvelle* de Pierre Leroux et Jean Reynaud, dont un long papier intitulé « Philosophie » daté de 1847 qui marque un tournant dans sa pensée.

Ce furent probablement ces contacts qui l'incitèrent vers ses 35 ans, à suivre les traces de son père, et à s'impliquer dans la vie politique. Il rédigea alors, sous la direction de Reynaud et à la demande de Hippolyte Carnot, alors Ministre de l'instruction publique, un *Manuel républicain de l'homme et du citoyen*. Ce texte fut très mal reçu en 1848[11], Renouvier persista cependant en coécrivant trois ans plus tard, avec Charles Fauvety, *Gouvernement direct et organisation communale et centrale de la république*. Mais la Seconde République, qui ne tint que de 1848 à 1852, désillusionna bien vite Renouvier, autant que la venue dès 1851 du Second Empire, avec le coup d'Etat de Bonaparte. Prat écrit (p. 253) que durant « la période

---

[10] Malgré cette prolixité, Renouvier s'accuse souvent de « procrastination épistolaire » (voir par exemple CRJ, p. 203, lettre du 11 septembre 1884).
[11] À tel point qu'il déclencha une offensive parlementaire des conservateurs, laquelle poussa Hippolyte Carnot à la démission (à ce propos voir 1.b.α).

du Second Empire, Charles Renouvier a vécu dans la retraite, uniquement préoccupé d'élaborer sa doctrine. » Dès lors, son travail d'écriture philosophique constitua à peu près le tout de sa vie d'adulte. Et Renouvier « s'est désintéressé de la vie politique à mesure qu'il a vu plus clair dans sa pensée, qu'il a su plus exactement ce qu'il voulait faire et, comme il disait, ce qu'il se proposait d'oser. »

D'après Milhaud et la plupart des commentateurs, cette première période, qui va jusqu'en 1852, consiste en une « période de tâtonnement » (p. 11). Sa deuxième période est la plus féconde, il y publie notamment ses quatre *Essais de critique générale* puis sa *Science de la morale* en 1869. « Son système est, dès lors, complètement fixé » (p. 12). La préface du *Premier Essai* date de juillet 1854. Le *Deuxième Essai* paraît en 1858. Renouvier effectuera une seconde édition de ses *Essais* en ajoutant des développements, mais sans modifier ses idées fondamentales et sans en retirer, d'abord des deux premiers en 1875 puis du troisième en 1892. La troisième période débute « vers la fin de l'Empire » (p. 13), elle « est surtout caractérisée par le désir de propager la doctrine nouvelle et d'en éprouver l'efficacité au contact de tous les problèmes pressants que posent, surtout au lendemain de la guerre, les événements de chaque jour. [...] Enfin, dans la quatrième et dernière période, ce qui frappe, au milieu de l'abondance des publications de Renouvier, c'est le penchant à reculer les limites de ce qu'une croyance doit raisonnablement admettre, et on le voit aboutir à une gigantesque construction théologique, qu'il offrira, sous le nom de *Personnalisme*, aux besoins religieux de l'humanité ».

En plus de rédiger de nombreux ouvrages, Renouvier créa avec son ami Pillon la revue *Critique philosophique, politique, scientifique, littéraire*, qu'il dirigea durant dix-neuf ans et dont il fut un des principaux contribu-teurs. Cette revue, qui représente un total de 36 volumes, était hebdomadaire de 1872 à 1884, elle devint mensuelle de 1885 à 1890 et fut complétée par un supplément trimestriel intitulé *Critique religieuse* de 1878 à 1885. Après l'arrêt de ce périodique, Renouvier a continué jusqu'à la fin de sa vie à rédiger de longs articles pour l'*Année philosophique*. Cette autre revue, que François Pillon dirigea seul durant de longues années, était en fait la reprise de la publication qui avait été initialement créée par les deux amis en 1868, publication qui n'avait eu alors que deux parutions (1868 et 1869), mais qui avait donné naissance à la *Critique philosophique*.

Autodidacte, Renouvier n'a jamais enseigné, trop timide peut-être, il est resté relativement en marge de la philosophie universitaire de l'époque, se contentant d'écrire beaucoup et longtemps : de 1838 à 1903, soit 66 ans, presque totalement consacrés à la philosophie.

Annexe B – Quelques éléments bibliographiques concernant Renouvier

Il ne fut reconnu par l'Académie des sciences morales et politiques qu'à l'âge de 84 ans. L'Institut de France lui a alors décerné le prix Estrade Delcros[12]. C'est ce prix, d'une valeur de 8000 francs, qui, ajouté à un apport de Louis Prat, permit d'acheter la petite maison de Prades. Renouvier fut récompensé pour l'ensemble de son travail et spécialement pour sa *Nouvelle monadologie* (1899), ainsi que pour sa *Philosophie analytique de l'histoire* (4 tomes publiés de 1896 à 1898) dont le Ministère de l'instruction publique avait recommandé la lecture. Son *Quatrième Essai* est une introduction à cette *Philosophie analytique de l'histoire*, ouvrage qui peut se définir, selon les termes de Dauriac (MPR, p. 26), comme « une histoire pragmatique des idées philosophiques et morales depuis les origines historiques de l'homme jusqu'à nos jours », une œuvre donc « de première importance. »

Quelques mois après avoir obtenu le prix Delcros, il fut élu membre de l'Académie au siège de Paul Janet sur proposition de Émile Boutroux. Peu après, la Légion d'honneur lui fut proposé par Louis Liard, recteur de l'Académie de Paris, mais Renouvier la refusa : il se sentait « trop vieux pour être chevalier de la Légion d'honneur [...,] trop vieux pour prendre de nouvelles habitudes. Un homme décoré n'est plus comme tout le monde », disait-il à Prat (PRAT, p. 290-293).

Renouvier publia également d'autres ouvrages importants : l'*Uchronie, (utopie dans l'histoire), esquisse historique du développement de la civilisation européenne, tel qu'il n'a pas été, tel qu'il aurait pu être* (1876), un *Petit traité de morale à l'usage des écoles primaires laïques* (1879), son *Esquisse d'une classification systématique des doctrines philosophiques* (1885 et 1886), ainsi que deux études sur Victor Hugo, une *Histoire et solution des problèmes métaphysiques* et *Les dilemmes de la métaphysique pure* (1901), avant *Le personnalisme*, son ouvrage terminal, publié l'année de sa mort (1903).

Plusieurs textes ont été publiés à titre posthume. D'abord ces *Derniers entretiens – recueillis par Louis Prat*, que celui-ci publia en 1904, puis la *Critique de la doctrine de Kant*, publié par le même Prat en 1906. Ensuite la correspondance de Renouvier avec Louis Ménard, Lionel Dauriac, Félix Henneguy. Enfin dernièrement son article inédit sur la « Doctrine des catégories de la relation », publié après révisions par Gérard Pyguillem et Marcel Méry aux *Archives de philosophie* en 1973 (p. 177-207).

---

[12] Ce prix, quinquennal et non divisible, a été remis en 2000 à Julie Themes, pour son livre *Essai et déclin de l'affirmative action*, en 2005 au colonel Régis Chamagne, pour *L'art de la guerre aérienne*, et en 2010 à Guillaume Barrera, pour *Les Lois du monde. Enquête sur le dessein politique de Montesquieu*.

Il y a une cinquantaine d'auteurs qui ont étudié de manière approfondie l'œuvre de Renouvier[13]. Parmi eux, les principaux commentateurs classiques qui ont consacré un ouvrage à Renouvier sont :
- juste après sa mort, Edgar Janssens (*Le Néo-Criticisme de Charles Renouvier ; théorie de la connaissance et de la certitude* - 1904) et Gabriel Séailles (*La philosophie de Charles Renouvier ; introduction à l'étude du néo-criticisme* - 1905) ;
- en 1927, Louis Foucher (*La jeunesse de Renouvier et sa première philosophie 1815-1854, suivi d'une bibliographie chronologique de Charles Renouvier*), Octave Hamelin (*Le système de Renouvier*), Gaston Milhaud (*La philosophie de Charles Renouvier*)[14] et Paul Mouy (*L'idée du progrès dans la philosophie de Renouvier*) ;
- entre 1937 et 1952, Louis Prat (*Charles Renouvier, philosophe : sa doctrine, sa vie* - 1937), Roger Verneaux (*Renouvier disciple et critique de Kant – L'idéalisme de Renouvier* - 1945) et Marcel Méry (*La critique du christianisme chez Renouvier* - 1952) ;
- plus près de nous, retenons l'anglais William Logue (*Charles Renouvier philosopher of liberty* - 1993), deux jeunes docteurs qui avaient fait de Renouvier leur sujet de thèse, Laurent Fedi (*Le Problème de la connaissance dans la philosophie de Charles Renouvier* - 1998) et Marie-Claude Blais (*Au principe de la République ; le cas Renouvier* - 2000), ainsi que Fernand Turlot (*Le personnalisme critique de Charles Renouvier : une philosophie française* - 2003).

---

[13] Voir les « Principales études sur Renouvier » dans la Bibliographie. Ces études restent souvent très partielles, elles prenent la forme d'un simple article et/ou restent attachées à un aspect précis de la pensée de Renouvier. Pour être au plus juste dans notre interprétation, il faut aussi remettre ces textes dans leur contexte et les distinguer en fonction de leur pertinence scientifique : on pourrait par exemple reprocher à Louis Prat, disciple de Renouvier, de s'exprimer davantage avec le cœur qu'avec la raison, ou rétorquer encore au chanoine Verneaux de trop vouloir ramener Renouvier à Kant. Les commentaires les plus justes et les plus complets sont ceux de Milhaud, Séailles, Hamelin et Fedi. Ce dernier, d'accord sur l'interprétation souvent éclairante de Séailles, m'a rappelé que Renouvier ne pensait pas que du bien du cours que Séailles lui avait consacré : il en trouvait même certains aspects « fort embrouillés et tout à fait mauvais » (lettre à Paul Brener du 01/01/1902, bibliothèque de La Chaux-de-Fonds).

[14] Il s'agit du résumé du cours public que Gaston Milhaud consacra à la philosophie de Renouvier à la Faculté de Montpellier en 1905.

Annexe B – Quelques éléments bibliographiques concernant Renouvier

La vie et l'œuvre de Renouvier en regard de quelques dates importantes

Renouvier a consigné dans un carnet [Cw] une chronologie des œuvres et des auteurs qui lui semblaient essentiels. Le tableau suivant s'inspire de ce projet et emprunte une partie des données à Michel SERRES (dir.), *Eléments d'histoire des sciences*, Paris : Larousse, 1989.

An	Renouvier, vie & œuvre	Philosophie	Sciences & techniques	Géopolitique	Littérature
1564			Galilée († 1642)		
1571			Fr. Viète : *Canon mathematicus*, trigonométrie Kepler († 1630)		
1580		Montaigne (1533-1592) : *Essais* (... 1588)			
1588		Th. Hobbes († 1672)	M. Mersenne († 1648)		
1592			P. Gassendi († 1655)		
1593			A. Romain donne π avec 15 décimales		
1605			F. Bacon débute la publication de son encyclopédie		
1609			J. Kepler (1571-1630) : *Astronomia novae*		
1618			Premier microscope		
1620		F. Bacon (1561-1626) : *Novum organum*			
1629			Ch. Huygens († 1695)		
1635 1636			G.-P. de Roberval : traité de mécanique et méthode pour le tracé des tangentes		Institution de l'Académie française
1637		R. Descartes (1596-1650) : *Discours de la méthode*	P. de Fermat : méthode pour la recherche des tangentes		
1638		Malebranche († 1715)			
1640			Pascal (1623-1662) : *Essai sur les coniques*		

Fondations des sciences dans le néocriticisme de Renouvier

An	Renouvier, vie & œuvre	Philosophie	Sciences & techniques	Géopolitique	Littérature
1643			-E. Torricelli : le baromètre -Newton († 1727)		
1654			Pascal-Fermat : calcul des probabilités		
1656			J. Wallis : arithmétique des infiniment petits		
1666		Leibniz (1646-1716) : *De arte combinatoria*	Institution de l'Académie des sciences		
1670			Newton (1642-1727) : théorie corpusculaire de la lumière		
1671 1672			-Leibniz : machine à calculer -F. Glisson (1599-1677) : *Tractatus de natura substantiae energetica*		
1675			Leibniz : conception du calcul infinitésimal		
1677		Spinoza : *Ethique*			
1682			E. Halley : observation de la comète		
1687			Newton : *Principia mathematica*		
1690		J. Locke (1632-1704) : *Essai sur l'entendement humain*	Ch. Huygens (1629-1695) : *Traité de la lumière* (théorie ondulatoire)		
1694					*Dictionnaire de l'Académie française*
1696 1697		P. Bayle (1647-1706) : *Dictionnaire historique et critique*	De L'Hospital : calcul infinitésimal		
1699			Jacques Bernoulli (1654-1705) : calcul des probabilités		
1701			Ralphson : *Dictionnaire de mathématiques*		
1706			Académie des sciences de Montpellier		

Annexe B – Quelques éléments bibliographiques concernant Renouvier

An	Renouvier, vie & œuvre	Philosophie	Sciences & techniques	Géopolitique	Littérature
1707			-G.-L. Leclerc de Buffon († 1788) -C. von Linné († 1778)		
1711			Boscovich († 1787)		
1717			Wolff : *Premier Lexique mathématique*		
1721			M.-F.-X. Bichat († 1802)		
1725			G. Vico (1668-1744) : *La science nouvelle*		
1732 1733		J.-J. Lefrançois de Lalande († 1807)	G. Saccheri : études sur le postulat d'Euclide		
1738		D. Hume (1711-1776) : *Traité de la nature humaine*			
1743			-A. Lavoisier († 1794) -J.-C. de La Métherie († 1817)		
1744			J.-B. Lamarck († 1829)		
1747			L. Euler : *Nouvelle géométrie analytique*		
1748		Montesquieu (1689-1755) : *L'esprit des lois*	D'Alembert (1717-1783) : la précession des équinoxes		
1749			G.-L. Leclerc, comte de Buffon (1707-1788) : *Histoire naturelle*		
1759			J.-E. Montucla : *Histoire des mathématiques*		
1760			R. Blackwell (1725-1795) améliore la race ovine		
1769			G. Cuvier († 1832)		
1771			Vandermonde étudie l'équation du 5e degré		
1772			É.-G. Saint-Hilaire († 1844)		
1775 1776			A.-M. Ampère († 1836)		1er quotidien à Paris

Fondations des sciences dans le néocriticisme de Renouvier

An	Renouvier, vie & œuvre	Philosophie	Sciences & techniques	Géopolitique	Littérature
1781		E. Kant (1724-1804) : *Critique de la raison pure*			
1785 1786			A. Fresnel († 1827)	1ère voie ferrée en France	
1789			A.-L. Cauchy († 1857)	Début de la Révolution française (...1799)	
1791 1792		V. Cousin († 1867)	N. I. Lobatchevski († 1856)	Loi française sur les brevets	
1793			J.-B. Lamarck, *Recherches sur les causes des principaux faits physiques*	Louis XVI est exécuté	
1794		Fichte (1762-1814) : *Sur la doctrine de la science*	-A.-M. Legendre : *Eléments de géométrie* -E. Darwin : *Zoonomie*		
1795		Condorcet : *Esquisse des progrès de l'esprit humain*	-L. de Lagrange : *Géométrie analytique* -L. Mascheroni : *Géométrie du compas*		
1796			P.-S. Laplace : *Exposition du système du monde*		
1797			L. Carnot : *Métaphysique du calcul infinitésimal*		
1798			A.-M. Legendre : *Théorie des nombres*		
1799 1800		Schelling (1774-1854) : *Philosophie de la nature*	G. Cuvier : *Leçons d'anatomie comparée*	L. Napoléon Bonaparte renverse le Directoire et instaure le Consulat	
1801			C. F. Gauss (1777-1783) : *Recherches arithmétiques*	Etats-Unis : Th. Jefferson, 3e président	
1802			Début des grands travaux ordonnés par Napoléon Bonaparte	1ère loi du travail limitant le travail des enfants anglais de moins de 9 ans à 12h/jour	

Annexe B – Quelques éléments bibliographiques concernant Renouvier

An	Renouvier, vie & œuvre	Philosophie	Sciences & techniques	Géopolitique	Littérature
1803				Louisiane vendue aux Anglais	
1808			J. Dalton, hypothèse atomique	J. Murat est fait roi de Naples par Napoléon	
1809			J.-B. Lamarck, *Philosophie zoologique*		
1814		J. Lequier († 1862)		Restauration (1814-1830)	
1815	1ᵉʳ janvier 1815, naissance de Charles à Montpellier ; né de Jean-Antoine Renouvier et Marie Crassous	Ch. Secrétan († 1895)		Défaite de la France face aux puissances étrangères à Waterloo	
1820 1821		C.-H. Saint Simon (1760-1825) : *Du système industriel*	Naissance du chemin de fer en Grande-Bretagne dans les années 1820	Napoléon meurt en exil sur l'île de Sainte Hélène	A. de Lamartine : *Méditations poétiques*
1822	Étudie au collège de Montpellier		A. Fresnel : *Théorie ondulatoire de la lumière*		
1824			Sadi Carnot : *Réflexions sur la puissance motrice du feu et sur les machines propres à développer cette puissance*		
1826			J. N. Niepce, 1ère photographie		
1827	Son père est élu député de l'Hérault		G. Ohm, loi électrique		
1828 1829	Charles étudie au collège Sainte-Barbe-Rollin à Paris		M. Faraday (1791-1867), principe du moteur électrique fondé sur l'induction		H. de Balzac : *La comédie humaine* (1829-1848)

Fondations des sciences dans le néocriticisme de Renouvier

An	Renouvier, vie & œuvre	Philosophie	Sciences & techniques	Géopolitique	Littérature
1830		-A. Comte (1798-1857) : *Cours de philosophie positive* (1830-1842) -F. Pillon († 1914)	-Ch. Lyell : *Principes de géologie* -E. Galois, mémoire sur les équations	Conquête de l'Algérie et Révolution des trois glorieuses qui porte sur le trône Louis-Philippe (Monarchie de Juillet 1830-1848)	-A. de Lamartine : *Contre la peine de mort* -Stendhal : *Le rouge et le noir*
1831	Étudie à l'Université au collège Charlemagne puis à l'Ecole polytechnique				V. Hugo (1802-1885) : *Notre Dame de Paris*
1835 1836	Articles dans l'*Encyclopédie nouvelle* (1836-1847)	A. de Tocqueville : *De la démocratie en Amérique* (1835-1840)			
1837			S. Morse présente son télégraphe à New York		
1838 1839			M. Schleiden, théorie cellulaire des êtres vivants		Stendhal : *La chartreuse de Parme*
1841		Ch. Fourier (1772-1837) : *Œuvres complètes* (1841-1845)	J.P. Joule : loi électrique		
1842 1843	*Manuel de philosophie moderne*	-S. Kierkegaard : *Crainte et tremblement* -W. James († 1910) -P. Tannery († 1904)	Loi décidant de doter la France de chemins de fer		
1844	*Manuel de philosophie ancienne*				A. Dumas : *Les trois mousquetaires*
1846		L. Liard († 1917)	U. le Verrier, calcul de la position de Neptune		G. Sand : *La mare au diable*

Annexe B – Quelques éléments bibliographiques concernant Renouvier

An	Renouvier, vie & œuvre	Philosophie	Sciences & techniques	Géopolitique	Littérature
1847 1848	*Manuel républicain*	L. Dauriac († 1923)	-A. Sobrero, la nitroglycérine -J. Monier, béton armé	Monarchie de Juillet renversée, puis IIe République (1848-1852) et abolition de l'esclavage	
1849 1850	Contributions à *La feuille du peuple* (1850-1851)				Château-briand : *Mémoires d'outre-tombe*
1851 1852	-*Organisation communale et centrale de la République* -Habite impasse Royer Collard à Paris ; partira ensuite en banlieue		-L. Foucault, pendule de Foucault -Premiers ballons dirigeables	Coup d'Etat de Louis-Napoléon Bonaparte. Après avoir été élu président de la République en 1848, Napoléon III devient Empereur (Second empire 1852-1870)	
1854 1855	*1er Essai*	C. Vogt : *La foi du charbonnier et la science*	-B. Riemann, géométrie non-euclidienne -H. Poincaré († 1912)	Russie : Alexandre II, tsar	G. de Nerval : *Les chimères*
1856	Achète aux Basses Loges à Paris, conserve un pied à terre à la Michaudière où il reviendra habiter ultérieurement	A. Comte : *Synthèse subjective*	-R. H. Lotze : *Mikrokosmos* -H. von Helmholtz : *Optique physique*		
1857	*Uchronie*	K. Marx : *Introduction à la critique de l'économie politique*			-Ch. Baudelaire : *Les fleurs du mal* -G. Flaubert : *Madame Bovary*

Fondations des sciences dans le néocriticisme de Renouvier

An	Renouvier, vie & œuvre	Philosophie	Sciences & techniques	Géopolitique	Littérature
1858 1859	*2ᵉ Essai*	-Proudhon (1809-1865) : *De la justice dans la révolution* -É. Durkheim († 1917) -H. Bergson († 1941)	Ch. Darwin : *De l'origine des espèces*	France : Napoléon III intervient en faveur de l'unité italienne	
1860	Mort à Montpellier de son frère Jules, archéologue et homme politique		Métro de Londres (1860-1864)		
1861	De 1861 à 1863, habite rue d'Enfer à Paris	-A.-A. Cournot (1801-1877) : *Traité de l'enchaînement des idées...* -L. Prat († 1942)	-Pasteur, microbes anaérobies -P. Duhem († 1916)	Amérique : Guerre de Sécession de 1861 à 1865	
1862		H. Spencer (1820-1903) : *Premiers principes*			V. Hugo : *Les misérables*
1863	Mort de son père	J. S. Mill (1806-1873) : *L'utilitarisme*			Taine : *Histoire de la littérature anglaise*
1864	-*3ᵉ Essai* -De 1863 à 1865, habite quai des Augustins	H. Spencer : *Principes de biologie (1864-1867)*	A. Nobel, la dynamite	-Fondation de la 1ᵉʳᵉ Internationale des Travailleurs -France : Reconnaissance du droit de grève	
1865	-Préface à la *Recherche d'une première vérité* de Jules Lequier -Vers 1865, s'installe à La Verdette	-Proudhon : *La capacité politique des classes ouvrières* -K. Marx : *Salaires, prix et profits* -Taine : *Philosophie de l'art (1865-1869)*	-Cl. Bernard : *Intr. à l'étude de la médecine expérimentale* -J.C. Maxwell : *Théorie électromagnétique de la lumière* -G. Mendel, hybridation des plantes -E. Michaux, vélocipède à pédales	États-Unis : Assassinat de Lincoln et création du Ku-Klux-Klan	Tolstoï : *Guerre et paix* (1865-1869)

Annexe B – Quelques éléments bibliographiques concernant Renouvier

An	Renouvier, vie & œuvre	Philosophie	Sciences & techniques	Géopolitique	Littérature
1866 1867		Marx entreprend la rédaction du *Capital*		Angleterre : Victoria, reine	Dostoïevski : *Crime et châtiment*
1868	De 1868 à 1891, correspond avec Ch. Secrétan (1815-1895)	Alain († 1951)		États-Unis : Droit de vote aux noirs	
1869	*Science de la morale*	E. von Hartmann : *Philosophie de l'inconscient*	-J. W. Hittorf, rayons cathodiques -D. Mendeleïev, classification périodique des éléments chimiques	-Création du canal de Suez -France : L. Gambetta est élu député républicain	
1870		-Taine : *De l'intelligence* -H. Spencer : *Principes de psychologie* (1870-1873)		-France : Guerre franco-prussienne, abdication de Napoléon III prisonnier à Sedan et proclamation de la IIIe République (1870-1914) -Espagne : Proclamation de la République	G. Flaubert : *L'éducation sentimentale*
1871		J. Lachelier : *Le fondement de l'induction*	-Ch. Darwin : *La descendance de l'homme* -Gramme invente la dynamo	-Allemagne : Proclamation du IIe Reich par O. von Bismarck -Commune de Paris	-V. Hugo : *L'année terrible* -L. Carroll : *De l'autre côté du miroir*
1872	*Critique philosophique* (1872-1889)	-F. Nietzsche : *L'origine de la tragédie* -A.-A. Cournot : *Considération sur la marche des idées*	Ch. Darwin : *L'expression des émotions...*		

Fondations des sciences dans le néocriticisme de Renouvier

An	Renouvier, vie & œuvre	Philosophie	Sciences & techniques	Géopolitique	Littérature
1873		-F. Nietzsche : *Considérations inactuelles* -Bakounine : *L'État et l'anarchie* -Engels : *Dialectique de la nature* (1873-1883)		France : Patrice de Mac Mahon, président sous la IIIe République	Tolstoï : *Anna Karénine*
1874		-P. Janet : *Morale* -E. Boutroux : *De la contingence des lois de la nature* -F. Brentano : *La psychologie du point de vue empirique*		Espagne : Restauration des Bourbons ; Alphonse II, roi	-G. Flaubert : *La tentation de saint Antoine* -V. Hugo : *Quatre-vingt-treize*
1875	Réédition des deux premiers *Essais*	A.-A. Cournot : *Matérialisme, vitalisme, rationalisme*			
1876		H. Spencer : *Principes de sociologie* (1876-1896)	A. G. Bell, le téléphone		
1877	Mort de la concubine de Renouvier	L. Morgan : *La société primitive*	Th. Edison, le phonographe		-V. Hugo : *La légende des siècles* -E. Zola : *L'assommoir*
1878	-Traduction du *Traité de la nature humaine* de Hume -*Critique religieuse* (1878-1883)	-F. Nietzsche : *Humain trop humain* -Pierce : *Comment rendre nos idées claires*		-Allemagne : Répression -Italie : Humbert Ier roi	
1879	*Petit traité de morale*	-V. Brochard : *De l'erreur* -H. Spencer : *Principes de morale* (1879-1882)	Pasteur, vaccinations préventives	France : -J. Grévy, président -Victoire de la république « modérée » -J. Ferry est ministre de l'instr. publ. et prés. du Conseil en 80	

Annexe B – Quelques éléments bibliographiques concernant Renouvier

An	Renouvier, vie & œuvre	Philosophie	Sciences & techniques	Géopolitique	Littérature
1880		F. Nietzsche : *Le voyageur et son ombre*	-Th. Edison & M. Park, train électrique -Siemens, ascenseur électrique	Implantation française au Congo	-Dostoïevski : *Les frères Karamazov* -G. de Maupassant : *Les contes*
1881		-Th. Ribot : *Les maladies de la volonté* -A. Lefèvre : *La reconnaissance du matérialisme*		-Protectorat français sur la Tunisie -Russie : Alexandre III devient tsar à la suite de l'assassinat d'Alexandre II -France : loi sur la liberté de la presse	
1882		-F. Nietzsche : *Le gai savoir* -H. Hoffding : *Esquisse d'une psychologie*	R. Koch, le bacille de la tuberculose	France : lois Ferry sur l'école	Stevenson : *L'île aux trésors*
1883		-Dilthey : *Introduction aux sciences de l'esprit...* -F. Nietzsche : *Ainsi parlait Zarathoustra* (1883-1891)	E. Mach : *Mécanique*	Guerre franco-chinoise	-V. Hugo : *Notre Dame de Paris* -G. de Maupassant : *Une vie*
1884		-Fr. Engels : *Les origines de la famille, de la propriété privée et de l'État* -G. Frege : *Fondements de l'arithmétique*			
1885	*Esquisse d'une classification systématique des doctrines philosophiques*	-J. Lachelier : *Psychologie et métaphysique* -J.-M. Guyau : *Morale sans obligation ni sanction*	-L. Pasteur, vaccin contre la rage -G. Daimler, bateau à moteur électrique	Espagne : régence de Marie-Christine	-E. Zola : *Germinal* -G. de Maupassant : *Bel ami*

Fondations des sciences dans le néocriticisme de Renouvier

An	Renouvier, vie & œuvre	Philosophie	Sciences & techniques	Géopolitique	Littérature
1886		-W. Wundt : *Éthique* -Nietzsche : *Par delà le bien et le mal*			A. Rimbaud : *Les illuminations*
1887		F. Nietzsche : *Généalogie de la morale*	1ères voitures automobiles Peugeot	France : Sadi Carnot prend la présidence à la suite de la démission de J. Grévy	
1888		-Fr. Engels : *Ludwig Feuerbach....* -R. Avenarius : *Critique de l'expérience pure*		-Allemagne : Guillaume II, empereur -Grande Bretagne : fédération syndicale des mineurs	-E. Zola : *La terre* -M. Barrès : *Sous l'oeil des barbares*
1889		-W. Wundt : *Système de philosophie* -F. Nietzsche : *Le crépuscule des idoles* -H. Bergson : *Les données immédiates de la conscience*		-Paris, fondation de la 2e Internationale ouvrière et inauguration de la tour Eiffel -République du Brésil -Constitution du Japon	-P. Verlaine : *Parallèlement* -A. France : *Thaïs*
1890	Contributions à *L'année philosophique* (1890-1902)	-W. James : *Principes de psychologie* -Renan : *L'avenir de la science : pensées de 1848* -G. Tarde : *Les lois de l'imitation*	-Cl. Ader, premier vol mécanique -Axiomatique de Peano -E. Branly, application des ondes hertziennes	-Allemagne : démission de Bismarck -Espagne : suffrage universel	
1891		E. Husserl : *Philosophie de l'arithmétique*	-E. Dubois découvre le 1er pithécanthrope à Java -1ers pneus démontables de Michelin		O. Wilde : *Le portrait de Dorian Gray*

Annexe B – Quelques éléments bibliographiques concernant Renouvier

An	Renouvier, vie & œuvre	Philosophie	Sciences & techniques	Géopolitique	Littérature
1892	Réédition du *Troisième Essai*	-Ch. S. Pierce : *La loi de la pensée* -G. Simmel : *Introduction à la science morale* -H. Spencer : *Princip. de morale* (1892-1893)	-A. Weismann : *Essai sur l'hérédité et la sélection naturelle* -Moteur diesel	-Alliance franco-russe -Paris : attentats anarchistes	
1893	*Victor Hugo, le poète*	-M. Blondel : *L'action* -A. Fouillée : *Psychologie des idées forces* -G. Tarde : *Logique sociale* -E. Durkheim : *De la division du travail social* -G. Frege : *Les lois fondamentales de l'arithmétique* (1893-1903)		Grande Bretagne : échec du projet libéral du *Home rule*	-A. Gide : *Le voyage d'Urien* -St. Mallarmé : *Vers et prose*
1894		-K. Marx : tome III du *Capital* -L. Brunschvicg (1869-1944) : *La modalité du jugement* -Lénine : *Ce que sont les amis du peuple*	-Sérum contre la diphtérie -Détection du microbe de la peste	-France : assassinat de Sadi Carnot -Russie : Alexandre III meurt, Nicolas II tsar -Guerre sino-japonaise	-R. Kipling : *Le livre de la jungle* -J. Renard : *Poil de carotte*
1895		-E. Boutroux : *L'idée de lois naturelles dans la science et la philosophie contemporaine* -E. Durkheim : *Les règles de la méthode sociologique* -S. Freud : *Études sur l'hystérie* ; *Esquisse d'une psychologie...* -F. Brunetière : *La science et la religion*	-W. Röntgen, les rayons X -Frères Lumières, cinématographes -G. Cantor, travaux sur les transfinis (1895-1897)		-L. Tolstoï : *Maître et serviteur* -P. Valéry : *La méthode de Léonard de Vinci*

Fondations des sciences dans le néocriticisme de Renouvier

An	Renouvier, vie & œuvre	Philosophie	Sciences & techniques	Géopolitique	Littérature
1896	*Philosophie analytique de l'histoire*	-H. Bergson : *Matière et mémoire* -A. Fouillée : *Le mouvement idéaliste et la réaction contre la science positive*	H. Becquerel, la radioactivité		
1897		-P. Janet : *Psychologie et métaphysique* -E. Durkheim : *Le suicide*	-J.-G. Thomson détecte l'électron -Découverte des causes de la malaria	-France : débats sur l'affaire Dreyfus (1894) -Bâle : 1er congrès sioniste -Guerre gréco-turque à propos de la Crète	-H. G. Wells : *L'homme invisible* -A. Gide : *Les nourritures terrestres*
1898		-G. Tarde : *Les lois sociales* -J. Lagneau : *Fragments* -S. Freud : *La science des rêves*	-P. & M. Curie, le polonium et le radium -1er salon de l'automobile à Paris	-Guerre hispano-américaine -E. Zola publie « J'accuse » dans *L'aurore*	
1899	-*Nouvelle monadologie* -Récompensé par l'Académie (prix *Estrade Delcros*) à 84 ans	-H. Rickert : *Science de la culture et science de la nature* -A. Lalande : *Les illusions évolutionnistes*		France : E. Loubet, président	Mallarmé : *Œuvres complètes*
1900	-Refuse poliment la Légion d'honneur -Préface au *Mystère de Platon* de Louis Prat -*Victor Hugo, le philosophe* -Obtient un siège à l'Académie	-G. Le Bon : *Psychologie des foules* -Sorel : *Réflexions sur la violence* -E. Husserl : *Recherches logiques* -H. Berr créé la *Revue de synthèse historique*	-M. Planck, théorie des quanta -Découverte des causes de la fièvre jaune -V. Bechterev, travaux sur les réflexes -Comte von Zeppelin, premier dirigeable rigide	-Allemagne : von Bülow, chancelier -Grande Bretagne : victoire des conservateurs -Italie : Victor Emmanuel III, roi	

Annexe B – Quelques éléments bibliographiques concernant Renouvier

An	Renouvier, vie & œuvre	Philosophie	Sciences & techniques	Géopolitique	Littérature
1901	-*Histoire et solution des problèmes métaphysiques* -L'été 1901, déménage au 11 route nationale à Prades avec son disciple L. Prat, il y vivra jusqu'à sa mort	W. James : *Les variétés de l'expérience religieuse*	TSF transocéanique	-La reine Victoria meurt -France : loi sur les associations	
1902		-H. Cohen : *Logique de la connaissance pure* -Lénine : *Que faire ?* -H. Poincaré : *La science et l'hypothèse* -*Vocabulaire technique et critique de la philosophie* publié par la Société française de philosophie de 1902 à 1923	-E. Rutherford & F. Soddy, loi de décroissance radioactive -Ch. Wilson, hypothèse des rayons cosmiques -G. Claude, lampe néon -L. H. Baekeland, bakélite	États-Unis : Th. Roosevelt, président	
1903	-*Le personnalisme* -Décès de Renouvier à Prades le 1er septembre 1903 à l'âge de 88 ans -Le 26/11/1903 communication de L. Dauriac à la Société française de philosophie	-H. Bergson : *Introduction à la métaphysique* -L. Lévy-Bruhl : *Morale théorique et science des mœurs* -A. Binet : *L'étude expérimentale de l'intelligence*	Vol des frères Wright avec un biplan		

Fondations des sciences dans le néocriticisme de Renouvier

An	Renouvier, vie & œuvre	Philosophie	Sciences & techniques	Géopolitique	Littérature
1904		-L. Trotski : *Nos tâches politiques* -P. Janet & G. Dumas fonde la *Journal de psychologie normale et pathologique* -M. Mauss : *Esquisse d'une théorie générale de la magie*	I. Pavlov, prix Nobel de médecine et de physiologie	Guerre russo-japonaise	
1905		-M. Weber : *L'éthique protestante et l'esprit du capitalisme* -G. Séailles : *Philosophie de Ch. Renouvier* -E. Mounnier († 1950)	A. Einstein, exposé de la théorie de la relativité (mouvement brownien, photon et relativité restreinte)	-Russie : échec du soulève-ment révolu-tionnaire -France : création du parti socialiste unifié et séparation de l'Eglise et de l'Etat	
1906		-P. Duhem : *La théorie physique...* -E. Cassirer : *Le problème de la connaissance dans la philosophie et la science de l'époque moderne* -H. Poincaré : *La valeur de la science*		-France : A. Fallières, président -Grande Bretagne : victoire des libéraux	
1907		-H. Bergson : *L'évolution créatrice* -O. Hamelin : *Essai sur les éléments principaux de la représentation* -W. James : *Le pragmatisme*			
1908		-E. Boutroux : *Science et religion* -E. Meyerson : *Identité et réalité*			A. France : *L'île des pingouins*

Annexe B – Quelques éléments bibliographiques concernant Renouvier

An	Renouvier, vie & œuvre	Philosophie	Sciences & techniques	Géopolitique	Littérature
1909		H. Poincaré : *Science et méthode*	-L. Blériot franchit la Manche -R. Peary atteint le pôle sud	France : troubles sociaux	
1910		-P. Natorp : *Fondements logiques des sciences exactes* -E. Cassirer : *Le concept de substance et le concept de fonction* -L. Lévy-Bruhl : *Les fonctions mentales dans les sociétés inférieures* -B. Russell & A.-N. Whitehead : *Principia mathematica* -W. Dilthey : *L'édification du monde historique dans les sciences de l'esprit*	-Production du radium -Découverte des vitamines		
1911 1912		-A. Adler, *Le tempérament nerveux* -S. Freud : *Totem et tabou*	E. Rutherford, preuve de l'existence du noyau atomique		
1913		-P. Duhem : *Système du monde...* (1913-1917) -L. Brunschvicg : *Les étapes de la phil. math.*	N. Bohr, travaux sur la structure de l'atome	France : R. Poincaré, président	
1914			F. Soddy, définition des isotopes	Assassinat de Sarajevo et 1ère guerre mondiale	

Fondations des sciences dans le néocriticisme de Renouvier

An	Renouvier, vie & œuvre	Philosophie	Sciences & techniques	Géopolitique	Littérature
1915 1916		F. de Saussure : *Cours de linguistique générale* (publication posthume)	-G. Cantor : *Contribution à la théorie du fondement des ensembles transfinis* -A. Wegener : *Dérive des continents* -A. Einstein : *Relativité générale*		
1925		S. Freud : *Le rêve et son interprétation*	E. Schrödinger, équation de Schrödinger		
1927		-M. Heidegger : *Etre et temps* -O. Hamelin : *Système de Renouvier* -G. Milhaud : *Philosophie de Ch. Renouvier*	-W. Heisenberg, principe d'incertitude -G. Lemaître, théorie de l'expansion de l'univers		
1934		H. Bergson : *La pensée et le mouvant*			

Bibliographie

Les œuvres principales[1] de Charles Renouvier classées par ordre de parution

RENOUVIER Charles, *Manuel de philosophie moderne*, Paris : Paulin, 1842.
- divers articles publiés entre 1842 et 1847 : « Descartes », « fatalisme », « Fermat », « Fichet », « Ficin », « force », « panthéisme », « philosophie »[2], in LEROUX Pierre et REYNAUD Jean (dir.), *Encyclopédie nouvelle*, Paris : Gosselin, 1839-1843, t. IV, p. 289-296, t. V, p. 145-148, 177-183, 203-208, 269-276, 288-299, 307-312, t. VII, p. 273-288 et 475-560.
- *Manuel de philosophie ancienne*, Paris : Paulin, 1844 (2 vol.).
- *Manuel républicain de l'homme et du citoyen*, Paris : Comptoir des imprimeurs réunis, 1848 [rééd. Paris : Colin, 1904 (avec une notice et commentaires de Jules Thomas) ; rééd. Paris : Garnier frères, 1981 ; Genève : Slatkine Reprints, 2000 (présentations par MM. Maurice Agulhon, Professeur au Collège de France, Jean-Claude Richard, Directeur de Recherche au CNRS et Laurent Fedi)].
- divers articles, in *La Feuille du Peuple*, 1850 et 1851.
- *Gouvernement direct et organisation communale et centrale de la république*, Paris : Librairie républicaine de la Liberté de penser, 1851 (en coll. avec Charles Fauvety) [rééd. Nîmes : Lacour, 2000].
- *Essais de critique générale, Premier Essai : Logique*, Paris : Ladrange, 1854 [revu, considérablement augmenté et sous-titré *Traité de logique générale et de logique formelle*, Paris : Sandoz et Fischbacher, Bureau de la Critique philosophique, 1875 (3 vol.) ; rééd. Paris : Colin, 1912].
- *Essais de critique générale, Deuxième Essai, L'homme : la raison, la passion, la liberté, la certitude, la probabilité morale*, Paris : Ladrange, 1859 [revu, considérablement augmenté et sous-titré *Traité de psychologie rationnelle d'après les principes du criticisme*, Paris : Sandoz et Fischbacher, Bureau de la Critique philosophique, 1875 (3 vol.) ; rééd. Paris : Colin, 1912].
- *Essais de critique générale, Troisième Essai : Les principes de la nature*, Paris : Ladrange, 1864 [rééd. Paris : Alcan, 1892 (2 vol.) ; rééd. Paris : Colin, 1912].
- *Essais de critique générale, Quatrième Essai : Introduction à la philosophie analytique de l'histoire*, Paris : Ladrange, 1864 [rééd. augmentée de huit chapitres nouveaux, Paris : Ernest Leroux, 1896].
- « préface », in LEQUIER Jules, *La recherche d'une première vérité*, Saint Cloud : Belin, 1865 [rééd. Paris : Colin, 1924 ; rééd. Paris : PUF, 1993 (édition établie et présentée par André Clair)].
- « De la philosophie au XIXe siècle en France », in PILLON François, *L'Année philosophique – études critiques sur le mouvement des idées générales dans les divers ordres de connaissances – Première année (1867)*, Paris : Germer-Baillière, 1868, p. 1-108.

---

[1] Pour une bibliographie plus détaillée voir les ouvrages de Jules Thomas (1904), Louis Foucher (1927) et Laurent Fedi (1999) qui listent tous les articles publiés par Renouvier.
[2] Cet article marque « l'aurore d'un jour nouveau » (HAMELIN, p. 29). Il s'étend sur près de 100 pages dans le tome VII (p. 475-560) ; il y manque la fin du paragraphe conclusif.

Fondations des sciences dans le néocriticisme de Renouvier

- « L'infini, la substance et la liberté », in PILLON François, *L'Année philosophique – études critiques sur le mouvement des idées générales dans les divers ordres de connaissances – Deuxième année (1868)*, Paris : Germer-Baillière, 1869, p. 1-182.
- *La Science de la morale*, Paris : Ladrange, 1869 (2 vol.) [rééd. 1908 ; rééd. Paris : Fayard, 2002 (dir. Michel Serres et Laurent Fedi]).
- *Uchronie (utopie dans l'histoire), esquisse historique du développement de la civilisation européenne, tel qu'il n'a pas été, tel qu'il aurait pu être*, Paris : Bureau de la Critique philosophique, 1876 (texte publié partiellement dans la *Revue philosophique et religieuse* à partir de 1857) [rééd. Paris : Alcan, 1901 ; rééd. Paris : Fayard, 1988].
- *La Critique philosophique*, Paris : Bureau de la Critique philosophique, 1872-1884 [publié sous la direction de Ch. Renouvier, 1ère série paraissant chaque semaine durant treize années soit vingt-six volumes].
- *La Critique religieuse*, Paris : Bureau de la Critique philosophique, 1878-1885 [supplément trimestriel de la *Critique philosophique* ; sept années, 7 vol.].
- *Psychologie de Hume. Traité de la nature humaine (livre premier ou de l'entendement) traduit pour la première fois par MM. Ch. Renouvier et F. Pillon, et Essais philosophiques sur l'entendement*, traduction de Mérian, corrigée avec une introduction de F. Pillon, Paris : Librairie de la Critique philosophique, 1878.
- *Petit traité de morale à l'usage des écoles primaires laïques*, Paris : Sandoz et Fischbacher, Bureau de la Critique philosophique, 1879.
- *Index alphabétique des matières de la Critique philosophique – Première série volumes I à XXVI*, Paris : Bureau de la Critique philosophique, 1885.
- *Esquisse d'une classification systématique des doctrines philosophiques*, Paris : Sandoz et Fischbacher, Bureau de la Critique philosophique, 1885 (tome I) et 1886 (tome II) [publié d'abord en supplément de la *Critique religieuse*].
- *La Critique philosophique*, Paris : Bureau de la Critique philosophique, 1885-1890 [seconde série paraissant mensuellement durant cinq ans soit dix volumes][3].
- environ une collaboration annuelle à *L'Année philosophique* de François Pillon de 1890 à 1902.
- *Victor Hugo, le poète*, Paris : Colin, 1893 [rééd. 1907 et 1932].
- *Philosophie analytique de l'histoire ; les idées, les religions, les systèmes*, Paris : Ernest Leroux, 1896 (tomes I & II) et 1897-98 (tomes III & IV).
- *La nouvelle monadologie*, Paris : Colin, 1899 [écrit avec Louis Prat ; rééd. Paris : Fayard, 2004 (dir. Michel Serres, coll. Laurent Fedi et Guillaume Sibertin-Blanc].
- *Victor Hugo, le philosophe*, Paris : Colin, 1900 [rééd. Paris : Maisonneuve et Larose, 2002].
- *Histoire et solution des problèmes métaphysiques*, Paris : Alcan, 1901.
- *Les dilemmes de la métaphysique pure*, Paris : Alcan, 1901 [rééd. Paris : PUF, 1991].
- *Le personnalisme ; suivi d'une étude sur la perception externe et sur la force*, Paris : Alcan, 1903.

---

[3] Blais comptabilise (p. 28) 36 volumes de 400 pages soit 15000 pages dont les principaux contributeurs ont été Renouvier et Pillon.

Les textes édités après le décès de Renouvier

« Charles Renouvier a vécu sa longue vie, uniquement pour construire sa doctrine. Ce fut pour lui une grande tristesse de mourir avant que son œuvre ne fut achevée » (PRAT, p. 211).

RENOUVIER Charles, *Les derniers entretiens – recueillis par Louis Prat*, Paris : Colin, 1904 [rééd. Paris : Vrin, 1930].
- *Critique de la doctrine de Kant*, Paris : Alcan, 1906 [publié par Louis Prat, cet ouvrage a été rédigé par Renouvier à partir de 1902].
- *Correspondance de Renouvier et Secrétan*, Paris : Colin, 1910.
- « Correspondance inédite entre Renouvier (Ch.) et William James », in *Revue de métaphysique et de morale*, 1929, p. 1-13 & 193-222.
- « La correspondance avec L. Ménard », in *Revue de métaphysique et de morale*, 1932 (article tiré à part chez Colin, sd).
- « La correspondance avec L. Dauriac », in *Revue philosophique de la France et de l'étranger*, 1936, p. 29-30 du numéro de janvier-février, p. 5-31 et 137-169 du numéro de mars-avril.
- *Descartes*, Buenos Aires : Espasa-Calpe, 1950.
- *Lettres de Renouvier à Henneguy (1861-1899)*, Gap : Ophrys, 1969.
- « Doctrine des catégories de la relation », in *Archives de philosophie* n°36, 1973, p. 177-207 [texte révisé par Gérard Pyguillem et Marcel Méry].
- *Sur le peuple, l'église et la république. Articles de 1850-1851*, Paris : L'Harmattan, 2002 [éditeurs scientifiques Laurent Fedi, Raymond Huard, Roland Andréani, Jean-Claude Richard].

Principales études sur Renouvier

ARNAL André, *La philosophie religieuse de Charles Renouvier*, Paris : Fischbacher, 1907.
ASCHER Maurice, Renouvier und der französische Neu-Kriticismus, Bern : Sturzenegger, 1900.
BACOT Jean-François, « Renouvier ou la République des individus », in *Corpus* n°45, 2003, p. 9-42.
BENDA Julien, « Les idées d'un républicain en 1872 », in *Nouvelle revue française* n°37, juillet 1931, p. 21-38 et 215-227.
– *La trahison des clercs*, Paris : Aubier, 1946.
BEURIER Artidor, « Renouvier et le criticisme français », in *Revue philosophique de la France et de l'étranger*, 1877 (numéro de janvier-juin p. 321-356, 470-496 et 576-608).
BREHIER Émile, « Le mouvement criticiste », in *Histoire de la philosophie* tome II et IV, Paris : Alcan, 1932.
BECQUEMONT Daniel, « Renouvier et *La psychologie de l'homme primitif* », in *Corpus* n°45, 2003, p. 131-157.
BLAIS Marie-Claude, *Au principe de la République ; le cas Renouvier*, Paris : Gallimard, 2000.
– « La *Science de la morale* : une théorie des fondements du droit et de la justice », in *Corpus* n°45, 2003, p. 77-94 [ce numéro 45 de la revue *Corpus*, titré *Renouvier, philosophe politique*, a été mis en œuvre et présenté par M.-C. Blais].
BLOCH Olivier, « Marx, Renouvier et l'histoire du matérialisme », in *Pensée* n°191, 1977, p. 3-42.
BOUTROUX Émile, « La Philosophie en France depuis 1867 », in *Revue de métaphysique et de morale* n°XVI, 1908, p. 683-684.
BROWN Harold Chapman, « The problem of the infinite in space and time », in The Journal of Philosophy, Psychology and Scientific Methods vol. 6 n°19, 1909, p. 514-519.
BRUNSCHVICG Léon, « De Victor Cousin à Charles Renouvier », in *Le progrès de la conscience dans la philosophie occidentale*, Paris : Alcan, 1927.
BUQUET Paul, « Ch. Renouvier », in *Revue socialiste*, octobre 1903, p. 385-395.
CASSIRER Ernst, « *Das Problem des Unendlichen und Renouviers Gesetz der Zahl* », in Philosophische Abhandlungen, Berlin, 1910.
CAVALLARI Giovanna, Charles Renouvier, filosofo della liberal démocrazia, Napoli : Josene, 1979.
– « Renouvier en Italie », in *Corpus* n°45, 2003, p. 225-250.
– « Gaston Milhaud et Charles Renouvier », in BRENNER Anastasios et PETIT Annie (dir.), *Science, histoire et philosophie selon Gaston Milhaud*, Paris : Vuilbert, 2009, p. 167-180.
CHENET François, « Renouvier et l'Orient », in *L'Inde inspiratrice. Réception de l'Inde en France et en Allemagne (XIXe-XXe siècle)*, Strasbourg : Presses universitaires de Strasbourg, 1996, p. 71-105.
CLAIR André, « Lequier et les documents de la bibliothèque de Renouvier », in *Archives de philosophie* t.60 cahier 1, janvier-mars 1997, p. 123-128.
COLLINA Vittore, Plurale filosofico e radicalismo : saggio sul pensiero politica di Charles Renouvier, Bologna, 1980.
COQUEREL Étienne, *Le Jésus de M. Renouvier*, Paris : Ernest Leroux, 1895.
COUTURAT Louis, « L'année philosophique de F. Pillon », in *Revue de métaphysique et de morale*, 1893, p. 63-85.

Bibliographie

DARLU Alphonse, « La morale de Renouvier », in *Revue de métaphysique et de morale*, janvier 1904, p. 1-18.

DAURIAC Lionel, « Un épisode de l'histoire de la philosophie française à la fin du XIXe siècle : souvenirs personnels », *Critique philosophique*, 1887-2, p. 280-286.

– « Les problèmes philosophiques et leur solution dans l'histoire d'après les principes du néocriticisme », in *Revue philosophique de la France et de l'étranger*, 1902, p. 345-359.

– « Les moments de la Philosophie de Charles Renouvier », in *Bulletin de la Société de philosophie* n°1904-4-2, Paris : Colin, 1904.

– « Le testament philosophique de Renouvier », in *Revue philosophique de la France et de l'étranger*, Paris : Alcan, avril 1904, p. 337-358.

– « Note sur la doctrine néocriticiste des Catégories », in *Bibliothèque du congrès international de philosophie* vol I, Paris : Colin, 1912.

DELVAILLE Jules, « La philosophie de Renouvier », in *La nouvelle revue*, 1906, p. 433-450.

DUMAS Jean-Louis, « Renouvier critique de Hegel », in *Revue de métaphysique et de morale*, 1971, p. 32-52.

– « Renouvier », in *Dictionnaire des philosophes* (éd. D. Huisman), Paris : PUF, 1984.

– « Renouvier », in *Encyclopédie philosophique universelle*, Paris : PUF, 1992.

DUPERRUT Franck, « Charles Renouvier », in *Revue de théologie et de philosophie*, janvier 1904.

FEDI Laurent, « Charles Renouvier et la philosophie mathématique de Lazare Carnot », in *Sciences et techniques en perspectives* 2e série I, Genève – Mexico : Univ. Nantes, 1997, p. 267-282.

– « Charles Renouvier, théoricien de la connaissance », in *Études héraultaises* n°28-29, 1998.

– « Charles Renouvier », in *Encyclopedia of Philosophy* vol. VIII, London Routledge, 1998.

– *Le Problème de la connaissance dans la philosophie de Charles Renouvier*, Paris : L'Harmattan, 1998.

– « La dissymétrie des thèses et des antithèses dans les antinomies mathématiques : relecture d'un débat fin de siècle », in *Cahiers philosophiques* n°80, 1999, p. 73-98.

– « Criticisme, sciences, philosophie des sciences chez Renouvier », in *Les philosophies françaises et la science : dialogue avec Kant - Cahiers d'histoire et de philosophie des sciences* n°50, Paris : SHFST ENS éditions, 2001, p. 63-93.

– « Charles Renouvier et l'Allemagne après 1871 : l'annexion du criticisme, une revanche philosophique », in *Études héraultaises* n°30-31-32, 2001, p. 337-344.

– « Philosopher et républicaniser : la *Critique philosophique* de Renouvier et Pillon, 1872-1889 », in *Romantisme* n°115, 2002, p. 65-82.

– « Renouvier critique de Comte », in *Auguste Comte et l'idée de science de l'homme*, Paris : L'Harmattan, 2002, p. 153-184 [sous la direction de Michel Bourdeau et François Chazel].

– « Une morale appliquée est-elle possible ? Renouvier lecteur de Kant », in *Corpus* n°45, 2003, p. 55-76.

– « Les Additions à la *Nouvelle Monadologie* de Charles Renouvier et Louis Prat », in *Les Cahiers philosophiques* n°99, octobre 2004, p. 85-108 [en collaboration avec Guillaume Sibertin-Blanc].

– « L'individu et l'État : Henry Michel disciple de Charles Renouvier », in *Corpus* n°48, 2005, p. 203-247 [suivi de « Dossier : la Correspondance de Henry Michel, lettres à Renouvier et à Prat »].

FERRARI Massimo, « Renouvier à Marbourg. À propos de la réception de Renouvier dans le néo-kantisme allemand », in *Corpus* n°45, 2003, p. 207-224.

FOUCHER Louis, *La jeunesse de Renouvier et sa première philosophie 1815-1854, suivi d'une*

Fondations des sciences dans le néocriticisme de Renouvier

bibliographie chronologique de Charles Renouvier, Paris : Vrin, 1927.
– « Le système de Renouvier par Hamelin », in *Revue d'histoire de la philosophie*, 1929.
– « La conversion de Renouvier au théisme », in *Revue d'histoire de la philosophie*, 1937.
– « Le sens de la dernière philosophie de Renouvier », in *Revue philosophique de la France et de l'étranger*, 1944, p. 312-321.
FOUILLEE Alfred, *Critique des systèmes de morale contemporaine la morale criticiste*, Paris : Alcan, sd [Paris : Germer-Baillière, 1883].
– « Le néo-Kantisme en France », in *Revue philosophique de la France et de l'étranger*, 1881, p. 1-45.
FOURQUET-TURREL Françoise, « Le *Petit Traité de morale à l'usage des Écoles primaires laïques*... et des penseurs du XXIe siècle », in *Corpus* n°45, 2003, p. 113-130.
GALLI Gallo, Studi storico-critico sulla filosofia di Charles Renouvier vol. I, Gubbio, 1933, vol. II, Roma, 1935.
GLAIZE Paul, « La philosophie de M. Renouvier », in *Morale indépendante*, 13 septembre 1869, p. 50-51.
GRENIER Hubert, « Uchronie et Utopie chez Renouvier », in *Corpus* n°10, 1989, p. 171-194.
GUNN J. Alexander, « *The Man and His Work* », in *Philosophy* vol. 7, 1932, n°25 p. 42-53 et n°26 p. 185-200.
HAMELIN Octave, *Le système de Renouvier*, Paris : Vrin, 1927 [Paul Mouy éditeur scientifique].
HODGSON Shadworth H., « *Mr Renouvier's Philosophy* », in *Mind*, janvier (Vol. 6, n°21) et avril (Vol. 6, n°22) 1881, p. 31-61 et 173-211.
HUARD Raymond, « Une république cantonale ? Renouvier et la réforme de l'État et de la société en 1850-51 », in *Corpus* n°45, 2003, p. 95-111.
JANSSENS Edgard, *Le Néo-Criticisme de Charles Renouvier ; théorie de la connaissance et de la certitude*, Paris : Alcan (et Louvain : Institut supérieur de Philosophie), 1904.
LECHALAS Georges, « Les Principes de la nature (2e éd), par Ch. Renouvier », in *Revue philosophique de la France et de l'étranger*, 1892, p. 628-646.
LOGUE William, Charles Renouvier philosopher of liberty, London: Louisiana state university press, 1993.
MECQUENEM Isabelle de, « La solidarité du mal. Lire *La science de la morale* aujourd'hui », in *Corpus* n°45, 2003, p. 43-53.
MERY M., *La critique du christianisme chez Renouvier*, Paris : Vrin, 1952 [tome I 1815-1889, tome II 1890-1903 ; rééd. Gap : Ophrys, 1964].
MIEVILLE Henri-Louis, *La philosophie de M. Renouvier et le problème de la connaissance religieuse*, Lausanne, 1902.
MILHAUD Gaston, *La philosophie de Charles Renouvier*, Paris : Vrin, 1927 [rééd. 2002].
MILLET Claude, « Le philosophe et le poète : Charles Renouvier lecteur de Victor Hugo », in *Romantisme* n°88, 1995, p. 101-113.
MOISANT Xavier, « L'alternative philosophique d'après M. Renouvier », in *Études*, 1902.
– *Psychologie de l'Incroyant*, Paris : Beauchesne, 1908.
MOUY Paul, *L'idée du progrès dans la philosophie de Renouvier*, Paris : Vrin, 1927.
PEREZ Élisabeth, *Fonds Charles Renouvier : inventaire des correspondances reçues 1860-1903*, Montpellier : Bibliothèque Universitaire section lettres Montpellier, 2002.
PICARD Roger, *La philosophie sociale de Renouvier*, Paris : Rivière, 1908.
PANZA Marco, « L'intuition et l'évidence. La philosophie kantienne et les géométries non-euclidiennes : relecture d'une discussion », in PANZA Marco et PONT Jean-Claude, *Les savants et l'épistémologie vers la fin du XIXe siècle*, Paris : Blanchard, 1995.
PONS Alain, « Charles Renouvier et l'Uchronie », in *Commentaire n°47*, automne 1989,

p. 572-582.

PRAT Louis, *Charles Renouvier, philosophe : sa doctrine, sa vie*, Paris : Hachette, 1937.

PRAT Louis-Charles, *Convergence de la pensée entre les philosophes, Louis Prat et Charles Renouvier*, Nîmes : C. Lacour, 2002.

PYGUILLEM Gérard, « Renouvier et sa publication des fragments posthumes de J. Lequier (1865) », in *Archives de philosophie* t.48 cahier 4, octobre-décembre 1985, p. 653-668.

RAVAISSON Félix, *Rapport sur la philosophie française au XIXe siècle*, Paris : Hachette, 1867 (rééd. 1885 et 1889).

ROURE Lucien, *Doctrines et problèmes*, Paris : Retaux, 1900.

SAVOUREUX Robert Le, *La formation de la notion de conscience dans la philosophie de Ch. Renouvier*, mémoire manuscrit présenté en 1911 pour le diplôme d'étude supérieure (texte cité par Octave Hamelin).

– « L'entreprise philosophique de Renouvier », in *Revue de métaphysique et de morale*, 1912, p. 653-681.

– « La conversion de Renouvier au Finitisme », in *Revue d'histoire de la philosophie*, 1928.

SCHMAUS Warren, « *Science and the Social Contract in Renouvier* », in HOPOS: The Journal of the International Society for the History of Philosophy of Science, Chicago, vol. 1 n° 1, 2011, p. 73-100.

– « Renouvier and the method of hypothesis », in Studies of History Philolophy of Science n°38, 2007, p. 132-148.

SEAILLES Gabriel, *La philosophie de Charles Renouvier ; introduction à l'étude du néo-criticisme*, Paris : Alcan, 1905.

– « Le pluralisme de Renouvier », in *Revue de métaphysique et de morale* n°32-4, 1925, p. 407-445.

STEDMAN Jones, « Charles Renouvier et Émile Durkheim : "les règles de la méthode sociologique" », in *Sociological Perspectives* n°38, 1995, p. 27-40.

SIBERTIN BLANC Guillaume, « Renouvier et Tarde : l'accident monadique en sociologie historique », in *Corpus* n°45, 2003, p. 177-206.

THOMAS Jules, « Notice sur Charles Renouvier et le Manuel républicain », en tête de son édition du *Manuel républicain de l'homme et du citoyen*, Paris : Colin, 1904, p. 2-49.

TSUN-SHENG Wang, *Le phénoménisme de Charles Renouvier, thèse... pour le doctorat d'Université*, Lyon : Bosc frères, 1935.

TURLOT Fernand, *Le personnalisme critique de Charles Renouvier : une philosophie française*, Strasbourg : Presses universitaires de Strasbourg, 2003. [préface de Gilbert Vincent].

VERNEAUX Roger, *Renouvier disciple et critique de Kant – L'idéalisme de Renouvier*, Paris : Vrin, 1945.

VIAL Éric, « *L'Uchronie* et les uchronies », in *Corpus* n°45, 2003, p. 159-175.

WEINMANN Emmanuelle, « Renouvier et ses correspondants. Présentation du fonds de la bibliothèque de Montpellier », in *Corpus* n°45, 2003, p. 251-261.

WYLER Charles, *Les principes de la philosophie morale et la morale rationnelle de Renouvier*, Genève, 1912.

YANG Pao San, *La psychologie de l'intelligence chez Renouvier*, Paris : Les Presses Modernes, 1930.

Bibliographie

Liste exhaustive des articles de la *Critique philosophique* cités dans le corps de cet ouvrage

1872-1, p. 1-3	Ce que c'est que le criticisme (RENOUVIER Charles)
1872-1, p. 66-70	L'essence du criticisme (R.)
1872-1, p. 129-135	L'âme selon le criticisme (R.)
1872-1, p. 343-350	Bibliographie – *L'induction, essai... la méthode exp.*, par A. Biéchy, 1869 et *Du fondement de l'induction...*, par J. Lachelier, 1871 (PILLON F.)
1872-1, p. 383-390	De l'esprit de la philosophie anglaise – L'empirisme (R.)
1872-1, p. 399-408	Le rôle de la France dans la civilisation européenne selon M. Guizot
1873-1, p. 102-105	Difficultés proposées et résolues – les limites de la liberté (R.)
1873-1, p. 227-235	Difficultés proposées et résolues – les prétentions de la science (R.)
1873-1, p. 273-282	Les rapports du criticisme et de la philosophie de Stuart Mill (R.)
1873-1, p. 289-304	De la fondation de la philosophie comme science (PILLON)
1873-2, p. 120-128	Biblio. – *La liberté et le déterminisme*, par A. Fouillée, 1872 (PILLON)
1873-2, p. 244-250	Rénovation du principe de contradiction (R.)
1873-2, p. 292-303	Les conséquences morales du principe de contradiction (R.)
1873-2, p. 338-346	Les conditions de constitution de la physique (R.)
1874-1, p. 129-137	Le principe de la physique moderne (R.)
1874-1, p. 161-174	Des fausses interprétations du principe de la physique moderne (R.)
1874-2, p. 33-45	De la contradiction reprochée à la doctrine de Kant (R.)
1874-2, p. 321-328	La psychologie de l'homme primitif. L'origine du sentiment moral (R.)
1875-1, p. 3-4	Criticisme, scepticisme et certitude (article anonyme, probablement de R.)
1875-1, p. 17-20	Les ressources de la soi-disant démonstration irréfragable en philosophie (R.)
1875-1, p. 52-56	Lettre de M. Ménard sur la doctrine du progrès (MENARD L.) et réponse (R.)
1875-1, p. 65-68	Y a-t-il une loi du progrès ? (article anonyme, probablement écrit par R.)
1875-1, p. 97-101	Le progrès dans les sciences (article anonyme, probablement écrit par R.)
1875-1, p. 152-164	L'alliance de la bourgeoisie et du prolétariat (PILLON)
1875-1, p. 200-208	Le matérialisme et l'immortalité (HARTSEN A.)
1875-1, p. 321-322	L'impératif catégorique et la loi historique du progrès (anonyme, prob. R.)
1875-2, p. 401-404	De la méthode scientifique (R.)
1876-1, p. 1-7	De la méthode scientifique – les miracles (R.)
1876-1, p. 17-21	De la méthode scientifique – les lois naturelles (R.)
1876-1, p. 49-55	De la méthode scientifique – la cause et la substance des sciences (R.)
1876-1, p. 113-118	De la méthode scientifique – l'habitude et la volonté (R.)
1876-1, p. 129-139	De la méthode scientifique – l'accord de « la raison » et de « la foi » (R.)
1876-1, p. 369-374	À propos du dernier ouvrage de M. Paul Janet (R.)
1876-1, p. 375-380	Les causes finales, par Paul Janet (revue bibliographique)
1876-2, p. 65-71	Les labyrinthes de la méta. : l'infini et le continu – théorie de Leibniz (R.)
1876-2, p. 81-88	Les antinomies kantiennes de l'infini et du continu (R.)
1876-2, p. 161-169	Les labyrinthes de la méta. : l'infini et le continu – Stuart Mill (R.)
1876-2, p. 184-191	... de l'homme et des autres animaux selon Darwin (R.)
1876-2, p. 353-358	Les labyrin... : l'infini et le continu – les physiciens et les chimistes (R.)
1877-1, p. 26-32	Les labyrinthes... : l'infini et le continu – les mathématiciens (R.)
1877-1, p. 87-95	À propos de la mission du protestantisme (lettre de A. et réponse de R.)
1877-1, p. 135-142	Note sur le vice de la méthode des limites et sur la ... géométrie (R.)
1877-1, p. 225-227	Note sur l'infini de quantité (R.)

Fondations des sciences dans le néocriticisme de Renouvier

1877-1, p. 260-269	Les labyrinthes de la méta. : l'infini et le continu – M. Cournot (R.)
1877-1, p. 291-299	Le "Cours de phil. positive" est-il encore au courant de la science (R.)
1877-1, p. 327-336	Le "Cours de phil. positive"… – 2e article (R.)
1877-2, p. 1-7	Le "Cours de phil. positive"… – 3e article (R.)
1877-2, p. 97-106	Le "Cours de phil. positive"… – 4e article (R.)
1877-2, p. 113-120	Le "Cours de phil. positive"… – 5e et dernier article (R.)
1877-2, p. 193-199	Simple question aux protestants qui ont la foi (R.)
1877-2, p. 273-291	Les labyrinthes de la méta. : une évolution personnelle – 1er article (R.)
1877-2, p. 305-313	Les labyrinthes de la méta. : une évolution personnelle – 2e article (R.)
1877-2, p. 377-385	Les labyrinthes de la méta. : une évolution personnelle – 3e article (R.)
1878-1, p. 49-53	La question de la certitude – Le positivisme (R.)
1878-1, p. 193-201	La question de la certitude – L'esprit scientifique (R.)
1878-1, p. 273-283	La question de la certitude – Le scepticisme et le criticisme (R.)
1878-1, p. 369-384	La question de la certitude – Le criticisme kantien (R.)
1878-2, p. 24-32	Les notions de matière et de force dans les sciences de la nature (R.)
1878-2, p. 65-72	La question de la certitude – Les postulats et le libre arbitre (R.)
1878-2, p. 106-112	Les notions de matière et de force dans les sciences de la nature (R.)
1878-2, p. 145-150	Les notions de matière et de force dans les sciences de la nature (R.)
1878-2, p. 161-170	Les notions de matière… – L'unité des forces physiques (R.)
1878-2, p. 177-187	Les notions de matière… – La conservation des forces physiques (R.)
1878-2, p. 217-232	L'immortalité conditionnelle (R.)
1879-1, p. 362-386	De l'erreur, par *Victor Brochard* (revue bibliographique)
1880-1, p. 33-39	L'infinité de l'espace et du temps dans la métaphysique de M. Lotze (R.)
1880-1, p. 49-54	La question du temps infini dans la métaphysique de M. Lotze (R.)
1880-1, p. 65-71	La question du temps infini dans la métaphysique de M. Lotze (R.)
1880-1, p. 369-378	La démocratie et les doctrines déterministes (R.)
1881-1, p. 265-272	… l'infini en philosophie et dans les sciences. Par E. Evellin (R.)
1881-1, p. 321-336	… infinitésimale en géométrie. Examen du système de M. Evellin (R.)
1882-1, p. 369-379	… proposition de M. Lionel Dauriac relative à la notion de nombre (R.)
1884-2, p. 129-137	Le double sens du terme phénoménisme (R.)
1884-2, p. 161-168	Le sens de la méthode phénoméniste – Les réalités et les postulats (R.)
1885-1, p. 1-16	Philosophie, Science et Critique (R.)
1885-1, p. 241-254	Examen des « premiers principes » de H. Spencer – Le positivisme… (R.)
1887-2, p. 112-138	De l'idée de force… La philosophie biologique de Claude Bernard (R.)
1886-1, p. 8-31	La morale criticiste et la critique de M. A. Fouillée (R.)
1889-2, p. 337-348	La philosophie de la règle et du compas, ou des jugements… (R.)
1889-2, p. 400-408	Pour prendre congé de nos lecteurs (R.)

Bibliographie

Liste exhaustive des ouvrages et autres articles cités

ALAIN, *Histoire de mes pensées*, Paris : Gallimard, 1936.
– *Mars ou la guerre jugée*, Paris : Gallimard, 1921.
– *Sentiments, passions et signes*, Paris : Gallimard, 1926.
AMPERE André-Marie, *Essai sur la philosophie des sciences*, Paris : Bachelier, 1838.
ARISTOTE, *Métaphysique* (trad. Tricot), Paris : Vrin, 2000 (tome 1) et 2004 (tome 2).
BACHELARD Gaston, « Critique préliminaire du concept de frontière épistémologique », in *Actes du VIIIe congrès international de philosophie*, Prague : Orbis, 1936.
– *Le rationalisme appliqué*, Paris : PUF, 1966.
– *La valeur inductive de la relativité*, Paris : Vrin, 1929.
BACON Francis, *Novum organum* (trad. Lorquet), Paris : Hachette, 1857.
BENRUBI Isaack, *Les sources et les courants de la philosophie contemporaine en France*, Paris : Alcan, 1933.
BERGSON Henri, *Écrits et paroles*, t. II, Paris : PUF, 1957.
BERNARD Claude, « L'expérimentation dans les sciences de la vie », in *Revue des cours scientifiques* n°9 du 30 janvier 1869, Paris : Germer-Baillière, 1869.
– *Introduction à l'étude de la médecine expérimentale*, Paris : Baillière, 1865.
BERNOULLI Jacques, Ars conjectandi, opus posthumum, Bâle : Thurneysen, 1713.
BEURIER Artidor, « Renouvier et le criticisme français », in *Revue philosophique de la France et de l'étranger*, 1877.
BICHAT Xavier, *Recherches physiologiques sur la vie et la mort*, Paris : Baillière, 1829.
BLAIS Marie-Claude, *Au principe de la République ; le cas Renouvier*, Paris : Gallimard, 2000.
– (dir.), *Corpus* n°45, 2003.
BRENNER Anastasios et PETIT Annie (dir.), *Science, histoire et philosophie selon Gaston Milhaud*, Paris : Vuilbert, 2009.
BROCHARD Victor, *De l'erreur*, Paris : Alcan, 1897.
BROWN Harold Chapman, « The problem of the infinite in space and time », in The Journal of Philosophy, Psychology and Scientific Methods vol. 6 n°19, 1909.
BRUNSCHVICG Léon, *Les étapes de la philosophie mathématique*, Paris : Alcan, 1912.
CANTO SPERBER Monique (dir.), *Dictionnaire d'éthique et de philosophie morale*, Paris : PUF, 2004.
COMTE Auguste, *Cours de philosophie positive*, Paris : Bachelier, 1830-1842.
COQUEREL Athanase fils, *Quel était la religion de Jésus ?*, Paris : Sandoz et Fischbacher, 1873.
COURNOT Antoine-Augustin, *Essai sur les fondements de nos connaissances et sur les caractères de la critique philosophique*, Paris : Hachette, 1851 (rééd. Paris : Vrin, 1975).
– *Traité de l'enchaînement des idées fondamentales dans les sciences et dans l'histoire*, Paris : Hachette, 1861.
COUSIN Victor, *Cours d'histoire de la philosophie au XVIIIe siècle*, pendant l'année 1820. Troisième partie. Philosophie de Kant, t.1, Paris : Ladrange, 1842.
COUTURAT Louis, *La philosophie des mathématiques de Kant*, Houilles : Manucius, 2004.
DARWIN Charles, (trad. Moulinié), *de l'Origine des espèces au moyen de la sélection naturelle ou la lutte pour l'existence dans la nature*, Paris : Reinwald, 1873.
DAURIAC Lionel, « Les moments de la philosophie de Charles Renouvier », in *Bulletin de la Société de philosophie* n°1904-4-2, Paris : Colin, 1904.

Fondations des sciences dans le néocriticisme de Renouvier

– « Le testament philosophique de Renouvier », in *Revue philosophique de la France et de l'étranger*, Paris : Alcan, avril 1904.
DESCARTES René, *Œuvres*, Paris : Pléiade, 1937.
EUCLIDE, *Eléments* (trad. Henrion), Paris : Dedin, 1632.
FEDI Laurent, *Le Problème de la connaissance dans la philosophie de Charles Renouvier*, Paris : L'Harmattan, 1998.
– (éd. scientifique), *Les philosophies françaises et la science : dialogue avec Kant - Cahiers d'histoire et de philosophie des sciences n°50*, Paris : SHFST ENS éditions, 2001.
FOUILLEE Alfred, « Les arguments psychologiques en faveur du libre arbitre », in *Revue philosophique de la France et de l'étranger*, 1883.
– « Le néo-Kantisme en France », in *Revue philosophique de la France et de l'étranger*, 1881.
GLISSON Francis, Tractatus de natura substantiae energetica, seu de vita naturae, ejusque tribus primis facultatibus, perceptiva, appetitiva, motiva, Londini : Brome, 1672.
GOBLOT Edmond, *Traité de logique*, Paris : Colin, 1918.
GUNN J. Alexander, « The Man and His Work », *in* Philosophy vol. 7, 1932.
HAMELIN Octave, *Essai sur les éléments principaux de la représentation*, Paris : Alcan, 1907.
– *Le système de Renouvier*, Paris : Vrin, 1927.
HANNEQUIN Arthur, *Essai critique sur l'hypothèse des atomes dans la science contemporaine*, Paris : Alcan, 1899.
HODGSON Shadworth H., « Mr Renouvier's Philosophy », in Mind, janvier et avril 1881.
JANSSENS Edgard, *Le Néo-Criticisme de Charles Renouvier ; théorie de la connaissance et de la certitude*, Paris : Alcan, 1904.
KANT Emmanuel, *Critique de la raison pure*, Paris : Germer-Baillière, 1869.
LACHELIER Jules, « L'observation de Platner », in *Revue de métaphysique*, novembre 1903.
LALANDE André, *Vocabulaire technique et critique de la philosophie*, Paris : PUF, 1988.
LAPLACE Pierre-Simon de, *Essai philosophique sur les probabilités*, Paris : Bachelier, 1825.
LEQUIER Jules, *La recherche d'une première vérité*, Paris : Colin, 1924.
LEROUX Pierre et REYNAUD Jean (dir.), *Encyclopédie nouvelle*, Paris : Gosselin, 1839-43.
LIARD Louis, *La science positive et la métaphysique*, Paris : Germer-Baillière, 1879.
LITTRE Émile et WYROUBOFF Grégoire, *La Philosophie positive*, Paris : Germer-Baillière, 1868.
LOGUE William, Charles Renouvier philosopher of liberty, London : Louisiana state university press, 1993.
MARION Henri, *De la solidarité morale, essai de psychologie appliquée*, Paris : Germer Baillière, 1880.
MAUBLANC René, « Durkheim, professeur de philosophie », *Europe*, t. XXII, 1930.
MESURE Sylvie et SAVIDAN Patrick, *Le dictionnaire des sciences humaines*, Paris : PUF, 2006.
MILHAUD Gaston, *Essai sur les conditions et les limites de la certitude logique*, Paris : Alcan, 1895.
– *La philosophie de Charles Renouvier*, Paris : Vrin, 1927.
MOISANT Xavier, *Psychologie de l'Incroyant*, Paris : Beauchesne, 1908.
MOUY Paul, *L'idée du progrès dans la philosophie de Renouvier*, Paris : Vrin, 1927.
PARODI Dominique, « L'idée de progrès universel », *Bibliothèque du congrès international de philosophie*, Paris : Colin, 1903.
PILLON François (dir.), *L'Année philosophique*, Paris : Germer-Baillière, 1867-1868 et 1890-1903.
POINCARE Henri, *La Science et l'hypothèse*, Paris : Flammarion, 1902.
PRAT Louis, *Charles Renouvier, philosophe : sa doctrine, sa vie*, Paris : Hachette, 1937.

RAVAISSON Félix, *La philosophie en France au XIXe siècle*, Paris : Hachette, 1867.
RENOUVIER Charles, « Correspondance inédite entre Renouvier (Ch.) et William James », in *Revue de métaphysique et de morale*, 1929.
– *Correspondance de Renouvier et Secrétan*, Paris : Colin, 1910.
– *Critique de la doctrine de Kant*, Paris : Alcan, 1906.
– (dir.), *Critique philosophique*, Paris : Bureau de la Critique philosophique, 1872-90.
– *Les derniers entretiens – recueillis par Louis Prat*, Paris : Vrin, 1930.
– « Doctrine des catégories de la relation », in *Archives de philosophie* n°36, 1973.
– *Esquisse d'une classification systématique des doctrines philosophiques*, Paris : Sandoz et Fischbacher, Bureau de la Critique philosophique, 1885-86.
– *Essais de critique générale, 1er Essai : Logique ; Traité de logique générale et de logique formelle*, Paris : Colin, 1912.
– *Essais de critique générale, 2e Essai, L'homme : la raison, la passion, la liberté, la certitude, la probabilité morale ; Traité de psychologie rationnelle d'après les principes du criticisme*, Paris : Ladrange, 1859 (rééd. Paris : Colin, 1912).
– *Essais de critique générale, 3e Essai : Les principes de la nature*, Paris : Ladrange, 1864 (rééd. Paris : Colin, 1912).
– *Essais de critique générale, 4e Essai : Introduction à la philosophie analytique de l'histoire*, Paris : Ladrange, 1864.
– (en coll. avec FAUVETY Charles), *Gouvernement direct et organisation communale et centrale de la république*, Paris : Librairie républicaine de la Liberté de penser, 1851.
– *Histoire et solution des problèmes métaphysiques*, Paris : Alcan, 1901.
– *Manuel de philosophie ancienne*, Paris : Paulin, 1844.
– *Manuel de philosophie moderne*, Paris : Paulin, 1842.
– *Manuel républicain de l'homme et du citoyen*, Paris : Colin, 1904.
– *La nouvelle monadologie*, Paris : Fayard, 2004.
– *Le personnalisme ; suivi d'une étude sur la perception externe et sur la force*, Paris : Alcan, 1903.
– *Philosophie analytique de l'histoire ; les idées, les religions, les systèmes*, Paris : Ernest Leroux, 1896-98.
– *Science de la morale*, Paris : Ladrange, 1908.
– *Uchronie (l'utopie dans l'histoire), esquisse historique du développement de la civilisation européenne, tel qu'il n'a pas été, tel qu'il aurait pu être*, Paris : Bureau de la Critique philosophique, 1876.
SAVOUREUX Robert Le, *La formation de la notion de conscience dans la philosophie de Ch. Renouvier*, mémoire manuscrit présenté en 1911 pour le diplôme d'étude supérieur (texte cité par Octave Hamelin).
SCHMAUS Warren, « *Renouvier and the method of hypothesis* », in Studies of History Philolophy of Science n°38, 2007.
– « *Science and the Social Contract in Renouvier* », in HOPOS: The Journal of the International Society for the History of Philosophy of Science, Chicago, vol. 1 n° 1, 2011.
SEAILLES Gabriel, Séailles, « un philosophe inconnu Jules Lequier », in *Revue philosophique de la France et de l'étranger*, 1898.
– *La philosophie de Charles Renouvier ; introduction à l'étude du néo-criticisme*, Paris : Alcan, 1905.
SEMERIE Eugène, *La loi des trois états. Réponse à M. Renouvier*, Paris : Ernest Leroux, 1875.
SOLER Léna, *Introduction à l'épistémologie*, Paris : Ellipses, 2000.
SPINOZA Baruch, *Ethique, Œuvres*, Paris : Pléiade, 1954.
TARDE Gabriel, *Les Transformations du pouvoir*, Paris : Alcan, 1909.

Fondations des sciences dans le néocriticisme de Renouvier

TURLOT Fernand, *Le personnalisme critique de Charles Renouvier : une philosophie française*, Strasbourg : Presses universitaires de Strasbourg, 2003.
VERNEAUX Roger, *Renouvier disciple et critique de Kant – L'idéalisme de Renouvier*, Paris : Vrin, 1945.

Index rerum

A

abstraction : 15, 18, 29, 54, 67, 97, 106, 107, 109, 123, 124, 126, 128, 129, 155, 157, 184, 187, 194, 198, 203, 204, 215, 240, 252, 253
Académie : 291, 292, 293, 295, 310
acte : 68, 86, 129, 132, 133, 137, 139, 144, 151, 171, 172, 194-196, 214, 218, 221, 222, 233, 239, 249, 252, 253
- acte libre : 218, 253
- indétermination avant l'acte : 215, 253
action : 11, 87, 191, 193, 196, 205, 230, 295
- action humaine : 199
addition : 123-125, 147
analogie : 78, 120
analyse : 37, 38, 47, 48, 60, 62, 71, 91, 101, 107, 110, 113, 117, 121, 140, 155, 159, 164, 170, 175, 190, 199, 211, 228-230, 247
analytique : 15, 22, 35, 39, 54, 60, 84, 123, 132, 156, 160, 166, 186, 209, 228-230, 254, 295, 300, 310
angle : 14, 159, 211
- angles droits : 159
antinomie : 141, 142
approximation : 148, 151, 152, 250
arithmologie : 107
astronomie : 112, 186
atome : 190, 191, 193, 194, 252
- atomisme : 192, 248
- loi atomique : 129
attribut : 65, 73, 98, 131

B

biologie : 15, 56, 109, 112, 193, 201, 247, 304
bonheur : 11, 24, 115, 140, 227, 232, 239, 240, 242, 243, 254, 257
borne : voir limite

C

calcul (mathématique) des chances, calcul des probabilités : 167, 169-171, 174-176, 219, 251, 253, 298
carré : 135, 136, 149, 151, 163
catégorie(s) : 15, 17, 19, 27, 30, 34, 65, 66, 81-96, 101, 104, 106, 107, 109, 111, 113, 114, 119, 123, 126-128, 132, 141, 146, 156, 160, 188, 191, 194, 197, 206, 233, 247, 248, 295
- table des catégories : 34, 37, 83, 85-87, 90, 92
catholique : voir religion
cause : 11, 16, 28, 30, 31, 34, 67, 82, 86, 96, 99, 127, 142, 143, 169, 171-173, 185, 188, 191, 193-195, 197-200, 214, 232, 234, 235, 238, 252, 254, 257
- causalité : 34, 51, 87, 91, 92, 107, 109, 139, 171, 194, 198, 200, 210, 213, 214
- causes libres : 200
- première cause sans cause : 172
- véritable cause : 199
cercle : 29, 53, 86, 90, 93, 132, 151, 153, 155, 166, 222, 224, 227, 243
- cercle vicieux : 86, 90, 224, 227, 243
- circonférence : 151, 153, 158, 159, 250
certitude : 14, 16, 20, 21, 28, 29, 42, 46, 48, 85, 90, 103-105, 108, 114, 117, 120, 130, 169, 176, 179, 185, 216, 218-220, 222-223, 225-227, 235, 247, 253, 296, 326
- certitudes du premier ordre : 103
- premier ordre de certitude : 224
- trois éléments de certitude : 223
chaleur : 21, 57, 108, 186, 187, 190, 201
chimère : 48, 95, 113, 134, 143
chimie, chimique : 56, 57, 80, 109, 111, 112, 186, 187, 189, 252
- physico-chimie : 109, 247
chose en soi : 34, 37, 95, 96, 98, 100, 129, 197, 198
circonstances : 78, 177, 184, 185, 190, 199, 211, 214, 223, 252
circulation sanguine : 41

classification : 14, 24, 35, 63, 85-87, 91, 104-106, 108, 110-115, 140, 189, 191, 212, 295, 305, 307
- classification des sciences : 63, 104
clinamen : 206
commencement : 44, 103, 141, 142, 192, 201, 207, 209, 215, 236, 237, 239
complexité croissante : 112, 209, 247
conditions nécessaires et suffisantes : 198, 200, 260
connaissance (critique de la) : 29, 44, 60, 61
connaissance (philosophie de la) : 13, 39, 40, 245
connaissance (problème de la) : 14, 20, 40, 47, 312
connaissance (théorie de la) : 24, 39, 296
conscience : 11, 14, 18, 19, 27, 28, 31, 32, 34, 35, 53, 60, 67, 69, 70, 73, 81, 86, 87, 92, 94, 99, 101, 103, 151, 178, 185, 194, 196-200, 202, 204, 205, 207, 208, 216, 223, 227, 232, 233, 235, 238, 247, 260
contenance : 157, 159
continu : 67, 129, 140, 143, 145, 146, 150, 164, 192, 211, 231, 240, 248-250
contradiction : 14, 30, 38, 50, 65, 71-74, 79, 91, 97, 129-135, 137, 138, 141, 142, 145-147, 150, 151, 152, 154, 194, 218, 233, 245, 246, 249, 258
contrôle mutuel : 185, 252
copule : 65, 121
corps : 17, 29, 32, 40, 58, 76, 77, 100, 108, 109, 114, 118, 181, 182, 187-192, 194, 195, 197, 198, 202, 210, 234, 247, 252
- corps simples : 187
cosmodicée : 232
création : 24, 26, 27, 32, 140, 141, 187, 227, 232, 234, 243, 257, 304, 312
Critique de la Raison pure : 35, 36, 220
- Analytique transcendantale : 87
- Esthétique transcendantale : 84
critique générale : 14, 32, 34, 42, 44, 49, 54, 62, 75, 83, 104, 107, 109-111, 114, 115, 149, 191
- premiers principes du criticisme : 235
Critique philosophique (la) : 10, 11, 31, 33, 38, 44, 45, 55, 59, 62, 63, 72, 155, 193, 240, 292, 294, 305
croyance : 14, 16, 19, 24, 27, 28, 34, 37, 39, 43, 44, 51, 52, 55, 59, 60, 112, 140, 178, 183, 216, 218, 219-223, 225, 227, 235, 239, 240, 243, 254, 256, 257, 294
- croyance rationnelle : 220, 239
- impossible de savoir sans croire : 220

D

découverte : 41, 56, 62, 91, 134, 169, 173, 179, 180, 183, 189, 236, 246, 251, 292, 312, 313
déduction, déductives : 22, 42, 49, 86, 114, 122, 160, 172, 189
- raisonnement déductif : 119-121, 171
délibération : 172, 206, 214
demandes : 84, 103, 157-159, 250
démence : 236
dénominateur : 147, 170, 249
désir : 18, 61, 200, 245, 294
déterminisme : 24, 28, 35, 42, 169, 173, 200, 214-218, 226, 257
diagonale : 149
dieu : 232, 233, 235, 260
différentiel : 58, 150, 152, 173, 175, 207
dilemme : 127, 140
dimension : 153, 158, 162
direction : 26, 56, 59, 77, 153, 157, 159, 160, 185, 200, 217, 224, 238, 258, 293
distance : 77, 153, 158, 159, 162, 193, 250
divisibilité, divisible : 143-146, 156, 157, 190, 191, 193, 295
dogmatisme, dogmatique : 20, 24, 28, 34, 37, 42, 51-53, 60, 105, 118, 139, 226, 233, 246, 254, 260
données premières : 43, 44, 82, 83
doute : 17, 19, 20, 31, 42, 51, 54, 61, 73, 105, 113, 127, 130, 145, 152, 165, 173, 185, 191, 203, 209, 2116, 217, 221-224, 226, 240, 245, 250, 254, 256
- apprendre à douter : 236
- doute cartésien : 20
- l'ignorant doute peu : 226, 254
durée : 91, 94, 123, 144, 145, 156, 161, 163, 188, 196, 210, 249, 292
dynamique : 79, 106, 173

E

éclectisme : 25
École polytechnique : 13, 22, 31, 58, 117, 150, 292
effort : 61, 139, 150, 226, 230, 235, 241
électricité : 196
empiriste, empirisme : 37, 54, 127
encyclopédie : 105, 115, 297
erreur : 34, 50, 58, 59, 69, 127, 135, 148, 152, 214, 222, 231, 238, 242, 255
- double erreur nulle : 152
espace : 25, 35, 77, 80, 86, 94, 136, 156, 157, 166, 191, 250
esprit (philosophie de l') : 24, 35, 71, 111
esprit critique : 15, 32, 36
esprit nécessitaire : 169
esprit scientifique : 13, 17, 20, 21, 231
essences : 38, 59, 68, 95-97, 151, 188, 189, 197
étendue : 19, 34, 77, 82, 94, 144, 145, 159, 188, 190, 191, 194, 228, 249
éternité : 142
être (l') : 18, 25, 58, 59, 94, 97, 104, 139, 193, 194, 210, 211, 215
évidence : 24, 140, 184, 186, 222, 251
expérience : 22, 76, 81, 84, 97, 101, 166, 177, 182-185, 231, 251, 260

F

fanatisme : 112, 226, 236
fataliste : 30, 59, 245
fatum : 217
finalité : 34, 67, 87, 91, 107, 109, 208, 210
fins (les) : 188, 198
foi : voir religion
fonction : 27, 29, 48, 65, 74, 78-80, 85, 92, 94, 95, 115, 138, 143, 147, 163, 164, 179, 181, 182, 184, 188, 199, 202, 204, 205, 210, 247, 251, 253
- fonctions organiques : 109, 201
force : 12-14, 16, 26, 54, 80, 91, 94, 97, 151, 181, 187, 191, 193-200, 204, 210, 228, 229, 238, 241, 252, 255, 256, 258, 260, 292
- force mécanique : 195, 196, 252
- forces vives : 196, 197, 252
fraction : 146, 147, 170, 175, 249
- fractionnaire : 147, 164

G

génération : 11, 104, 109, 179, 202, 206, 213, 253
géométrie : 16, 21, 24, 44, 106, 118, 150, 153-158, 160-163, 165, 166, 183, 186, 196, 245, 247, 250, 299, 300, 303
- géométrie analytique : 161, 162, 299
- géométrie imaginaire : 166
gravité, gravitation : 21, 41, 56, 76, 77, 181, 182, 216
guerre, paix : 10, 12, 232, 242, 257-260, 294, 295, 304, 313, 325
- état de guerre : 232, 254

H

habitude : 204, 292
- empire sur les habitudes : 204
hiérarchie des sciences : 112, 113
histoire : 19, 25, 29, 110, 186, 201, 208, 247, 252, 295
- histoire des sciences : 186, 252
- philosophie de l'histoire : 15, 32, 111, 228, 254
humain : 35, 45, 59, 63, 72, 87, 88, 93, 105, 113, 183, 205, 217, 238, 240, 300, 306
- animalité : 203
hypothèse : 13, 76, 84, 93, 111, 136, 146, 153, 157, 174, 177, 182, 184, 185, 191, 208, 212-214, 234, 251, 258, 301, 311
- hypothèse scientifique : 234
- hypothèses constructives : 182

I

idole, idolâtrie, idologie : 23, 30, 37, 90, 95, 99, 118, 229
- les quatre idoles (de F. Bacon) : 183
illusion du possible : 172
imaginaire : 165
incommensurable : 148
induction : 21, 32, 50, 53, 54, 77, 78, 85, 172, 176, 177, 178, 185, 204, 221, 251
- fécondité de l'induction : 177
infini : 24, 72, 129-140, 145, 147, 191, 218, 248

- indéfini : 136-138, 144, 152, 154, 156, 157, 175, 199, 206, 250
- infini actuel : 138, 145, 191
- infini en puissance : 138
- infinitésimal : 15, 25, 149, 150, 152, 249, 298, 300

intellectuel : 11, 86, 136, 179, 183, 241, 251
interprétation(s) : 13, 21, 23, 40, 51, 150, 163, 178, 209, 230, 233, 252, 293, 314
intervalle : 144, 156, 157, 191
intuition : 34, 86, 132, 156, 249

J

jeux de hasard, loterie : 169, 171, 175, 251
jugement synthétique : 84, 158

L

langage : 22, 29, 65, 93, 101, 107, 162, 177, 183, 197, 203, 204, 208, 213, 216, 253
- langage des animaux : 203
législatrice (la critique doit être) : 47, 246
liberté : 12, 14, 16, 24, 28, 34, 52-54, 79, 129, 140, 142, 169, 171, 175, 192, 201, 205, 206, 213-219, 224-232, 234-235, 237-238, 240-243, 251-253, 255, 257-260, 291, 293, 307
-affirmer librement la liberté : 220
- démonstration de la réalité du libre arbitre : 218
- libre arbitre : 14, 27, 51, 214, 216, 218, 225, 229, 232, 253, 257
- solidarité entre liberté et certitude : 219
ligne : 109, 144, 146, 148, 155-159, 250, 260
- courbe : 153, 154, 166
- droite : 138, 144, 155-160, 162, 165, 166, 250
- ligne droite : 156-159, 250, 260
- plus court : 157-159, 166
limite, borne : 37, 39, 50, 68, 74, 94, 119, 126, 133, 134, 138, 141, 142, 144, 151, 153, 157, 162, 163, 214, 249
logique : 9, 15, 17, 19, 21, 24, 44, 51-53, 61, 63, 72, 73, 76, 81, 85, 96, 97, 100, 106, 107, 112-114, 117, 119-121, 130, 131, 136, 150, 155, 156, 159, 164, 165, 177, 178, 206, 218, 223, 224, 240, 245-248

- logique formelle : 9, 15, 114, 119
- logique inductive : 177
lois : 28, 30, 34, 37, 38, 40, 41, 43-47, 49, 52, 54, 55, 57-61, 70-84, 86-93, 95-97, 101, 103-104, 106-114, 118, 130, 136, 141, 145, 169, 171, 172, 177, 178, 180, 183, 184, 186, 188-192, 195, 196, 198, 200, 204, 206, 210, 211, 213-216, 220, 225, 230, 239, 243, 246, 247, 249, 252, 255, 258, 260, 299, 306, 307-310
- lois de la nature : 73, 141, 171, 186, 192, 215, 243
- lois du mouvement : 44, 106
- lois physiques : 113, 214
longueur : 136, 151, 158

M

mal (problème du) : 231-233, 254
mathématique(s) : 9, 13-15, 22, 26, 29, 31, 32, 35, 42, 51, 53, 54, 57, 58, 73, 77, 80, 89, 106, 107, 111-115, 117-121, 123, 125-127, 130, 134, 144, 145, 149-151, 161, 163-166, 169, 182, 184, 186, 187, 190, 191, 193, 197, 198, 220, 224, 239, 247, 248, 250, 252, 256, 290, 293, 298, 299, 325
-méthode mathématique : 112, 117, 294
matière : 15, 16, 23, 29, 49, 51, 52, 57, 58, 68, 77, 80, 82, 87, 89, 97, 99, 100, 104, 109, 133, 139, 145, 151, 175, 185-189, 191, 193, 201, 207, 209, 213, 228, 238, 240, 245, 247, 252, 259
mécanique : 14, 21, 44, 57, 79, 80, 89, 106, 173, 186, 187, 190, 191, 196, 197, 210, 226, 2445 247, 252, 297, 308
mesure : 21, 26, 41, 49, 50, 77, 80, 91, 120, 123, 124, 126, 127, 131, 135, 143, 148-151, 153, 158-160, 162, 163, 166, 170, 171, 173, 174, 176, 182, 183, 186, 196, 197, 198, 203, 204, 210, 212, 224, 235, 242, 248, 249, 255, 294
- non mesurable : 126
- mesure de l'attente, des attentes : 171, 174
métaphysique : 28, 30, 35-37, 42, 44, 45, 50, 54, 57, 59, 60, 78, 84, 95, 97, 115, 143, 149, 188, 189, 194, 200, 211, 212, 213, 240, 244, 245, 250, 253, 260, 295, 307, 310, 311, 326

méthode : 14, 17, 20-24, 27-30, 35-37, 42-46, 49, 50, 52, 54, 55, 58-60, 63, 69, 75, 78, 82, 84, 95-97, 104, 105, 107-112, 114, 117, 119, 120, 145, 149-152, 154, 155, 161, 169, 173, 177, 182, 184-186, 188, 189, 206, 213, 225, 228, 229, 231-233, 236, 239, 240, 242, 245, 246, 248, 250, 251, 254, 260, 291, 292, 297, 309, 313
- méthode expérimentale : 14, 177, 182, 186, 228, 242
- méthode(s) scientifique(s) : 17, 22, 30, 43, 45, 51, 52, 54, 61, 78, 96, 184, 186, 189, 232, 239, 245, 246, 251, 258, 260
monade : 194
- monadologie : 9, 27, 33, 92, 128, 295, 310
morale : 11, 16, 18, 24, 27, 28, 37, 39, 42, 43, 50, 51, 56, 60, 78, 109, 110, 112-114, 129, 192, 205, 208, 217, 218, 220, 227, 230, 233, 235, 236, 239-242, 245, 249, 253, 255, 256-259, 295, 305, 306, 308, 309, 325, 327
- agent moral : 258
- loi morale : 51, 217, 227, 257, 258
- responsabilité des auteurs : 217
- mouvement : 44, 47, 71, 73, 77, 82, 97, 100, 109, 135, 187, 191-198, 200, 210, 252, 256, 310, 312
- mouvements organiques : 202
Moyen Age : 234, 236, 237, 243, 254, 258
mystère : 52, 150, 151, 208, 250
mystique : 80, 163, 209, 227

N

nécessité : 14, 15, 22, 24, 36, 37, 42, 61, 76, 78, 81, 85, 87, 129, 130, 140, 142, 169, 171, 173, 174, 192, 215, 216, 218-220, 227, 230, 233, 233, 253, 257-259, 290
néokantisme : 36
nombre : 11, 12, 15, 19, 34, 50, 69, 72, 86, 89-91, 106, 118-121, 123-139, 141-147, 150-154, 156-160, 162-164, 170, 172, 175, 176, 182, 188, 189, 191, 196, 197, 199, 200, 212, 213, 215, 219, 227, 231, 239, 242, 243, 248-251, 292
- loi des grands nombres : 173-176, 219, 253
- loi du nombre, du fini : 15, 122, 123, 128-131, 133, 142, 143, 145, 163, 192, 248

- nombre(s) entier(s) : 127, 135, 164
- nombre(s) négatif(s) : 160, 162-164, 250
- numération : 92, 125, 144
- série des nombres : 125, 131, 135, 137, 139
- zéro : 162, 163
non-euclidien, 16, 156, 165, 166, 250, 303
noumène : 34, 36, 96, 143, 226, 247
nutrition : 202

O

observation : 68, 172, 184, 185, 195, 225, 298
- observer : 44, 107, 172, 208
opérations inverses : 146, 147
optimisme : 241
ordre : 11, 40, 43, 47, 59, 75, 80, 81, 87, 91, 92, 103, 110, 149, 152, 161, 163, 191, 206, 208, 214, 235, 239, 259
ordre de certitude : 227

P

pair, impair : 135, 137, 143, 171
passion(s) : 10, 18, 37, 61, 94, 103, 126, 150, 200, 202-204, 214, 223-225, 254, 258, 259, 291, 325
personne : 11, 20, 30, 34, 67, 91, 92, 94, 101, 103, 104, 109, 172, 205, 206, 216, 233, 235, 241, 247, 253, 256, 257, 259, 260
- *Personnalisme (le)* : 9, 11, 133, 211, 232-233, 294, 295
- personnalité : 11, 87, 92-94, 101, 107, 109, 223, 233, 260
pesanteur : 73, 77, 108, 190, 199
phénomène : 30, 37, 40, 60, 65, 68, 70, 74-77, 79-81, 98, 101, 128, 140, 171, 184, 185, 191, 195, 198-200, 219, 221, 246, 252
- phénoménisme, phénoméniste : 14, 27, 30, 37, 45, 54, 71, 78, 88, 95, 96, 128, 134, 143, 189, 247, 260
philosophe des sciences : 12, 20, 183
- philosophie(s) des sciences, épistémologie : 13-16, 20, 39-41, 51, 62, 63, 71, 111, 189, 245, 246, 248
physiologie, physiologique : 108, 189, 212, 312

plan : 12, 16, 40, 44, 83, 158, 159, 161, 166, 228, 232, 291
planète : 180
- lune : 181
- marche de la planète : 216
- soleil : 77, 166, 171, 180, 181, 216
pluralité : 66, 87, 105, 123, 124, 128-130, 132, 135, 249
point d'origine : 162, 250
politique : 12, 13, 26, 27, 32, 50, 51, 62, 109, 112, 113, 230, 238, 247, 260, 289, 293, 294, 303, 304
polygone : 73, 151, 153, 154
positif : 21, 38, 53, 56, 59, 70, 77, 90, 133, 151, 162, 170, 176, 212, 221, 249, 260
position : 16, 21, 22, 24, 41, 45, 57, 86, 91, 92, 93, 106, 139, 156-162, 167, 170, 188, 195, 210, 211, 220, 250, 255, 302
positivisme : 30, 31, 55, 58-61, 63, 100, 246, 258
- loi des trois états : 55-57, 59, 327
- philosophie positive : 21, 23, 31, 37, 51, 57, 58, 75, 112, 117, 133, 169, 197, 302
postulat : 128, 158, 159, 165, 166, 214, 217, 227, 257, 299
premier commencement : 27, 141, 214, 233, 249
premiers principes : 31, 60, 72, 224, 235, 243, 246
preuve : 13, 17, 30, 43, 55, 58, 72, 83, 90, 92, 133, 166, 176, 200, 213, 217, 218, 224, 239, 245, 313
prévision : 108, 172, 214, 216, 239
principe d'identité, de distinction : 72, 91
principe de contradiction : 24, 71-74, 76, 124, 130, 131, 134, 136, 140, 141, 143, 145, 172, 191, 203, 249
principe de relativité : 27, 38, 67, 70, 97, 260
probabilités : 16, 60, 170, 171, 174-176, 326
- échelle des probabilités : 170, 176
- probabilité mathématique : 176, 251
- probable : 16, 170, 171, 174, 178, 180, 216, 224, 225, 229, 251, 254
progrès : 13, 15, 16, 24, 28, 38, 45, 57, 85, 86, 105, 108, 115, 121, 172, 183, 186, 189, 203, 206, 217, 224, 228-231, 234, 235, 237-243, 245, 253, 260, 293, 296, 300, 326
- progrès (loi du, doctrine du) : 115, 238, 240

- progrès à l'infini : 24, 86, 172, 224
- progrès des sciences : 28, 45, 189, 238, 242, 255
- progrès moral, moraux : 15, 16, 217, 241, 242, 255
- progrès technique : 240, 241
protestantisme : voir religion
psychologie : 14, 15, 39, 51, 63, 110, 197, 241, 246, 252, 305, 306, 308, 309, 312, 326
puissance : 20, 34, 94, 137, 138, 145, 149, 164, 172, 193-196, 199, 200, 209, 211, 212, 226, 231, 240, 242, 249, 252, 258-260, 291, 301

Q

qualité : 34, 67, 80, 87, 89, 91-93, 97, 98, 106, 107, 123, 133, 142, 170, 171, 181, 186, 188, 190, 193, 217, 247, 260
quantité : 15, 34, 68, 80, 87, 89-92, 97, 98, 106, 114, 120-123, 126, 127, 129, 133, 134, 137, 139, 141, 143, 146-153, 158-160, 162, 163, 186, 191, 194, 197, 247-249
- quantité continue : 68, 123, 129, 143, 163, 248, 249
- quantités négatives : 163

R

racine carrée : 163
rapport : 14, 15, 17, 22, 29, 30, 36, 38-42, 46, 47, 53, 58, 65-67, 69, 70, 72, 73, 75, 78, 79, 86, 91, 93, 94, 97, 101, 107, 109, 121, 123-128, 131, 135, 146, 148, 149, 151, 156, 158-162, 170, 175, 178, 181, 187, 194, 214, 223, 237, 245, 246, 248, 253
- rapport du contenu au contenant : 122
- rapporter des rapports : 204
réalité : 23, 48, 59, 72, 74, 87-89, 96, 99, 100, 103, 128, 131, 133-136, 170, 194-198, 215, 220, 225, 228, 232, 241, 247, 255, 257
- réalisme : 53, 68, 98, 100, 151, 194
réduction : 51, 57, 60, 78, 88, 147, 178, 189, 196, 221

réflexion : 12, 13, 22, 26, 30, 31, 42, 73, 85, 92, 100, 115, 133, 140, 145, 165, 200, 203-205, 208, 222, 225, 236, 251
régression : 129, 141, 142, 249
relation : 13-17, 29, 30, 31, 41, 56, 65-71, 74, 75, 78, 79, 82, 86, 90-94, 98-101, 107, 123-125, 127, 128, 132, 141, 142, 147, 148, 157, 159, 163, 164, 180, 188, 199, 204, 220, 246, 249, 250, 289, 295
- corrélatif : 66, 69, 246
- loi de la relation : 125, 128
- relatif, relative : 18, 28, 29, 34, 66-69, 87, 93, 99, 104, 105, 120, 128, 135, 141, 146, 150, 171, 215, 223, 243, 246
- relation constante : 75, 76, 78, 79, 157
- relativité : 27, 28, 37, 56, 65, 68, 70, 71, 74, 95, 97, 129, 169, 223, 245, 246, 251, 312
religion : 16, 50, 56, 57, 99, 111, 179, 232-234, 238, 243, 254, 312
- catholicisme : 234, 238, 254
- chute : 56, 76, 77, 181, 185, 197, 232-234
- foi : 16, 74, 112, 113, 151, 173, 220, 221, 227, 234, 235, 238, 240, 243, 250, 254, 256, 258, 303
- protestantisme : 234, 238, 254
- religion d'intellectuels : 16, 233, 254
- scolastique : 87, 98
Renaissance : 236, 242
repères (glissement des) : 162
représentation : 21, 30, 34, 35, 69, 70, 72, 73, 75, 81-85, 87, 88, 91-95, 98-101, 110, 118, 125, 128, 129, 131, 135, 138, 140, 142, 144, 146, 159, 160, 162, 167, 172, 178, 185, 194, 197, 200, 202, 203, 207, 211, 221, 222, 225, 247, 249, 250, 326
- représentatif : 59, 67, 84, 94, 98, 100, 101, 109, 196
- représenté : 30, 67, 76, 77, 82, 91, 94, 99-101, 128, 145, 194, 196, 207, 209, 246
rupture : 177, 188, 189, 205

S

savant(s) : 19, 21, 23, 26, 48-50, 52, 57, 59, 95, 105, 112, 114, 115, 176, 180, 182, 187, 188, 198, 212, 217, 224, 243, 258
scepticisme : 28, 49, 53, 54, 69, 220
sciences : 13-17, 20-26, 29-30, 32, 39-52, 54-57, 59-63, 65, 68, 71, 74, 76, 77, 79-83, 85, 96, 98, 103-115, 119-121, 126, 133, 155, 161, 164, 169, 177, 179, 181, 182, 184-189, 193, 197, 198, 200, 201, 204, 207, 211, 213, 215, 221, 223, 224, 226, 229, 234, 236, 240, 242, 243, 245-248, 251, 253, 255, 258, 261, 307, 313, 325, 326
- démarcations entre les sciences :105
- rigueur scientifique : 61
- Science : 11, 19, 28, 42, 44, 47-51, 53, 55, 61, 75, 104, 115, 173, 177, 186, 221, 233, 240, 246, 256, 294, 305, 312, 313, 326
- science moderne : 16, 118, 187, 189, 196, 237
- science première : 44, 110
- sciences d'observation : 114
- sciences expérimentales : 23, 108, 115, 182, 185, 242, 245
- sciences historiques : 110, 248
- sciences logiques : 17, 104, 106, 107, 109, 113, 114, 245, 247
- sciences physiques : 16, 29, 68, 81, 104, 106-109, 111, 114, 177, 184, 186, 189, 247, 251
- sciences positives : 42, 43, 45, 59, 60, 169
- scientisme, scientifisme : 15, 47, 50, 215, 255
sens opposés : 162
sociologie : 11, 56, 112, 113, 229, 306
substance : 30, 34, 35, 86, 90, 95, 96, 98, 99, 129, 142, 143, 189, 191, 193, 197, 234, 23(, 244, 245, 252, 313
substantialisme : 53, 143
sujet : 22, 26, 33, 35, 37, 58, 67, 72, 73, 81, 84, 90, 92, 93, 97, 100, 108, 112, 117, 130, 131, 138, 139, 147, 155, 156, 161, 182, 195, 198, 207, 210, 212, 219, 221, 222, 225, 243, 291, 292, 296
superstition : 238, 240, 254, 259, 260
surface : 77, 144, 153, 158, 166, 208, 216, 250
symbole(s) : 120, 121, 130, 146, 147, 151, 161-164, 194, 203, 230, 252, 253

synthèse : 37, 40, 41, 47-50, 52, 61, 77, 82, 85, 91, 92, 94, 101, 105, 111, 113, 123, 124, 128, 129, 132, 139, 157-160, 170, 172, 193-195, 197, 204, 222, 228, 243, 247, 255, 310
- synthèse totale : 49, 50, 111, 243, 255

T

télépathie : 50
témoignage : 110, 111, 211, 226, 230
temps : 11, 12, 16, 19, 21, 27, 31, 32, 34, 35, 44, 46-48, 56, 68, 70, 72, 76, 77, 80, 86, 89, 92-97, 99, 100, 103, 104, 108, 110, 115, 127, 129, 131, 133, 135, 137-139, 141-145, 152, 156, 160, 172, 180, 182, 188, 192, 194, 197, 200, 207, 209, 211, 218, 226, 228, 233, 235, 240, 246, 247, 254, 258-260, 290, 292, 293, 314
thèse : 13, 39, 41, 42, 56, 60, 78, 91, 94, 127, 132, 140-142, 172, 191, 193, 194, 207, 212, 215, 225, 229, 296
- antithèse : 91, 132
- niveaux d'acceptabilité d'une thèse : 141

U

Uchronie : 231, 303, 306
unité : 35, 38, 80, 86, 87, 105, 123-126, 128, 132, 134, 135, 137, 139, 146, 147, 158, 161, 176

V

valeur de bifurcation : 173
vérification : 23, 49, 84, 104, 108, 174, 175, 178, 180, 183, 189, 195, 227
vérité : 14, 18, 20-22, 29, 35, 41, 46, 51, 53, 61, 71, 74, 87, 96, 104, 105, 108, 117, 119, 120, 124, 138, 144, 165, 179, 180, 182, 192, 204, 216-219, 222, 225-227, 233, 245, 248, 250, 251, 253, 257, 258, 291
- détermination de la vérité : 217
- discerner le vrai du faux : 225
- première(s) vérité(s) : 14, 28, 42, 73, 169, 291, 304
vide : 89, 94, 96, 99, 129, 190-194, 213, 236, 247, 252
vie, mort : 9, 19, 20, 24, 26, 27, 31, 32, 33, 40-42, 51, 56, 58, 61, 90, 113, 114, 120, 129, 187, 192, 201, 203, 205, 206, 210, 216, 220, 224, 226, 227, 231, 232, 235, 241-243, 255-260, 289, 291-314, 325
vivant : 16, 21, 65, 76, 108, 109, 201, 202, 210, 211, 238, 253, 302
vitesse : 77, 180, 195-197, 252
volonté : 14, 16, 28, 34, 80, 103, 124, 126, 128, 147, 151, 175, 177, 193, 197, 199, 200, 202-205, 215, 221, 223-229, 232, 235, 236, 253, 258, 260, 307

Index nominum

« Un très grand nombre d'hommes raisonnent plus et mieux à douze ans qu'à cinquante » (*ECG2-1*, p. 123).

ALAIN : 10
AMPERE André-Marie : 191, 252, 299
Anaximandre : 197
Archimède : 159
ARGAND Jean-Robert : 150
ARISTOTE : 63, 66, 72, 88, 121, 124, 236
BACHELARD Gaston : 62, 69, 75, 95, 180, 292, 325
BACON Francis : 14, 151, 183, 251, 297
BACON Roger : 236
BAIN Alexander : 70
BEAUMONT Félix Élie de : 26
BELLAVITIS Giusto : 150
BERGSON Henri : 11, 173, 186, 252, 308, 310, 311, 312, 314
BERNARD Claude : 181, 193, 201, 210, 304, 325
BERNOULLI Jacques : 175, 298
BEURIER Artidor : 71, 130
BICHAT François-Xavier : 56, 188, 201, 299, 325
BIRAN Maine de : 200
BLAINVILLE Henri-Marie Ducrotay de : 212
BOOLE George : 123, 150
BOSCOVICH Ruggiero Giuseppe : 193
BOUSSINESQ Joseph : 173
BOUTROUX Émile : 10, 295, 306, 309, 312
BOYLE Robert : 183
BROCHARD Victor : 33, 225, 306, 325
BRUNSCHVICG Léon : 118, 186, 220, 252, 309, 313, 325
BUFFON Georges-Louis Leclerc, comte de : 212, 299
BURDIN Jean : 56
CARNOT Hippolyte : 26, 293, 300, 301, 308, 309
CAUCHY Augustin-Louis : 135, 300
COMTE Auguste : 9, 14, 19, 21-23, 28, 30, 31, 51, 55-61, 63, 66, 68, 70, 71, 75, 78, 95, 105, 112, 113, 117, 133, 150, 164, 169, 170, 221, 222, 246, 247, 256, 259, 290, 302, 303

COPERNIC Nicolas : 14, 56, 180, 181, 236, 251
COURNOT Antoine-Augustin : 11, 14, 19, 26, 33, 70, 110, 170, 174, 304-306
COUSIN Victor : 32, 36, 37, 245, 292, 325
CUVIER Georges : 212, 253, 299, 300
DARLU Alphonse : 220
DARWIN Charles : 14, 204, 210, 211-213, 253, 304, 305
DEDEKIND Julius Wilhelm Richard : 164
DELEUZE Gilles : 39
Démocrite : 63
DESCARTES René : 13, 20, 25, 29, 31, 42, 54, 63, 98, 117, 137, 161, 169, 187, 201, 292, 293, 297
DUHEM Pierre : 181, 251, 312, 313
DURKHEIM Émile : 11, 309, 310, 326
EGGER Victor : 10
EUCLIDE : 124, 157-159, 166
EULER Leonhard Paul : 25, 26, 121, 299
EVELLIN François : 33, 186
FAUVETY Charles : 26, 293
FERMAT Pierre de : 19, 25, 26, 297, 299
FICHTE : 25, 53, 114, 300
FOUCHER Louis : 25, 26, 289, 292, 296, 315
FOUILLEE Alfred : 136, 225, 255, 309, 310
FOURIER Charles : 232, 302
GALILEE : 56, 76, 135, 181, 185, 236, 297
GAUSS Johann Carl Friedrich : 150, 166, 300
Geoffroy Saint-Hilaire Étienne : 212
GEOFFROY-CHATEAU Louis-Napoléon : 231
GILBERT William : 183
GLISSON Francis : 188
GOBLOT Edmond : 21, 110
GRASSMANN Hermann Günther : 150
GRENIER Hubert : 231
HALLER Albrecht von : 188, 209, 210
HAMILTON Sir William : 71, 150
HANNEQUIN Arthur : 89, 326
HARVEY William: 183
HEGEL : 53, 70, 88, 111, 228

Hobbes : 70, 157, 201, 297
Hume David : 28, 30, 37, 70, 78, 96, 128, 143, 221, 299, 306
Huygens Charles : 157, 297, 298
James William : 10, 18, 53, 213, 216, 308, 311, 312
Janet Paul : 71, 295, 306, 310, 312
Kant Emmanuel : 14, 27, 30-38, 42, 45, 53, 54, 59, 60, 63, 71, 78, 84-89, 91, 93, 95, 96, 118, 121, 127, 128, 130, 139, 140, 143, 144, 159, 220, 226, 235, 247, 256, 295, 296, 300, 325, 326
Kepler Johannes : 56, 180, 181, 251, 297
Lachelier Jules : 33, 78, 132, 305, 307
Lamarck Jean-Baptiste de : 211, 212, 213, 253, 299, 300, 301
Laplace Pierre-Simon de : 170, 171, 173, 174, 300
Lavoisier Antoine-Laurent de : 56, 188, 299
Le Play Pierre-Guillaume-Frédéric : 26
Le Savoureux Robert : 25, 32
Leibniz : 27, 29, 33, 53, 58, 63, 84, 101, 121, 128, 130, 138, 152, 192-194, 249, 292, 298
Lequier Jules : 14, 18, 27, 28, 34, 206, 213, 216, 218, 219, 253, 291, 304, 327
Leroux Pierre : 25, 27, 293
Liard Louis : 10, 11, 33, 78, 295
Littré Émile : 23, 31, 56, 326
Lobatchevski Nikolaï Ivanovitch : 165, 166, 300
Lotze Rudolf Herman : 130, 131, 303
Marc Aurèle : 231
Marion Henri : 10, 33, 241, 326
Martin Henri : 26
Marx Karl : 303-305, 309
Mery Marcel : 12, 67, 295, 296
Michel Henry : 10, 13, 33
Michelet Jules : 26, 32, 234
Mill Stuart : 60, 73, 170, 174, 304
Möbius August Ferdinand : 150
Müller Friedrich Max : 204
Naville Ernest : 181
Newton Isaac : 14, 56, 58, 164, 181, 192, 193, 251, 298
Parodi Dominique : 243, 326
Pascal : 76, 127, 231, 297, 298
Pasteur Louis : 188, 304, 306, 307

Peisse Louis : 33
Pillon François : 10, 25, 31, 33, 43, 44, 62, 63, 260, 294, 316
Platon : 18, 32, 63, 223, 310
Poincare Henri : 173, 177, 181, 251, 311-313, 326
Proudhon Pierre-Joseph : 17, 18, 245, 304
Ptolemee : 180, 236
Pythagore : 63
Quinet Edgard : 26
Ravaisson Félix : 29, 71, 327
Reynaud Jean : 25, 26, 293
Robinet Jean-François : 56
Rousseau : 232
Ruelle David : 173
Russel Bertrand : 165
Saint-Simon Claude-Henri de Rouvroy, comte de : 25, 31, 56, 60, 113, 240
Schelling Friedrich von : 53, 300
Schopenhauer Arthur : 53
Secretan Charles : 17, 29, 31, 62, 289, 305
Semerie Eugène : 55, 56, 58, 327
Socrate : 32, 54, 289
Spencer Herbert : 14, 22, 55, 70, 140, 198, 304-306, 309
Spinoza : 18, 42, 53, 98, 144, 292, 298
Tannery Paul : 186, 252
Tarde Gabriel : 229, 308-310, 328
Thales : 124, 197
Thomas Jules : 26, 292, 315
Turgot Anne-Robert-Jacques : 56
Vaihinger Hans : 35
Viete François : 19, 297
Whewell William : 181
Zenon d'Élee : 136, 139, 144, 192, 197

Table des matières

« Malgré tout, il faut enfin reconnaître que le criticisme [...] est étranger à un mouvement des idées générales dont le courant semble devoir entraîner le monde européen tout entier [...].
L'esprit s'aiguise, l'instruction avance et la moralité ne s'accroît peut-être pas en proportion. On assiste à un étonnant déploiement de forces matérielles et de puissance de travail, de richesse et de luxe, en même temps que de misère et de crime sous des formes nouvelles. L'esprit de haine et de guerre souffle partout, [... les] anciennes mœurs semblent se décomposer [...].
Nous avons combattu, à ce début des hostilités, ce que nous avons cru le *bon combat*. Nous le cessons au moment où l'âge va nous faire tomber la plume des mains. Il ne nous reste qu'à remercier nos collaborateurs et nos lecteurs, tous les amis qui nous ont apporté aide ou sympathie dans une œuvre qui n'a jamais été ce que nous souhaitions qu'elle devînt, mais qui n'a point été pour nous entièrement dénuée de satisfaction » (*CP1889-2*, p. 406-408).

Sommaire	5
Abréviations des sources fréquemment citées	7
Introduction - Nécessité d'une relecture de Renouvier	9
1 - Renouvier : *excogitatoris minor* ou *major opinione* ?	9
2 - Existence et importance d'une philosophie des sciences chez Renouvier	12
Première partie - Quels rapports y a-t-il entre néocriticisme et science ?	17
Chapitre 1 - La construction de l'esprit scientifique de Renouvier	17
1.a - En quoi Renouvier fait-il preuve d'un esprit scientifique ?	17
1.a.α - Renouvier *versus* Proudhon	17
1.a.β - Le doute comme propédeutique au travail de recherche	19
1.a.γ - Pour et contre Comte ; position concernant la science positive	21
1.b - L'esprit scientifique est-il un caractère majeur de la pensée de Renouvier ?	23
1.b.α - Quel intérêt le jeune Renouvier portait-il à la science ?	24
1.b.β - Les caractères majeurs du néocriticisme	27
1.c - Quelle est la place des sciences dans cette constitution de la pensée de Renouvier ?	30
1.c.α - Quelle a été l'influence de Comte, de Descartes et de Kant dans la construction du système de Renouvier ?	31
1.c.β - Continuer Kant en le critiquant	33
Chapitre 2 - Comment s'articulent philosophie, critique et science(s) ?	39
2.a - Faut-il parler d'une philosophie des sciences chez Renouvier ? Distinction préliminaire : philosophie de la connaissance, philosophie des sciences	39
2.b - Y a-t-il solidarité entre philosophie et sciences ?	42
2.b.α - Place et objet de la philosophie par rapport aux sciences	42
2.b.β - La dépendance entre les sciences et la critique	45
2.c - Comment Renouvier caractérise-t-il la science, les sciences et le scientisme ?	47
2.d - La philosophie doit-elle suivre la méthode scientifique ?	52
2.e - Comment être contre le positivisme et pour la science ?	55
2.f - Qu'est-ce alors que la philosophie des sciences pour Renouvier ?	62

Chapitre 3 - En quoi les concepts de relation, de loi et de catégorie sont-ils liés aux sciences ? 65
   3.a - Les principes de relativité et de contradiction sont-ils la base de toute science ? 65
      3.a.α - L'idée de rapport 65
      3.a.β - Le principe de relativité 67
      3.a.γ - Le principe de contradiction ou d'identité 71
   3.b - En quoi loi et fonction constituent-elles des éléments fondateurs des sciences ? 74
      3.b.α - De la relation à la constance et à la loi 74
      3.b.β - De la loi à la fonction 79
   3.c - Quel rôle jouent les catégories comparativement aux sciences ? 81
      3.c.α - Distinction des catégories 81
      3.c.β - Discussion des catégories kantiennes 85
      3.c.γ - Catégories de Renouvier 89
   3.d - Le problème général de toute science est la représentation 95
      3.d.α - Destruction de la chose en soi 95
      3.d.β - La représentation et la conscience 99
Chapitre 4 - Comment Renouvier organise-t-il les sciences ? 103
   4.a - Ce qui distingue les sciences 103
   4.b - Renouvier adopte la classification essentielle des anciens 106
      4.b.α - Les sciences logiques 106
      4.b.β - Les sciences physiques 107
   4.c - Autres sciences rattachées à la critique 109
   4.d - Réquisitoire contre la classification comtienne 111
   4.e - L'esprit général de la classification de Renouvier 113
Deuxième partie - Quelles sont les bases de la philosophie des mathématiques de Renouvier ? 117
Chapitre 5 - Importance, originalité et limites des mathématiques et de la logique de Renouvier 117
   5.a - En quoi Renouvier s'inscrit-il dans une lignée de philosophes des mathématiques ? 117
   5.b - Pourquoi un *Traité de logique formelle et de logique générale* en tête des *Essais* ? La logique formelle et son raisonnement déductif sont indispensables en sciences 119
Chapitre 6 - La loi du nombre et ses conséquences sur les mathématiques 123
   6.a - Que sont le nombre et la loi du nombre ? 123
      6.a.α - Le nombre est-il antérieur à la quantité ? 123
      6.a.β - Loi du nombre 128
      6.a.γ - Traitement des objections à la loi du nombre 130
   6.b - Quelles sont les conséquences de la loi du nombre sur l'infini ? 133
      6.b.α - Impossibilité de l'infini en acte 133
      6.b.β - Éclaircissement de la distinction infini/indéfini 136
      6.b.γ - Solution des antinomies kantiennes 139
   6.c - Comment supprimer le nombre continu et commensurer les incommensurables ? 143
      6.c.α - Continuité de l'espace et du temps, les fractions 143
      6.c.β - Grandeurs incommensurables 147
      6.c.γ - Calcul infinitésimal 150
Chapitre 7 - La géométrie et ses concepts élémentaires 155
   7.a - Comment Renouvier reconstruit-il la géométrie ? 155
   7.b - Comment comprendre les nombres négatifs ? 160
      7.b.α - Méthode algébrico-géométrique 160

7.b.β - Nombres négatifs	161
7.c - En quoi consiste l'opposition de Renouvier à une géométrie non-euclidienne ?	165
Chapitre 8 - Enjeux du calcul des probabilités	169
8.a - L'esprit nécessaire des sciences ne renvoie-t-il pas la probabilité aux jeux de hasard ?	169
8.b - Le probable n'est-il que le signe de notre ignorance : une simple mesure des attentes ?	171
Troisième partie - Certitude et liberté : des sciences physiques à la philosophie de l'histoire	177
Chapitre 9 - L'assise des sciences physiques	177
9.a - La méthode expérimentale	177
9.a.α - Rôle de l'induction et de l'hypothèse	177
9.a.β - L'expérience scientifique et la mathématisation	184
9.b - « Les notions de matière et de force dans les sciences de la nature »	187
9.b.α - Naissance de la physique moderne avec l'appréhension scientifique du corps	187
9.b.β - De la définition du corps à l'atome et au vide	190
9.b.γ - Force, mouvement et cause	193
Chapitre 10 - L'homme, sa liberté, ses certitudes et son histoire	201
10.a - L'homme et l'animal	201
10.a.α - Particularité du vivant	201
10.a.β - La volonté distingue l'homme de l'animal	202
10.a.γ - Renouvier est-il opposé à la théorie de l'évolution ?	206
10.b - La liberté de l'homme	213
10.b.α - La liberté ne nie pas la causalité	213
10.b.β - Arguments en faveur de la liberté	215
10.c - Certitude, croyance et liberté	219
10.d - Histoire et progrès	228
10.d.α - La *Philosophie analytique de l'histoire* et l'*Uchronie*	228
10.d.β - Religion et progrès	231
Conclusion - Liberté, morale et philosophie de l'action	245
1 - Place des sciences et de la philosophie des sciences dans l'œuvre de Renouvier	245
2 - La liberté comme socle de la morale	255
3 - Pour une philosophie de combat	259
Annexes	263
Figure 1 : Catégories selon le *Premier Essai de critique générale*	263
Figure 2 : Catégories selon la *Nouvelle Monadologie*	263
Figure 3 : Proposition d'une synthèse des catégories de Renouvier	264
Figure 4 : Classification des sciences d'après le *3ᵉ Essai de critique générale*	265
Annexe A - Examen partiel et subjectif des fonds Renouvier et Louis Prat	267
Annexe B - Quelques éléments biographiques concernant Renouvier	289
L'homme	289
L'écrivain	292
La vie et l'œuvre de Renouvier en regard de quelques dates importantes	297
Bibliographie	315
Les œuvres principales de Charles Renouvier classées par ordre de parution	315
Les textes édités après le décès de Renouvier	317
Principales études sur Renouvier	318
Liste exhaustive des articles de la *Critique philosophique* cités dans le corps de cet ouvrage	323

Liste exhaustive des ouvrages et autres articles cités	325
Index rerum	329
Index nominum	337

Philosophie
aux éditions L'Harmattan

Dernières parutions

ALAIN BADIOU
Vivre en immortel
Vinolo Stéphane
À la différence de penseurs comme Deleuze ou Derrida, Alain Badiou est un philosophe classique, cherchant à apporter des réponses aux questions les plus anciennes de la philosophie. Pour Badiou, la philosophie n'est plus au coeur du processus de production des vérités. Toute la pensée de Badiou nous enjoint donc à cesser d'être des animaux humains pour devenir des sujets, à ne plus survivre à l'aune de nos seuls intérêts, pour vivre pleinement, c'est-à-dire, vivre enfin comme des immortels.
(Coll. Ouverture Philosophique, 20.00 euros, 196 p.)
ISBN : 978-2-343-05087-4, ISBN EBOOK : 978-2-336-36612-8

CENT MILLIONS D'ORGASMES
Essai sur la pornographie
Rubino Francesco
La pornographie sera l'un des objets les plus invasifs des réglementations morales à venir. Aux positions naïves (M. Marzano) et aux reconstructions puristes (C. MacKinnon) et relativistes (M. C. Nussbaum, L. Williams), ce «pornouvrage» oppose le sens authentique de cette anomie érotique : le sens d'un corps opprimé qui, pourtant, pornographiquement écrit (A. J. Magliacane) et se resymbolise dans un cri (P. Pat Califia) ou se désymbolise dans un fantasme (Ch. Ackerman, E. Lemoine-Luccioni).
(Coll. Ouverture Philosophique, série Arts vivants, 24.00 euros, 240 p.)
ISBN : 978-2-343-05144-4, ISBN EBOOK : 978-2-336-36662-3

COURT TRAITÉ D'ONTOLOGIE
Bouvier Pascal
Pourquoi existons-nous ? Est-ce que nous existerons après la mort ? Autant d'interrogations profondément humaines qui sont prises en charge par la philosophie. Au sein de celle-ci, une discipline spécifique se consacre à la question de l'être : l'ontologie. Elle semblait tombée en désuétude et dans l'oubli depuis les critiques sévères de certains courants philosophiques. Ce traité tente de saisir les grandes lignes de cette histoire de l'être.
(Coll. Ouverture Philosophique, 14.50 euros, 148 p.)
ISBN : 978-2-343-04094-3, ISBN EBOOK : 978-2-336-36722-4

CRITIQUE (LA) RADICALE DE L'ARGENT ET DU CAPITAL
CHEZ LE DERNIER-MARX
Matériaux pour une refondation du marxisme
Bayer Philippe
Ce livre s'inscrit dans une réflexion sur la Critique radicale associée à ce qu'on peut appeler le Dernier-Marx. Ce Dernier-Marx, on peut le lire dans l'édition française du *Capital* en un repositionnement de Marx, venant problématiser sa pensée objective précédente, qui réceptionnait un donné du mode de production capitaliste pour l'interpréter comme un donné de l'histoire. À

cette entreprise ruineuse pour le mouvement ouvrier, le Dernier-Marx substitue une problématique radicalement subjective à partir d'une ontologie de l'identité vitale.
(Coll. Ouverture Philosophique, 25.00 euros, 248 p.)
ISBN : 978-2-343-04705-8, ISBN EBOOK : 978-2-336-36730-9

DÉCONSTRUCTION PHÉNOMÉNOLOGIQUE ET THÉOLOGIQUE DE LA MODERNITÉ OCCIDENTALE
Awazi Mbambi Kungua Benoît
Le puissant travail de déconstruction phénoménologique et théologique de la modernité occidentale fait apparaître l'autisme épistémologique qui caractérise son horizon de la Mathesis Universalis à la base de ses productions scientifiques, techniques, athées, consuméristes et médiatiques. À travers cet ouvrage, l'auteur opère un puissant tournant prophétique, mystique et thérapeutique de la théologie négro-africaine de la libération holistique, échappant ainsi aux schèmes idéologiques et politiques des théologies occidentales frappées d'obsolescence.
(33.00 euros, 320 p.)
ISBN : 978-2-343-03719-6, ISBN EBOOK : 978-2-336-36791-0

ÉVEIL BOUDDHIQUE ET CORPORÉITÉ
Marcel Antoine
«Voir dans sa propre nature», dans le bouddhisme zen, est une expression convenue qui désigne l'éveil. Pourquoi, et comment ? Observant l'importance première donnée au corps dans la pratique méditative, la mise à l'écart de la noèse, l'auteur, s'appuyant sur les développements de la pensée phénoménologique à la suite de Maurice Merleau-Ponty, tente une investigation de l'éveil bouddhique.
(Coll. Ouverture Philosophique, 12.00 euros, 108 p.)
ISBN : 978-2-343-05191-8, ISBN EBOOK : 978-2-336-36785-9

PROBLÈME (LE) KANTIEN DE L'ÉTHIQUE
Habiter le monde
Gaudet Pascal
La philosophie critique de Kant peut être interprétée comme une éthique, qui signifie non pas seulement l'impératif de la vertu, mais l'exigence d'une réalisation du souverain Bien en l'homme et dans le monde. Ce livre montre comment la recherche d'un passage de la liberté à la nature fonde le projet d'une « habitation » du monde et permet de penser le sens éthique de la philosophie en ses domaines théorique et pratique.
(Coll. Ouverture Philosophique, 12.00 euros, 110 p.)
ISBN : 978-2-343-05328-8, ISBN EBOOK : 978-2-336-36702-6

RACINE (LA) DE LA LIBERTÉ
Urvoy François
À l'issue d'un siècle qui a vu le plus grand écrasement des hommes et des peuples et en ce début qui en prend bien le relais, les préoccupations de liberté ont pris une urgence plus grande et plus sensible. Les investigations obtiennent jusqu'ici des résultats très décevants car elles s'attachent aux moyens externes sans jamais chercher qui et surtout comment on sera en mesure de les produire et de les mettre en œuvre. Il s'agit, ici, de remonter à la racine de la question : ce qui dépend de nous, ce que nous pouvons par nous-mêmes dans un monde qui nous produit et nous conduit.
(Coll. Ouverture Philosophique, 27.00 euros, 258 p.)
ISBN : 978-2-343-03005-0, ISBN EBOOK : 978-2-336-36731-6

SYMBOLIQUE (LE) ET LE TRANSCENDANTAL
Verley Xavier
Ce livre part du différend qui a opposé Frege et Husserl à propos du psychologisme. Comment ces deux pensées tournées vers une réflexion sur l'arithmétique ont-elles pu parvenir à deux conceptions si différentes de la logique ? Il est apparu qu'il s'agissait d'évaluer l'idée de représentation qui est au cœur du problème. Ainsi, faut-il se (re)présenter pour penser ou y a-t-il la place pour une pensée symbolique et aveugle ?
(Coll. Ouverture Philosophique, 30.00 euros, 294 p.)
ISBN : 978-2-343-02833-0, ISBN EBOOK : 978-2-336-36557-2

CRITIQUE ET ÉMANCIPATION
Recherches foucaldiennes sur la culture arabe contemporaine
Beghoura Zouaoui - Préface de Jacques Poulain

Cet ouvrage utilise les pensées de Michel Foucault dans la culture arabe. Il joint à une histoire socio-politique de cette culture une critique qui vise à y établir les conditions d'une émancipation réelle, indépendante de l'actualité brûlante qui semble la rendre aujourd'hui impossible. Cette expérience de critique socio-politique développe en effet les critères d'une émancipation intellectuelle qui conditionne toute émancipation sociale.
(Coll. La philosophie en commun, 17.00 euros, 176 p.)
ISBN : 978-2-343-04092-9, ISBN EBOOK : 978-2-336-36304-2

DU FÉMINISME DANS L'ŒUVRE DE MICHEL FOUCAULT
A demain le bon sexe
Essai
Sastre Danièle

«Le sexe, disait Foucault, ça s'administre, la sexualité, ça se subit ; quant à la sensualité, elle est chaque jour à inventer.» L'auteur a voulu rouvrir le dossier, emprunter les chemins qu'il a tracés en 1976 en écrivant son Histoire de la sexualité, qui est l'histoire des discours sur la sexualité, eux-mêmes histoire des corps investis par le pouvoir.
(27.00 euros, 268 p.)
ISBN : 978-2-343-04763-8, ISBN EBOOK : 978-2-336-36305-9

GASTON BACHELARD, UNE POÉTIQUE DE LA LECTURE
Buse Ionel

L'éthique bachelardienne est une éthique simple, mais pas du tout simpliste : l'homme du théorème est complété par l'homme du poème. Mais, si l'éthique est une direction de la pensée qui doit maîtriser notre avenir, la poétique est la source ontologique de cette pensée. C'est-à-dire la liberté de rêver doit être à l'origine de la liberté créatrice de la pensée ou de l'homme des théorèmes. En fait, il ne s'agit pas d'une éthique fermée dans les modèles artificiels d'une pensée techniciste, mais toujours d'une éthique soutenue, à l'origine, par une poétique de la pensée ouverte.
(Coll. Ouverture Philosophique, 16.50 euros, 160 p.)
ISBN : 978-2-343-04292-3, ISBN EBOOK : 978-2-336-36292-2

HOMME (L') EST-IL UN ANIMAL POLITIQUE ?
Physique de la misanthropie, entre littérature et philosophie
Ainseba Tayeb

Le compartimentage disciplinaire hérité du XIXe siècle pousse à opposer les intentions esthétiques de la littérature au chemin vers la vérité que serait la philosophie. Cette opposition nie la possibilité d'une philosophie littéraire tant que, réduite à un dogme, elle n'est pas critiquée. Ce livre, plutôt que d'opposer la littérature et la philosophie, raconte ce qui les rapproche en prenant un thème qui leur est commun, celui de la misanthropie.
(30.00 euros, 298 p.)
ISBN : 978-2-343-04870-3, ISBN EBOOK : 978-2-336-36346-2

LOGIQUE ET RHÉTORIQUE SELON CHAÏM PERELMAN
ou le jugement partagé
L'éloquence de la raison
Melcer Jean-François

Des trois volets de l'oeuvre de Chaïm Perelman – la philosophie du droit, l'éthique et la logique – le troisième est le moins connu. Les précédents tomes de *L'éloquence de la raison* ont mis l'accent sur les deux premiers. Il s'agit, à présent, d'expliciter les conditions épistémologiques de possibilité de la nouvelle rhétorique, conçue comme logique argumentative, non comme technologie persuasive.
(Coll. Ouverture Philosophique, 31.00 euros, 304 p.)
ISBN : 978-2-343-04209-1, ISBN EBOOK : 978-2-336-36286-1

MERLEAU-PONTY - FREUD ET LES PSYCHANALYSTES
Le Baut Hervé
Le parcours de Maurice Merleau-Ponty ne peut se comprendre sans le fil rouge de la Psychanalyse : dès sa thèse, il restaure le primat de la perception et du corps sexué à la lumière de Freud et de Binswanger. A la Sorbonne, il renouvelle la Psychologie de l'enfant en y intégrant M. Klein, J. Lacan et F. Dolto. Au Collège de France plusieurs cours font des rêves et de la libido une dimension inéluctable de l'humain. De nombreux psychanalystes et psychiatres se sont « laissés interroger par lui « : citons : H. Ey, A. Hesnard, P. Fédida, A. Green, J. Laplanche, J.-B. Pontalis, Luce Irigaray…
(Coll. Ouverture Philosophique, 24.00 euros, 296 p.)
ISBN : 978-2-343-04080-6, ISBN EBOOK : 978-2-336-36381-3

NAÎTRE MÈRE
Essai philosophique d'une sage-femme
de Gunzbourg Hélène
Cet essai est la réflexion d'une sage-femme qui, depuis trente ans, a accompagné des femmes pendant leur grossesse et après la naissance de leur enfant, écoutant leur questionnement sur l'arrivée au monde d'un enfant désormais « désiré ». La révolution dans la procréation et la transformation de la famille concerne chacun d'entre nous. Faut-il redouter que les forces aveugles de la nature ou du destin soient remplacées par la rigueur glaciale et anonyme de la technoscience et de son « expertise » ?
(Coll. Ouverture Philosophique, 28.00 euros, 274 p.)
ISBN : 978-2-343-04437-8, ISBN EBOOK : 978-2-336-36405-6

PENSÉE DIALOGIQUE, LANGAGE ET INTERSUBJECTIVITÉ DANS LA PHILOSOPHIE DE FRANZ ROSENZWEIG
Muller Alain - Préface de Bernard Forthomme
L'originalité de cet ouvrage, c'est de tenter d'éclairer le « retour » de Franz Rosenzweig au judaïsme, - et le concept de « révélation » qui s'y rattache -, à partir de l'itinéraire intellectuel et de la philosophie de celui-ci, et en s'appuyant sur les philosophies d'Hermann Cohen et d'Eugen Rosenstock, et cela en plaçant le premier dans le contexte historique de la « symbiose judéo-allemande », le second dans le cadre du dialogue interreligieux entre le christianisme et le judaïsme.
(Coll. Ouverture Philosophique, 28.00 euros, 270 p.)
ISBN : 978-2-336-00746-5, ISBN EBOOK : 978-2-336-36432-2

PENSÉE (LA) POSITIVISTE SOUS LE SECOND EMPIRE
Charlton Donald Geoffrey - Traduction : René Boissel
Le Second Empire fut l'époque charnière dans la construction de la France moderne : développement exponentiel de la science qui repousse les frontières de l'inconnaissable, culte du 'Progrès' sans limite qui atteindra son apogée à la veille de la Première Guerre mondiale. Parallèlement, une nouvelle philosophie se construit avec pour base la science et remet en cause les profondes certitudes préalablement acquises : le positivisme, esquissé par Saint-Simon et structuré par Auguste Comte. Le professeur Donald Geoffrey Charlton (1925 – 1995) présenta sa thèse à l'Université de Londres.
(Coll. Ouverture Philosophique, 26.00 euros, 260 p.)
ISBN : 978-2-343-01340-4, ISBN EBOOK : 978-2-336-36430-8

PHILOSOPHIE ET SPÉCIFICITÉ AFRICAINE DANS LA REVUE PHILOSOPHIQUE DE KINSHASA
Massamba-Makoumbou Jean-Serge
La revendication d'une rationalité purement africaine par les milieux scientifiques ou universitaires africains, depuis des décennies, dérive de la minorisation de l'Afrique. Cette étude s'interroge sur le sens et la signification de la notion d'africanité attachée à sa philosophie. Elle tente de répondre à la question de l'identité africaine de cette philosophie et partant de celle du philosophe africain, telle qu'elle se donne à lire dans la Revue philosophique de Kinshasa.
(Coll. Ouverture Philosophique, 16.50 euros, 168 p.)
ISBN : 978-2-343-05119-2, ISBN EBOOK : 978-2-336-36416-2

L'HARMATTAN ITALIA
Via Degli Artisti 15; 10124 Torino

L'HARMATTAN HONGRIE
Könyvesbolt ; Kossuth L. u. 14-16
1053 Budapest

L'HARMATTAN KINSHASA	**L'HARMATTAN CONGO**
185, avenue Nyangwe	67, av. E. P. Lumumba
Commune de Lingwala	Bât. – Congo Pharmacie (Bib. Nat.)
Kinshasa, R.D. Congo	BP2874 Brazzaville
(00243) 998697603 ou (00243) 999229662	harmattan.congo@yahoo.fr
L'HARMATTAN GUINÉE	**L'HARMATTAN MALI**
Almamya Rue KA 028, en face	Rue 73, Porte 536, Niamakoro,
du restaurant Le Cèdre	Cité Unicef, Bamako
OKB agency BP 3470 Conakry	Tél. 00 (223) 20205724 / +(223) 76378082
(00224) 657 20 85 08 / 664 28 91 96	poudiougopaul@yahoo.fr
harmattanguinee@yahoo.fr	pp.harmattan@gmail.com

L'HARMATTAN CAMEROUN
BP 11486
Face à la SNI, immeuble Don Bosco
Yaoundé
(00237) 99 76 61 66
harmattancam@yahoo.fr

L'HARMATTAN CÔTE D'IVOIRE
Résidence Karl / cité des arts
Abidjan-Cocody 03 BP 1588 Abidjan 03
(00225) 05 77 87 31
etien_nda@yahoo.fr

L'HARMATTAN BURKINA
Penou Achille Some
Ouagadougou
(+226) 70 26 88 27

L'HARMATTAN SÉNÉGAL
10 VDN en face Mermoz, après le pont de Fann
BP 45034 Dakar Fann
33 825 98 58 / 33 860 9858
senharmattan@gmail.com / senlibraire@gmail.com
www.harmattansenegal.com

L'HARMATTAN BÉNIN
ISOR-BENIN
01 BP 359 COTONOU-RP
Quartier Gbèdjromèdé,
Rue Agbélenco, Lot 1247 I
Tél : 00 229 21 32 53 79
christian_dablaka123@yahoo.fr

Achevé d'imprimer par Corlet Numérique - 14110 Condé-sur-Noireau
N° d'Imprimeur : 121791 - Dépôt légal : septembre 2015 - *Imprimé en France*